JN444450

번암집

한국고전번역원 한국문집번역총서

번암집 5

樊巖集

채제공 지음
蔡濟恭

조순희 옮김
이상현

일러두기

1. 이 책의 번역 대본은 한국고전번역원에서 간행한 한국문집총간 235~236집 소재 《번암집(樊巖集)》으로 하였다. 번역 대본의 원문 텍스트와 원문 이미지는 한국고전종합DB(http://db.itkc.or.kr)에서 확인할 수 있다.
2. 역주는 내용이 간단하면 간주(間註)로, 길면 각주(脚註)로 처리하였다.
3. 한자는 필요한 경우 이해를 돕기 위하여 넣었으며, 운문(韻文)은 원문을 병기하였다.
4. 문장 부호는 '한글 맞춤법'에 규정된 용법을 따랐으며, 그 밖에 새로 만들거나 용법을 달리하여 사용한 부호는 다음과 같다.

   「 」: ' ' 안의 재인용을 나타낼 때 사용한다.

   『 』: 「 」 안의 재인용을 나타낼 때 사용한다.

   《 》: 책명 및 각주의 전거(典據)를 나타낼 때 사용한다.

   〈 〉: 편명, 작품명, 논문 제목을 나타낼 때 사용한다.

   …… : 번역문에서 원문의 '云云'을 처리할 때, 각주에서 긴 인용문을 처리할 때, 각주의 표제어가 네 어절 이상일 경우 생략되는 말을 처리할 때 사용한다.

   - - : 본문에서 소자(小字) 원문 주(註)의 처음과 끝에 사용한다.

차례

번암집 제14권

시 詩

함인록 하 含忍錄下

번암집 제15권

시 詩

번암집 제16권

시 詩

번암집 제17권

번암집

제14권

詩시

6월 16일 갑진. 맑음. 연경(燕京)을 출발하여 통주(通州)에서 묵다

황성을 출발하다
發皇城

삼십 일을 숙소에 매여 있느라	三旬縶使館
새장 속의 새처럼 답답했는데	鬱若籠盛鳥
오늘에야 귀국길에 오르게 되니	今朝始解脫
고니가 구름 위를 나는 것 같네	黃鵠橫雲表
웃으며 조양문을 나와서 보니	笑出朝陽門

1 함인록(含忍錄) : 1778년(정조2) 청(淸)나라 황제가 동지사(冬至使) 주문(奏文)의 구절을 문제 삼자, 번암은 이를 해명하기 위해 사은 겸 진주 정사(謝恩兼陳奏正使)로서 북경에 파견되었다. 3월 17일 출발하여 5월 15일 북경에 당도하였고, 임무를 마치고 6월 16일 귀국길에 올라 7월 2일 복명(復命)하였다. 이때 왕복하는 사이에 지은 시 236수를 날짜별로 묶은 것이 〈함인록〉이다. 상권(上卷)에는 한양을 출발하여 북경에 도착하여 머무는 기간 동안의 작품이, 하권(下卷)에는 북경을 출발하여 조선으로 돌아와 복명하기까지의 작품이 수록되어 있다. '함인(含忍)'이란 송(宋)나라가 금(金)과 굴욕적인 강화 조약을 맺었을 때 주희(朱熹)가 한 말로, "원통함을 머금고 애통함을 누른 채 어쩔 수 없이 때를 기다린다.〔含怨忍痛迫不得已〕"라는 뜻이다.《晦庵集 卷24 與陳侍郎書》

푸른 하늘 끝없이 펼쳐져 있고	靑天方未了
긴 교외엔 수풀이 아스라한데	芳林藹脩郊
매미는 나뭇가지 끝에서 우네	淸蟬響樹杪
여기 오니 내 마음도 후련해져서	卽此曠我懷
도성의 번잡함을 떨쳐 버리네	蛻却城塵擾
황성은 사람들만 북적거려서	皇城只繁庶
샘물이 먼지 붙은 부레 같았지	泉濁黏如鰾
더없이 청량한 게 우리나라니	淸涼我東國
땅덩어리 작다고 말할 게 없네	勿謂壃域小
불볕더위쯤이야 걱정 않지만	不愁火雲覆
갈 길이 아득한 게 한스러워라	但恨道路杳

통주

通州

저녁 무렵 비 내리는 백하의 돛단배엔	白河微雨錦帆斜
반이 넘게 양주의 기이한 꽃[2] 실었어라	半載楊州異樣花
강 언덕에 배를 묶고 너도나도 실어다가	沙岸維舟爭輦去
평화로운 시절에 대갓집을 장식하네	昇平賁飾五侯家

2 양주(楊州)의 기이한 꽃 : 중국 양주는 예로부터 경치가 아름답기로 이름난 곳이라고 한다. 여기서는 통주가 양주부(楊州府)에 속한 고을이기 때문에 한 말이다.

을사(6월 17일). 맑음. 삼하현(三河縣)에서 묵다

삼하현에서 감회를 읊다

三河感吟

가던 날엔 석류꽃이 가지 가득 피었더니	去日榴花開滿枝
돌아올 땐 열매가 주렁주렁 맺혔구나	來時結子已離離
꽃 피었다 순식간에 열매를 맺었으니	花開子結須臾事
나그네 흰머리가 느는 것이 당연할 터	無怪行人鬢雪滋

병오(6월 18일). 비가 옴. 계주(薊州)에서 묵다

비를 맞으며 계주로 들어가다

冒雨入薊州

어제는 폭염으로 너무 힘들어　昨日病劇暑
비가 한번 쏟아지길 바랐었는데　願一雨飄灑
오늘은 새벽부터 비가 쏟아져　今曉雨滿天
길 가기가 힘들까 봐 걱정을 하네　還恐礙征蓋
사람 욕심 본래부터 가지가지니　人欲固多端
하늘인들 어떻게 다 들어주리오　皇天亦將奈
새벽밥을 먹고서 수레 명하니　蓐食試命車
밭 사이로 뻗은 길이 아득도 하네　阡術遠晻藹
거센 물결 다리를 무너뜨리고　橋崩溜猖狂
쏟아진 비로 둑도 터질 듯하네　壟決勢霶霈
어지러이 흔들리는 계주의 숲엔　薊樹紛離披
바람 불고 안개가 자욱하여라　風霧所交會
해 지는 줄 모르고 달려가는데　盲進不覺暮
반산[3]은 흐릿하여 보이지 않네　鶻沒盤山翳
쉬고 싶은 마음이야 없겠는가만　豈不懷宴息
나랏일을 어찌 감히 지체할쏜가　王事弗敢滯

3 반산(盤山) : 계주에서 서북쪽으로 30리 지점에 있다고 하는 산이다.

계주

薊州

어양교[4] 아래에는 풀과 꽃이 무성한데	漁陽橋下草花繁
북소리는 나지 않고 물만 콸콸 흘러가네	鼙鼓無聲野水喧
취병을 불결하게 만든 이가 누구던가[5]	誰遣翠屛蒙不潔
'취병(翠屛)'은 산 이름이다.	
석양 무렵 녹산사[6]에 까마귀가 나는구나	祿山祠裏暮鴉翻

4 어양교(漁陽橋) : 당(唐)나라 현종(玄宗) 때 안녹산(安祿山)이 반란을 일으켰던 곳이다.

5 취병(翠屛)을……누구던가 : '푸른 병풍'이라는 뜻을 가진 취병산 근처에 반란을 일으켰던 안녹산의 사당이 있는 것을 두고 한 말이다. 즉 누가 이렇게 아름다운 산에 반역자인 안녹산의 사당을 세웠냐는 뜻이다.

6 녹산사(祿山祠) : 계주에 있는 안녹산의 사당으로, 민간에서 영정을 걸고 제사를 지내는 곳이다.

정미(6월 19일). 맑음. 옥전(玉田)에서 묵다. 무신(6월 20일). 옥전에 머물다

저물녘에 옥전에 이르렀는데, 내가 병이 나서 길을 갈 수 없어 하루를 더 머물렀다. 삼을 달여 먹으며 병을 조리하고, 침상에서 입으로 불러 임금님을 그리워하는 정성을 부치다

暮抵玉田余疾作不可以前留一日服蔘調治枕上口號以寓戀君之忱

찌는 듯한 무더위에 한데서 먹고 자니	風餐露宿當熱蒸
몸에 병이 걸리는 게 당연한 이치일 터	那怪疾病來侵凌
풍습으로 온몸에 붉은 반점 돋아나고	風濕不堪肢體癡
더러운 음식 먹어 위장이 무너졌네	腥穢偏教胃土崩
모두 내가 허약하게 태어나서 그런 거지	直爲吾生質本脆
어찌 줄곧 나랏일로 수고한 탓일쏜가	豈緣王事勞相仍
역관이 쉴 새 없이 몸 상태를 묻지마는	裨譯續續煩問候
눈조차 뜰 수 없어 대답하기 어렵구나	垂頭閉睫苦難譍
임금님이 하사하신 한 봉지 삼이 있어	我有君賜一封蓡
달여서 내어 오자 은은한 향 풍기더니	靈液溜椀香微昇
한 번 먹자 성은이 골수까지 배어들고	一服天恩眞浹髓
두 번 먹자 눈물이 가슴 위로 떨어지네	再服鮫淚雙沾膺
박망후[7]에 봉해지는 것을 나는 안 바라고	不願封爲博望侯
살아서 희정당에 들어가길 바랄 뿐	但願生入熙政瞻觚稜

기유(6월 21일). 아침에는 맑고 저녁에는 비가 옴. 풍윤(豐潤)에서 묵다

풍윤

豐潤

먼 나라에 사신 갈 재주도 없고	才非使絶國
늙어서 병을 달고 사는 몸인데	病是入衰年
한 필 말로 그쳐 가는 빗속을 가니	一馬衝殘雨
외딴 성에 저녁연기 내려앉을 때	孤城落暮煙
희뿌옇게 하늘은 들판을 덮고	支離天蓋野
끝없이 풀은 길에 뻗어 있도다	空闊草浮阡
동쪽에선 소식이 끊어졌는데	日域音書斷
돌아가는 기러기만 아득히 나네	歸鴻太渺然

7 박망후(博望侯) : 한(漢)나라 장건(張騫)의 봉호(封號)이다. 무제(武帝) 때 서역(西域)에 사신으로 나가서 한나라를 널리 알리고 서역과 교역(交易)하는 계기를 마련한 공으로 박망후에 봉해졌다.《史記 衛將軍驃騎列傳》번암 자신이 중국에 사행(使行)을 다녀오는 길이기 때문에 이 고사를 인용한 것이다.

경술(6월 22일). 맑음. 사하역(沙河驛)에서 묵다

사하의 노인을 노래하다

沙河老人歌

노인은 성이 가(賈)이다.

사하 노인 머리가 흰 눈처럼 새하얀데	沙河老人頭似雪
일흔넷의 고령에도 필담이 가능하네	七十有四能談筆
그의 말이 그 증조가 명나라를 섬겨서	自言曾祖事大明
각별한 은혜 입어 지휘하는 직책 맡고	官至指揮蒙恩別
자손들도 명나라의 의복 제도 잘 알아서	衣制子孫能識得
높은 관에 소매 폭이 넓은 옷을 입었는데	其冠峨峨其袖闊
청 황제가 제도 고쳐 변발을 하게 하고	淸皇改制人髮薙
따르지 않는 이는 죽일 듯이 단속하여	如有不準將見殺
할 수 없이 머리 깎고 청나라 옷 입고서	撫我光頭攬我服
밤엔 절로 명나라를 간절하게 생각하나	中夜自然思漢切
뜰 앞에 초목들이 무성하게 자라나니	庭前草木森成列
아침이면 술병 안고 그럭저럭 즐길 뿐	朝起抱甕聊自悅
평생토록 연경에는 가 본 적도 없거니와	終老不識燕京路
죽어서도 사하 땅에 묻히기만 바란다네	死瘞沙河願亦畢
다 쓰고는 돌아서서 긴 한숨을 내쉬는데	書罷回身一長吁
쓸쓸한 옛 역참에 저녁 해가 비쳐 드네	蕭條古驛映斜日

신해(6월 23일). 맑음. 영평부(永平府)에서 묵다

우북평[8]

右北平

우북평에 위엄 있고 신령한 부(府)를 열어	右北平開威且神
우뚝하고 긴 성첩이 강굽이를 둘렀어라	高城百雉壓河濱
저녁 무렵 사조자는 사냥에서 돌아오고[9]	暮雲獵罷射鵰者
난수의 사당에는 고마인을 제향하네[10]	灤水祠尊叩馬人
변방의 풍속 어찌 천추의 한을 알랴	邊俗豈知灰劫恨

8 우북평(右北平) : 영평부의 한(漢)나라 때 명칭이다. 한나라 때는 흉노족, 당나라 때는 돌궐족의 근거지였기 때문에 중국이 장수들을 파견하여 제압하고자 했던 곳이다.

9 저녁……돌아오고 : 사조자(射鵰者)는 뛰어난 활 솜씨를 지칭하는 말이다. 한나라 명장 이광(李廣)이 우북평 태수가 되어 흉노와 싸울 적에 이광을 따라갔던 중귀인(中貴人)이 흉노 3명의 사격을 받아 상처를 입고 돌아왔는데, 이광이 "이들은 반드시 수리를 떨어뜨릴 만한 활 솜씨가 있는 자들이다.〔是必射鵰者也〕"라고 하고는, 곧장 그 흉노들을 추격하여 2인은 사살하고 1인은 생포함으로써 위엄을 크게 떨쳤던 데서 나온 말이다. 《史記 李將軍列傳》 여기서는 저녁 무렵 사냥에서 돌아오는 영평부의 사냥꾼을 지칭하는 듯하다.

10 난수(灤水)의……제향하네 : 고마인(叩馬人)은 주(周)나라 무왕(武王)이 은(殷)나라 정벌을 나설 때 말고삐를 잡고 만류했던 백이(伯夷)와 숙제(叔齊)를 이른다. 영평부의 난수 가에 백이와 숙제를 제향하는 청절사(淸節祠)가 있기 때문에 이렇게 말한 것이다.

농민들은 고른 날씨 기뻐서 노래할 뿐 農歌惟喜雨暘均

외로운 등불 아래 영웅 전기 들춰 보니 孤燈坐閱英雄傳

한당의 인물들을 직접 보는 것 같구나 漢帥唐臣若可親

이광(李廣)과 이세적(李世勣)[11]이 모두 이곳을 방어했기 때문에 말한 것이다.

11 이세적(李世勣) : 584～669. 본명은 서세적(徐世勣)인데, 공을 세워서 황제로부터 이씨 성을 하사받았으며, 당 태종의 휘(諱)를 피하여 세(世) 자를 빼고 이적(李勣)으로 불렸다. 당나라 초기의 명장이며, 자는 무공(懋功)이다. 우북평은 고구려와 인접한 국경 지역이어서 분쟁이 잦았는데, 이세적이 이곳을 방어하였고, 고종 때 평양성을 쳐서 함락하고 고구려를 멸망시켰다.

임자(6월 24일). 밤에 비가 옴. 유관(楡關)에서 묵다

비 내리는 유관에서
楡關雨

천가의 느릅나무 은하수를 가리더니	千家楡葉隱明河
삼경부터 빗소리가 점점 크게 들려오네	雨到三更響轉多
다리 밑 물 깊이가 몇 자나 될 터이니	橋下水生應數尺
장성 밖 요동 들은 더욱 어떠하겠는가	長城以外更如何

두 번째 其二

주룩주룩 소나기가 변방 성에 쏟아지니	飛雨蕭蕭滿塞城
울타리 밖 느릅나무 잎이 마구 흔들리네	隔籬楡葉不勝鳴
진창길은 바다 같고 다리는 끊어져서	黃泥似海川梁拆
돌아갈 일정만을 부질없이 계산하네	枉殺歸人日計程

계축(6월 25일). 맑음. 팔리보(八里堡)에서 묵다

산해관을 나가다

出山海關

수레 앞에 변함없는 넓은 산하 펼쳐지니	車前依舊大山河
천년 세월 흥망을 한번 크게 노래하네	千古興亡一浩歌
진나라 때 성 형태는 해안까지 닿아 있고	秦代城形臨海盡
요동의 하늘빛은 관 밖까지 이어지네	遼東天色出關多
먼 길을 오가느라 옷은 이미 해졌지만	衣裘已敝西南北
국방을 위한 계책 세우지 못했어라	籌策全無戰守和
부끄럽게 오천 자의 저서[12]도 못 남기고	慙愧五千言未著
휘장 걷고 부질없이 시만 읊조리는구나	褰帷空自費吟哦

12 오천 자의 저서 : 노자(老子)의 《도덕경(道德經)》을 가리킨다. 노자가 주(周)나라를 떠나 서쪽으로 가다가 함곡관(函谷關)에 이르렀는데, 관문을 지키던 윤희(尹喜)가 범상하지 않은 인물임을 알아채고 글을 지어 달라고 부탁하였다. 그러자 노자가 5000여 자로 된 《도덕경》을 지어 주고 떠났다고 한다. 《列仙傳 上》 여기서는 산해관을 나가는 번암이, 함곡관을 나가던 노자에 자신을 비유하여 한 말이다.

음마장성굴행[13]

飮馬長城窟行

만리장성 높고도 끝이 없는데	長城高且長
달려가니 기갈에 허덕이는 말	驅馬馬飢渴
갈대숲 가로 길게 물이 흐르니	悠悠蘆邊水
저 굴에서 말에게 물을 먹이네	飮馬遵彼窟
물이 탁해 먹기에는 부적합하나	水濁不可飮
목마른 말이 무얼 가리겠는가	馬渴焉所擇
해와 달도 이곳까진 미치지 않아	日月不及此
이끼 덮인 백골이 널려 있으니	白骨苔蘚積
도대체 어느 시대 백골이던가	借問何代骨
진한 때에 정벌을 일삼았었지	秦漢事征伐
가련하게 성 남쪽의 아녀자들은	可憐城南婦
지아비가 돌아올 걸 믿고 있었네	猶自恃歸日
내 행역(行役)이 힘겹다고 말하지마는	我行縱云艱
너희들의 고역에 어찌 비하랴	視汝良自多
길 멈추어 전장에 조문을 하고	下馬弔戰場
말에 올라 산하를 둘러보노라	上馬覽山河

13 음마장성굴행(飮馬長城窟行) : 고악부(古樂府)의 제목으로, 진 시황(秦始皇)이 북쪽의 오랑캐를 방어하기 위해 만리장성을 쌓던 당시 수졸들이 겪었던 고통을 노래한 것인데, 후대에 많은 시인이 동일한 제목으로 민정(民情)을 읊었다.

갑인(6월 26일). 맑음. 양수하점(兩水河店)에서 묵다

돌아가고 싶은 마음

歸心

풍요함은 그런대로 좋아 보이나 富庶差堪喜
칭송하는 노래는 들을 수 없네 風謠不足傳
채찍으로 양을 엄히 결속시키고 羊鞭嚴結束
덮개 있는 수레는 배만큼 크네 車屋訝舟船
삼복더위 무릅쓰고 먼 길을 가니 道路三庚節
만 리의 하늘에는 뿌연 먼지뿐 塵埃萬里天
돌아가고 싶은 마음 간절하건만 歸心似流水
돌아갈 날은 아직 아득하여라 東去日潺湲

호인(胡人)은 가축을 잘 길들여서 돼지나 양을 치는 자가 채찍을 한번 휘두르기만 하면 수백의 무리라도 머리를 숙이고 일제히 모이기를 군율(軍律)을 따르듯이 하며 감히 제멋대로 날뛰는 놈이 없다. 그래서 제3구에서 말한 것이다.

을묘(6월 27일). 맑음. 동관역(東關驛)에서 묵다

아침에 양수하점을 출발하여 십수 리를 갔는데, 교 안에서 잠깐 졸다가 꿈에 아들 홍원[14]을 보았다

朝發兩水河店行可十數里轎中乍睡夢見兒子弘遠

가까이 이별해도 서운할 텐데	近別已戀戀
먼 이별에 그리움이 깊어만 간다	遠別長懸懸
나는 늙고 자식은 너 하나이니	吾老只有汝
가문을 네게 기대 전해야 할 터	門戶憑汝傳
문장으로 선조의 업적을 잇고	繩祖願汝文
어질어서 부모 이름 빛을 내라고	顯親祈汝賢
헤어질 때 너에게 타이른 말을	別時有敎誡
잊지 않고 가슴에 담고 있느냐	能自不忘旃
연경으로 떠나온 지 석 달이 지나	遼燕月三弦
비로소 고국으로 돌아가다가	使車始言還
말 위에서 홀연히 꿈을 꿨는데	馬上忽焉夢
네가 나의 눈앞에 나타나서는	汝來在我前
집안이 다 편안하다 이야기하고	爲言盡室安

14 아들 홍원(弘遠) : 번암의 양자 채홍원(蔡弘遠, 1762~?)이다. 생부는 번암의 당종제인 채민공(蔡敏恭)이다.

평소처럼 웃으며 즐거워했다	歡笑儀不忒
언제나 돌아가서 너를 가르쳐	何當歸敎汝
경서 하나 온전히 익히게 할지	俾汝一經專

동관역을 7, 8리 앞둔 작은 언덕에서 말을 쉬게 하고 앞에 펼쳐진 발해를 내려다보다

未至東關七八里歇馬小丘前臨渤海

아득히 흰 파도가 철썩거리고　雲濤橫一望
가없는 바다 위로 석양이 지네　落日更無邊
가끔씩 외로운 배 지나갈 때면　時見孤帆去
독보가 탄 배[15]인가 생각이 드네　猶疑獨步船

15 독보(獨步)가 탄 배 : 독보는 조선 후기의 승려이다. 묘향산에서 승려가 된 후 불법을 닦던 그는 청나라가 흥기하여 명나라와 대적할 때 명나라 도독(都督)인 심세괴(沈世魁)의 휘하에 들어갔으며, 심세괴가 죽은 뒤에는 좌도독(左都督)인 홍승주(洪承疇)의 휘하에 있었다. 그러다 청나라 군대가 북경을 침범하려 할 때 청나라 정세를 정탐하다가 압록강 근처에서 조선 군대에 붙들려 최명길(崔鳴吉)에게 압송되었다. 최명길은 그를 몰래 명나라에 보내어 청나라가 조선을 침입한 경위를 밀통함으로써 명나라가 조선의 정세를 이해하게 하였다.《燃藜室記述 卷26 獨步》독보가 명나라를 왕래할 때 청나라 경계를 지나갔기 때문에 청나라는 조선이 명나라와 내통하는 것을 눈치 채고 따져 물었다고 하는데, 번암은 발해 바다를 보며 독보가 배를 타고 지나갔던 옛일을 떠올린 듯하다.

동관역

東關驛

옛 성터에 버려진 역참 있으니	廢驛空殘堞
유주는 예로부터 황무지였네	幽州古大荒
쏴아 하고 한줄기 비가 지나가	颯然經一雨
뜻밖에 더위를 좀 식혀 주었네	分外得微涼
들판에는 소와 양이 흩어져 있고	野色牛羊散
황제 위엄 백성들을 바쁘게 하네	皇威木石忙
오늘 밤엔 잠을 달게 잘 것 같으니	今宵應美睡
정결하고 너른 침상 빌려야겠네	精潔借匡床

황제의 심양(瀋陽) 행차가 가을에 있을 예정이기 때문에 교량을 만들고 도로를 정비하느라 백성들의 노고와 재물의 낭비가 헤아리기 어려울 정도였다. 그래서 제6구에서 언급하였다.

병진(6월 28일). 맑음. 영원위(寧遠衛)[16]에서 묵다

영원위
寧遠衛

많은 전쟁 치렀던 외로운 성에　　百戰孤城在
돌풍 불어 강물이 철썩거리네　　回風逝水鳴
영웅은 노기를 경시했지만[17]　　英雄輕虜騎
천운은 명나라를 저버렸어라　　天數去皇明
봉화 꺼진 한 쌍의 돈대(墩臺)는 낡고　　烽廢雙墩老
옛 군영엔 쓰러질 듯 서 있는 버들　　營荒細柳傾
높은 대가 마음에 조금 드는 건　　高臺差快意
구혈대[18]란 이름 아직 남아서라네　　嘔血至今名

16 영원위(寧遠衛) : 청나라가 처음 건국할 때 명나라와 치열한 전투를 벌였던 곳이다.

17 영웅은 노기(虜騎)를 경시했지만 : 영웅은 명나라 말기의 장수 원숭환(袁崇煥)이고, 노기는 오랑캐의 기병, 즉 누르하치의 군대를 지칭한다. 원숭환이 누르하치 군대를 격퇴시킨 곳이 영원위이므로 한 말이다.

18 구혈대(嘔血臺) : 원숭환이 누르하치를 격퇴시킨 곳이다. 누르하치가 쳐들어올 때 원숭환이 성 밖에 지뢰포를 잠복해 두고 오랑캐 기병 수만 명을 유인해 태워 죽이자, 누르하치가 홀로 달아나서 피를 몇 말이나 토했다고 하여 붙여진 이름이라고 한다.

두 번째 其二

이 장수[19]가 일찍이 큰 공을 세워　　李帥功曾大
이 지역을 봉지(封地)로 받았었으니　　分封此地於
황제에게 보답할 검을 지녔고　　報君龍劍在
호랑이와 곰 같은 아들 두었지　　生子虎熊如
여력으로 조선을 안정시키고　　餘力箕邦奠
말을 달려 사막 지대 진무했는데[20]　　長驅朔漠虛
성과 못이 옛 모습과 같지 않기에　　城池非往昔
바라보며 혼자서 눈물 떨구네　　臨眺獨霑裾

19 이 장수(李將帥) : 명나라 말기 여진족을 토벌한 공으로 영원백(寧遠伯)에 봉해졌던 광녕 총병(廣寧摠兵) 이성량(李成梁, 1526~1615)이다. 이성량(李成樑)이라고도 불렀다. 임진왜란 때 조선에 파병되었던 장수 이여송(李如松)의 부친이기도 하다.

20 여력(餘力)으로……진무했는데 : 두 구는 이성량의 아들 이여송을 두고 한 말로 보인다. 이여송은 임진왜란이 끝난 뒤 영원에서 청 태종과 싸우다가 전사하였다.

조승훈[21]의 묘를 지나다

過祖承訓墓

귀국길에 영원성을 지나다 보니	路過寧遠城
잡초 덮인 외로운 묘가 있는데	孤墳生蒿蓬
누군가 명나라의 조 장군께서	人言祖將軍
이곳에 묻혀 있다 말을 하였네	托體歸此中
듣는 순간 왈칵 솟는 눈물 금치 못하다가	我聞汪然不禁涕
잠시 뒤에 붉게 지는 석양 아래 멈춰 섰네	良久駐馬斜陽紅
공이 전에 명 받들고 조선을 구원하러	公昔承命援屬國
명군(明軍)을 이끌고서 압록강을 건넜는데	手提天兵鴨水東
이여송(李如松)과 이여매(李如梅)의 공격대로 발탁되어	曰松曰梅作後殿
평양성 전투에서 큰 공을 수립했네	天驚鬼泣平壤戰
공은 귀국하였지만 공의 화상 남아서	公歸天朝公像留
만년토록 우리 조선 안정되게 하였어라	萬年磐泰三韓奠
나는 조선 사람이라 공 생각에 슬픈데	我是東人爲公悲
혼령이여 지금은 어느 곳에 계시는지	魂兮卽今安所之

21 조승훈(祖承訓) : 영원위(寧遠衛) 사람이다. 영원백(寧遠伯) 이성량(李成樑)의 가정(家丁)으로 부총병(副摠兵) 우군도독부 도독첨사(右軍都督府都督僉事)가 되었다. 임진년(1592, 선조25) 6월 조선에 나와 평양 전투에서 패하고 돌아갔으나, 12월에 이여송의 유격장으로 기용되어 제4차 평양성 공격에 참가하여 공을 세웠으며, 정유재란 때도 조선에 파견되었다.

후손들이 농서의 명성을 다 실추하니[22]	有孫墜盡隴西聲
공이 비록 귀웅이나 혼은 굶고 있으리라[23]	公雖鬼雄應餒而
남쪽에도 북쪽에도 오랑캐 천지이니	南有蠻兮北有胡
혼령께선 조선으로 오시는 게 좋으리라	魂歸莫如東土宜
사민들이 구원해 준 은혜를 잊지 못해	士民泣憶東征恩
선무사[24]에 향기로운 제향을 올린다오	籩香笠潔宣武祠

22 후손들이……실추하니 : 농서(隴西)는 진(秦)나라 때 흉노를 관장하기 위해서 설치했던 군(郡)으로, 과거 중국의 서쪽 국경 지역에 해당되었다. 옛날에 중국에서는 효산(崤山)・화산(華山) 서쪽을 산서(山西)로, 그 동쪽을 산동(山東)이라고 불렀는데, "진한(秦漢) 이후로 산동에서는 이름난 재상이 많이 나오고 산서에서는 이름난 장수가 많이 나왔다."라는 말이 있었다고 한다. 《漢書 趙充國傳贊》 여기서 농서의 명성은 '장수의 명성'이라는 뜻이다. 조승훈이 요동의 영원위 지역에서 청나라 군대와 싸워 명성을 떨쳤는데, 그 아들 조대수(祖大壽)와 조카 조대락(祖大樂)도 장수로서 능하(凌河)의 전투에서 공을 세웠으나, 뒤에 모두 청나라에 항복하였기 때문에 그 선조 조승훈의 명성을 모두 실추시켰다고 한 것이다.

23 공이……있으리라 : 귀웅(鬼雄)은 귀신 중의 웅걸(雄傑)이라는 뜻으로, 장렬히 전사한 사람을 칭송할 때 쓰는 말이다. 조승훈이 나라에 큰 공을 세웠지만, 명나라가 망하고 후손들은 청나라에 항복하였기 때문에 제사도 지내 주는 이가 없을 것이라는 뜻으로 한 말이다.

24 선무사(宣武祠) : 서울특별시 중구 서소문동에 있었던 사우이다. 1598년 임진왜란 때 조선을 도운 명나라 장수 형개(邢玠)와 양호(楊鎬)를 제향하기 위해 창건하였고, 영조 때 별도의 전각을 마련하여 민충단(愍忠壇)에 있던 임진왜란 당시의 명나라 전몰 장병의 위판을 옮겨 함께 제향하였다. 일제 강점기에 철거되었다.

정사(6월 29일). 맑음. 고교보(高橋堡)에서 묵다

유주의 말 탄 사내

幽州胡馬客行

젊은이가 유주에서 나고 자라서	少小生幽州
자연스레 유주의 말을 탔으니	自騎幽州馬
채찍을 휘두르며 말을 몰아서	鳴鞭事馳突
사냥하러 먼 들판을 달리곤 했네	逐獸千里野
협객들과 목숨 걸고 맹약을 하니	結客與死生
모두 다 비장하게 노래하는 자[25]	盡是悲歌者
쇠로 만든 투구는 서리 빛 띠고	霜明鐵裲襠
흰 깃털 달린 살은 별처럼 나니	星疾白羽箭
몸 솟구쳐 날아가는 새를 낚아채	騰身攫飛鶬
고기 베어 사냥하는 개에게 주고	割肉飼獵犬
술집에서 여인을 희롱할 때는	調戲當壚女

25 협객들과……자 : 유주(幽州)는 옛날 연(燕)나라가 있던 지역인데, 이곳에는 예로부터 협객들이 많다고 일컬어졌다. 전국 시대에 자객 형가(荊軻)가 연나라 태자(太子) 단(丹)의 부탁을 받고 진 시황(秦始皇)을 암살하려고 떠났는데, 이때 역수(易水) 가에서 "바람은 스산하고 역수는 차가운데, 장사가 한번 가면 돌아오지 않으리라.〔風蕭蕭兮易水寒, 壯士一去兮不復還.〕"라는 비장한 노래를 부르고 진나라로 들어갔던 고사가 있다.《史記 刺客列傳 荊軻》

얼굴이 술에 반쯤 빠져 있었네　　虜酒半被面
청 황제가 건장한 사내 징집해　　胡皇徵健兒
황극전에 임하여 조서 내리자　　詔下皇極殿
갑병의 군적에다 이름 올리고　　題名甲軍籍
금천의 전쟁터[26]로 달려갔어라　　起赴金川戰
새벽에는 북소리 징소리 듣고　　晨起聽金鼓
밤중에는 눈 속에 누워서 자니　　夜臥雪中宿
살아서는 기린각(麒麟閣)에 화상 걸리고　　生當畫麟閣
죽어서는 말가죽에 싸이게 되리[27]　　死當裹馬革

26 금천(金川)의 전쟁터 : 금천은 사천성(四川省) 금사강(金沙江) 유역을 지칭한다. 1747년 대금천(大金川)의 안무사 사라분(莎羅奔)이 소금천(小金川)을 약탈하면서 시작된 반란으로 이 지역은 30여 년간 전쟁에 휩싸였다.

27 죽어서는……되리 : 전쟁터에 나가 싸우다 죽는다는 뜻이다. 후한(後漢)의 복파장군(伏波將軍) 마원(馬援)이 "사나이는 변방의 들판에서 죽어 말가죽에 시체를 싸 가지고 돌아와 땅에 묻히는 것이 마땅하다. 어찌 침상 위에 누워 아녀자의 손에 맡길 수 있겠는가."라고 말한 고사가 있다. 《後漢書 馬援列傳》

무오(6월 30일). 맑음. 십삼산(十三山)에서 묵다

새벽에 고교보를 출발하다. 이날 116리 길을 갔다
曉發高橋堡是日行一百十六里

외로운 등불 하나 깜빡이는 밤　孤燭翳還在
나그네 잠을 깊이 들지 못하여　行人眠未安
역정에 해 뜰 시간 멀었는데도　長亭明日遠
저절로 일어나서 하늘 보았네　自起夜星看
새벽이라 밥 든든히 먹지 못하고　時早難加飯
안장에 덮인 먼지 털어 내는데　塵深更掃鞍
까마귀는 게으름을 피우는 건지　烏鴉渠亦懶
아직도 나뭇가지 끝에서 자네　猶宿露枝端

두 번째 其二

노정을 당기기로 약속했기에　兼程有約束
닭 울 때를 알고서 먼저 눈 뜨니　鷄唱我先知
가족들의 기다림은 상관 않지만　不管家人望
성상의 걱정 풀어 드리려 하네　要寬聖主思
요동 하늘 맑아서 별이 보이고　遼星晴歷歷
사막에는 반짝이는 이슬방울들　磧露照離離

밤에도 새벽에도 경계심 없이 曉夜心無戒

썰렁한 전대 벽에 걸어 두었네[28] 淸涼使橐垂

연전에 우리나라 사신이 이곳 여관에서 공화(公貨)를 잃은 적이 있으므로 이렇게 말한 것이다.

28 썰렁한……두었네 : 도둑맞을 만한 귀한 재화를 지니지 않았다는 말이다.

능하탄
凌河歎

대릉하와 소릉하엔	大凌河小凌河
민가가 오다가다 있을 뿐인데	人煙蕭條不盈坡
들어 보니 몽고인들 걸핏하면 떼를 지어	聞道蒙古動成群
수시로 벼락 치듯 휩쓸고 지나가며	有時撇捩如電過
공공연히 민가의 아낙네를 겁탈하고	公然掠取民家婦
백주에 음산에서 노새 실어 간다 하네	白日馱去陰山騾
그 때문에 백성들이 마음 놓고 살 수 없어	以玆民不奠其居
백 호였던 민가가 얼마 남지 않았으나	百家今有數家餘
황제도 몽고족의 기세를 두려워해	淸皇亦畏蒙古盛
혼인으로 우호 관계 이어 가려 한다 하네	內家婚嫁皆相於
저들 풍속 사납고 저들 말이 건장하니	厥俗梟鷙厥馬健
훗날의 우환거리 어떠할까 싶지만	他時猾夏將何如
능하의 근심일랑 우선 접어 둘지어다	凌河之憂姑捨諸

십삼산

十三山

오는 길이 갈 때처럼 힘들지 않은 것은	來時不似去時艱
여름 끝에 바람이 좀 시원해진 때문일 터	朱夏涼風灑客顔
이곳은 긴 노정의 반이 되는 지점이라	此地恰爲中半路
오늘 아침 십삼산에 도착한 걸 기뻐했지	今朝喜到十三山
들판 가득 기장과 접시꽃이 보루 덮고	郊平黍葍迷秦壘
해가 지자 사막 먼지 관문을 덮었어라	日落沙塵失漢關
관례대로 글을 써서 역마를 재촉하고	隨例發書催馹騎
사람을 나는 듯이 용만으로 가게 하네[29]	敎人飛走渡龍灣

29 관례대로……하네 : 국경이 가까워짐에 따라 사행에 관한 소식을 압록강 건너편 의주(義州)로 보내어 조정에 보고하게 하였다는 말이다. 용만(龍灣)은 평안도 의주의 별칭이다.

윤6월 1일 기미. 맑음. 신광녕(新廣寧)에서 묵다

신광녕
新廣寧

고죽국[30]의 유허가 남아 있으며	孤竹遺墟在
도화동[31]의 옛터가 열리는 곳에	桃花舊洞開
행궁을 갑작스레 일으키더니	行宮一朝起
황제가 팔월마다 행행하도다	皇帝仲秋來
백성들은 부역으로 시달리지만	畚鍤民勞止
산천은 어디보다 아름답구나	山河國美哉
관방과 민생이 다 중요하기에	關防與時政
곳곳마다 생각에 잠기곤 하네	隨處意徘徊

30 고죽국(孤竹國) : 백이(伯夷)와 숙제(叔齊)의 나라로 난하(灤河)에서 10리쯤 떨어져 있었다. 이곳에 백이와 숙제의 사당인 고죽사(孤竹祠)가 남아 있었다.

31 도화동(桃花洞) : 의무려산(醫巫閭山)의 남쪽 굽이에 복숭아나무가 1000여 그루 있어서 붙인 이름이라고 한다.

경신(윤6월 2일). 맑음. 소흑산(小黑山)에서 묵다

곳곳의 평원에는 목축하는 가축들이 무리를 이루고 있는데, 그 수가 거의 수천에 이르니 또한 장관이라고 할 만하다

處處平原牧畜成群其蹄殆可以萬千數亦盛觀也

평원의 물과 풀이 목지로 적합하니	平原水草綠相宜
양과 말과 소와 나귀 풀을 뜯게 풀어놓네	羊馬牛驢任所之
모일 때는 흰 구름이 잠깐 사이 합쳐지듯	屯處陣雲俄合沓
흩어질 땐 문채 있는 비단 문득 펄럭이듯	散來文錦忽離披
저녁 무렵 채찍 들고 휘파람을 한번 불면	鞭頭一嘯乘將暮
수레 앞에 무리들이 일제히 모여드네	轂裏千群會不期
이 무리가 다 변해서 전사가 된다 하면	盡化有生爲戰士
무지한 가축에게 군율을 행하련만[32]	更教師律及無知

32 이……행하련만 : 곳곳에 흩어져 풀을 뜯고 있다가 목동의 휘파람 소리를 듣고 몰려드는 가축들을 보며 군율에 따라 움직이는 군사들을 상상한 것이다. 우리나라에 저 가축들처럼 훈련된 많은 군사가 있다면 얼마나 좋을까 하는 마음에서 한 말인 듯하다.

소흑산

小黑山

새벽에 출동했다 밤엔 다시 정탐하니	羽檄朝馳夜探還
당시는 오랑캐가 질풍처럼 밀려올 때	當時虜騎疾風間
명나라가 처음으로 돈대를 일으켜서	煙臺肇起皇明世
깊은 가을 소흑산의 방수(防戍)에 주력했네	秋盛偏防小黑山
요동 들판 다 잃고서 요새 처음 만드는데[33]	遼野盡時初作險
의무려가 서린 곳이 관문으로 적합했네	醫閭盤處合成關
허망한 세상일이 잠깐 사이 뒤집히고	百年世事俄翻覆
괴로운 얼굴 위로 산안개만 밀려오네[34]	店靄峯嵐照苦顔

33 요동……만드는데 : 1618년 청나라가 심양(瀋陽)을 차지하고 난 뒤에야 명나라가 소흑산을 방수 기지로 삼고 돈대를 설치하였다는 말이다. 소흑산은 의무려산 자락에 위치한 나지막한 산이다.

34 괴로운……밀려오네 : 산안개 자욱한 소흑산의 작은 여관에서 번암 자신이 옛 역사를 생각하며 시름에 젖는다는 말이다.

신유(윤6월 3일). 맑음. 백기보(白旗堡)에서 묵다

일판문은 진창으로 악명이 높아 여태까지 우리나라 사신들이 낭패를 보지 않은 적이 없었다. 지금은 진창이 마르고 길이 평평하여 노정이 순탄하므로 기쁨을 시에 드러내다

一板門以泥濘名前後我使至者未始不狼狽今泥乾路平行李萬順喜見于詩

물결 같은 달빛 아래 맑은 경치 스치는데	白道如波霽景翻
경쾌하게 말달리니 자국조차 남지 않네	輕蹄飛度不成痕
수레 앞의 노복들이 서로서로 축하하니	車前徒御爭相賀
일판문의 온갖 위험 사라졌기 때문이네	百險全消一板門

요동 들판

遼野

아득하게 펼쳐진 저 들판을 돌아보니　四顧端倪一杳冥
늙은이의 가슴에 장한 기운 꿈틀대네　壯懷飛動撥衰齡
하늘에는 해가 홀로 외로이 걸렸지만　天衢只有孤懸日
태양의 궤도 밖엔 별들이 다 떴으리라　規外還應盡見星
먼 길에는 구름이 하얗게 걸려 있고　路掛浮雲遙送白
풀은 가는 말을 따라 아득하게 이어지네　草隨征馬莽連靑
세상에서 뜻에 맞는 일이라면 저 고니가　人間快意惟黃鵠
창공을 거침없이 날아가는 것뿐이리　騰入寥空不礙翎

백기보에서 벽화를 읊다

白旗堡詠壁畫

큰머리에 가벼운 옷 모든 면이 새로운데 高髻輕衫百態新
뜰 앞에는 백두구(白荳蔲)가 봄기운을 머금었네 階前荳蔲嫩含春
안타깝게 그 당시 명나라의 제도가 可憐當日中華制
깊은 규방 여인들의 복식에만 남았구나 都在深閨楚楚身

청나라 법제에 부인들에게만 중국의 의복 제도를 허용하였으므로 한 말이다.

임술(윤6월 4일). 비가 옴. 고가자(孤家子)에서 묵다

신민둔의 약방을 재차 방문하다[35]

重訪新民藥肆

갈 때 들러 쉬었던 신민둔 약방	店記新民憩
주인이 문에 나와 맞아 주누나	門迎舊客還
처량하게 몇 가닥의 백발이 늘고	蒼涼添幾髮
늙은 얼굴 초췌해져 부끄럽구나	黧悴愧衰顏
이름난 향기 속에 자리를 펴고	展席名香裏
보슬비 오는 날에 차를 달이네	烹茶細雨間
단약을 구할 수 있다 한다면	靈丹如可借
다 떨치고 삼신산(三神山)을 찾아가련만	揮手訪三山

35 신민둔(新民屯)의……방문하다 : 신민둔은 지금의 요령성(遼寧省) 요중현(遼中縣) 동북쪽의 신민둔진(新民屯鎭)이다. 번암은 앞서 4월 25일에 북경으로 가던 중 이 약방에 들러 쉬었다. 《樊巖集 卷13 大風較作益厲……笑而書之》

요동 들판에서 요란스러운 우레와 비를 만나 급히 주류보로 들어가 잠시 쉬다

遼野遇大雷電以雨急入周流堡少憩

주류하(周流河)는 참으로 이상도 하여　周流誠可怪
갈 때처럼 올 때도 흙비가 오네　霾雨去來同
기상이 솟구치는 바다 같아서　氣象洶如海
컴컴하고 바람 마구 몰아치다가　幽弁颯易風
들판에 우렛소리 해를 흔들고　野喧雷盪日
넓은 강엔 번갯불이 번쩍거리네　河闊電搖空
아침과 낮 날씨가 이리 다르니　憂喜異朝晝
인간 세상 소장 성쇠(消長盛衰) 이 속에 있네　乘除還此中

두 번째 其二

큰비가 때로 쫙쫙 오는 계절에　大雨時行節
유주의 황폐해진 성을 지나다　幽州舊廢城
급히 말을 돌려서 비를 피하니　急回征馬入
낮닭 울 시간 이미 지난 뒤였네　已過午鷄鳴
바람은 이리저리 미친 듯 불고　風色紛多變
강물은 콸콸대며 흘러가는데　河流劃進聲
하룻밤 묵고 갔던 일 생각하니　尙思曾一宿
높이 솟은 나무가 반겨 주는 듯　雲木欲含情

주류하곡
周流河曲

붉은 모자 쓰고서 영송하는 이　　紅兜迎送者
강가에서 사공에게 주의를 주네　　臨岸戒長年
강물이 몇 길이나 불어났으니　　河流長數丈
뇌우에 조심해서 노 잡으라고　　雷雨愼操船

두 번째 其二

강가에 오니 이미 저물녘인데　　臨水日已暮
인마를 태울 배는 한 척뿐이네　　人馬仰單船
말을 먼저 건너가게 해야 하리니　　急宜先渡馬
말 없이 어찌 길을 갈 수 있으랴　　無馬人豈前

세 번째 其三

끝없이 가고 오는 사람들이여　　悠悠去來者
주류하를 부디부디 조심하시오　　愼此周流河
바람 불면 모래에 말 쓰러지고　　遇風沙倒馬
비 만나면 우레가 내를 흔드니　　遇雨雷震波

네 번째 其四

오 리 남짓 떨어진 고가자에는	五里孤家子
저녁 짓는 연기가 피어나는데	墟煙曖將夕
험하고 긴 주류하가 막고 있어서	河流阻且長
바라볼 순 있어도 갈 수 없구나	可望不可卽

계해(윤6월 5일). 맑음. 심양(瀋陽)에서 묵다

이른 아침 고가자를 출발하다

早發孤家子

밤사이에 뇌우가 잠잠해지고	雷雨夜來息
아침 해가 나무 끝에 떠오르더니	朝暾出樹端
싱그러운 들판이 크게 열리고	斬新開野大
가없이 푸른 하늘 펼쳐지도다	無限得天寬
이슬 맺힌 풀잎은 살짝 젖었고	露草輕猶裛
물가에는 찬 노을이 흩어지누나	汀霞散欲寒
모래 먼지 모두 다 사라졌으니	塵沙皆帖伏
길 가는 데 어려움이 없을 듯하네	行路未應難

치도탄

治道歎

청 황제가 능 행차를 가을로 정해 두어	淸帝謁陵秋以期
자그마치 석 달이나 길 닦는 데 동원되어	治道直從三月爲
젊은이건 늙은이건 삼태기와 호미 들고	少者持鋤老者畚
비 오듯이 땀을 뚝뚝 흘리면서 일을 하네	揮汗却如雨淋漓
사람들이 통행하는 탄탄대로 버려두고	捨却行旅九軌道
논과 밭을 곧게 갈라 그 사이로 길을 내되	直割田疇開通逵
중간은 조금 넓고 양쪽 가는 조금 좁게	中央差闊兩畔殺
세 길을 가지런히 직선으로 조성하네	三路有條無逶迤
수레로 다른 곳의 흙 실어다 위에 덮고	車輸客土潤色之
나귀로 굴대 굴려 단단하게 다지니	驢曳碌碡磨以治
연경에서 심양까지 이천 리나 되는데도	燕京去瀋二千里
곧게 뻗은 도로가 진나라 때와 같네	直道無減嬴秦時
비가 와서 무너지면 다시 길을 정비하니	天雨輒壞壞復除
이 일은 아무래도 옳지 않다 생각되네	此擧竊恐非事宜
심양부가 동원령을 너무 일찍 내렸기에	瀋府之令太云豫
관내는 편하지만 관외에선 탄식하네	關內晏如關外咨
날개 펼친 새와 같은 행궁을 따로 짓고	別起行殿擧飛翬
다리를 만들어서 돌사자를 설치하니	更修橋梁蹲石獅
동원된 농민들이 농사지을 틈이 없어	農民未暇西疇事
서직은 못 자라고 남가새만 무성하네	黍稷不生生蒺藜

예전에 청나라는 간편함을 숭상하여	昔聞胡制尙簡便
백성들이 왕이 와도 몰랐다고 들었는데	萬乘雖至民不知
지금 와서 목격한 건 들은 말과 다르니	今者目擊異耳聞
국운이 쇠한 것을 미루어 알겠구나	衰運可以三隅推
나의 말은 틀림없이 직접 와서 본 것인바	我言端知驗在邇
민속을 채집하여 우선 시를 지어 보네	爲備採風聊作詩

기마탄

棄馬歎

만 리 길에 나와 함께 온갖 고생 하였으니	同我辛苦萬里途
짐승이라 해도 어찌 정이 들지 않았으랴	馬雖畜物情豈無
비가 내려 진흙탕인 계주의 저녁 길을	天雨泥海薊州夕
네가 끄는 수레 타고 급히 달려갔었노라	駕汝行軒急馳驅
갑자기 나 때문에 네가 병이 나 버려서	一朝汝病由我作
절구 찧듯 절뚝이며 가다가 서곤 하여	足蹇如舂行且立
일행들과 닭이 미처 울기 전에 길 떠나도	衆中先於鷄唱發
삼경이 되어서야 숙소에 들어갔지	宿處始趁三更入
발에 침을 놓았지만 상처가 더 심해져	馬夫針蹄蹄益傷
데려올 때 비틀대며 제대로 못 걷더니	運來十步九欹仄
오늘 날이 밝고 보니 억지로도 할 수 없어	及至今朝强不得
길에 뻗어 채찍에도 꿈쩍을 하지 않네	鞭之不起臥道側
마부를 남겨 두어 치료하게 하려 해도	欲使留治待差復
갑군이 규정 들어 안 된다고 반대하니	甲軍不許從人落
우리 일정 너 때문에 지체할 수가 없어	我行不可爲汝住
결국은 야박하게 널 버리고 가려 한다	畢竟棄置如不惜
마부가 굴레 풀고 꼬리를 자르더니	馬夫脫羈兼割尾
너를 보며 한참 동안 눈물을 흘리는데	對汝良久淚橫臆
주인 잃은 슬픔으로 네 표정은 아득하고	汝容依依失主悲
자꾸 뒤를 돌아보는 내 마음은 참담하다	我心慘慘回頭數

먼 나라에 함께 왔다 혼자 돌아가는데	異域同來不同歸
더구나 사생의 소식조차 모르리라	況乃死生無消息
바라는 건 호인이 너의 병을 치료하여	但願胡人療汝病
봄풀 자란 평야에서 길러 주는 것뿐이다	善養平郊春苜蓿

지난 일을 생각하다
伊昔行

지난날 청나라의 칸이 황제 참칭할 제[36]	伊昔淸汗僭天位
사방의 이민족이 사절단을 보냈으니	是日諸戎四方至
심양성의 궁전은 한량없이 드넓었고	瀋陽宮殿詄蕩蕩
옥좌는 과시하듯 높게 놓여 있었네	寶扆嵬然方肆志
아침 해가 머리 싸맨 만 군사를 비추고	朝日紅射萬抹首
천지를 흔들듯이 군악이 연주되자	軍中樂動聲殷地
너른 뜰에 축하하는 사람들이 늘어서서	廣庭燕賀紛左右
앞다투어 경건하게 꿇어앉아 절했으나	惕息拜跪誰敢後
조선에서 온 사자 나덕헌[37]과 이확[38]은	朝鮮使者羅與李

36 청(淸)나라의……제 : 후금(後金)의 태조 누르하치를 이어 즉위한 태종 홍타이지가 청나라로 국호를 바꾸고 황제로 즉위한 1636년이다. 병자호란 직진의 상황이다.

37 나덕헌(羅德憲) : 1573~1640. 본관은 나주(羅州), 자는 헌지(憲之), 호는 장암(壯巖)이다. 1636년(인조14) 춘신사(春信使)로 심양에 갔다가 청나라 황제의 즉위식에 참석하게 되었으나, 하례를 완강히 거부하였다. 청나라가 조선에 볼모를 요구하는 국서를 주어 돌려보내기로 하자, 내용을 알기 전에는 받을 수 없다고 거부하였다. 100여 명의 기병으로 통원보(通院堡)까지 호송되었는데, 기병의 호위가 풀리자 통원보의 호인(胡人)에게 국서를 맡기고 귀국하였다. 그러나 조선에 돌아오자 삼사(三司)와 조복양(趙復陽)을 중심으로 한 관학 유생들이 황제 참칭의 국서를 받았다고 논핵하여 백마산성(白馬山城)으로 유배되었다. 1636년 병자호란 후에야 춘신사로 심양에 갔을 당시 하례를 거부했던 사실이 밝혀져 유배에서 풀려나 삼도통어사로 특진되었다.

38 이확(李廓) : 1590~1665. 본관은 전주(全州), 자는 여량(汝量)이다. 태종의 아들

반열에서 한번 웃고 짐짓 한참 서 있었네	班心一笑立故久
하늘 아래 두 왕이 있을 수가 없건만	天日高高無二王
오랑캐가 황제 되니 어찌 그리 참람한가	穹廬僭號何其狂
곧게 선 채 절을 않고 장엄한 표정으로	頎然不拜顏色厲
늘어선 퍼런 창을 차갑게 바라봤지	冷視戈矟羅如霜
오랑캐들 위협하고 추장들이 욕을 해도	群胡怒懀群酋喝
한 몸으로 당당하게 죽음을 자처했네	堂堂七尺甘赴湯
칸이 껄껄 웃으면서 못 본 듯이 봐 넘기며	淸汗大笑視不見
흔쾌히 짐을 꾸려 돌려보내 주라 했네	快令俶裝歸東方
동방은 예의로써 국맥을 삼았는데	東方以禮爲國脈
두 사람이 있었기에 더욱 빛을 발하였네	得有二子增輝光
청 태종이 지었던 시를 내가 보고서야	我見胡皇所撰詩
이러한 사실 알고 감정이 격앙되니	始知此事懷激昂
사람들이 모두 두 사람과 같았다면	若使人皆二子心
남한산성 아래에서 어찌 항복하였으랴	降旗豈出南城傍
심양의 여관에서 비장하게 노래한 뒤	瀋陽旅館一悲歌
우러러 하늘 보고 술에 잔뜩 취하노라	仰視皇天醉茫茫

경녕군(敬寧君) 이비(李裶)의 6대손이다. 1636년에 회답사(回答使)가 되어 청나라 심양에 갔을 때, 청나라 황제 즉위를 축하하는 하례에 참석하기를 강요받았으나 결사적으로 거부하고 돌아왔다. 우리 조정에서는 그 사실을 잘못 전하여 듣고, 한때 선천(宣川)에 유배시켰다가 뒤에 충절을 알고 석방하였다.

감회를 읊다
感吟

심양성의 성곽과 마주 보는 능원에는　　　瀋陽城郭對陵園
사대손이 친히 가서 제향을 지내는데　　　親祭焚香四葉孫
돌아보면 가련한 창평의 능묘[39]에는　　　回首昌平可憐處
백년 가도 한식에도 찾는 이가 없으리라　　　百年寒食閉松門

명(明)나라의 능묘가 창평의 산에 있으므로 한 말이다.

39 창평(昌平)의 능묘 : 명십삼릉(明十三陵)으로, 명나라 황제 13인의 능묘가 조성된 곳이다. 북경 시내에서 서북방으로 100리가량 떨어진 창평현(昌平縣) 천수산(天壽山) 남쪽에 있다.

갑자(윤6월 6일). 맑음. 십리보(十里堡)에서 묵다

밤에 앉아서 서장관이 도착하기를 기다리다

夜坐待書狀行至

나는 교를 탔지마는	我乘轎
그댄 수레 타고 오니	君乘車
교는 말에 싣는 거라 건널 수가 있었으나	轎載馬尙可渡
수레는 진창 속에 빠졌으니 어찌하랴	車轂陷泥將何如
요동 들은 쟁반 같아 물이 빠질 길이 없어	遼野如盤水不洩
조금만 비가 와도 곳곳이 다 웅덩이네	小雨處處皆成瀦
나는 이미 촌 여관에 도착하여 쉬고 나서	我馬已尋村店歇
밥을 먹고 옷을 벗고 두 다리를 폈건마는	飯罷解衣舒兩膝
가느다란 상현달이 넘어가려 하는데도	上弦微月沒不遲
밤 깊도록 그대는 오지를 않는구려	君不來兮夜何其
그대 오길 기다리니 어찌 멀리 있으랴만	待君來豈其遠
들판을 빙 도느라 굶주릴 게 걱정이네	但念中野倭遲載渴飢

회포를 적다
書懷

연경을 다 둘러봐도 특이한 건 없었고	燕京周覽有何奇
동적을 만났을 때 슬픈 감회 들었을 뿐[40]	銅狄相逢只說悲
대도시의 시가지는 모두 겉만 치장하고	都會市廛皆外飾
중원의 인물들은 옛날과는 달랐어라	中原人物異前時
사방을 유람하길 평생토록 바랐지만	桑蓬浪費平生願
가련하게 병이 들어 약을 안고 살아가네	藥裹空憐疾病隨
그렇지만 요동 들을 지나가 본 뒤에는	惟是一經遼野後
흉금이 잗단 일에 구애되지 않으리라	肯將胸次礙藩籬

40 동적(銅狄)을……뿐 : 동적은 구리로 주조한 사람 모양의 동상으로, 동인(銅人)과 같은 말이다. 진 시황(秦始皇) 때 열두 개의 동인을 주조하여 궁문(宮門) 앞에 두었는데, 각각 24만 근으로 만든 동인은 모두 오랑캐 복장을 하고 있었다. 그런데 후한(後漢) 때 선인(仙人) 계자훈(薊子訓)이 한 노인과 함께 이 동적을 어루만지면서 "이것을 주조하는 것을 본 지가 이미 500년 가까이 되었구나."라고 한 고사가 있다. 《後漢書 方術列傳 薊子訓》 여기서는 명나라가 멸망하고 청나라가 중원을 차지한 지 오래된 것을 슬퍼했다는 뜻으로 한 말인 듯하다.

유주의 노래

幽州曲

금천을 진압하고[41] 요동으로 돌아온 뒤	掃罷金川返舊遼
가을 오니 답답해져 허리춤의 검이 우네	秋來鬱鬱劍鳴腰
새벽에 눈 내리는 숲에서 범 사냥하니	平明獵虎中林雪
사나이의 무료함을 조금 달랠 만하구나	差可男兒慰寂寥

두 번째 其二

가죽신에 짧은 상의 모두가 군장이요	輕靴短服摠軍裝
땋은 머리 한 가닥이 뒤통수에 달렸어라	辮髮單條頂後揚
적적한 유생의 관 어디에 쓰겠는가	寂寂儒冠安用是
만나는 사람마다 무령왕을 얘기하네[42]	逢人每說武靈王

41 금천(金川)을 진압하고 : 금천은 사천성(四川省) 금사강(金沙江) 유역을 지칭한다. 65쪽 주26 참조.

42 적적한……얘기하네 : 무령왕(武靈王)은 전국 시대 조(趙)나라 왕이다. 북방 민족의 복식을 채택하고 백성들에게 말타기와 활쏘기를 가르쳐 주변 지역을 복속시켜 기세를 크게 떨쳤다. 《史記 趙世家》 여기서는 사람들이 유학은 도외시하고 모두 무력과 용맹만을 숭상한다는 뜻으로 한 말이다.

세 번째 其三

준마를 채찍질해 골짜기를 벗어나니　　駿馬鳴鞭出狹斜
어디보다 번화한 심양성의 시가지네　　瀋陽城市最繁華
붉은 모자 꾸미는 데 아낌없이 돈을 들여　　天銀不惜紅兜飾
귀한 실을 사서 붙여 남들에게 과시하네　　自買珍絲向客誇

네 번째 其四

의기를 중시하는 협객들과 교제하여　　意氣邊頭結客多
등불 아래 마주하니 흰 칼날이 번뜩이네　　寒燈相對劍增波
평생토록 글자라곤 읽을 줄을 모르고　　平生不辨書中字
형경이 노래했던 〈역수가〉[43]를 알 뿐이네　　但識荊卿易水歌

다섯 번째 其五

큰 도시에 사는 데다 가진 돈도 적지 않아　　家住名都不少錢
취해서 한번 웃고 예쁜 기생 불러오네　　醉中一笑買嬋娟
누대에서 부르는 황화곡[44]을 듣노라니　　樓頭聽奏黃花曲

43 형경(荊卿)이 노래했던 역수가(易水歌) : 형경은 전국 시대 연(燕)나라 자객 형가(荊軻)를 지칭하는 말이다. 〈역수가〉는 형가가 연나라 태자 단(丹)을 위해 진 시황을 암살하러 떠날 때 역수 가에서 불렀던 노래이다. 64쪽 주25 참조.

44 황화곡(黃花曲) : 황화곡(黃華曲)을 이렇게 쓴 듯하다. 황화(黃華)는 중국 조(趙)나라의 수도 한단(邯鄲)에 있던 산으로, 황화곡은 그 주변의 민간에서 부르는 평범한

인간 세상 부귀영화 부러울 게 없어라　不羨人間萬戶權

여섯 번째 其六

천금으로 말을 사고 백금으로 개를 사니　千金買馬百金獒
세상에 이 정도로 호사하는 이 없을 터　人世無如此事豪
토끼 노루 끝까지 추격하여 피 마시며　窮逐冤獐仍飮血
누린내가 몸에 배도 상관하지 않도다　不關身上染腥臊

일곱 번째 其七

유주의 예쁜 여인 나부[45]를 능가하니　幽州冶女勝羅敷
열여덟 방년에다 지아비도 아직 없네　二九芳年未有夫
웃으면서 협객에게 꽃을 주며 묻는데　笑折花枝問俠少
사내놈의 훤한 얼굴 여인보다 아름답네　丰茸得似女顔無

노래를 뜻하는데, 여기서는 기녀가 부르는 노래를 가리킨다. 백거이(白居易)의 〈속고시(續古詩)〉에 "한단에서 창녀를 보내왔는데, 황화곡을 능숙하게 노래 부르네.〔邯鄲進倡女, 能唱黃華曲.〕"라고 하였다.

45 나부(羅敷) : 전국 시대 때 한단에 살았던 미인이다. 어느 날 밭두둑에 나가 뽕을 따고 있었는데, 남편 왕인(王仁)의 상전인 조왕(趙王)이 나부의 미모에 반하여 겁탈하려고 하였다. 그러자 나부가 쟁(箏)을 뜯으면서 "사군에겐 부인이 있고, 나부는 남편이 있습니다.〔使君自有婦, 羅敷自有夫.〕"라는 내용의 〈맥상상(陌上桑)〉을 불러 거절하자 조왕이 겁탈하지 못하였다고 한다. 《古今注 音樂》

여덟 번째 其八

조선의 변방 장수 모두가 애송이라　朝鮮邊帥摠嬰孩
붉은 모자 눈에 띄면 사색이 되곤 하네　乍見紅兜色死灰
폐사군[46]에 들어가서 인삼을 몰래 캐선　採得人蔘廢四郡
배를 타고 취해서 압록강을 건너오네　乘舟醉過鴨江回

46 폐사군(廢四郡) : 세종 때 압록강 상류 지역에 설치했던 여연(閭延), 자성(慈城), 무창(茂昌), 우예(虞芮)의 네 군이다. 세종은 여진족의 침입을 막기 위해 이 네 군을 설치하고 백성들을 이주시켰지만, 지속적인 방비가 어렵다는 이유로 1455년(단종3)과 1459년(세조5) 두 차례에 걸쳐 폐지를 결정하였다. 이후 오랫동안 '폐사군'이라 불리며 주민들의 거주가 금지되었다.

을축(윤6월 7일). 맑음. 요동촌(遼東村)에서 묵다

저녁 무렵 요동의 여관에 도착하다
暮抵遼東店

들 끝나고 밝은 강에 석양빛이 퍼지는데　野盡河明夕照開
요동성 성 밖에서 쇠뿔 피리 재촉하네　遼東城外角聲催
구름 보고 산 가까이 왔다는 걸 알았더니　雲容漸覺蒼山近
마을보다 하얀 탑이 눈에 먼저 들어오네　村勢先知白塔來
말이 지쳐 낭자에서 묵을 계획 틀어지고　馬倦判違狼子宿
하늘 멀어 고향 집의 서신 받지 못하누나　天長不許雁書回
조선에 변방 신하 있다고 말할쏜가　吾東可說邊臣在
폐군의 목재를 다 제창으로 실어 가니　帝廠恭輸廢郡材

처음에는 낭자하(狼子河)에서 묵으려 하였는데 계획이 어긋났으므로 제5구에서 언급하였다. 청나라 황제가 직접 목창(木廠)[47]을 설치하였는데, 그 일을 맡은 자가 멋대로 우리나라 폐사군(廢四郡)의 목재를 베어 요동의 강변에다 쌓아 두었다가 한창 뗏목을 만들어 연경으로 운송하였기 때문에 제7구와 제8구에서 언급하였다.

47 목창(木廠) : 청나라 때 목기(木器)를 만들기 위해 관부(官府)에서 설치했던 공장(工場)이다.

요동 들판의 수양버들

遼野柳

천 리 들을 녹색으로 물들인 수양버들 千里垂楊綠正勻
장구하게 행인에게 그늘을 제공하네 百年功大蔭行人
누가 좁은 안목으로 가볍게 붓을 놀려 誰將管見輕搖筆
수나라 변수 가의 봄에 마구 비교하랴[48] 錯比隋家汴水春

48 수(隋)나라……비교하랴 : 요동 들판의 버드나무가 궁궐 주변의 수양버들과는 가치를 비교할 수 없다는 말이다. 변수(汴水)는 수나라 양제(煬帝)의 행궁 옆을 흘렀던 강이다. 당(唐)나라 유우석(劉禹錫)의 〈양류지(楊柳枝)〉에 "수 양제의 행궁이 변수 가에 있는데, 몇 그루의 수양버들 봄을 이길 수 없어라.〔煬帝行宮汴水濱, 數株楊柳不勝春.〕"라고 하였다.

병인(윤6월 8일). 맑음. 낭자산(狼子山)에서 묵다

한낮에 냉정에서 말에게 물을 먹이다
午秣冷井

천지는 본래부터 절로 넓은데	天地本自大
석문은 어찌하여 이리도 좁나	石門爾何狹
흔들리며 달리는 나의 수레가	翩翩我軒蓋
좁은 술병 입구로 들어가는 듯	如向甕天入
군자에겐 크나큰 포부가 있어	君子有胸次
땅의 넓고 좁음은 상관 않지만	不係地寬窄
오랫동안 광활한 벌판 보다가	耳目久曠然
여기 오니 막혀 절로 탄식 나오네	及玆歎逼塞
마부는 고향 집이 가까워져 기뻐하니	徒御喜近鄕
개구리가 제 우물로 돌아가는 것과 같네	井蛙適其適
다행히도 냉정이란 우물이 있어	賴有冷井水
얼음처럼 맑은 물을 토해 내도다	淸泂吐氷玉
지난번 연경에서 마셨던 물은	向來燕京泉
더러워서 배탈을 앓았었는데	攪濁腸胃汨
입을 한번 가셔 내자 상쾌해지고	一嗽牙顴爽
한 모금에 정신이 번쩍 드누나	一飮精神別

낭하에서 달밤에 뜰 앞의 앵두나무를 보고서야 올해는 먼 길을 오가느라고 앵두를 맛보지 못했다는 것을 깨닫고 서운하여 읊조리다

狼河月夜見庭前櫻桃樹始覺今年道路不得嘗新悵然有吟

푸르스름한 달빛이 흰 낭하를 비추는 때	雲月蒼蒼照白狼
시원해진 뜰에 나와 앵두나무 밑을 걷네	櫻桃樹下步虛涼
객지에서 비로소 철 지난 걸 한탄하니	客窓始恨天時晚
금년에는 빨간 구슬 향기 맡지 못했구나	孤負今年赤玉香

정묘(윤6월 9일). 비가 옴. 연산관(連山關)에서 묵다

청석령
青石嶺

삼월에 저 들판을 따라올 적에	三月率彼野
여기에서 골짜기가 홀연 좁아져	忽此來束峽
기괴한 벼랑 높이 치솟아 있고	怪壁峙谽谺
관목이 주위를 다 뒤덮었어라	灌木垂合帀
짙은 아침 안개가 비로 변하여	朝嵐融成雨
흩뿌려서 떠오르는 해를 가리니	霏灑翳東旭
옷이야 축축해도 상관 않지만	衣霑固不惜
미끄러운 돌 밟고 갈 말 걱정했지	石滑念馬足
계절 따라 눈앞의 경관도 변해	時物改前觀
지금은 매미 소리 맑게 퍼지고	鳴蟬淸以激
몇 달이 되지 않는 세월임에도	日月曾幾何
내 머리가 이미 온통 세어 버렸네	我髮颯已白
이런저런 생각으로 감상에 젖어	惄焉感中懷
지난날을 떠올리며 눈물지으니	流睇撫往昔
산비야 대체 너는 무슨 생각에	山雨爾何意
영릉곡과 같은 상황[49] 만들어 내냐	宛爾寧陵曲

회령령
會寧嶺

아침나절 청석령을 넘어서 왔고	朝踰青石嶺
저물녘엔 회령령을 넘어가는데	暮踰會寧嶺
두 고개는 너무도 위태로워서	危哉二嶺路
밧줄 잡고 벼랑 위를 오르듯 하네	仰陞如攀綆
비와 함께 쏴아 하고 바람이 불어	飛雨生淅瀝
만 골짝이 고요할 때가 없어라	萬壑少虛靜
쇠약한 몸 억지로 길을 가지만	據鞍強衰氣
감기로 옷 껴입어 부끄럽구나	添衣愧寒病
곳곳에 나뭇가지 휘늘어져서	樛枝競低壓
관을 쓰고 지나가기 어려운 데다	我冠苦難整
호랑이가 나올 법한 으슥한 곳엔	深處虎可念
왕왕 몰래 함정을 파 두었어라	往往潛置穽
기로에는 평탄함과 험함이 있고	岐路有夷險
출처에는 다습고 차가움 있네	出處知煖冷

49 영릉곡(寧陵曲)과 같은 상황 : 영릉은 효종의 능호(陵號)이다. 효종이 봉림대군(鳳林大君)이던 1637년(인조15) 2월 심양(瀋陽)에 인질로 가면서 〈청석령 지나거냐〉라는 시조를 지었는데, 그 내용은 "청석령 지나거냐 초하구(草河口) 어디메오. 호풍(胡風)은 차도 찰샤 구즌비는 무슨 일고. 아므나 행색(行色) 그려 내어 님 계신 듸 드리고자."라는 것이다. 여기서는 효종이 청나라에 인질로 가던 그 옛날처럼 청석령에 비가 온다는 뜻으로 한 말이다.

옛사람이 마부를 꾸짖었으니[50]	古人能叱馭
이 뜻을 가슴에 늘 새겨 두리라	玆義所耿耿

50 옛사람이 마부를 꾸짖었으니 : 한(漢)나라 때 왕양(王陽)은 익주 자사(益州刺史)가 되어 부임할 당시 형세가 험하기로 유명한 구절판(九折阪)을 넘다가 혹시 몸을 다쳐 어버이에게 누를 끼칠까 염려하여 벼슬을 그만두고 그대로 돌아온 적이 있었다. 뒤에 왕존(王尊) 역시 익주 자사가 되어 이 고개를 넘게 되었는데, 그는 마부를 꾸짖으며 말하기를 "빨리 말을 몰아라! 왕양은 효자였지만 나는 충신이다."라고 하였다. 《漢書 王尊傳》 나라의 은혜에 보답하기 위해 험한 길도 주저하지 않고 내달린다는 뜻으로 한 말이다.

연산관

連山關

가파른 두 고개에 비가 제법 내리더니	二嶺崚嶒雨欲痕
등라 뚫고 지나오자 이미 황혼 무렵이네	藤蘿穿盡已黃昏
산천은 뚜렷하게 동국과 한가지요	山川宛爾如東國
나무는 무성하게 작은 촌락 덮었어라	樹木翳然藏小村
시는 누가 볼까 싶어 깊이 넣어 두었지만	囊裏畏人深閉藁
객지에서 달을 보자 오래 문을 열어 두네	客中逢月久開門
노복들이 경계하는 소리 홀연 들려오니	忽聞僕隷煩相警
울타리 밖 범 출현에 부엌으로 개가 숨네	狵躲中廚虎過樊

의주의 하리가 물이 불어나서 오지 못한다는 말을 듣다
聞義州吏阻水不至

가던 때엔 배꽃이 가지 가득 피었더니	梨花滿樹去時天
돌아갈 땐 숲에 이미 소슬한 바람 소리	歸路林聲已颯然
물이 불어 사람이 건너올 수 없다기에	聞說水生人未渡
의주 쪽을 바라보니 운무만 자욱하네	義州東望杳雲煙

무진(윤6월 10일). 맑음. 통원보(通遠堡)에서 묵다

통원보에서 돌아가신 부모님을 꿈에 뵙다
通遠堡夢拜先考妣

소자가 행역으로 지친 나머지	小子疲行役
어리석게 부모님을 잊었었는데	蠢然忘父母
지하에 계신 우리 부모님께선	夜臺一念中
오직 자식 생각만을 하셨으리라	惟小子是有
멀고 먼 만 리 밖의 여관방에서	逖矣萬里店
꿈을 꾼 게 어찌 그저 우연일쏜가	宵夢豈其偶
두 분께서 평소처럼 앉아 계셔서	二人坐如常
달려 나가 차례대로 절을 올리고	趨拜有先後
얼굴이며 수염과 머리카락을	顏貌與鬚髮
하나하나 한참 동안 바라보았네	歷歷仰瞻久
비록 아무 말씀도 않으셨지만	雖未承敎詔
기뻐하는 기색이 넘쳐났으니	喜氣盈床幃
내가 오길 기다리고 계신 듯하고	怳如待我行
또한 나의 귀환을 기뻐하는 듯	又如欣我歸
내 정성이 부족했던 것을 알고서	誠薄奈小子
놀라 깨어 어찌해야 할 줄 모르네	驚覺失所依
변방의 새벽닭이 몇 차례 울고	邊鷄鳴幾許

하늘에는 별이 점차 사라지는데	天星漸欲稀
서성이며 다시 잠을 이루지 못해	彷徨不復寐
눈물 섞인 먹물로 시를 쓰노라	淚墨灑爲詩
부모님이 소자를 걱정하시니	父母念小子
내 말이여 걸음을 지체 말거라	我馬勿遲遲

기사(윤6월 11일). 맑음. 송참(松站)에서 묵다

제창목[51]

帝廠木

황제의 공상에서 쓰일 목재가	帝廠木
요하 옆에 높다랗게 쌓여 있는데	委積遼河側
요하가 발해만과 통하는지라	遼河之水通渤海
많은 목재 분주하게 배에 실어 운반하네	船輸萬木紛相續
오랑캐가 속임수로 우리 금령 무시하고	胡雛欺我疏禁防
몰래 나무 베어 가길 식은 죽 먹듯 하니	潛越斫木如探囊
얻은 자는 살이 쪄도 잃은 자는 병드는 법	得者雖肥失者瘦
남의 나라 재목 도용 예로부터 비판했지[52]	楚材晉用古來傷
나무가 나서 자란 땅을 두고 실려 가서	木兮木兮永謝生長土
남의 나라 사람 위해 기둥 되고 들보 되니	爲他人作棟與樑
만약에 사람처럼 말을 할 줄 안다면	若能使木能言語
오호라 애통해서 어쩔 줄을 모르리라	嗚呼得不哀痛失其所

51 제창목(帝廠木) : 제창(帝廠)은 청나라 황실에서 목기를 만들기 위해 운영한 공장(工場)을 지칭한 듯하다. 폐사군(廢四郡) 지역의 나무를 청나라에서 불법으로 베어 가는 것을 보고 이 시를 지은 것으로 보인다.

52 남의……비판했지 : 이웃 나라의 재목을 마음대로 사용하는 폐단에 대한 논의가 예로부터 있었다는 뜻이다. 《춘추좌씨전(春秋左氏傳)》 양공(襄公) 26년에 "초(楚)나라에 비록 재목이 있으나 실제로는 진(晉)나라가 그것을 쓰고 있다."라고 한 말이 보인다.

〈조선조공도〉를 노래하다

朝鮮朝貢圖歌

주인집 벽에 걸린 선명한 그림 하나	主人壁上圖畫明
우리 조선 사절단의 모습 그린 것이었네	貌得朝鮮使者行
세 사신은 소매 폭이 넓은 포를 입었고	三使身穿廣袖袍
허리에는 번쩍이는 품대를 둘렀는데	圍以品帶生光晶
해가 비쳐 오사모의 모서리가 반짝이고	烏帽日映斑斑角
바람 불자 수레 지붕 수술이 나부끼네	皁蓋風掣垂垂纓
교 위에는 휘장 걷고 반듯하게 앉은 사신	轎上褰帷拱而坐
멍에 멘 두 마리 말 발걸음이 가볍구나	駕彼雙馬馬蹄輕
그 밖에도 수백 명에 달하는 종자들이	其餘從者數百人
앞뒤로 호위한 채 무리지어 가는데	前擁後衛侁侁征
어떤 자는 죽립 쓰고 어떤 자는 전립 쓰고	或戴竹笠或氈笠
군관과 통역관도 복장을 달리했네	軍官象譯殊其形
갖가지 토산물을 조랑말에 싣고서	土物種種載果下
먼지바람 짙게 덮인 요동 길을 가고 있네	風沙晝暗遼東程
그림 보고 저절로 손바닥을 친 까닭은	對此令人一撫掌
늙은 나의 지금 모습 그려 놓은 듯해서네	宛是老夫今日樣
너희들이 중국 복제 한 번도 못 봤기에	爾曹生不見衣冠
화가가 비웃느라 이 그림을 그렸는데	畫者譏笑爲此狀
물정은 낯선 것을 괴이하게 여기는 법	物情稀覯以爲怪
월나라의 개들은 눈을 보면 짖는다지[53]	越犬見雪吠相向

중국의 문물제도 전과 같지 않으니 中華禮樂非前時
하(夏), 은(殷), 주(周)의 위의가 여기에 다 있어라 三代威儀盡在斯
네 조상도 지난날에 이런 복장 하였으니 爾家父祖昔如此
저승에 가 물어보면 비로소 알게 되리 歸問九原應始知

53 월(越)나라의……짖는다지 : 기후가 더운 중국 남쪽 지역 월나라에는 눈이 오지 않기 때문에 기상 이변으로 눈이 오면 개들이 미친 듯이 짖어 댄다고 한다. 여기서는 청나라 사람들이 중국의 옛 복식 제도를 보지 못했기 때문에 조선 사신들의 복장을 낯설게 여기며 비웃는다는 뜻으로 한 말이다.

날이 저물어서 송참에 이르다

暮抵松站

먼 길 가는 나그네가 저물녘에 쉴 곳 찾아	迢迢行子暮尋煙
해 기우는 고개 앞의 촌락으로 들어섰네	墟落斜光小嶺前
통원보 근처에선 강이 점차 넓어졌고	水勢漸從通遠大
의주에 당도하면 보름달이 밝으리라	月輪應到義州圓
집 소식을 듣는다면 무슨 걱정 있으랴만	若聞家信愁何有
조정의 위덕(威德)으로 병은 쉽게 나았어라	遙仗王靈病易痊
시고(詩藁)가 우연하게 일기 형식 따랐는데	詩草偶然如日錄
스스로만 좋아할 뿐 공개하진 못하겠네	只堪自悅不堪傳

통원보(通遠堡) 이후로 여러 차례 큰 내를 만나 자주 위험을 무릅쓰고 건너야 했다. 강을 건넌 것이 열네댓 번이나 되므로 제3구와 제4구에서 언급하였다.

경오(윤6월 12일). 아침에는 안개 끼고 저물녘에는 맑음. 책문(柵門)에서 묵다

마고령에서 아침 안개를 만나다

麻姑嶺遇朝霧

사행길 중에서도 험한 이곳을 　關路此爲險
넘어가는 지친 말이 가여워지네 　心憐疲馬行
산맥은 회령령의 남은 줄기요 　山餘會寧脈
마을 이름 백안으로 기록하였네[54] 　村記伯顏名
안개에 젖어 옷은 축축해지고 　霧裛衣裳潤
시냇가엔 수양버들 드리웠어라 　川縈欅柳明
마고의 일[55] 굳이 물어 무엇 할쏜가 　麻姑何必問
실제로 곧 푸른 바다 보게 될 텐데[56] 　眞去見桑瀛

54 마을……기록하였네 : 백안(伯顏)은 원(元)나라 세조(世祖) 홀필렬(忽必烈)의 신하로 송나라를 정벌하는 공을 세운 인물이다. 백안이 군사를 주둔시켰던 곳이라서 마을 이름을 백안동이라 부른다는 뜻이다.

55 마고(麻姑)의 일 : 마고는 전설 속의 선녀이다. 마고가 신선 왕원(王遠)을 만나서, "우리가 만난 이래로 동해가 세 번이나 뽕밭으로 변한 것을 이미 보았는데, 저번에 봉래(蓬萊)에 가 보니 물이 또 과거에 보았을 때에 비해서 반절가량이나 줄어들었으니, 어쩌면 다시 땅으로 변하려 하는 것인지도 모르겠다."라고 말했다는 이야기가 전해진다.《神仙傳 卷7 麻姑》여기에서 상전벽해(桑田碧海)라는 고사성어가 생겨났다.

고개 아래에 백안동(伯顔洞)이 있기 때문에 제4구에서 언급하였다.

56 실제로……텐데 : 험준한 마고령을 벗어나면 머지않아 드넓은 바다, 곧 서해를 보게 될 것이라는 말로, 상전벽해의 고사를 이렇게 전용(轉用)한 것이다.

삼차호에서 한낮에 말에게 물을 먹이다

三叉湖午秣

봉우리에 차츰차츰 안개 걷히자	稍稍峯霧捲
중천의 해가 밝게 드러나누나	日華中自生
낮 더위가 점점 심해지겠지마는	午炎應轉盛
병든 몸이 억지로 길 재촉하네	衰病强催行
들의 물은 삼차하(三叉河)로 합쳐지는데	野水三叉合
촌가에선 한 글자로 가훈을 삼네	村家一字成
내 나라에 돌아온 것 같은 기분은	在途如返國
봉황성에 대해 익히 들어서리라	耳慣鳳凰城

중국에서는 가훈을 간단명료하게 한 글자로 정하기 때문에 시편 안에 언급하였다.

연경으로 가던 때에는 길가의 마을마다 배꽃이 한창 피어 그림같이 아름다웠는데, 지금은 아침 안개가 사방을 덮어 마을이 있는 곳조차 알 수 없으니, 한번 아쉬워할 만한 일이다

去時路傍村村梨花正開掩映如圖畫今因朝霧四漲不知村所在亦足一悵

산안개가 짙게 끼어 벼랑길이 어둑하나	山霧溶溶棧道昏
평야에는 아침 해가 분명 환히 떴으리라	定知平野已朝暾
어디선가 닭 소리가 은은하게 들리는데	鷄聲隱隱鴻濛界
배꽃이 만개했던 마을 덮은 짙은 안개	失却梨花第幾村

길에서 봉황산을 바라보니 산세가 기이하고 수려하며 높고 험하여 짝할 만한 곳이 없다

路中望鳳凰山奇秀峭拔無與爲偶

봉우리들 봉황이 춤을 출 듯 울 듯하니	峯峯欲舞又將鳴
천 길 높이 기이한 형상 실로 별천지네	千仞奇形不世生
사해에 덕이 두루 미치는 걸 보려고	四海德輝將一覽
채색 구름 하늘가에 가파르게 솟았구나[57]	彩雲天畔聳崢嶸

57 사해(四海)에……솟았구나 : 한(漢)나라 가의(賈誼)의 〈조굴원부(弔屈原賦)〉에 "봉황이 천 길 높이 날아서, 빛나는 덕을 보고 내려오도다.〔鳳凰翔于千仞兮, 覽德輝而下之.〕"라고 하였는데, 현자(賢者)가 평화로운 시대에 세상에 나가고 어지러운 시대에는 깊이 은거하여 자중하는 것을 의미한다. 여기서는 산 이름이 '봉황'이기 때문에, 봉황산이 천 길 높은 곳에서 태평한 세상을 내려다본다는 뜻으로 쓴 것이다.

책문에 당도하였는데, 책문을 지키는 자가 성을 관장하는 장수가 오지 않았다며 문을 열어 주지 않아서 그대로 머물러 묵었다

抵柵門柵胡以城將不至不許開鎖仍留宿

힘을 다해 변방 성루 따라가는데	慘淡緣邊壘
무식하고 모진 자가 책문을 지켜	頑愚守柵胡
아침 내내 문을 열어 주지 않지만	終朝不能出
부끄럽게 호통을 칠 기개가 없네	豪氣愧全無
용만(龍灣)에서 장교가 와 안부를 묻고	問候趨灣校
맞아 가려 말안장을 얹어 놓으니	逢迎韝代駒
넘실대는 압록강 건너편에서	盈盈鴨綠水
벗이 내가 당도하길 기다리도다	良友有相須

의주 부윤(義州府尹)이 편지를 보내 뜻을 전하였기 때문에 언급하였다.

의주에서 보낸 음식이 책문에 도착하였으나 집에서 보낸 편지는 보이지 않기에 울적해져서 쓰다

灣饌來及柵門獨不見家信悵鬱書此

조물주가 우리 일행 보호한 게 분명하니	的是天公護此行
이천 리 길 오는 내내 날씨가 좋았어라	雨暘如意二千程
형가(荊軻)가 비장하게 노래했던 저자[58] 지나	人從燕俠悲歌市
당 태종이 주필했던 구름 덮인 성[59] 지났지	雲掩唐宗駐蹕城
노복의 말투에는 중국 억양 느껴지고	僮僕語依中國樣
음식에는 부윤의 정이 가득 담겼어라	盤飡味荷使君情
인편 통해 집에서 온 편지를 받는다면	便中若見家書至
그때는 내 머리가 모두 세어 있으리라	定黑頭邊素雪莖

58 형가(荊軻)가……저자 : 형가는 연(燕)나라 태자 단(丹)의 부탁을 받고 진 시황을 암살하려 했던 협객이다. 64쪽 주25 참조. 북경으로 가기 위해 옛 연나라 지역을 지났다는 뜻으로 한 말이다.

59 당……성 : 당 태종이 고구려를 공격할 때 머물렀던 산이 요령성 요양현 서남쪽에 있는 '주필산(駐蹕山)'이다. 태종이 이 산 고개에서 며칠 동안 머물며 전쟁의 공을 비석에 새겼다고 해서 붙인 이름이라고 한다.

신미(윤6월 13일). 맑음. 금석산(金石山)에서 묵다

밤에 금석산에서 노숙하다

夜屯金石山

금석산에 어둑어둑 해가 저물어	金石日云暮
냇가에서 멈추어 안장 풀었네	解鞍川水隈
한밤중에 한데서 자려 누우니	三更露地睡
밝은 달빛 하늘에 가득하구나	明月滿天來
모기는 이불 가에 앵앵거리고	蚊蚋緣衾坐
호랑이는 망을 피해 주변을 도네	於菟避網回
누가 능히 원헌의 처신[60]을 배워	誰能學原憲
적막하게 초야에서 살 수 있을까	寂寞守蒿萊

60 원헌(原憲)의 처신 : 가난에도 굴하지 않고 자신의 도를 지키는 것으로, 여기서는 벼슬을 버리고 자유롭게 살아가는 것을 의미한다. 공자 제자 원헌은 "재물이 없는 것을 가난이라고 하고, 도를 배우고서 행하지 않는 것을 병이라고 한다고 들었다. 나는 가난할지언정 병이 들지는 않았다."라고 하였다. 《莊子 讓王》

윤6월 14일 임신. 맑음. 압록강을 건너 의주(義州)에서 묵다

구련성에서 10여 리쯤 가서 의주성이 한 가닥 구름처럼 비껴 있는 것을 보고 기뻐서 시를 짓다

自九連城行可十里見義州城橫抹如雲喜以成詩

산모퉁이 벗어나자 홀연 눈이 밝아지니	路出峯隅眼忽明
구름 뒤로 변함없는 의주성이 드러나네	雲間無恙義州城
산과 강도 반갑게 웃어 주는 것 같으니	山容水態如歡笑
수레 앞의 모든 것이 정겹게 느껴지네	何物車前不有情

의주 부윤이 압록강 가에서 나를 맞이하였으므로 기쁨을 시에 드러내다

灣尹迎我鴨綠江上喜見于詩

강 언덕에 흰 천막이 걸려 있으니　白幕揭沙岸
멀리서도 알아보네 마중 나온 걸　遙知待我還
날아가듯 삼강[61]을 건너가노니　三江渡若飛
물결과 바람 한껏 도와주는 듯　波浪風不慳
고국 사람 만나서 마냥 기쁘고　欣然故國人
고국산천 이전과 다르지 않네　依然故國山
의주 부윤 나와서 맞이하고는　明府出以迎
얼굴 보며 악수하고 웃음을 짓네　握手笑相看
성상께서 강녕함을 먼저 말한 뒤　上言聖體寧
가족들도 편하다고 얘기해 주네　下言家室安
물가에 잠시 편히 자리 잡으니　沙頭且安坐
거문고와 피리 소리 그치지 않네　絲竹方未闌

61 삼강(三江) : 압록강이 백두산에서 흘러 서쪽으로 장강(長江)을 이루고, 마이산(馬耳山) 밑에서 세 갈래로 나뉘어 삼강, 중강(中江), 압록강이 되는데, 삼강과 중강은 중국 경내이고, 압록강은 우리나라 경내에 속한다. 그러나 여기서는 압록강을 지칭하는 말로 사용한 것으로 보인다.

계유(윤6월 15일). 맑음. 갑술(16일). 맑음. 의주(義州)에 머물다

의주 부윤이 기녀들을 데리고 와 음악을 연주하게 하였으므로 옛일을 떠올리며 감회에 젖어 장구를 초안하다

灣尹携妓作樂感念舊事草成長句

의주부의 내선각은 높고도 드넓은데	來宣之閣軒且豁
정오에 질서 있는 연회를 열었으니	亭午開筵勢秩秩
부윤께서 오랜 나의 행역을 위로코자	使君慰我久行役
하루 종일 술과 노래 즐기도록 준비했네	携酒徵歌消永日
가벼운 비단옷을 화사하게 차려입고	輕羅疊縠紛葳蕤
단장한 여인들이 두 줄로 앉았으니	兩行粉黛嬌成列
향기는 은은하게 바람결에 스쳐 가고	薌澤微微軟風度
퍼져 가는 피리 소리 변방 구름 뚫는구나	簫管轟轟塞雲裂
북채 들어 채색이 된 북을 살짝 두드리자	畫鼓輕受舞枹鳴
유성이 날아가듯 빠르게 공이 튀고	香毬飄若流星疾
몸이 가장 가벼운 어린 기녀 한 쌍이	一雙少妓最輕身
몸을 날려 칼춤 추니 하얀 눈발 날리는 듯	飛騰舞劍生夏雪
이천 리를 오는 동안 온갖 고생 다 하다가	含辛茹苦二千里
이걸 보니 즐거워서 피로가 다 사라지네	對此可以心神悅
순행길에 들렀던 일[62] 불현듯 기억나니	忽憶往年巡到此
그때가 마침 구월 열사흗날[63]이었지	時値九月十三日

오색구름 뒤덮은 대궐 쪽을 바라보며	天上懸誠五雲闕
변방에서 천추절을 기리는 연회 여니	塞外張樂千秋節
맑은 날 저녁 무렵 술과 국화 대하고서	綠酒黃花對晩晴
동료들과 남산 북두 같은 수(壽)를 기원했네	南山北斗藹群情
오호라 이제는 다 지난 일이 되었는데	嗚呼此事今已矣
백발 신하 먼지바람 쐬며 길을 오가누나	孤臣頭白風沙裏
어찌 예상했겠는가 국상이 끝난 뒤에	那意三年遏密餘
이곳에서 이 음악을 먼저 듣게 될 줄을	此地此樂先入耳
그대 보지 못했는가	君不見
원릉의 능상에 돋은 풀이 이미 묵어[64]	元陵陵上草已宿
소소 소리 끊어지고 솔바람만 이는 것을[65]	簫韶聲斷松風起

62 순행길에 들렀던 일 : 번암이 1774년(영조50) 4월부터 이듬해 5월 사직할 때까지 평안도 관찰사로 있었기 때문에, 그때 의주에 순행차 들렀던 기억을 떠올린 것이다.

63 구월 열사흗날 : 이날은 영조의 탄일(誕日)이다.

64 원릉(元陵)의……묵어 : 원릉은 경기도 구리시 인창동에 있는 영조의 능이다. 영조가 세상을 떠난 지 3년이나 지났다는 뜻이다.

65 소소(簫韶)……것을 : 소소는 순(舜) 임금의 음악 이름이다. 역시 영조가 별세한 것을 슬퍼하는 뜻이다.

용만곡
龍灣曲

이백 년 전 선조께서 머물었던 행궁에는 宣祖行宮二百年
흙 계단과 갈대 자리 그대로 남았어라 土階蘆箔尙依然
군민들이 울면서 하늘 같은 덕 말하니 軍民泣說如天德
전세 없어 한가로이 경작할 수 있어서네 春日閑耕無稅田

두 번째 其二

용만의 장사들은 비장한 노래 아나[66] 龍灣壯士解悲歌
평생 이름 못 날리니 무슨 소용 있겠는가 生不成名奈若何
십 년간 기발 되어 머리가 다 세고서 十年騎撥鬢如雪
먼 변방의 첨사 자리 근근이 얻는구나 纔得窮邊僉使窠

세 번째 其三

외로운 백마성[67]엔 저물녘 호가(胡笳) 소리 白馬孤城咽暮笳

66 용만(龍灣)의……아나 : 비장한 노래는 64쪽 주25 참조. 예로부터 연(燕)나라, 조(趙)나라 지역에는 비분강개하는 우국지사(憂國志士)가 많았다고 한다. 여기서는 의주(義州)가 연나라, 조나라 땅과 가깝기 때문에 기질도 그와 비슷하여, 이 지역의 군사들 중에 나라 위해 목숨을 바치려는 자가 많다는 뜻으로 한 말이다.

67 백마성(白馬城) : 평안북도 피현군 백마산 고지에 있는 고구려 시대의 산성으로,

백 년 된 늙은 나무 쓰러질 듯 기울었네	百年雲木老橫斜
우리나라 조정에서 임 원수를 잃은 뒤론[68]	朝廷自失林元帥
오랑캐가 조선을 다신 겁을 내지 않네	不復胡兒畏漢家

네 번째 其四

사람 없는 위화도에 초목들만 무성하니	威化場空草樹齊
봄이 오자 사슴들이 무리지어 새끼 치네	春來麇鹿暗生麑
순행 행차 의주성을 넘어가지 못하건만[69]	巡旌未度灣城曲
사냥꾼은 압록강을 건너 먼저 모여드네	獵卒先屯鴨水西

북으로는 의주, 남으로는 용천(龍川)과 피현 일대의 사방을 굽어볼 수 있는 군사적인 요지였다. 1633년(인조11) 임경업(林慶業)이 이 성에 주둔하면서 성을 수축하고 방비를 튼튼히 하여 병자호란 때 청나라 군대와 싸웠으나, 이후 효종 초년에 척화신(斥和臣)을 처벌하라는 청나라의 요구로 인해 이경석(李景奭)과 조경(趙絅) 등을 이곳에 안치하였다.

68 조정에서……뒤론 : 임경업 장군이 역모 사건에 연루되어 장살(杖殺)되었던 일을 가리킨다. 임경업은 1642년 몰래 명나라 군대를 도왔던 일이 발각되어 청나라로 압송될 처지에 놓이자 탈출하여 명나라로 망명하였지만, 결국 체포되어 1645년 북경으로 압송되었다. 그런데 이 무렵 좌의정 심기원(沈器遠)의 역모 사건을 다스리는 과정에서 임경업이 연루되었다는 주장이 나오자, 인조는 임경업을 돌려보내 달라고 청나라 쪽에 요청하였고, 조선으로 송환된 임경업은 국문 과정에서 장살되고 말았다.

69 순행……못하건만 : 조선의 국경이 압록강을 경계로 하기 때문에 평안도 관찰사의 순행 행차가 의주를 넘어가지 못한다는 뜻이다.

다섯 번째 其五

춤추는 기녀 몸짓 흰 눈처럼 가볍고	舞妓腰肢白雪輕
풍성한 연석에는 달이 가득 비쳐 드네	華筵對酒月盈盈
부윤은 기뻐 웃고 사신은 취했는데	使君歡笑行人醉
할 일 없는 순라군이 오경을 알리도다	無事巡軍報五更

을해(윤6월 17일). 맑음. 양책관(良策關)[70]에서 묵다

양책관의 못에 물이 엄청나게 불어나 노한 듯이 콸콸 흐르므로 밤에 잠을 편히 자지 못하다

良策館塘水正漲吼怒噴薄夜枕不能安

물과 돌이 부딪쳐서 기이한 소리 내어	水石相爭響絶奇
우레인가 소나긴가 잠결에 의심하네	輕雷急雨夢魂疑
산새 소리 새벽에도 밤중에도 들려오니	幽禽慣聽無昏曉
못가 어느 가지에서 편히 잠을 자는가	穩宿池邊第幾枝

70 양책관(良策館) : 평안도 용천(龍川)에 있었던 관사(館舍)이다.

병자(윤6월 18일). 맑음. 선천(宣川)에서 묵다

서림성[71]

西林城

양책관을 나와 얼마 가지 않으니	良策無多里
외로운 성 길옆에 홀연 보이네	孤城忽路傍
그 누가 조그마한 성을 가지고	誰將小經濟
멋대로 큰 관방을 삼으려 했나	浪擬大關防
인접한 고을에서 군액 빌리고	軍額隣州借
성가퀴는 허리까지 가릴 뿐이네	人腰女堞藏
태평성대 이어지길 기원하는 것	昇平祈萬歲
이것 말곤 기이한 방책이 없네	外此少奇方

71 서림성(西林城) : 평안도 철산(鐵山)에 있었던 산성이다.

좌현[72]

左峴

낙랑[73]에 있는 많은 요새 가운데	樂浪諸關阨
동림[74]은 그런대로 마음에 맞네	東林差愜心
높은 성이 마땅한 땅을 얻으니	高城先得地
날랜 병졸 숲속에 숨길 수 있네	奇卒合藏林
급한 사태 알리는 돈대가 높고	報警墩臺峻
군영 깊이 장수가 주둔해 있네	開營將帥深
위기 때에 제대로 수비한다면	臨危如善守
서북을 방어하는 높은 성 되리	西鑰鎖千尋

72 좌현(左峴) : 평안도 선천군(宣川郡)에 있었던 좌현성(左峴城)을 가리킨다.

73 낙랑(樂浪) : 한 무제(漢武帝)가 한반도 서북쪽에 설치했던 낙랑군(樂浪郡)으로, 여기서는 평안도를 지칭한다.

74 동림(東林) : 평안도 선천군 북쪽에 있었던 동림성(東林城)이다. 여기서는 선천에 있는 좌현성과 동림성을 통틀어 지칭한 것으로 보인다.

의검정[75]의 밤 연회에서 박제가[76]의 시에 차운하다

倚劍亭夜讌次朴齊家韻

변방 길에 가을이 가까워지니	秋近關山道
정자에 어스름이 일찍 내리네	高樓多夕陰
기방(妓房)에 음악이야 없지 않지만	非無敎坊樂
끝내 모두 타향의 낯선 소리들	終是異鄕音
기녀의 장신구엔 향기 배었고	妓飾熏香細
연꽃에는 촛불이 깊게 비추네	塘華寫燭深
한바탕 질탕하게 즐기는 때에	不須行樂處
무엇 하러 집이 멀다 슬퍼할쏜가	怊悵遠遊心

75 의검정(倚劍亭) : 평안도 선천 관아 동쪽에 있었던 정자이다.

76 박제가(朴齊家) : 이때 박제가는 사은사 번암의 수행원으로 북경을 함께 다녀왔다.

정축(윤6월 19일). 맑음. 정주(定州)에서 묵다

곽산 길에서 산성을 바라보고 읊다

郭山道中望山城有吟

조선인은 산성을 쌓기만을 좋아하지	東人只愛築山城
산성에서 적군을 막아 내진 못하였네	未有山城捍賊兵
산 아래에 널따랗게 관로를 닦아 놓곤	山下放開官大路
오랑캐가 도성으로 달려가게 지켜보네	坐令胡騎走神京

무인(윤6월 20일). 아침에 맑고 저녁에 비가 옴. 안주(安州)에서 묵다

납청정[77]

納淸亭

잠시 쉬자 더위가 다 가시는구나 少憩忘天暑
옷을 벗고 버들 아래 앉아 있으니 解衣楡柳邊
많은 집들 언덕 아래 흩어져 있고 千家分近岸
돈대 한 쌍 긴 냇가에 우뚝이 섰네 雙堠界長川
난학이 놀던 자취[78] 흩어져 가고 鸞鶴眞遊散
정자도 세월 따라 변하였기에 亭臺劫後遷
연경에서 이제 방금 돌아온 자가 新從燕薊者
옛날을 떠올리며 눈물짓노라 撫古一潸然

납청정은 중국 사신이 시를 읊었던 곳이므로 시편에 언급하였다.

77 납청정(納淸亭) : 평안도 정주(定州)의 동쪽 40리 지점, 가산(嘉山)과의 경계 부근에 있었던 정자이다. 명(明)나라 사신 당고(唐皐)가 이름을 짓고 사도(史道)가 기(記)를 썼으며, 아울러 시를 읊었다는 기록이 전해진다.《新增東國輿地勝覽 卷52 平安道 定州牧》

78 난학(鸞鶴)이 놀던 자취 : 난학은 신선을 뜻하는데, 여기서는 명나라 사신 당고와 사도를 비유한 말이다.

박천 경계에서 비를 만났으나 그대로 안주로 달려가다

博川境冒雨赴安州

거센 비가 쏟아져서 천지가 깜깜한데	雨脚橫空暝色連
늦은 밤에 나그네 말을 몰고 달려가네	行人驅馬二更天
바람 속에 안릉[79]의 경계임을 알아채나	風回暫認安陵角
구름 짙어 청천강의 배를 찾지 못하도다	雲黑全迷薩水船
불빛 속의 접시꽃은 사람이 선 듯하고	蜀畝照燈人似立
다리 위의 성난 횃불 백로의 잠 깨우네	楓橋嗔炬鷺虧眠
시 짓기를 재촉하는 빗소리는 아닐 텐데[80]	淋鈴未必催詩急
어찌 누가 잡아끌듯 읊조리고 있는 건가	何事吟哦若有牽

79 안릉(安陵) : 평안도 안주(安州)의 별칭이다.

80 시……텐데 : 길을 가는 도중에 밤비를 만나니 시흥(詩興)을 일으킬 만한 상황이 아니라는 뜻이다. 두보(杜甫)의 시에 "머리 위에 시커먼 구름 덮으니, 시 짓기를 재촉하는 비가 오리라.〔片雲頭上黑, 應是雨催詩.〕"라고 한 구절이 보인다. 《杜少陵詩集 卷3 陪諸貴公子丈八溝携妓納涼晚際遇雨》

삼경에 청천강을 건너다

三更渡淸川江

삼경에도 거센 비가 멈출 줄을 모르는데	雨氣三更黯不收
호각 소리 말소리가 긴 물가에 가득하네	角聲人語滿長洲
홀연히 등불 하나 하늘에 떠 놀라니	孤燭忽驚天上出
캄캄해도 백상루[81]가 저기란 걸 알겠구나	瞑中猶記百祥樓

81 백상루(百祥樓) : 옛 안주성 장대(將臺) 터에 세워진 누각으로, 청천강의 아름다운 경관과 잘 어울려 관서팔경(關西八景) 가운데서도 으뜸으로 꼽히는 곳이다.

기묘(윤6월 21일). 맑음. 안주(安州)에 머물다

경오헌[82]이 새로 조성되었기에 시를 지어 목사 이의관에게 주어 육위가[83]를 대신하다

景梧軒新成吟呈府伯李令義寬以替六偉之頌

날 저물자 새 이불을 어디선가 내어 오니	紬衾楚楚暮何來
여사로 잡초 베고 객사를 조성했네	餘事華堂剪草萊
술잔 드니 석 달 전에 지나간 일 떠오르고	杯酒尙思三月過
창문은 칠성지를 향해서 열려 있네	軒窓正對七星開
정성 깊어 집과 나라 한가지로 여기는데	深誠家國還同視
조정에 인재 없다 말할 사람 누구리오	誰道朝廷少異才
단비와 동남풍의 혜택을 모두 누려	時雨景風皆惠澤
섬돌 앞에 봄이 오면 온갖 꽃들 심으리라	小階春到百花栽

'칠성(七星)'은 못 이름이다.

82 경오헌(景梧軒) : 안주목의 객사(客舍)이다. 화재로 소실되었던 것을 1777년(정조1)에 중건하였다는 기록이 이갑(李押)의 《연행기사(燕行紀事)》에 보인다.

83 육위가(六偉歌) : 상량문(上樑文)을 달리 이르는 말이다. 상량문의 형식에 동, 서, 남, 북, 상, 하 여섯 방면마다 '아랑위(兒郎偉)'라는 구를 넣게 되어 있기 때문에 붙인 이름이다.

경진(윤6월 22일). 맑음. 순안(順安)에서 묵다

숙녕관 연못 정자

肅寧館蓮亭

연꽃을 보느라고 해 지는 걸 잊으니	注目荷花忘夕陰
연꽃이 나그네의 마음을 다 앗아 가네	荷花醉殺旅人心
어린 기녀 시샘하여 종알종알거리지만	含猜小妓輕輕道
연꽃이 있더라도 함께 자진 못하리라	縱有荷花難共衾

신사(윤6월 23일). 맑음. 평양(平壤)에서 묵다

평양 도중에

箕城道中

다섯 걸음 가서 멈춰 술을 마시고	五步一肆筵
열 걸음을 가면 다시 장막 거는데	十步一揭幕
수십 리를 가는 동안 끊일 새 없이	連連數十里
아이 노인 분분하게 와서 절하네	羅拜紛髫白
밤새 편히 쉬었냐고 나에게 묻고	問我安寢息
멀리 갔다 오는 수고 위로하고는	慰我遠跋涉
어린아이와도 같은 자신들 곁에	自言衆稚兒
어머니가 돌아오신 것 같다 하네	復近慈母側
집집마다 씨암탉을 잡아서 삶고	戶戶雌鷄炙
나무에서 잘 익은 과일을 따고	樹樹時果摘
계당주(桂糖酒)와 감홍로(甘紅露)를	桂糖與甘紅
각각 작은 술통에 가득 담아서	各各盈小榼
말 앞으로 와서 내게 따라 주는데	馬前跪奉觴
참된 마음 얼굴에 다 드러나누나	天眞露眉睫
내가 본래 술을 잘 못한다 해도	我言無酒戶
맛이라도 보기를 바란다 하네	爾言願少呷
허리가 구부정한 늙은 할멈들	僂行諸老媼

과일을 따 와서는 직접 올리니	蘋果手自納
그 바람에 수레를 번번이 멈춰	續續我車停
해가 이미 반절은 기울었는데	城日已半昳
먼 옛날 산음 땅의 돈[84]을 흉내 내	緬效山陰錢
쟁반마다 한 개씩 과일을 집네	一盤取果一
평양에는 팔조의 규약[85]이 있어	西京有八條
교화가 일찍부터 행해졌으니	聖化所洋溢
나는 본래 선정 펴지 못하였지만	我本無遺愛
저들의 풍속 절로 아름다웠네	爾自美風俗
오가면서 곤궁한 백성들 보니	朅來輒弊民
부끄러워 땀이 옷을 적시는구나	愧汗衣上滴
오직 하나 해마다 풍년이 들어	但願年屢豐
백성들이 즐겁게 살길 바랄 뿐	熙熙民自樂

84 산음(山陰) 땅의 돈 : 후한(後漢)의 유총(劉寵)이 회계 태수(會稽太守)로 있으면서 선정을 베풀었는데, 돌아갈 때 산음현(山陰縣)의 노인 대여섯 명이 각각 100전(錢)씩을 유총에게 노자로 주었다. 그러자 유총은 그들의 호의를 거절하기 어려워 한 사람당 1전씩만 받았다. 《後漢書 循吏列傳 劉寵》

85 팔조(八條)의 규약 : 기자(箕子)의 팔조지교(八條之敎)로, 팔조금법(八條禁法)이라고도 한다. 현재는 "살인자는 사형에 처하고, 다치게 한 자는 곡식으로 갚도록 하고, 도둑질한 자는 그 집의 노비로 삼는다."라는 등의 세 조목만 전한다.

보통문[86] 문루에 올랐는데, 이 문루는 내가 중건한 것이다. 부로들이 나를 문루 위에서 맞이하였다

登普通門樓樓是吾所重建父老邀余樓上

웅장하고 아름다운 문루를 중건했던	翬飛鳥革費經營
옛 감사가 백발이 성성해져 돌아왔네	舊主還歸白髮明
그대들이 오늘까지 내 얼굴을 기억하니	今日爾能猶記面
평생토록 그 마음을 내가 잊지 않으리라	百年吾不遽忘情
말을 맞는 늙은 나무 변함없이 서 있고	迎驂老樹依依立
탈이 없는 긴 강은 굽이져서 흘러가네	無恙長川蜿蜿橫
부끄럽다 수레를 붙들었던 부로들이[87]	慙愧攀轅諸父老
정성 다해 막걸리와 과일을 들고 오니	濁醪時果見眞誠

86 보통문(普通門) : 평양성의 서쪽 정문이다. 번암이 1775년(영조51) 평안도 관찰사로 있던 당시 중수하였다. 《번암집》 권34에 〈보통문중건기(普通門重修記)〉가, 권37에 〈보통문중수고유문(普通門重修告由文)〉이 실려 있다.

87 수레를 붙들었던 부로들이 : 번암이 예전에 평안도 관찰사 직책에서 이임(離任)할 당시 떠나는 것을 고을 부로들이 만류했다는 말이다. 동한(東漢)의 후패(侯霸)가 회양태수(淮陽太守)로 있을 때 조정에서 그를 소환하는 사자(使者)가 내려오자, 백성들이 사자의 수레 끌채를 붙들고는 후패를 1년 더 유임시켜 주기를 청하였던 고사가 있다. 《後漢書 侯霸列傳》

임오[88](윤6월 24일). 맑음. 평양(平壤)에 머물다

연광정[89]

練光亭

정자에 올랐던 게 백여 번은 될 듯한데 坐臥亭中且百回
매번 봐도 경치는 어찌 항상 새로운지 每看何事態新開
서안(書案)처럼 평평한 강 돌아가길 잊게 하고 江平似案眞忘去
봄날처럼 고운 산색 선명하게 다가오네 峯媚如春藹欲來
물가의 나무들은 늙고 커서 짙푸르고 汀樹翠深緣老大
갈매기는 낯이 익어 사람 경계하지 않네 沙鷗情慣少嫌猜
이틀 밤만 묵고서 돌아가야 하는데도 秪應信宿方旋旆
가무에 취하여서 재촉하지 않고 있네 漫舞凝絲未要催

88 임오 : 대본에는 '壬申'으로 되어 있다. 전후 간지에 근거하여 '申'을 '午'로 바로잡아 번역하였다.

89 연광정(練光亭) : 평양의 대동강(大同江) 가 절벽에 있는 누정(樓亭)으로, 대동문(大同門) 근처에 있다. 경치가 빼어나 예로부터 관서팔경(關西八景) 중 하나로 꼽혔다.

관찰사, 부사, 서장관과 함께 연광정에서 악공들을 불렀다가 해가 지려 할 때 애련당[90]으로 자리를 옮겼으니, 연꽃을 감상하기 위해서였다. 밤이 깊어서 내가 관찰사와 함께 작은 배를 타고 못 위로 들어갔는데, 이때 상하 사방에 등롱(燈籠)을 빽빽하게 매달아 놓아 단청을 칠한 처마가 하나하나 물에 비스듬히 어리비친 채 살랑거려서 아름다운 광경을 말로 묘사하기가 어려울 정도였고, 난간에 기댄 기녀들의 자태를 하나하나 다 비추었으니, 실로 요지의 연회[91]에 비유할 만하였다. 내가 2년에 걸쳐 평양 부윤으로 있으면서도 이런 놀이를 하지 못했기에 나도 모르게 즐거워서 탄성을 질렀다

與按使副价書狀徵樂練光亭上日將夕移席愛蓮堂欲賞蓮也夜深余與按使乘小艇沿洄潭中燭籠之簇簇懸六面畫簷者箇箇倒影蕩漾欹斜殆難名狀倚檻粉黛歷歷寫眞便一地底瑤池宴余二年爲箕城伯未嘗爲此遊不覺欣然叫奇

연못에 배 띄우고 정자를 보니	泛舟望池閣
정자에서 볼 때보다 아름다운 듯	勝似閣中看
아름다운 기녀 모습 어리비치고	彩妓嬌成寫

90 애련당(愛蓮堂) : 평양성 대동문 안에 있었다.

91 요지(瑤池)의 연회 : 요지는 곤륜산(崑崙山) 꼭대기에 있다는 전설 속의 못 이름인데, 선녀인 서왕모(西王母)가 주 목왕(周穆王)을 영접하여 이곳에서 연회를 베풀었다는 이야기가 전해 온다. 《穆天子傳 卷3 古文》

등롱에선 붉은 불빛 길게 번지네	紅燈蕩未團
땅에서 솟은 듯이 화려한 광경	繁華如地湧
새벽까지 배 위에서 감상하노라	沿溯到星殘
예전에는 게을러서 못 하였다가	往歲慙吾懶
오늘 밤 이 즐거움 처음 맛보네	今宵始此歡

계미(윤6월 25일). 맑음. 황주(黃州)에서 묵다

월파루
月波樓

오늘 밤 달 없으니 서운함을 어찌하랴	今宵無月悵如何
누대 위에 거문고와 노래 소리 파다할 뿐	樓上絃歌空自多
어둠 속에 물이 맑고 천 길의 누대 있어	暝裏水明千尺檻
넘실대는 금물결을 보기에는 지장 없네	不妨看作漾金波

갑신(윤6월 26일). 맑음. 서흥(瑞興)에서 묵다

동선령을 노래하다
洞仙嶺歌

서북 지방 요새가 셀 수 없이 많지마는 西塞關防定無數
동선령의 험준함은 예로부터 유명했지 洞仙之險稱自古
이어진 봉우리가 하늘 높이 솟구치고 峯巒連連近青天
가운데가 우묵 패여 선경이 열렸어라 其中窈然開洞府
천 길의 나무 늙어 저절로 쓰러지고 千章木老還自僵
초목들로 뒤덮여서 대낮에도 어둑어둑 蒙絡不知山日午
골짜기에 어지러이 폭포수가 떨어지니 百谷紛紛送飛流
봉우리에 메아리쳐 비바람 소리 같네 千巖響答如風雨
신선이 오지 않아 생학[92]은 멀어지고 洞仙不來笙鶴遠
한낮에도 자욱하게 운무에 덮였어라 白日澒洞留雲霧
서쪽으로 용만까지 육백 리 거리인데 西去龍灣六百里
우 임금의 도끼[93] 써서 수레 길을 열었지만 禹斧鑿開冠蓋路

92 생학(笙鶴) : 신선이 타는 학을 가리킨다. 《열선전(列仙傳)》에 의하면, 주 영왕(周靈王)의 태자(太子)인 왕자교(王子喬)는 본래 생(笙)을 불어 봉황의 울음소리를 잘 냈는데, 나중에 숭고산(嵩高山)에 올라가서 선술(仙術)을 배운 지 30여 년 만에 구지산(緱氏山)에서 백학을 타고 승천했다고 한다.

93 우(禹) 임금의 도끼 : 중국 삼대(三代) 때 우 임금이 9년간 계속된 홍수를 다스릴

사나운 호랑이가 수시로 출현하여　有時猛虎行且坐
숲속에서 노하여서 우레처럼 포효하여　中林吼哮風霆怒
행인들이 자유롭게 오고 가지 못하고　行人不敢掉臂去
무리지어 넘느라고 고충이 실로 많네　前呼後應多辛苦
산 정상엔 새겨 놓은 그림이 산뜻하니　仰看山頂刻畫新
성을 쌓은 사람은 조호신이라 하네[94]　築城者誰趙虎臣
활짝 열린 성문은 무지개 모양이요　城門呀然落彩虹
별도로 건물 지어 기와를 덮었어라　別開廨宇瓦鱗鱗
우후를 옮겨 와서 지키려고 하였지만　鎭守欲令虞候移
실제로는 인접한 정방성[95]에 의지하네　聲勢實藉定方隣
앞사람이 성 쌓느라 꽤나 힘을 들였건만　前人經營頗費力
뒷사람이 비웃으며 그대로 버려두어　後人譏笑一棄擲
성과 해자 황폐해져 산안개가 자욱하고　城池蕪穢煙嵐積
우물 부엌 무너진 채 이끼에 덮여 있네　井竈夷毁苔蘚碧
작은 성이 급할 때에 큰 도움은 못 되어도　孤城未必緩急須
평상시에 대비하면 없기보단 나을 텐데　陰雨綢繆亦勝無
예로부터 고려에선 가지가지 계획들이　從古高麗百千事
사흘이면 끝났으니 이래서야 되겠는가　只可三日胡爲乎

적에 용문산(龍門山)을 뚫는 데 사용했다는 도끼이다.

94 성(城)을……하네 : 《만기요람(萬機要覽)》에 따르면 1746년(영조22) 동선령에 행성(行城)을 쌓았다고 하는데, 이때 조호신(趙虎臣, 1687～1749)이 황해도 병마절도사로서 축성을 담당했던 것으로 보인다. 조호신은 본관은 순창(淳昌), 자는 문숙(文叔)이다.

95 정방성(定方城) : 황주 정방산성(正方山城)의 오기(誤記)인 듯하다.

때마침 절도사의 경내가 평화로워　　好是昇平節度府
피리 불고 북을 치며 한껏 흥을 돋우도다　　吹笙擊鼓事歡娛

'고려공사(高麗公事) 삼 일'이라는 속담이 있으므로 시편에 언급하였다.

을유(윤6월 27일). 맑음. 평산(平山)에서 묵다

평산
平山

부절 들고 떠났다가 돌아온 날은	漢節方還日
가을바람 일어나려 하는 때이네	商飆欲起時
크지는 않지마는 읍리가 있고	無多成邑里
조그마한 성과 해자 갖춰졌어라	雖小見城池
안개비에 사람은 병이 들었고	霧雨人全病
더운 먼지 쐬어 말도 지쳤었는데	炎埃馬亦遲
객중에서 하룻밤 위로받으니	客中聊一慰
맞아 주는 이들 중에 친지가 있네	迎候有親知

병술(윤6월 28일). 맑음. 송도(松都)에서 묵다

배로 저탄[96]을 건너다

舟渡猪灘

황해도에 비가 와서 무더위를 씻어 주니	西州積雨洗炎蒸
맑은 새벽 고각 소리 더욱 멀리 퍼져 가네	鼓角淸晨響益增
옛 성에는 신령한 철상들이 늘어서고[97]	古堞神威森鐵像
긴 강은 흘러와서 금릉까지 이어지네[98]	長河天勢接金陵
빈산에서 고려 때의 전쟁을 떠올리고	山空戰伐思麗代
다리 끊겨 사공에게 의지하여 강 건너네	橋柝帆船倚最能
도성이 멀지 않아 내심 기뻐하였으나	地近王畿殊可喜
기다리던 대궐 소식 밤늦게야 받들었네	日邊消息夜回承

96 저탄(猪灘) : 황해도 평산부(平山府) 25리 지점에 있는 예성강의 상류이다.

97 옛……늘어서고 : 평산의 태백산성(太白山城)에 고려의 개국원훈(開國元勳)인 신숭겸(申崇謙), 복지겸(卜智謙), 유금필(庾黔弼)의 철상(鐵像)이 있는 것을 두고 한 말이다.《新增東國輿地勝覽 卷41 黃海道 平山都護府》《燕途紀行 下》

98 긴……이어지네 : 금릉(金陵)은 황해도 평산부와 개성부(開城府) 사이에 있는 금천(金川)의 별칭이다. 수안군(遂安郡) 언진산(彥眞山)에서 발원한 저탄이 신계현(新溪縣)과 평산부를 지나 금천 경계를 지난 뒤 황해로 흘러들기 때문에 한 말이다.

청석동[99]

青石洞

초목이 무성하고 깊은 강이 흐르는 곳	林樾蒙籠流水深
아득한 사행길이 노하(潞河)로 이어지네	長程直走潞河潯
조정에서 사절단을 계속 파견하면서도	朝廷不乏金繒使
예로부터 방비에는 관심 두지 않았었네	度外關防自古今

99 청석동(青石洞) : 개성부 천마산 서쪽에 있는 험한 요새로, 산성을 쌓기도 했던 곳이다.

송경에 도착하니 엄청나게 많은 시민이 풍악을 울리고 음식을 차려 놓고서 야외에서 우리를 맞이하였다
抵松京市民千百爲群張樂設饌來迎野外

음악 소리 길에 가득 술통에는 술이 가득	笙簫滿路酒樽盈
성안 사람 모두 나와 야외에서 맞이하네	髫白傾城野外迎
삼절헌에 있으면서[100] 무슨 공적 세웠던가	三節軒中何事業
평양에서 그랬듯이 부끄러워 땀 흘리네	西京愧汗又松京

100 삼절헌(三節軒)에 있으면서 : 삼절헌은 개성(開城)에 있는 건물로, 1740년(영조 16) 영조가 개성에 행행(幸行)했을 때 시를 지어 걸었던 곳이다. 《英祖實錄 16年 8月 30日》 여기서는 번암이 1764년 개성 유수를 지냈던 일을 지칭한다.

송경에서 비를 만나다
松京遇雨

자다 깨니 후드득 숲에 비가 쏟아지고 睡起淋鈴在樹間
구름이 어지럽게 푸른 산을 덮었어라 亂雲遮護碧崧顔
어쩐 일로 사백 년 세월 동안 내린 비가 如何四百年間雨
다리[101] 위의 피 흔적을 씻어 내지 못한 건가 未洗橋邊點血斑

두 번째 其二

이날이 바로 윤6월 그믐이었다.

명협이 모두 지고[102] 오동잎이 서늘한데 蓂葉全凋桐葉涼
객창에서 시름할 제 긴 빗소리 들려오네 客窓愁思雨聲長
천손이 더디 가는 윤달이 한스러워 天孫苦恨遲遲閏
구름 수레 먼저 씻고 달 자라길 기다리네[103] 預洗雲車待夕張

101 다리 : 고려 말 정몽주(鄭夢周)가 이방원(李芳遠) 일당에게 피살되었다는 선죽교(善竹橋)를 지칭한다.

102 명협(蓂莢)이 모두 지고 : 그믐날이라는 말이다. 명협은 요(堯) 임금 때 대궐 뜰에 났다는 서초(瑞草)이다. 초하루부터 15일까지는 매일 잎이 하나씩 나오고, 16일부터 그믐날까지는 매일 하나씩 떨어지므로, 이것으로 날을 계산하여 달력으로 삼았다는 고사가 전한다. 《竹書紀年 卷上 帝堯陶唐氏》

103 천손(天孫)이……기다리네 : 천손은 직녀성(織女星)을 지칭하는 말이다. 직녀가 어서 윤6월이 가고 견우를 만날 칠석을 기다린다는 뜻으로 인용한 것이다.

연못
蓮池

그 얼마나 비에 젖고 바람에 흔들렸나	裛雨搖風恨幾重
수창궁[104] 옆 연못에서 자라고 핀 연꽃들	壽昌宮畔舊芙蓉
그렇지만 태액지의 아리따운 자태로	猶賢太液娟娟色
선우 위해 길이길이 단장한 것보단 낫네[105]	長爲單于冶笑容

104 수창궁(壽昌宮) : 개성의 서소문 안에 있었던 고려 시대의 궁궐이다.

105 태액지(太液池)의……낫네 : 태액지는 한(漢)나라 때 장안(長安) 서쪽에 조성한 못이고, 선우(單于)는 한대(漢代)에 흉노의 군장(君長)을 지칭한다. 한나라는 강성한 흉노족과 충돌을 피하고자 화친(和親)을 맺었으며, 원제(元帝) 때는 호한야(呼韓邪) 선우에게 궁녀인 왕소군(王昭君)을 시집보내기까지 하였다. 여기서 태액지의 연꽃은 왕소군을 빗대어 한 말이다. 즉 고려가 망하여 수창궁 안의 연꽃이 봐 주는 사람도 없이 홀로 피고 지지만, 이민족인 흉노의 선우에게 시집가서 선우를 위해 단장해야 했던 왕소군보다는 낫다는 뜻이다.

정해(윤6월 29일). 비가 옴. 파주(坡州)에서 묵다

임진
臨津

강 버들에 구름 끼고 물풀 흠뻑 젖었는데	雲掩疎檉雨滿蘋
저무는 강가에서 작은 배가 기다리네	扁舟待我暮潮濱
싫은 것은 표백한 명주같이 맑은 강에	生憎江水澄如練
비쳐지는 나그네의 늘어난 흰 머리칼	照得行人白髮新

7월 1일 무자. 맑음. 한양으로 들어가 돈의문(敦義門) 밖에서 묵다

한양으로 들어가다

入京

고국으로 돌아오니 흰머리가 늘었는데	故國歸來鬢髮涼
오색구름 여전하게 대궐을 둘렀어라	五雲依舊繞明光
상자에서 시험 삼아 붉은 관복 꺼내 보니	篋中試拂緋袍色
선조의 침실 향기 아직까지 풍기도다	猶帶先朝臥內香

기축(7월 2일). 맑음. 복명하다

대궐로 들어가 복명하니 성상께서 불러들이시다

詣闕復命蒙賜對

몇 번이나 꿈속에서 이곳으로 왔었는데	幾度夢魂飛到此
오늘은 지척에서 성상을 알현하네	今日不違天尺咫
희정당은 여전한데 옥좌는 새로우니[106]	熙政如舊寶座新
용포를 우러르매 희비가 교차하네	仰瞻龍衮悲且喜
어좌에는 봄날같이 온화함이 감돌고	廈氈和氣藹如春
위로하는 성상 은혜 비할 곳이 없어라	天語慰藉恩無比
나랏일을 제때 마쳐 가상하다 말씀한 뒤	嘉爾王事及時了
나의 안색 괜찮아서 기쁘다고 하시누나	喜爾顔髮無甚悴
나는 절을 올린 다음 감격의 눈물 닦고	臣拜稽首感淚拭
성상의 위덕(威德) 입은 덕분이라 고하였네	臣何力焉王靈倚
청 황제의 급한 정령 자세하게 아뢴 뒤에	細陳淸皇政令急
청나라의 낯선 풍속 갖추어 얘기하니	備述胡地風俗異
성상께서 웃으시며 자꾸만 당겨 앉아	天笑爲新席頻前
시간이 가는 줄도 깨닫지 못하시네	晝漏稀滴丁東水

106 희정당(熙政堂)은……새로우니 : 선왕(先王)인 영조가 붕어하고 정조가 왕위에 올랐다는 뜻이다.

나는 이제 죽더라도 여한이 없을 테니
오늘은 군신 사이 부자지간 같았어라
한 가지 바라는 건 병든 이 몸 사직하고
한가로이 성은을 노래하는 것뿐이네

臣雖夕死猶不憾
是日君臣卽父子
但願從今賜病骸
優游歌詠聖恩裏

번암집

제15권

詩시

중양절에 죽산의 선영에 성묘하다. 이날이 바로 돌아가신 어머니의 생신이므로 눈물을 훔치며 감회를 적다

重陽省掃竹州是日卽先妣生辰抆淚志感

연적봉이 서리 기운 하얗게 머금으니
세월은 재촉하듯 빠르게도 흘러가네
궁벽한 골짝에서 국화를 어찌 보랴
머리 허연 고아가 부질없이 찾아올 뿐
산소에서 남몰래 통곡 소리 삼키건만
지하에 축수하는 술잔 전할 길이 없네
묘소 주변 나무 모두 경건하게 대할지니
후손들은 내 손으로 심었음을 기억하라

霜含硯滴白崔崔
日月依辰訝許催
窮崦何曾黃菊見
孤兒空自白頭來
墳前暗有呑聲哭
地下難傳獻壽杯
松榦楸枝皆可敬
後孫須識我親栽

'연적'은 봉우리 이름이다.

불매헌[1]

不寐軒

천지간의 고아가 눈물 흘리니 天地孤哀淚
적막한 물가에 묘소가 있네 松楸寂寞濱
일 년 넘게 성묘를 못 하였으니 經年違墓側
자식 있다 말하기도 어려울 지경 難道有兒身
낙엽을 누가 대신 쓸어 줄쏜가 落葉誰能掃
떼는 패여 듬성듬성 고르지 않네 稀莎苦未均
기대 앉아 실제로 잠 못 드는 밤[2] 憑軒眞不寐
하늘에 새벽달이 기울어 가네 虛廓月沈晨

1 불매헌(不寐軒) : 번암 양친의 묘소 근처 묘막(墓幕)으로, 경기도 죽산 남산촌(南山村)에 있었다. 1772년(영조48) 10월에 지었다. 《樊巖集 卷59 竹州記懷》

2 기대……밤 : 묘막의 이름이 '불매헌'이기 때문에 이렇게 말한 것이다.

파직된 후 명덕산의 별업으로 달려가다[3] 기해년(1779, 정조3)

罷官赴明德山別業 己亥

성곽 문을 나서자 기분이 좋아지고	出郭已高興
옷에서는 솔숲의 이내 솔솔 피어나네	松嵐生我衣
이전에 사 두었던 산이 있는 때문이지	從來買山在
파직되어 마지못해 돌아온 건 아니라네	非爲罷官歸
파릇파릇한 보리는 단비를 흠뻑 맞고	嫩麥迎時雨
저 멀리 핀 꽃에는 석양빛이 가득하네	遙花滿夕暉
정녕코 벼슬에서 물러나고 싶은 마음	丁寧乞身願
늙어 가니 더 이상 어길 수가 없어라	抵老莫相違

3 파직된……달려가다 : 명덕산(明德山)은 지금의 강북구 번동 인근에 있었던 산으로 추정된다. 번암이 60세 무렵부터 이 산의 번계(樊溪) 근처에 연명헌(戀明軒), 춘성당(春星堂), 적취정(積翠亭) 등의 건물을 지어 별업(別業)을 조성하고, 자주 이곳에 들어가 머무르며 도성을 왕래하였다. 번암이라는 호도 이곳의 지명에서 유래하였다. 번암은 1778년(정조2) 7월부터 한성부 판윤으로 있다가 그해 12월 판의금부사가 되었는데, 한성부 판윤 재직 당시 무녀(巫女)들을 도성에서 모두 내쫓지 못했다는 이유로 판의금부사에서 파직되었다. 번암이 명덕산으로 간 것은 이듬해인 1779년 2월이며, 3월에는 예조 판서에 제수되었다.《承政院日記 正祖 3年 3月 18日》《樊巖集 卷22 辭禮曹判書疏》

연명헌에서 일찍 일어나

戀明軒早起

산새들 무슨 일이 그리 많은지	啼禽便多事
나보다 일찍 깨어 재잘거리네	先我罷晨眠
밤사이 산 이슬이 흠뻑 내려서	山露潤幾許
드리워진 꽃가지가 사랑스럽네	花枝低可憐
달여 마실 차 종류는 적지 않건만	烹茶種非一
빗질하니 흰머리가 천 가닥이네	梳髮度應千
이곳에 참 즐거움 숨어 있는데	於此有眞樂
세상 사람 알게 될까 걱정이어라	恐爲人世傳

2월 12일 밤에 달빛이 아름답기에 광영지 주변을 산보하느라 밤늦도록 잠들지 못하다

十二夜月色正佳散步光影池邊至夜深不寐

오늘 밤 온 천지에 달이 떴지만	今夜人間月
이곳의 달빛 가장 밝은 듯하네	光華此地多
창에는 냇물 비쳐 어른거리고	窓痕飜石澗
뜰에는 솔 그림자 짙게 서 있네	庭影寫松蘿
도 깨치니 벼슬 생각 있을 턱 없고	悟道官何累
마음 맑아 잠 귀신이 물러가도다	澄心睡不魔
단약을 조제하는 비법이 있어	爐丹有眞訣
늙어 가도 아픈 것을 걱정 않노라	老去不愁痾

수옥대

漱玉臺

식후에 산책하며 돌아갈 줄 모르다가　悠悠行飯淡忘旋
홀연히 수옥대에 발길이 또 닿았어라　忽復揞筇漱玉前
나무껍질 벗겨 가는 토끼들이 가련하고　裸去樹皮憐兎黠
해 비치니 버들잎은 꾀꼬리를 기다리네　晒來楊葉待鶯遷
벼슬했던 지난날은 힘들게만 기억되고　向時簪笏如思痛
연하 속에 늙어 가니 신선도 안 부럽네　終老煙霞不羡仙
냇가의 복사꽃이 아직 지지 않았으니　溪上桃花猶未落
무릉도원 가는 배를 누가 태워 주려는가　被誰句引武陵船

뜰의 나무 중에 껍질이 벗겨진 것이 많기에 노복을 나무랐더니, 노복이 "토끼가 나무껍질을 좋아하여 몰래 와서 벗겨 가곤 합니다."라고 하였다.

2월 13일 밤에 옅은 구름이 끼고 보슬비가 내려 경치가 매우 아름다웠다

十三夜淡雲微雨光景絶佳

어젯밤엔 달이 밝고 오늘 밤은 비가 오니	前宵明月今宵雨
어느 쪽이 더 나은지 굳이 따져 무엇 하랴	莫把輸贏强辨之
변화하는 산의 자태 모두 사랑스러워서	變態山容俱可愛
자연히 술 마시고 시 짓기에 제격이네	自然宜酒復宜詩

산이 깊어서

山深

산이 깊은 까닭에 비가 잦으니	山深自多雨
꽃송이에 촉촉하게 윤기 흐르네	花氣潤成流
둥근 못은 폭포수를 받아 전하고	曲沼能傳瀑
구름은 누대 안을 지나 떠가네	遊雲解入樓
온 가족이 이곳에서 모여 사는데	全家此來集
뜬세상의 시름거리 뭐가 있으랴	浮世有何愁
이제부터 세상에서 이름 숨기고	便欲隱名姓
영원히 이 언덕에 살고자 하네	百年玆一丘

유수오[4]와 이공회[5]가 찾아오다

俞秀五李公會至

늙은 판서 진솔하고 대쪽 같은 성격이나	眞襟傲骨老尙書
은거지로 들어오니 오만 생각 사라지네	一入雲林萬慮疎
이묘[6]가 갑자기 와 반갑게 맞이하니	二妙忽來驚倒屣
진정으로 평생토록 뜻을 같이하고 싶네	百年端欲惠同車
서늘한 침상에서 산 달을 함께 보고	蒼涼夜枕看山月
검소한 아침상엔 채소 반찬 놓였어라	簡易朝盤進野蔬
곤궁하게 사는 것이 우리들의 본분이니	隨處固窮吾輩事
다른 것은 생각 않고 오직 도를 구하리라	定須求道不求餘

4 유수오(俞秀五) : 유항주(俞恒柱, 1730~?)로, 본관은 기계(杞溪), 자는 수오이다.

5 이공회(李公會) : 이정운(李鼎運, 1743~1800)으로, 본관은 연안(延安), 자는 공회, 호는 오사(五沙)이다.

6 이묘(二妙) : 동시대의 재주가 뛰어난 두 사람을 가리키는 말로, 여기서는 유항주와 이정운을 지칭한다.

운암 오경삼[7]이 찾아왔다가 입직할 날짜가 되었다며 급히 돌아가겠다고 하기에 개탄스러운 마음을 시에 드러내다

雲巖吳景參見訪旋以豹直有期瞥然告歸慨見于詩

그대는 물과 구름 주인인 만큼[8]	君是水雲主
물과 구름 익히 잘 알고 있을 터	水雲應慣知
누정이 자네 오길 바란 듯하니	亭樓似相待
사양 말고 품평을 해야 하리라	評品不須辭
말이 건널 봄날의 시내는 얕고	馬度春流淺
닭이 우는 한낮은 더디 가는데	鷄鳴午日遲
한스럽게 이곳과 인연이 적어	眞緣猶恨少
서둘러서 옥당으로 달려가다니	催赴玉堂期

7 오경삼(吳景參) : 오대익(吳大益, 1729～?)으로, 본관은 동복(同福), 자는 경삼, 호는 운암(雲巖)이다. 오필운(吳弼運)의 아들이고, 약산(藥山) 오광운(吳光運)의 조카이며, 번암의 처남이다.

8 그대는……만큼 : 오대익이 대과에 급제하기 전에 가족을 데리고 단양(丹陽) 산중으로 들어가 수운정(水雲亭)을 수리해서 살았고, 1777년(정조1) 덕천 군수(德川郡守)로 부임해서는 그곳에 소수운정(小水雲亭)이라는 작은 정자를 세운 적이 있으므로 한 말이다. 《樊巖集 卷34 小水雲亭記》

즉흥적으로 읊다

卽事

봄날이 어느 사이 반 이상 지나	春事且强半
푸른 산에 옅은 그늘 드리웠어라	嫩陰藏翠微
꽃이 좋아 때때로 넋 놓고 보고	惜花時脈脈
손님을 전송하며 서운해하네	送客暫依依
예악이야 일찍이 배웠겠나만	禮樂何曾學
문장으로 간혹 남의 비판을 받네	文章或被譏
기심이 오래전에 사라졌으니	機心久已息
갈매기야 날아가려 하지 말거라	鷗鳥爾休飛

아이에게 《논어》를 가르치고 스스로는 도잠의 시를 읽으니, 이것이 산속 생활의 운치 가운데 하나이기에 기록하다

兒敎論語自讀陶詩此山居幽事記之

높은 벼슬 사양하고 동대문 밖에 와서	靑門東出謝華簪
온 가족이 함께 사니 마음에 맞기 쉽네	一室輿居易稱心
《논어》를 아이와 함께 때로 강독하고	魯論與兒時講義
도잠 시는 나 혼자만 맛을 깊이 음미하네	陶詩惟我是知音
정겨운 새소리는 아침저녁 달라지고	關情鳥語殊朝暮
비 온 뒤엔 꽃 빛깔이 한결 더 짙어지네	經雨花光有淺深
무엇 하러 봄옷 입고 기수를 찾아가랴	春服何煩沂水去
관동들이 날마다 맑은 시를 읊는데[9]	冠童無日不淸吟

9 무엇……읊는데 : 공자(孔子)가 제자들에게 각자의 뜻을 말해 보라고 했을 때 증점(曾點)이 "늦은 봄에 봄옷이 마련되면 어른 대여섯, 동자 예닐곱과 기수(沂水)에서 목욕하고 무우(舞雩)에서 바람 쐬고 읊조리며 돌아오겠습니다."라고 한 고사를 인용하였다. 《論語 先進》 굳이 기수를 찾지 않더라도 번암 자신은 여러 문사(文士)와 늘 맑은 기상으로 시를 읊으며 살아가고 있다는 뜻이다.

2월 16일 밤 춘성당에서 달을 구경하다
十六夜春星堂看月

동쪽에는 봉우리가 나지막하여	東峯稍低豁
둥근 달이 더디지 않게 뜨는데	月輪來不遲
초가집에 영롱한 달빛 비추니	玲瓏坐草閣
몇 가지에 꽃이 핀 듯 소담스럽네	彷彿數花枝
이슬 내려 깃든 새의 털이 젖은 때	露下棲禽潤
산책하니 자던 학이 의아해하네	笻鳴睡鶴疑
아득히 천고의 일 상상하면서	悠然千古想
곳곳마다 망천 시[10]를 읊조리노라	隨處輞川詩

10 망천(輞川) 시 : 망천은 당나라 시인 왕유(王維)의 별장이 있던 곳이다. 왕유가 망천에 별장을 짓고 주위의 아름다운 경관 20곳을 골라 각기 이름을 붙인 다음 시를 읊었는데, 이것을 사람들이 망천이십경(輞川二十景)이라고 불렀다. 《王右丞集 卷14》 여기서는 번암 자신의 별장을 망천에 비유하여 말한 것이다.

달빛을 받으며 폭포를 찾다

乘月尋瀑

숲을 뚫고 폭포를 찾아가는데	尋瀑穿林去
시내 길이 먼 줄도 알지 못하네	不知溪路永
우연히도 휘영청 밝은 달 만나	偶然值明月
멈춰 선 채 솔 그림자 감상하노라	倚杖看松影

적막한 산속 집에 고맙게도 여와[11]가 찾아와 주니 기쁜 마음을 알 만하다. 운을 뽑아 '여' 자를 얻다

山居岑寂餘窩惠然來思喜可知也拈韻得餘字

관료들은 분주하게 대궐 섬돌 오르건만	鵷鴻颯沓上彤除
쓸모없는 이 몸은 그저 집만 좋아하네	樗散如吾只愛廬
산책하고 돌아오면 춘곤증이 몰려오고	春困每添巡屐後
저녁 먹고 잠이 들면 아침에야 잠이 깨네	朝眠纔起晩炊餘
저닉이 짝을 지어 밭 갈던 일[12] 생각지만	依然沮溺方成耦
황당[13]은 책 속에만 아득하게 남아 있네	邈矣黃唐但有書
〈장양부〉를 이미 다 지었다고 들었는데[14]	見說長楊今已賦
이 벗은 부끄러워 격려조차 못 하겠네	故人心愧未吹噓

11 여와(餘窩) : 목만중(睦萬中, 1727～1810)으로, 본관은 사천(泗川), 자는 유선(幼選), 호는 여와이다. 번암과 시사(詩社)를 함께하였다.

12 저닉(沮溺)이……일 : 저닉은 춘추 시대 초(楚)나라 은자(隱者)인 장저(長沮)와 걸닉(桀溺)의 병칭이다. 공자(孔子)가 제자들을 데리고 천하를 돌아다니다가 초나라에 들렀을 때 두 사람이 짝을 지어 밭을 갈고 있는 것을 보고는 자로(子路)에게 나루터가 어디 있는지 물어보게 했던 일이 《논어》 〈미자(微子)〉에 보인다. 여기서는 세상을 등지고 은거하고자 하는 번암의 마음을 드러낸 것이다.

13 황당(黃唐) : 중국 상고 시대의 황제(黃帝)와 당요(唐堯)의 병칭이다.

14 장양부(長楊賦)를……들었는데 : 〈장양부〉는 한(漢)나라의 문장가 양웅(揚雄)이 성제(成帝)가 사냥하는 것을 풍간(諷諫)하기 위해 지은 작품이다. 목만중이 이때 어떤 일로 상소를 올리려 했던 듯하다.

도성으로 돌아가는 우사앙[15]과 한공선을 전송하다

送禹士仰韓公善還城

가는 이도 남는 이도 마냥 섭섭해　欲別兩依黯
숲에 서서 공연히 서성거리네　遲回林木間
이곳의 안개 노을 어찌 잊을까　煙霞那可忘
도성으로 갔다가 곧 돌아오리라　城郭去應還
성과 이름 단록[16]에 남겨 두었고　名姓留丹籙
지은 시가 푸른 산에 가득히 있네　詩篇滿碧山
연못가의 정자에 달이 밝은데　池亭明月色
오늘 밤은 누구와 함께 오를까　今夜共誰攀

15 우사앙(禹士仰) : 우경모(禹景謨, 1744~?)로, 본관은 단양(丹陽), 자는 사앙이다.

16 단록(丹籙) : 도가(道家)의 명부(名簿)로, 신선의 이름을 적은 명단이다.

비가 오는데 연명헌에 앉아 여와의 시에 차운하다

雨坐戀明軒次餘窩

숲속에 연무 짙고 곳곳에 물이 흘러	煙蘿窈窕水縈回
산책은 못 하지만 대 위에는 올랐어라	巾屨雖抛亦上臺
이렇게 비 오는데 누가 지금 찾아오랴	珂馬有誰今雨至
도성에서 저녁 종소리만이 들려오네	禁城惟許暮鍾來
아침상에 오른 죽은 샘물 덕에 맛이 좋고	晨盤粥味巖泉別
낮잠 자는 침상까지 자두꽃의 향기 물씬	午枕花香山李開
부끄럽게 살림살이 너무나도 구차하여	慚愧貧廚何草草
그댈 사흘 잡아 둔 채 술대접을 못 하누나	留君三日未傳杯

도성의 종소리가 이때 침석(枕席)에 들렸기 때문에 언급하였다.

방화계에서 여와의 시에 차운하다

傍花溪次餘窩

한가하게 마음 닿는 대로 다니며	悠悠任所好
아름다운 산수를 집으로 삼네	丘壑以爲家
나무가 우거져도 달은 보이고	樹密容看月
시내 맑아 모래를 가리지 않네	溪淸不掩沙
어른들은 서대초[17]를 찾아왔거니	人尋書帶草
아이들은 필관화[18]를 다투어 꺾네	兒鬪筆冠花
노년에 선약 함께 먹자는 약속	晼晚金丹約
이곳 경치 잊을 수 없어서이지	依依戀物華

17 서대초(書帶草) : 한(漢)나라의 정현(鄭玄)이 불기산(不其山) 기슭에서 후학을 가르칠 때 그 주변에서 자랐던 풀인데, 부추처럼 길고 질겨서 문생(門生)들이 그 풀로 책을 묶었던 데서 나온 이름이라고 한다. 여기서는 명덕산으로 번암을 찾아와 시사(詩社)에 참석한 문사들을 정현의 문생에 비유한 것이다.

18 필관화(筆冠花) : 개나리를 달리 지칭한 것으로 보인다. 개나리는 흔히 신이화(辛夷花)라고 하지만, 꽃망울을 터트리기 직전의 모습이 붓 모양 같다고 해서 목필화(木筆花)라고도 한다. 번암은 이를 달리 '붓 뚜껑 모양의 꽃'이라는 뜻에서 이렇게 표현한 듯하다.

백향루에서 여와의 시에 차운하여 심회를 적다

百香樓書懷次餘窩

본래는 세상 밖의 교송 찾길 원했지만[19]	本意喬松世外尋
머뭇대다 도성 밖의 동산 우선 사들였지	遲回聊且買園林
종루 소리 사람 따라 멀리까지 들려와도	怪來鍾漏隨人遠
구름 노을 나와 함께 깊숙한 곳에 있네	別有雲霞與我深
예쁜 화초 새로 심어 비의 은택 알게 되고	瑤草新耕知雨澤
냇가 도화 떨어지니 가는 세월 아쉬워라	溪桃半落撫光陰
요사이 승명려[20]에 휴가 받은 이가 많아	承明近日多休沐
빈산으로 찾아오는 발걸음이 이어지네	能復空跫有好音

19 세상……원했지만 : 본래는 도성을 멀리 떠나 은거하려 했다는 말이다. 교송(喬松)은 선인(仙人)인 왕자교(王子喬)와 적송자(赤松子)를 지칭한다.

20 승명려(承明廬) : 한(漢)나라 당시 천자의 노침(路寢)인 승명전(承明殿) 옆에 있던 시신(侍臣)들의 숙직소이다. 여기서는 조정의 시종신(侍從臣)을 지칭한다.

경삼과 사술[21]이 나란히 찾아오다

景參士述聯騎見訪

산속에는 비록 꽃이 늦게 피지만	山中春事晚
어찌 이리 늦게야 찾아온 건가	匹馬到何遲
그래도 아직까지 두세 송이가	猶有兩三蘂
높고 낮은 가지에 남아 있는데	强留高下枝
속기가 유난히도 없는 두 사람	二君頗不俗
한번 보곤 멋지다고 칭찬을 하네	一見已稱奇
벼슬을 그만두고 물러난다면	鼎食如能捨
내 동산의 자지를 함께할 텐데[22]	吾園有紫芝

21 사술(士述) : 채홍리(蔡弘履, 1737~1806)로, 본관은 평강(平康), 자는 사술, 호는 기천(岐川)이다. 대제학 채유후(蔡裕後)의 5대손으로, 부친은 채의공(蔡義恭)이다. 번암에게는 조카뻘이다.

22 내……텐데 : 자지(紫芝)는 신선이 먹는다는 자주색 영지버섯이다. 두 사람이 벼슬을 그만두고 명덕산으로 와서 함께 지내면 좋겠다는 뜻을 드러낸 것이다.

두 사람과 함께 운을 뽑다

同二君拈韻

도성에서 십 리도 되지 않지만	王城不十里
신기하게 골짜기는 꽤나 깊은 곳	頗怪洞天幽
한양에서 두 사람이 찾아와서는	翩彼終南客
시냇가의 이 정자에 올라왔어라	以玆溪上樓
저물도록 술잔을 기울이면서	壺觴至日暮
시 읊으니 풍류를 볼 수 있구나	吟嘯見風流
곤궁한 처지여도 버리지 않고	窮達無相捨
날 찾아와 이곳에서 함께 머무네	儂留爾亦留

또 운을 뽑다

又拈

찾아올 때 그대 말이 내를 몇 번 건넜던가	君馬來時幾度溪
의릉 서쪽 올라갔다 내려갔다 하는 길에	懿陵西畔路高低
함께 누운 침상은 사슴들과 이웃하고	分將睡榻隣麋鹿
나눠 주는 선약은 개와 닭도 몫이 있네	把與仙丹及犬鷄
깊은 곳의 정자에는 모두 숲이 짙푸르고	深處亭臺皆樹色
골짜기를 걸어올 땐 더러 구름 자욱하네	步來巖壑或雲迷
거문고 가락 홀연 이별을 노래하니	瑤琴忽爾生離思
방금 만난 친구가 곧바로 돌아가네	乍盍朋簪便解携

백향루에서 여와의 시에 차운하다
百香樓次餘窩

별달리 하는 일도 욕심도 없이	無事又無欲
산속에서 긴 봄날을 보내고 있네	山樓春日長
책 들고 가 북쪽 향한 창문을 열고	携書開北牖
베개 옮겨 둥근 못을 굽어보노라	移枕俯回塘
새소리는 들어 보지 못한 게 많고	時鳥多新語
이름난 꽃은 향이 빼어난 것들	名花盡國香
시 짓고 술 마시는 모임만 여니	秖應詩酒會
규벽이 밤하늘에 밝게 빛나네[23]	奎壁夜垂光

23 규벽(奎壁)이……빛나네 : 규벽은 28수(宿)에 속하는 규수(奎宿)와 벽수(壁宿)로, 둘 다 문운(文運)을 주관하는 별이다. 여기서는 명덕산에서 갖는 시사(詩社)에 문재(文才)가 뛰어난 인사들이 모인다는 뜻으로 쓴 것이다.

원외 권영[24]과 상사 이경[25]이 오다

權員外倎李上舍熲至

비몽사몽 잠이 들 듯 말 듯 하는데	半醒半睡際
반가운 손님 둘이 찾아왔어라	一客二客來
바위 이끼 밟힌 것은 상관 않지만	不惜巖蹊蘚
길에서 먼지 묻혀 왔나 두렵네	恐携街陌埃
문을 열어 아침노을 쓸어 내고서	開軒掃朝靄
물가에 나가 앉아 술잔을 씻네	臨水洗春杯
복사꽃 자두꽃이 사람을 향해	桃李向人在
보란 듯이 꽃망울을 터뜨리누나	芳華如意開

24 원외(員外) 권영(權倎) : 1741～? 본관은 안동(安東), 자는 맹영(孟英)이다. 원외는 원외랑(員外郎)의 약칭으로, 권영이 형조 좌랑을 지냈기 때문에 이렇게 지칭한 것이다.

25 상사(上舍) 이경(李熲) : 자는 사규(士圭)이다. 사마시에 합격하였기 때문에 상사라고 지칭한 것이다.

이유문,[26] 신사강 응연,[27] 이계수[28]가 와서 운을 뽑아 함께 시를 짓다. 이공회는 이미 이틀 전에 다시 와서 머물고 있었다

李幼文申士剛應淵李季受至拈韻同賦李公會已以日昨重到信宿

산루의 발 사이로 갠 하늘이 드러나고	山樓簾箔下新晴
베개 아래 바위샘은 종일 졸졸 흐르는데	枕底巖泉盡日鳴
기쁘게도 오랜 벗들 멀리서 찾아오니	頗喜故人能遠涉
오늘날도 한가한 걸음 있는 걸 알겠네	始知今世有閑行
어여쁜 연록 잎엔 맺힌 방울 떨어지고	關情軟綠緣蹊滴
휘날리는 꽃잎은 시내 위에 점을 찍네	多事飛紅點水輕
조정에서 나 있는 곳 이미 알고 있다 하니	聞說朝廷已知處
이름을 숨길 만한 곳이 없어 부끄럽네	愧來無地可藏名

26 이유문(李幼文) : 이동욱(李東郁, 1739~?)으로, 본관은 평창(平昌), 자는 유문, 호는 소암(蘇巖)이다.

27 신사강 응연(申士剛應淵) : 신응연(1735~?)으로, 본관은 고령(高靈), 자는 사강이다.

28 이계수(李季受) : 이익운(李益運, 1748~1817)으로, 본관은 연안(延安), 자는 계수, 호는 학록(鶴麓)이다. 번암의 문인이다.

관찰사 정여성[29] 일상 이 순행길에 찾아 준 것을 사례하다. 《송시》의 운[30]을 뽑아 차운하다

謝鄭按使汝成 一祥 巡路見訪拈次宋詩

나무에는 연녹색의 잎이 새로 돋아나고	新綠生林晝未濃
산새는 폴폴 날아 사람 곁을 맴도는 때	幽禽翔集與人同
관찰사의 부절을 저물녘에 보게 되니	卽看漢節來斜日
주류에서 먼 바람을 피하던 일 떠오르네	尙憶周流避遠風
깃발 비친 봄 못에선 물고기가 놀라고	春沼魚驚旗影裏
화각(畫角) 소리 들리자 산촌 개가 짖어 대네	山家犬吠角聲中
조정의 옛 동료가 만약 내게 묻는다면	巖廊舊侶如相問
푸른 산에 계수나무 숲 있다고 말하리라[31]	報道靑岑長桂叢

작년에 여성과 함께 연경(燕京)으로 갔는데, 주류하(周流河)를 지날 때 거센 바람이 몰아쳐서 앞으로 나아갈 수가 없어 함께 길옆의 절집에서 잤다. 이 일을 제4구에 언급하였다.

29 정여성(鄭汝成) : 정일상(鄭一祥, 1721～1792)으로, 본관은 동래(東萊), 자는 여성·성초(聖初)이다. 1778년(정조2) 번암이 사은 겸 진주사(謝恩兼陳奏使)로 청나라로 갈 때 부사(副使)로서 동행하였고, 1778년 12월부터 1779년 3월 사이에 경기 관찰사로 재직하였다.

30 송시(宋詩)의 운 : 《송시기사(宋詩紀事)》 권20에 실려 있는 증공(曾鞏)의 〈전당상원야상부사배자신낭중문연석(錢塘上元夜祥符寺陪咨臣郎中文燕席)〉인 듯하다. 다만 증공의 시는 6구의 운자가 '공(空)'인데 번암의 시에는 중(中)으로 되어 있다.

31 푸른……말하리라 : 계수나무 숲은 은자(隱者)가 사는 곳을 상징하는 말로, 번암 자신이 이곳에 은거하기로 마음을 정했다는 뜻이다.

도성으로 돌아가며 연명헌에 써 두다

還城留題戀明軒

잠시 갔다 곧바로 돌아올 텐데	暫去應還到
이별하는 것처럼 섭섭한 마음	情猶似別離
초각을 손보려는 생각 늘 있고	難忘理草閣
연못 수리 끝을 아직 맺지 못했네	未了改蓮池
새들은 놀리듯이 재잘거리고	啼鳥如相弄
꽃잎은 따라오듯 폴폴 나누나	飛花暗欲隨
돌아올 땐 밝은 달이 기다리리니[32]	歸時待明月
오언시를 남겨 두어 증거 삼노라	留證五言詩

32 돌아올……기다리리니 : 3월 보름에 연명헌으로 돌아오겠다는 뜻이다.

도중에 금성도위의 수각[33]에서 쉬었는데, 이때 공회가 함께 하였다. 운을 뽑아 붓을 휘둘러 쓰다

路憩錦城都尉水閣公會從拈韻走草

이월에 도성으로 가는 도중에	二月騎驢路
잠시 들른 부마의 화려한 정자	千金駙馬亭
원림을 방금 잠시 떠나왔는데	林園俄暫別
시냇물 소리 새로 듣는 것 같네	山溜若新聽
높은 난간 절벽에 의지하였고	危檻全依壁
솔숲은 뜰까지 쭉 이어졌어라	行松直到庭
벼슬살이 굴레를 벗은 듯하니	簪纓眞似蛻
술에 취해 형해를 잊고 싶어라	杯酒欲忘形

33 금성도위(錦城都尉)의 수각(水閣) : 금성도위는 박명원(朴明源, 1725~1790)이다. 본관은 반남(潘南), 자는 회보(晦甫), 호는 만보정(晩葆亭)이다. 1738년(영조14) 영조의 제3녀 화평옹주(和平翁主)에게 장가들어 금성위(錦城尉)에 봉해졌다. 세 차례 중국에 정사(正使)로 파견되었고, 글씨가 매우 뛰어났다. 몸가짐에 절도가 있었으며, 풍류와 운치가 있었다고 한다. 수각의 이름은 혼혼정(混混亭)이고, 동대문 밖에 있었던 것으로 추정된다.

도성에서 하룻밤을 묵으니 가슴이 답답하고 마음이 즐겁지 않았다. 사앙이 마침 왔기에 운을 뽑아 입으로 부르다

城市一宿鬱鬱意不樂士仰適至拈韻口呼

떠나오자마자 다시 돌아보는데	乍別猶回首
구름이 도성 밖의 산을 가렸네	雲遮郭外山
시냇물은 줄어들지 않았을 테고	溪流能不減
꽃과 새는 비로소 한가하리라	花鳥始應閑
우스워라 이렇게 늙은 사람이	自笑衰遲者
복잡한 도성에 또 돌아오다니	復來城市間
까마귀는 영문도 알지 못하고	棲鴉未解事
다투어 상림[34]으로 돌아가누나	爭向上林還

34 상림(上林) : 한(漢)나라 무제(武帝)가 만든 상림원(上林苑)이다. 궁궐의 후원을 지칭하는데, 여기서는 대궐을 의미한다.

3월 2일에 심경현[35]과 함께 운을 뽑다

三月二日同沈景玄拈韻

몸뚱이 있는 것은 잊기 쉬워도	忘我形骸易
은거할 생각 실로 잊기 어려워	林泉難可忘
돌아가서 약초 사서 달여 마시고	朅來因賣藥
시절마다 술잔 물에 띄우려 했지	時節逼流觴
그대는 왜 오모 속히 쓰지 않는가[36]	烏帽君何晩
나는 급히 미투리를 신으려는데	靑鞋我欲狂
종남산 아래에서 한번 만나서	終南一相遇
떨어지는 꽃 옆에서 함께 취하네	同醉落花傍

35 심경현(沈景玄) : 심경석(沈景錫, 1732~1780)으로, 본관은 청송(靑松), 자는 경현이다. 《사마방목(司馬榜目)》에는 자가 복경(福卿)으로 되어 있다. 《번암집》 권16에 실려 있는 〈문심용궁경석이금일입지문루서차(聞沈龍宮景錫以今日入地抆淚書此)〉라는 시가 1781년 2월에 지어진 것임을 고려하면 심경석은 1780년 연말 무렵에 사망한 듯하다.

36 그대는……않는가 : 오모(烏帽)는 본래 신분이 높은 사람들의 복장이었으나, 후대에는 관원들의 평상복이나 은자의 복장으로 사용되었다. 여기서는 심경석에게 왜 속히 자신과 함께 은거하려 하지 않느냐는 뜻으로 한 말이다.

3월 3일에 천둥 번개를 동반한 비가 쏟아지다

三月三日大雷雨

정오에 우렛소리 쿵쾅거리니	亭午轟雷響
금년에는 천둥 번개 빨리 닥쳤네	今年太早鳴
꽃과 나무 바람에 마구 날리고	風斜花木亂
제비와 꾀꼬리가 비에 놀라네	雨直燕鶯驚
기후가 한여름과 다름없다가	氣候如中夏
산하가 저물녘에 홀연히 개니	山河倏晩晴
와룡폭포 장관을 이뤘을 텐데	時哉臥龍瀑
어찌하면 쏟아지는 물소리 듣나	何以聽新聲

3월 5일은 영조대왕을 부묘한 뒤 처음으로 돌아오는 기일이다. 새벽에 앉아서 눈물을 훔치며 쓰다

三月五日值英考祔廟後初忌曉坐抆淚以書

슬프다 성스럽고 명철했던 우리 선왕	於戱聖哲我先王
심산궁곡 백성들도 아직 잊지 못하도다	窮谷深山尙不忘
기영호를 올렸지만 만사가 슬퍼지고[37]	萬事傷心祈永號
건공탕을 올렸어도 백 년 인생 꿈같았네[38]	百年如夢建功湯
눈물짓는 남은 신하 보답할 길 끊어지고	餘生淚血涓埃斷
세월 지나 궁궐 뜰엔 꽃이 향기 잃었어라	小劫宮花寂寞香
등불 아래 앉았는데 멀리서 닭이 우니	坐對孤燈鷄遠唱
지금쯤 원릉[39]에선 석 잔 술을 올리리라	元陵倘薦第三觴

37 기영호(祈永號)를……슬퍼지고 : 영조가 70세 되던 1764년(영조40) 대사헌 서명응(徐命膺)이 차자를 올리면서 영조의 장수를 기원한다는 뜻을 담아 '기영'이라는 이름을 붙였는데, 영조는 이를 가상히 여겨 홍문관에 명해서 그 글을 〈기영편(祈永篇)〉이라는 이름으로 간행하게 하였다. 그 뒤로 '기영'은 영조의 건강에 마음을 다한다는 뜻으로 사용되었다. 《英祖實錄 40年 9月 10日, 41年 10月 14日, 45年 4月 13日》 따라서 이 구절은 영조의 장수를 기원했지만 영조가 붕어하는 슬픔을 만났다는 뜻으로 쓴 것으로 보인다.

38 건공탕(建功湯)을……꿈같았네 : 역시 영조의 붕어를 뜻하는 말로, 군왕(君王)의 옥체를 위해 건공탕을 올렸지만 소용이 없었다는 것이다. 건공탕은 본래 이중탕(理中湯)인데, 영조가 이중탕 덕분에 환후가 나았다고 하여 이름을 이중건공탕(理中建功湯)으로 바꾸고 '건공탕'이라고 불렀다. 《英祖實錄 34年 12月 21日》

39 원릉(元陵) : 영조의 능묘이다. 영조의 기일이기 때문에 언급한 것이다.

3월 7일에 성상께서 황단에 제향을 올리기 위해 이문원에서 재계하며 밤을 보냈는데, 이문원은 바로 규장각 학사들이 숙직하는 곳이다. 친히 율시 한 수를 지으신 뒤[40] 판각하여 이문원 벽에 걸라고 명하시니, 이는 실로 밝은 시대의 거룩한 일이다. 태양의 빛을 반딧불이가 흉내 낼 수는 없지만, 주남에 유체되어 있는 몸[41]이기에 안타까운 마음을 금할 길이 없어 삼가 성상의 시운에 차운하여 상자 속에 간직해 두려 한다

三月七日上有事皇壇齋宿摛文院院卽奎章學士豹直所也親製近體一首命板揭院壁實昭代盛事也太陽之輝非螢爝所可仰摸然留滯周南之恨有不勝頹然者謹步聖韻藏諸篋笥云爾

여섯 명의 관원[42] 모두 밝은 시대 현사들로 滿九除三聖代賢
규장각에 재직하며 연석을 밝히도다 閣中冠珮照華筵

40 친히……뒤 : 이 시는 《홍재전서(弘齋全書)》 권5에 실려 있는 〈황단재야숙이문원소견각신유작(皇壇齋夜宿摛文院召見閣臣有作)〉이라는 시이다.

41 주남(周南)에……몸 : 황단의 제향에 참석하지 못했다는 말이다. 한 무제(漢武帝) 때 태사공(太史公) 사마담(司馬談)이 주남 땅인 낙양(洛陽)에 머물러 있다가 봉선(封禪)에 참의(參議)하지 못했던 고사에서 온 말이다. 《史記 太史公自序》 번암은 3월 4일 규장각 제학으로 거듭 임명되었으나 제향에는 참석하지 못했기 때문에 이렇게 쓴 것이다.

42 여섯 명의 관원 : 1776년(정조 즉위년) 궐내에 설립한 규장각의 정원은 제학(提學) 2명, 직제학(直提學) 2명, 직각(直閣) 1명, 대교(待教) 1명으로 모두 6명이었다. 그 밖에 실무를 담당하는 검서관(檢書官) 4명이 있었으나, 이들은 정규직이 아닌 잡직(雜織)으로서, 5~9품에 해당하는 서반(西班) 체아직(遞兒職)을 받고 규장각에서 일하였다.

깊고 깊은 자부[43]에 봄이 한창 깊어 가니	深深紫府春如海
때로 밤에 단려장을 짚은 신선 강림하네[44]	往往丹藜夜降仙
서고에는 부용지의 그림자가 어른대고	曲沼影搖牙軸裏
어전에는 늦은 봄꽃 향기가 풍겨 오네	晩花香度御爐前
재계하는 이날에 대가가 이르시니	淸齋是日鑾輿至
문 가까이 상서로운 구름이 자욱하네	近戶祥雲靄似煙

43 자부(紫府) : 도가(道家)에서 신선이 사는 곳을 지칭하는 말로, 여기서는 대궐을 뜻한다.

44 때로……강림하네 : 단려장(丹藜杖)은 청려장(靑藜杖)과 같은 말로, 명아주 지팡이를 지칭한다. 한나라 유향(劉向)이 천록각(天祿閣)에서 글을 교정하고 있는데, 밤중에 누런 옷을 입은 한 노인이 청려장을 짚고 와서는, 유향이 어두운 데서 글을 읽는 것을 보고 지팡이 끝에 불을 붙여 방을 밝혀 주었다고 한다.《三輔黃圖 閣》 나중에는 밤늦도록 독서하기 위해 밝혀 둔 촛불을 지칭하게 되었는데, 여기서는 규장각 신하들이 이문원에서 밤을 지새우며 독서와 연구에 몰두한다는 뜻으로 말한 것이다.

12일 오후에 갑자기 명덕산으로 들어왔는데, 이는 저번의 시에 "돌아올 때면 밝은 달이 기다릴 것이다."라고 한 말[45]이 있었으므로 어기지 않고자 해서였다. 이날 밤 맑게 갠 달빛이 하늘에 가득하여 나무 그림자가 서로 엇갈렸는데, 홀로 춘성당에 앉아 있노라니 정신이 말할 수 없이 상쾌해졌다. 한밤중에 방화계를 따라 걸어서 와룡폭포에 이르렀으나 이 즐거움을 이야기할 사람이 없다

十二日向夕率爾入明德山蓋以前詩有歸時待明月之語不欲相負也是夜霽月滿天樹影相錯獨坐春星堂神骨淸爽至夜半循傍花溪步至臥龍瀑無人語此樂者

숲에 돌아오겠다는 약속을 지키고자	中林佳約不蹉跎
술병과 시 주머니 노새 등에 걸었어라	酒榼詩囊掛一騾
밝은 달은 오늘 밤에 더욱더 아름답고	明月更從今夜好
녹음은 갈 때보다 조금 더 짙어졌네	綠陰差較去時多
솔 이슬이 옷을 흠뻑 적시도록 앉아 있고	坐令松露濡衣重
시내 구름 얼굴 옆을 스치도록 걸어가네	步許溪雲傍面過
회상컨대 한양성의 천만 호 집들마다	回想漢陽千萬戶
새벽까지 요란하게 코를 고는 소리 났지	鼾雷應與曉鍾和

45 저번의……말 : 앞서 2월 말에 한양으로 가면서 지은 〈환성유제연명헌(還城留題戀明軒)〉이라는 시에 "돌아올 땐 밝은 달이 기다리리니, 오언시를 남겨 두어 증거 삼노라.〔歸時待明月, 留證五言詩.〕"라고 한 것을 말한다. 《樊巖集 卷15》

13일 밤에 달빛이 더욱 아름답기에 춘성각에 앉아 있노라니 멀리서 풍경 소리가 커졌다 작아졌다 하며 들려왔다. 자리에서 일어나 와룡폭포로 가서 너럭바위 위를 서성거리니, 밤이 이미 삼경 무렵이었다. 아들 홍원이 따랐으므로 운을 정해 시를 지으라고 하고는 읊조리다

十三夜月色愈佳坐春星閣遠聞風珮聲乍高乍低起訪臥龍瀑徘徊於盤石之上時夜已三鼓餘矣兒子弘遠從命韻賦之仍有吟

깊은 밤에 고요한 초당에 앉아	遙夜草堂靜
시내의 바람 소리 가만히 듣다	暗聞溪籟淸
홀연히 이끼 덮인 길 따라가니	忽尋苔徑去
신기하게 병든 몸이 가벼워지네	自怪病身輕
산 달은 본래 서로 약속하였고	山月元相約
솔바람은 쏴아 하고 때때로 부네	松風時一聲
깊은 산에 사람이 보이지 않아	中林人不見
거문고 내려놓고 그리워하네	琴罷欲含情

마지막 구에는 공회(公會)를 생각하는 마음을 드러내었다.

14일에 도성으로 돌아가다가 혼혼정[46]에서 잠시 쉬다
十四還城少憩混混亭

도성으로 가는 길 중간 지점의　東門中半路
이 정자에 또 들러서 한번 웃노라　一笑又玆樓
물아를 무엇 하러 구분할쏜가　物我何須辨
산천에 잠시 쉬어 가는 것일 뿐　溪山且暫留
소나무는 지붕과 높이가 같고　松顚平畫棟
자리 밑엔 콸콸대며 물이 흐르네　席底送喧流
충주의 명[47]을 비록 따르더라도　縱報忠州命
단약은 나 스스로 도모하리라[48]　爐丹我自謀

이때 예조 판서에 임명되었기 때문에 한 말이다.

46 혼혼정(混混亭) : 금성도위(錦城都尉) 박명원(朴明源)의 정자이다. 184쪽 주33 참조.

47 충주(忠州)의 명(命) : 예조 판서의 직임과 관련되는 일일 듯하다. 영조의 태실(胎室)은 청주(淸州)에, 경종(景宗)의 태실은 충주에 있었는데, 이때가 영조의 국상이 끝난 뒤임을 감안하면 태실에 다녀오라는 명이 내려졌을 수도 있을 듯하다.

48 단약(丹藥)은……도모하리라 : 벼슬에서 물러나 은거하겠다는 마음은 변하지 않으리라는 말이다.

이 위솔[49] 극성 에 대한 만사
李衛率 克誠 挽

세상 사람 날마다 분분하게 교제해도	風塵交契日紛紛
죽마고우 교분이야 누가 그대만 했으랴	蔥竹情親孰似君
동자도 이웃 어른 덕 있음을 알았는데	童子亦知隣有德
당시에 운 좋게도 박식한 벗 만났어라	當時何幸友多聞
묘령에 당나라의 선배에 이름 들고[50]	妙齡名列唐先輩
당나라 사람들이 진사를 선배라고 불렀다.	
여사로 쓴 글씨는 진 우군[51]을 전수했지	餘事書傳晉右軍
헤어져서 십 년 동안 얼굴 자주 못 봤건만	星散十年稀見面
이후로는 유명을 달리한 걸 한하리라	向來終恨隔泥雲

두 번째 其二

기두가 아득한데 운명이 불공평해	箕斗蒼茫命不均

49 이 위솔(李衛率) : 이극성(李克誠, ?~1779)으로, 본관은 전주(全州), 자는 덕중(德中)이다. 지봉(芝峯) 이수광(李睟光)의 후손이고, 성호(星湖) 이익(李瀷)의 사위이다. 위솔은 세자익위사의 종6품 벼슬인데, 이극성은 1770년(영조46)~1771년 사이에 세자시강원의 위솔과 부솔(副率) 등을 지냈다.

50 묘령(妙齡)에……들고 : 일찍 사마시에 합격하여 진사가 되었다는 말이다.

51 진 우군(晉右軍) : 우군장군(右君將軍)을 지낸 진(晉)나라의 명필 왕희지(王羲之)를 지칭한 말이다.

이 사람이 부질없이 이 세상에 머물렀지[52] 塵埃空遣滯斯人
노년에 곤궁하여 남산 아래 집을 팔고 白頭窮賣終南宅
붓을 들고 한가하게 저술로 소일했네 彤管閑爲硯北身
고요함을 즐기는데 문밖을 엿볼쏜가 靜癖何曾窺戶外
제수 전지 은거지에 닿게 하지 않았어라 除書未許到漳濱
한 장의 상소 통해 경륜 알 수 있었으니 經綸一疏知全鼎
선왕께서 여러 차례 감탄하고 칭찬했네 尙憶先王歎賞頻

세 번째 其三

왕래하던 유년 시절 번거로운 줄 몰랐고 來往髫時不厭頻
좋은 날엔 시와 편지 서로 주고받았었지 哦詩染翰答良辰
우리 인생 끝내는 다 묵은 자취 되지만 浮生何事非陳跡
그대 이제 죽었으니 나에게는 벗이 없네 君死於今無故人
지봉(芝峯) 집안 황폐하고 교목이 쓰러지매 芝老門荒喬木臥
계방에서 파직되곤 가난하게 지냈었지 桂坊官罷小廚貧
인생 백 년 우리 도의 곤궁함이 이러하니 百年吾道窮如許
서산에 새로 돋는 풀빛 보며 눈물짓네 淚浥西山草色新

52 기두(箕斗)가……머물렀지 : 기두는 기수(箕宿)와 두수(斗宿) 두 별이다. 《시경》 〈소아(小雅) 대동(大東)〉에 "남쪽엔 키라는 별이 있으나, 까불어 날릴 수 없고, 북쪽엔 말이라는 별이 있으나, 술과 물을 뜰 수가 없도다.〔維南有箕, 不可以簸揚; 維北有斗, 不可以挹酒漿.〕"라고 하여, 유명무실한 사물을 비유하는 말로 쓰이게 되었다. 여기서는 이극성이 높은 명성을 가졌지만 크게 쓰이지 못했다는 의미를 함축하고 있다.

6대 조고 증 이조 참판 행 홍문관 응교 죽촌 부군[53]의 사우에 모셨던 신주를 장손이 죽어 예법에 따라 매장하게 되었다. 족제 우공과 항공이 신주를 받들고 해미에서 출발하여 4월 16일에 서울로 들어왔으므로, 내가 내외손 몇 명을 거느리고 동작나루에서 맞이하여 집 안에 임시로 봉안하였다. 18일에 신주를 받들고 미음의 묘소로 가서 19일 묘시에 차례를 지낸 뒤 산소 왼쪽에 매장하였는데, 이 자리에 모인 자손이 모두 10여 명이었다. 하늘에 사무치는 통한이 처음 장지에 모시던 날과 다르지 않기에 눈물을 흘리며 심회를 적어 우공과 홍리에게 보이다

六代祖考贈吏曹參判行弘文館應教竹村府君祠宇以長房喪逝禮當永埋族弟友恭恒恭奉祠版自海美離發以四月十六日入京小孫率內外裔若干迎于銅雀津上奉安於家中十八陪詣渼陰墓所十九卯時行茶禮仍埋安於塋域左傍子孫會者凡十餘窮天痛恨無異窀穸之訣掩淚書懷視友恭弘履

송경 이후 임피로 낙향을 하였지만[54]	松京以後落臨陂
응교공[55]이 문호를 붙들어 유지하니	門戶仍爲應教持

53 죽촌(竹村) 부군(府君) : 채경선(蔡慶先, 1559~1610)으로, 본관은 평강(平康), 자는 자장(子長), 호는 죽촌이다. 묘소는 양주(楊州) 독음(禿音)에 있다.

54 송경(松京)……하였지만 : 송경은 고려 시대를 지칭한다. 채경선의 선조 채양생(蔡陽生)이 고려가 멸망한 이후 개경(開京)에서 바다를 따라 내려와서 충청도 임피(臨陂)에 정착한 것을 두고 한 말이다. 《樊巖集 卷40 伯從祖祖父承議郎弘文館修撰知製教兼經筵檢討官春秋館記事官五視齋先生行狀》

55 응교공(應教公) : 채경선을 가리킨다.

성세의 높은 직책 여경의 영향이요 聖世簪纓餘慶遠
당시의 덕과 재주 대신이 알았어라 當時才行大臣知
사대 동안 봉사(奉祀)한 일 참으로 꿈같건만 承家四代眞如夢
후손 없어 사당 허니 혼이 누굴 의지할까 毁廟殘孫欲倚誰
왕뢰의 동쪽 산에 송백이 짙푸른데[56] 王瀨東頭松柏樹
외로운 석양빛이 가지에 비춰 드네 夕陽孤照淚邊枝

선조대왕 때 대신(大臣)이, 부군께서 재주와 덕행(德行)을 겸비했다고 추천하였으므로 시에 언급하였다.

56 왕뢰(王瀨)의……짙푸른데 : 채경선의 묘소를 가리킨다. 왕뢰는 미호팔경(渼湖八景)의 하나로 꼽혔던 경기도 남양주시의 왕숙천(王宿川)인 듯하다.

새로 사초한 뒤 산소를 떠나 집으로 돌아와서 또 우공과 홍리에게 보임으로써 슬픈 마음을 달래다

改莎訖辭墓還家又視友恭弘履以紓愴懷

선왕의 예법대로 따른 것인데	奈此先王禮
부질없이 눈물이 멈추질 않네	空霑小子裾
떠나올 땐 말조차 머뭇거렸고	依遲將去馬
받들고 간 수레는 비어 있었네	虛廓奉來輿
기제사는 종손에게 의탁하였고	歲祭宗孫托
묘소에는 늙은 노복 남겨 뒀으니	墳菴老僕餘
새로 입힌 떼가 조금 자라더라도	新莎稍改色
마음이 편해지긴 어려우리라	難道寸心舒

조 대사간[57] 숙 에 대한 만사

趙大司諫 潚 挽

명성 있는 가문에서 빼어난 후손 나와[58] 龍老門庭鳳羽翩
맑은 재주 높은 명망 조정을 뒤흔드니 清才雅望動班聯
발탁되어 홍문관에 제수되던 당시에는 斐然瀛閣新除日
조정의 관원 중에 가장 젊은 나이였지[59] 藉甚朝廷最少年
준마처럼 뛰어난 재주 없지 않았지만 驥足非無工步驟
아름다운 자태 끝내 시새움을 받았어라 蛾眉終恨妬嬋娟
영종 때에 출사하여 지우를 입었으니 出身知遇英宗聖
이 일이 역사책을 환하게 밝히리라 玆事分明耀簡編

두 번째 其二

봄바람에 금수[60]가 아득하게 흘러가니 春風錦水去茫茫

57 조 대사간(趙大司諫) : 조숙(趙潚, 1727~1779)으로, 본관은 한양(漢陽)이다. 《용주선생연보(龍洲先生年譜)》 〈세보도(世譜圖)〉에는 자가 계온(季溫)으로 되어 있으나, 몇몇 문집에는 계창(季昌)으로 되어 있다. 1775년(영조51)까지 몇 차례 대사간을 지냈다.

58 명성……나와 : 조숙은 청백리(淸白吏)인 용주(龍洲) 조경(趙絅)의 현손이고 세자시강원 보덕 조위봉(趙威鳳)의 증손이다.

59 조정의……나이였지 : 조숙이 1752년 26세의 나이로 정5품의 홍문관 교리에 제수되었기 때문에 한 말이다.

60 금수(錦水) : 금강(錦江)인 듯하다.

연래로 이별한 지 오래된 걸 슬퍼했지 　　惆悵年來別日長
남쪽의 서찰 자주 오지 않게 된 뒤로는 　　書札稀傳南雁後
북쪽에서 누대에 홀로 기대 있곤 했네 　　興居孤寄北樓傍
들어앉은 사마는 본래 병이 많았었고[61] 　　閉門司馬從多病
세상과 군평 또한 서로 잊고 지냈었지[62] 　　與世君平遂兩忘
그대에게 조카 있어 널 붙들고 돌아가니 　　惟有阿咸扶櫬返
고향 산의 송백에 해가 일찍 저물리라 　　故山松檜易斜陽

61 들어앉은……많았었고 : 사마(司馬)는 한(漢)나라의 문장가 사마상여(司馬相如)이다. 사마상여가 평생 소갈병(消渴病)을 앓았기 때문에 이렇게 말한 것이다. 《史記 司馬相如列傳》 여기서는 조숙을 사마상여에 비유한 것이다.

62 세상과……지냈었지 : 군평(君平)은 한나라의 은사(隱士) 엄준(嚴遵)의 자이다. 촉(蜀) 땅에 은거하여 성도(成都)의 저잣거리에서 점을 보아 먹고살았는데, 하루에 100전(錢)만 벌면 가게 문을 닫고 저술을 일삼았다고 한다. 《漢書 嚴遵傳》 역시 조숙이 벼슬에서 물러난 뒤 초야에 은거했다는 뜻으로 비유한 것이다.

유선,[63] 공회,[64] 근지[65]가 왔기에 향산이 초여름 매미 소리를 읊은 시[66]의 운을 뽑아 함께 시를 짓다

幼選公會謹之至拈香山詠新蟬韻同賦

정오 무렵 오동나무 그늘 짙은데	桐陰欲午時
어디선가 맑은 소리 울려 퍼지니	寥亮在何枝
천기의 움직임이 사랑스럽고	已愛天機動
절서를 알게 하니 또한 좋구나	兼憐節序知
청신하여 속세 멀리 떠난 듯하고	淸新離俗遠
고결하여 숲에 오래 머물게 하네	孤潔出林遲
분분한 세상사와 대조되어서	人事紛相感
읊노라니 얼굴이 시름에 젖네	吟愁乃上眉

63 유선(幼選) : 목만중(睦萬中, 1727~1810)으로, 본관은 사천(泗川), 자는 유선, 호는 여와(餘窩)이다. 번암과 시사(詩社)를 함께하였다.

64 공회(公會) : 이정운(李鼎運, 1743~1800)으로, 본관 연안(延安), 자는 공회, 호는 오사(五沙)이다.

65 근지(謹之) : 한덕후(韓德厚)의 자이다.

66 향산(香山)이……시 : 향산은 당(唐)나라 시인 백거이(白居易)의 자호(自號)이다. 시는 〈문신선증유이십팔(聞新蟬贈劉二十八)〉이다.

또 '동' 자를 얻어 오언 고시를 짓다. 이때 심 지헌 여중[67]이 뒤따라 왔다

又得同字賦五言古風時沈持憲汝中續至

평소에 즐거워할 일이 적어서	端居寡所歡
긴 여름을 잠만 자며 지내지마는	長夏睡朧朧
삼경이 한양에서 멀지 않기에	賴有三逕近
다행히도 구양과 만날 수 있네[68]	幸與求羊通
여와[69]는 속기라곤 본래 없는데	餘窩不俗氣
시가지의 뿌연 먼지 덮어써 가며	步衝街塵紅
찾아와선 다른 말은 하지도 않고	相見無雜言
시 읊는데 어찌나도 멋들어진지	誦詩何渢渢
때때로 부슬부슬 비가 내리고	疎雨有時落
나뭇가지 바람에 흔들리는데	樹枝搖好風

67 심 지헌 여중(沈持憲汝中) : 심복(沈墣, ?~1780)으로, 자는 여중, 호는 오헌(悟軒)이며, 사간원 정언과 사헌부 지평을 지냈다. 1780년 9월에 사망했을 때 번암이 제문을 지었다. 《樊巖集 卷38 祭沈正言文》

68 삼경(三逕)이……있네 : 삼경은 은사(隱士)의 뜨락이고, 구양(求羊)은 양중(羊仲)과 구중(求仲)이다. 서한(西漢) 말에 장후(蔣詡)가 정원에 세 개의 오솔길을 만들어 놓고는 오직 양중과 구중 두 사람과 교유하며 두문불출했던 고사가 있다. 《三輔決錄 逃名》 여기서 삼경은 번암 자신이 은거하는 명덕산 일대를, 구양은 그곳으로 찾아와 시회(詩會)를 갖던 문사(文士)들을 지칭한다.

69 여와(餘窩) : 목만중의 호이다.

아이종이 들고 온 소반 위에는 稚子擎手重
참외가 수북하게 담겨 있으니 甘瓜峙盌中
좋은 음식 대접 못 해 부끄럽지만 雖愧無兼味
그대들과 어울려서 먹을 만하네 亦足與君同
심여중은 노력해도 되지 않아서 沈子强不能
형편없이 두면서도 실력자처럼 棋拙自爲工
바둑판 앞에 앉아 대국을 하니 丁丁對紋楸
겉만 보면 귤 속의 노인[70]과 같네 外似橘中翁
하지만 지켜보면 매번 잘못 둬 熟視反誤着
여러 차례 공격해도 실패하므로 屢進竟無功
둘러앉아 웃음을 터뜨리노니 四座大歡噱
이 즐거움 참으로 다함이 없네 此樂未云窮
졸렬함이 공교로움보다 나으니 拙固勝於巧
우리 함께 졸렬함을 지켜 가세나 須與拙始終

70 귤 속의 노인 : 옛날 중국의 파공(巴邛)에 사는 어떤 사람 집에 귤나무가 있었는데, 서리가 내린 뒤 서 말들이 항아리만 한 귤이 달렸기에 갈라 보았더니 머리와 수염이 허연 두 노인이 마주 앉아 내기 바둑을 두고 있었다고 한다. 이를 귤중지락(橘中之樂) 또는 귤중희(橘中戲)라고 한다. 《幽怪錄 卷3 巴邛人》

초복에 유선, 경삼,[71] 수오,[72] 사술[73] 등 여러 사람이 오다

初庚日幼選景參秀五士述諸君至

세월이 너무나도 빠르게 흘러	歲運日以亟
어느새 초복 날이 다가왔어라	一年已初庚
좋은 날을 맞아서 감회가 일어	感玆嘉節名
조촐하게 벗들을 초대하였네	聊以招友生
미풍이 북쪽에서 일찍 불어와	微風來北牖
복더위를 조금은 식혀 주도다	稍使暑氣輕
살림살이 가난해도 풍속을 따라	貧家亦隨俗
작은 개를 잡아서 솥에다 삶고	小狗中廚烹
좋은 술로 즐거운 대화 도우니	歡言佐美酒
붉은 노을 술잔에 비치는구나	紫霞湛盈觥
음식은 하찮지만 사양치 말고	物微也不辭
마주 앉아 깊은 정을 나누어 보세	相看各厚情
문 앞으로 큰길이 나 있다 보니	門前有大道
왁자지껄 고함 소리 들려오누나	呵喝縱以橫
어찌하여 조바심을 내는 사람들[74]	奈何熱中人

71 경삼(景參) : 오대익(吳大益)의 자이다. 166쪽 주7 참조.

72 수오(秀五) : 유항주(兪恒柱, 1730~?)로, 본관은 기계(杞溪), 자는 수오이다.

73 사술(士述) : 채홍리(蔡弘履)의 자이다. 176쪽 주21 참조.

74 조바심을 내는 사람들 : 명리(名利)와 권세를 얻고자 조바심을 내는 사람들을 뜻한

이 더위를 무릅쓰고 돌아다니나 冒此炎氛行

다. 《맹자》 〈만장 상(萬章上)〉에 "사람이 어려서는 부모를 사모하다가, 여색을 좋아할 줄 알게 되면 젊고 예쁜 여인을 사모하고, 처자가 있으면 처자를 사모하고, 벼슬하면 군주를 사모하는데, 군주에게 신임을 얻지 못하면 초조해져 가슴이 달아오른다."라고 하였다.

또 향산의 운[75]을 뽑아 함께 읊다

又拈香山韻同賦

산안개와 시내 달이 집 근처에 있는 데다	巖煙水月起居通
도연명의 창 밑 바람[76] 시원하게 불어오네	況有陶公窓下風
늙어서 사직하니 용퇴라고 할 수 없고	老謝簪袍非勇退
짝지어 두는 바둑 공부하듯 진지하네	偶贏棋局似眞功
돌벼랑의 그늘에서 단약을 달이고	丹蒸石壁濃陰裏
산속 정원 햇볕에다 잠방이를 말리노라[77]	褌曬山庭白日中
세상 사는 방법을 다 늦게야 깨우치니	處世吾今成晩悟
남과 같이 할 것도 다르게 할 것도 없네	不須求異不須同

이때 화로에 약을 달이고 있었기 때문에 언급하였다.

75 향산(香山)의 운(韻) : 백거이(白居易)의 시 〈답유화주우석(答劉和州禹錫)〉이다.

76 도연명(陶淵明)의……바람 : 진(晉)나라 때의 처사(處士)인 도잠(陶潛)이 "여름철에 한가하게 북창(北窓) 아래에 누워 있다가, 맑은 바람이 불어오면 나 자신이 상고시대 사람이라는 생각이 든다."라고 하였던 고사를 인용한 것이다. 《晉書 隱逸列傳 陶潛》

77 산속……말리노라 : 진(晉)나라 때 죽림칠현(竹林七賢) 중의 한 사람인 완함(阮咸)의 고사를 인용한 것이다. 완씨 집안은 길 북쪽에는 부자들이 살고 그 남쪽에는 가난한 사람들이 살았다. 7월 7일 풍속에 따라 북쪽 집안사람들이 모두 비싸고 화려한 옷가지를 내어 말리자, 길 남쪽에 살던 완함은 장대 끝에 쇠코잠방이를 걸어 말렸다. 사람들이 이를 괴이하게 여기자, 완함은 "아직 시속을 벗어나지 못해서 그저 이렇게 해 보는 것이다."라고 하였다. 《晉書 阮籍列傳 阮咸》《世說新語 任誕》 여기서는 가난하지만 그 나름대로 초복 날의 풍속을 즐긴다는 뜻으로 말한 것이다.

더위에 시달리다가 잠시 약봉의 옛집[78]으로 나가다. 집을 이때 우석모[79] 형제가 빌려 살고 있었다

悶暑暫出藥峯舊宅宅時爲禹錫謨兄弟所借入

내가 여기 안 와 본 지 꽤나 오래되었는데　自我不來已幾時
처마와 담장 기와 반절은 기울었네　屋簷墻瓦半傾攲
쓸쓸하게 대낮에도 풀이 섬돌 덮고 있고　蕭條白日草連砌
안타깝게 작년에는 단풍나무 꺾였어라　歎息前年楓折枝
아이 적에 글 겨뤘던 친구들은 모두 늙고　白戰兒童皆老大
홍진 세상 벼슬살이 너무나도 따분하네　紅塵簪笏太支離
다행히도 이웃에 심 판부사 계시는데　頗幸東隣沈判府
구순에도 근력 좋아 종일 앉아 대화하네　九旬筋力坐忘疲

78 약봉(藥峯)의 옛집 : 약봉은 서울시 중구 만리동 입구에서 충정로3가로 넘어가는 곳에 있는 약현(藥峴)이다. 번암의 처삼촌인 약산(藥山) 오광운(吳光運)의 소유였는데, 오광운이 죽은 뒤에는 후손들이 집을 지키지 못해 번암에게 넘겼다고 한다. 번암은 오광운에게 수학하였기 때문에 어려서부터 이 집에 드나들며 공부하였다.《樊巖集 卷34 藥峯楓壇記》 번암은 동복 오씨(同福吳氏)와 혼인하여 이 집에서 살다가 얼마 후에 이사를 했고, 1758년(영조34) 다시 약봉 집으로 이사하여 1770년 남대문 안으로 이사할 때까지 이곳에서 살았다.

79 우석모(禹錫謨) : 1747~? 본관은 단양(丹陽), 자는 사통(士通)이다. 1774년 사마시에 합격하였다. 형 우경모(禹景謨, 1744~?)도 번암의 제자이다. 자는 사앙(士仰)이다.

달밤에 약봉 아래 시단[80]에 오르다. 공회와 사앙이 따랐으므로 운을 불러 함께 짓다

月夜登藥下詩壇公會士仰從呼韻同賦

사랑스러운 동산의 노송나무가	可愛園中檜
저절로 짙은 그늘 드리웠어라	濃陰自在圓
주인이 오랜만에 집에 왔다고	主人重到此
밝은 달도 기쁘게 맞는 듯하네	明月似欣然
단에는 그때 쌓은 돌 무너지고	壇缺當年石
빈숲에는 새벽에도 흐르는 샘물	林虛五夜泉
자네들도 청년기는 지나갔으니	諸君非少壯
내 머리가 센 게 어찌 이상할쏜가	無怪我霜顚

80 약봉(藥峯) 아래 시단(詩壇) : 번암이 약현의 집 근처 숲에 조성했던 풍단(楓壇)이다. 경관이 빼어나며 남산을 정면으로 마주 보고 숭례문이 내려다보이는 곳이었는데, 이곳에서 여러 문사(文士)와 자주 시회(詩會)를 열었다. 《樊巖集 卷34 藥峯楓壇記》

빈대를 개최하라는 왕명이 내렸다는 말을 듣다
聞賓對有命

성 남쪽의 푸른 솔이 홍진을 막아 주니	城南松翠障紅塵
게으르게 맨머리로 집에 편히 누웠노라	高枕幽軒懶不巾
북창에 제 뜻대로 부는 바람 한 줄기를	隨意北窓風一陣
새벽같이 입궐하는 사람들과 나누고파	那由分與早朝人

다시 명덕산으로 들어오다. 경삼, 사술, 공회가 나란히 찾아 온 것을 기뻐하다

復入明德山喜景參士述公會聯騎見訪

말을 내려 천천히 걸어서 올 때	下馬步徐至
저녁 안개 먼 숲에서 피어났으니	夕嵐生遠林
깊은 숲의 등라가 좁은 길 덮어	窅然蘿徑合
시냇물 소리 따라 이르렀으리	應以水聲尋
맑은 술통 학 근처로 옮겨다 놓고	傍鶴移樽淡
숲에 앉아 매미 소리 듣고 있노라	聞蟬坐樹深
서로 만나 잡다한 말 하지 않으니	相看無雜語
어찌 다시 속세에 마음 있으랴	那復有塵心

춘성각에서 달을 보며

春星閣對月

연무 피는 산길 따라 높은 누에 올라와서	溪煙峯靄赴高樓
전원 속의 노년 생활 생각하며 한번 웃네	一笑林園晩跡收
모든 걱정 사라지니 명승지와 한가지요	百累摠消猶勝地
사계절이 다 좋지만 초가을이 으뜸이네	四時皆可最新秋
삼경의 고요 속에 물소리가 숲 흔들고	鳴川撼樾三更靜
만 그림자 그윽한데 솔가지에 달빛 드네	孤月穿松萬影幽
녹야당[81]과 향산[82]을 짝할 수가 있다면	綠野香山如可伴
신선 세계 부구공을 찾을 필요 없으리라[83]	虛無未必訪浮丘

81 녹야당(綠野堂) : 당(唐)나라 헌종(憲宗) 때의 상신(相臣) 배도(裵度)가 벼슬에서 물러난 뒤에 은거하였던 별장으로, 낙양(洛陽) 근교에 있었다. 이곳에서 백거이(白居易), 유우석(劉禹錫) 등과 함께 밤낮으로 시와 술을 즐기면서 세상사를 잊고 만년을 보냈다. 《新唐書 裵度列傳》

82 향산(香山) : 당나라 백거이가 만년에 치사(致仕)한 뒤 은거하였던 곳으로, 낙양의 용문산(龍門山) 동쪽에 있었다. 《舊唐書 白居易列傳》

83 신선……없으리라 : 부구공(浮丘公)은 부구산(浮丘山)에 살았다는 도사(道士)이다. 주 영왕(周靈王)의 태자인 왕자교(王子喬)는 피리를 잘 불었는데, 도사 부구공이 그를 맞이하여 숭고산(嵩高山)으로 올라갔다는 고사가 전한다. 《列仙傳》 굳이 신선 세계를 찾아갈 필요가 없다는 말이다.

권씨정[84]

權氏亭

수풀은 울창하고 내는 돌아 흐르는데	林木葳蕤巖磵廻
시랑의 정자에는 푸른 이끼 덮였어라	侍郎亭子掩蒼苔
화려한 정자 두고 세상을 떠났는데	可憐華構不將去
여린 손자 하나 있어 때때로 왕래하네	惟有孱孫時往來
본래부터 인생이란 흘러가는 물 같으나	終古浮生流水逝
일찍이 반갑게 날 맞아 준 일 기억나네	憶曾迎我好顏開
호탕하게 노래하고 석양 아래 섰노라니	浩歌歌罷斜陽裏
만사가 한 잔 술에 비길 수가 없어라	萬事無如酒一杯

84 권씨정(權氏亭) : '권 아무개의 정자'라는 뜻에서 이렇게 지칭한 듯하다. '시랑(侍郎)'이라고 한 것으로 봐서는 참판을 지낸 사람인 듯하다.

저녁 무렵에 읊다. 경삼, 사술, 공회와 함께 짓다

夕吟同景參士述公會賦

마음이 가는 대로 사립문 나서	衡門隨意出
한가하게 버드나무 옆에 섰노라	閑拄柳邊笻
얕고 깊은 시내에는 다리 끊기고	橋斷淺深水
두어 개의 봉우리에 기댄 촌락들	村依三兩峯
돌아가는 중과 잠깐 대화 나누고	歸僧數語別
빨래하는 아낙네들 때때로 보네	浣女有時逢
밭에서 가다 서다 하는 백로는	行止田間鷺
한가함이 게으른 나와 같구나	悠悠似我慵

달을 바라보며 제군과 함께 읊다. 이날이 7월 16일이다
對月與諸君同賦是日七月旣望

이슬 젖은 지붕의 동쪽에서 떠올라서	曨曨沆瀣屋簷東
온 숲에 빛을 쏘니 눈빛처럼 눈부시네	散射千林積素通
오늘 밤은 술도 있고 달도 환히 비추는데	今夜杯樽兼得月
초가을의 누각에 살랑살랑 부는 바람	新秋樓閣細含風
산이 밝아 학은 잠을 곤히 자지 못하고	山明獨鶴眠何穩
물이 맑아 물고기도 숨어 버린 것 같구나	水淨跳魚影若空
곳곳마다 좋은 벗과 좋은 경치 더불어서	隨處佳朋與佳境
모쪼록 이곳에서 남은 생을 보낼지니	且須終老百年中

경삼과 사술은 먼저 돌아가고 이정조[85]도 뒤따라서 돌아갔으므로 서운한 마음에 시를 읊어 유수오에게 보이다

景參士述先歸李廷藻亦隨而歸悵然有吟示兪秀五

가을 뜰에 서성이며 시름하노니	秋庭欲愁思
오늘 밤을 누구와 함께 보낼까	今夜共誰提
매미 소리 들으면서 지팡이 짚고	倚杖鳴蟬裏
돌아가는 그대들을 바라보노라	看君去馬齊
동관왕묘 북쪽에는 산이 비끼고	山橫關廟北
의릉의 서쪽에는 무성한 솔숲	松掩懿陵西
모두 가고 나와 함께 남은 사람은	人去獨相守
풍류 있는 우리 기계[86]뿐이로구나	風流吾杞溪

85 이정조(李廷藻) : 이가환(李家煥, 1742～1801)으로, 본관은 여주(驪州), 자는 정조, 호는 금대(錦帶)·정헌(貞軒)이다.

86 우리 기계(杞溪) : 본관이 기계인 유항주(兪恒柱)를 지칭한 말이다.

17일 밤에 수오, 공회와 함께 춘성당으로 걸어가 운을 뽑아 함께 짓다

十七夜同秀五公會步春星堂拈韻同賦

식후에 느긋하게 초정으로 올라가니	行飯悠悠上草亭
이웃에서 푸른 빛깔 대삿갓을 빌려 썼네	西隣篛笠借新青
앞산에는 달이 점차 모습을 드러내고	前峯漸露微微月
둥근 못의 수면에는 별빛이 반사되네	曲沼平分箇箇星
사흘 낮 글 읽기를 병든 나와 함께하고	三晝經帷從我病
초저녁의 바람 소리 그대들 듣게 하네	二更山籟許君聽
맑은 술로 한양 객과 이별을 하고 나선	淸樽乍別終南客
시름겹게 귀뚜리가 우는 뜰에 서 있노라	愁傍蛩聲立小庭

실록청 지사로서 입궐하라는 패초가 산에 이르다[87]

以知實錄事天牌到山中

녹색 여라 드리운 문 한낮에도 닫혔는데	柴門晝掩綠蘿垂
어인 일로 대궐에서 패초가 이른 건가	何事恩牌降玉墀
세상을 과감하게 잊기로 한 몸이니	已分此身忘世果
들판 구름 시내 달은 의심하지 말지어다	野雲溪月莫相疑

87 실록청……이르다 : 당시 《영조실록(英祖實錄)》을 편찬하고 있었는데, 번암이 실록청 지사였다. 이 시에서는 조정에 나아가지 않겠다는 뜻을 드러내었다.

양양 부사 정법정[88]에게 주다

贈襄陽使君丁法正

영주의 성대한 일[89] 한바탕 꿈같더니	盛事瀛洲一夢場
〈건공가〉가 끝난 뒤엔 흰머리만 늘었어라[90]	建功歌廢鬢添霜
동대문의 석양 아래 오동나무 들판 보니	東門夕照瞻梧野
가을이 온 상원에는 백량대가 닫혔도다[91]	上苑秋聲閉柏梁

88 정법정(丁法正) : 정범조(丁範祖, 1723～1801)로, 본관은 나주(羅州), 자는 법정·법세(法世), 호는 해좌(海左)이다. 양양 부사(襄陽府使)로 부임한 것은 1778년(정조2) 7월이다.

89 영주(瀛洲)의 성대한 일 : 영주는 본래 선경(仙境)을 가리키는데, 당 태종(唐太宗)이 문학관(文學館)을 설치한 뒤 두여회(杜如晦), 방현령(房玄齡) 등 18인의 문관(文官)을 학사(學士)로 임명하고서 한가한 때면 이들에게 정사(政事)를 자문하거나 전적(典籍)을 토론하였기 때문에 세상 사람들이 이들을 두고 '영주에 올랐다〔登瀛洲〕'고 일컬었다. 여기서는 정범조가 1773년 호당(湖堂)에 선발되고 홍문관 수찬으로 임명된 후 입시하여 오언시와 칠언시 및 장편 시를 지어 문재(文才)를 인정받았던 일을 두고 한 말이다. 《承政院日記 英祖 49年 4月 29日》《海左集 年譜》

90 건공가(建功歌)가……늘었어라 : 〈건공가〉는 1773년에 영조가 정범조의 문재가 뛰어나다는 말을 듣고 명을 내려 짓게 한 100운(韻)의 오언 고시로, 모두 1000자로 이루어져 있다. 《해좌집(海左集)》 권5에 실려 있다. 이때 정범조의 나이가 이미 51세였는데, 그의 문재를 극찬했던 영조가 얼마 지나지 않아 붕어하고 말았기 때문에 번암이 이렇게 안타까운 마음을 드러낸 듯하다.

91 가을이……닫혔도다 : 상원(上苑)은 궁궐 안에 있는 금원(禁苑)이다. 백량대(柏梁臺)는 한나라 때 장안(長安)에 있던 누대의 이름으로, 이곳에서 한 무제(漢武帝)가 여러 신하와 잔치를 하면서 함께 칠언시를 읊었다. 여기서는 영조가 붕어하고 정범조가 양양 부사로 나가게 되어 대궐 안이 고요해졌다는 뜻으로 한 말이다.

늘그막에 새 고을의 수령을 또 맡았으니　垂老又縻新郡紱
아이들도 지난날의 호당임을 알리라　小兒能識舊湖堂
임금님의 은혜가 바다처럼 드넓어서　君恩較看滄溟大
고을에서 효성 다해 길이 양친 봉양하리[92]　孝養官廚日月長

두 번째 其二

아스라이 지는 달이 그 옛날 양양에서　迢迢落月舊襄陽
일찍이 우리 희옹 옥패를 비췄었지[93]　曾照希翁玉佩光
연지에 길어 부어 바다가 얕아지고[94]　倒瀉硯池滄海淺
꽃과 새를 남겨 놓아 설봉이 향기롭네[95]　分留花鳥雪峯香
호당의 명성 어찌 고금이 다를쏜가[96]　湖堂豈必殊今古
규벽이 아득하게 다시 빛을 발하리라[97]　壁宿還應接渺茫

92 고을에서……봉양하리 : 정범조의 집이 원주에 있었기 때문에, 강원도로 부임하는 정범조가 가까운 곳에 계시는 부모님을 모셔다 봉양할 것이라는 말이다.

93 아스라이……비췄었지 : 희옹(希翁)은 번암의 종조부인 채팽윤(蔡彭胤, 1669~1731)이다. 본관은 평강(平康), 자는 중기(仲耆)이다. 1689년 사가독서(賜暇讀書)하였다. 1722년(경종2) 채팽윤이 양양 부사가 되었던 일을 두고 한 말이다.

94 연지(硯池)에……얕아지고 : 바닷물을 한없이 길어다 먹을 갈아서 바다가 얕아졌다는 뜻으로, 채팽윤의 글재주가 뛰어남을 비유한 말이다.

95 꽃과……향기롭네 : 채팽윤이 새와 꽃을 그린 그림을 곳곳에 남겨 놓아 설봉(雪峯)이 향기롭다는 말이다. 설봉은 설악산이다.

96 호당(湖堂)의……다를쏜가 : 정범조도 경종 때 호당에 선발되었던 채팽윤 못지않게 양양에서 명성을 떨칠 것이라는 말이다.

97 규벽(奎壁)이……발하리라 : 정범조가 부임한 양양에 예전 채팽윤 당시처럼 문학

그대 가면 안개구름 자욱하게 일 것이니　　君去煙雲方吐色
백년토록 더욱 푸른 주수[98]를 보게 되리　　百年珠樹更蒼蒼

간이(簡易)가 읊은 "아스라이 달이 진〔迢迢落月〕"이라는 구[99]와 희암(希菴)이 읊은 "주수의 누대에는 화식하는 신선 있네.〔珠樹樓臺火食仙〕"라는 구[100]가 모두 양양부의 판상(板上)에 걸려 있으므로 시에 아울러 언급하였다.

이 다시 홍기할 것이라는 뜻이다. 규벽은 28수(宿)에 속하는 규수(奎宿)와 벽수(壁宿)의 병칭으로, 옛날부터 문운(文運)을 주관하는 별로 인식되었다.

98 주수(珠樹) : 전설에 나오는 선경(仙境)의 나무이다. 《山海經 海外南經》

99 간이(簡易)가……구 : 간이 최립(崔岦)이 간성 군수(杆城郡守)로 재직하던 시기에 지은 시를 모아 엮은 〈동군록(東郡錄)〉 중 〈십칠조(十七朝)〉에 "아스라이 달이 진 동쪽 하늘 저편에, 만경창파 홀연히 붉게 번뜩이는구나.〔玉宇迢迢落月東, 蒼波萬頃忽翻紅.〕"라고 하였다. 《簡易集 卷8》

100 희암(希菴)이……구 : 채팽윤이 간성 군수로 재직하던 당시에 지은 시 〈동헌희제(東軒戲題)〉에 나오는 구절이다. 화식(火食)은 불에 익힌 음식을 먹는다는 말로, 간성 군수로 재직하는 자신이 마치 신선 세계에 노니는 사람과 같다는 뜻이다. 《希菴集 卷16》

용궁으로 부임하는 심경현[101]을 전송하며

送沈景玄之任龍宮

도성에 그대 명성 넘어설 자 없으리니	稷下英聲似爾無
외모도 출중하고 문장도 빼어나지	春花映肉唾成珠
호각의 낭관[102] 된 게 항상 안쓰러웠는데	常憐虎閣提郎筆
용궁에서 부모님을 봉양할 수 있게 됐네	猶幸龍宮理孝廚
말 머리엔 파란 하늘 돌다리에 드리우고	馬首天容低石棧
시회에선 쓸쓸함이 오동잎에 깃들리라	社中秋思落庭梧
이별가를 부르면서 계림국[103]을 바라보니	離歌一望鷄林國
남두의 나뉜 정기 노호를 호위하네[104]	南斗分精翊老弧

101 심경현(沈景玄) : 심경석(沈景錫, 1732~1780)이다. 1779년(정조3) 음직으로 용궁 현감에 제수되었다. 186쪽 주35 참조.

102 호각(虎閣)의 낭관(郎官) : 호각은 호두각(虎頭閣)의 약칭으로, 의금부 청사를 가리킨다. 심경석이 의금부의 낭관으로 재직했다는 말이다.

103 계림국(鷄林國) : 계림은 신라(新羅)를 지칭하는 말로, 여기서는 용궁이 있는 영남을 뜻한다.

104 남두(南斗)의……호위하네 : 남두는 북두(北斗)의 남쪽에 위치한 별인데, 남쪽 지방을 가리키는 말로도 쓰인다. 노호(老弧)는 노인성(老人星)과 호성(弧星)으로, 남두와 함께 장수(長壽)를 상징한다. 심경석이 연로한 부모를 모시고 남쪽의 용궁으로 부임하게 되었으므로 장수를 뜻하는 별을 인용한 것이다.

새벽녘 침상에서 북관 평사로 부임하는 오경삼[105]을 전송하다
曉枕送吳景參赴北關評事

새벽 등불 어른대고 종소리 희미한데	涼燈翳壁曉鍾微
일어나 하늘 보니 별조차도 드문드문	起視星河黯欲稀
내일이면 천 리 먼 길 가는 그댈 보낼 텐데	明日送君千里去
마천령을 넘어가면 언제나 돌아올까	磨天驅馬幾時歸
누에 오른 왕찬[106]은 명성 늦게 났지마는	登樓王粲身名晚
격문 지은 진림[107]은 필세 크게 날렸어라	草檄陳琳筆勢飛
시험 삼아 칠보산의 바위 이끼 들춰 보라	七寶試開巖蘚看
번옹의 이름 분명 선명하게 보일 테니[108]	樊翁名姓定依依

105 오경삼(吳景參) : 오대익(吳大益, 1729~?)으로, 번암의 처남이다. 166쪽 주7 참조.

106 누(樓)에 오른 왕찬(王粲) : 왕찬은 삼국 시대 건안칠자(建安七子) 중의 한 사람이다. 동탁(董卓)의 난을 피하여 형주(荊州)의 유표(劉表)에게 의지하던 때에 강릉(江陵)의 성루(城樓)에 올라가 울울한 마음으로 고향을 생각하며 지은 〈등루부(登樓賦)〉가 유명하다.《三國志 魏書 王粲傳》 여기서는 오대익의 문학적 재능을 왕찬에 비유한 것이다.

107 격문(檄文) 지은 진림(陳琳) : 진림 역시 삼국 시대 건안칠자 중의 한 사람으로, 특히 교서(敎書)와 격문을 잘 지었다. 조조(曹操)는 자주 두통을 앓았는데, 하루는 앓아누운 조조에게 그가 지은 격문을 보여 주자 읽어 보고 벌떡 일어나며 "이 격문이 나의 병을 다 낫게 하였다."라고 하고는 큰 상을 내렸다고 한다.《三國志 魏書 陳琳傳》 역시 오대익의 문학적 재능을 칭찬하기 위해 인용한 고사이다.

108 시험……테니 : 칠보산(七寶山)은 함경도 명천(明川)에 있는 산이다. 번암이 1754년(영조30) 1월 북평사(北評事)가 되어 칠보산을 유람한 적이 있으므로 한 말이다.《樊巖集 卷8 入七寶山宿金藏寺》

9월 16일에 여와와 오사 이공회의 자호이다. 를 데리고 명덕산으로 들어가다

九月既望携餘窩五沙 李公會自號 入明德山

서늘해진 골짜기에 가을이 깊어 가니	洞府泠泠秋欲闌
온 산의 붉은 단풍 처마 끝을 비추도다	亂山紅葉照簷端
촌아이는 알아보고 다가와서 절을 하고	林童慣客能知拜
동네 개도 꼬리 치며 반갑게 맞이하네	村犬迎人亦好看
나뭇잎이 듬성해져 달을 보기 좋지마는	雲木轉疎宜月上
찬 못이 얕아지니 물고기는 추우리라	霜潭向淺念魚寒
새벽까지 꼿꼿하게 시냇가의 돌에 앉아	五更堅坐溪邊石
굽은 난간 건너오는 새벽종 소리 듣네	任爾晨鍾度曲欄

사술을 기다렸으나 오지 않다

待士述不至

공회는 네가 겁나 안 온다 하고	公會歸爾懦
여와는 자느라고 안 온다 하니	餘窩歸爾睡
네 벗들은 이유를 다 알지 못하나	其友皆不知
번옹은 여러 차례 탄식하노라	樊翁歎三四
오늘 날씨 구름이 좀 끼어 있으니	今日小陰曀
꺼리는 것 많은 네가 안 오는 게지	爾性多拘忌

여와, 오사와 함께 〈도원행〉[109]에 차운하다
同餘窩五沙次桃源行

육십 평생 허둥대며 벼슬살이하느라고	簪笏棲遑六十春
떠돌면서 시름겹게 나루를 물었어라[110]	東西南北愁問津
하늘 향해 반염의 눈물[111] 모두 뿌리고서	白雲灑盡攀髯淚
흰머리로 입궐하는 사람 되어 부끄럽네	華髮羞爲待漏人
만사를 산머리와 물굽이에 부쳤지만	萬事山顚與水隩
눈서리가 자욱하여 들판이 흐릿하네	霜霰漠漠迷原陸
자연 속에 은거하며 사슴들과 지내려고	好將幽契托麋鹿
늘그막에 번계[112]로 와 수죽 곁에 머무르네	晩入樊溪傍水竹
벗이 멀리 도롱이와 삿갓을 보내 주고	故人遙贈綠蓑笠

109 도원행(桃源行) : 〈도원행〉이라는 제목의 시는 당(唐)나라 왕유(王維)와 한유(韓愈), 송(宋)나라 왕안석(王安石)과 호굉(胡宏) 등의 작품이 있는데, 여기서 차운한 시는 운(韻)으로 볼 때 왕유의 〈도원행〉을 가리키는 듯하다.

110 떠돌면서……물었어라 : 벼슬살이하느라 허둥대며 사방을 떠돌았다는 말이다. 171쪽 주12 참조.

111 반염(攀髥)의 눈물 : 반염은 수염을 붙잡는다는 뜻으로, 임금의 죽음을 상징하는 말이다. 황제(黃帝)가 형산(荊山) 아래에서 솥을 주조하고 나서 용을 타고 승천할 적에 신하와 후궁 70여 인을 함께 데리고 갔는데, 미처 따라가지 못한 소신(小臣)들이 용의 수염을 붙잡고 있다가 용의 수염이 빠지는 바람에 모두 땅에 떨어지고 말았다는 전설에서 유래하였다. 《史記 封禪書, 孝武本紀》 여기서는 1776년 영조가 붕어한 일을 뜻한다.

112 번계(樊溪) : 지금의 강북구 번동 인근의 시내로, 번암이라는 호도 이곳의 지명에서 유래하였다. 159쪽 주3 참조.

늙은 아내 웃으면서 등라 옷을 지어 주네	老妻笑製青蘿服
너풀대는 등라 옷은 도화원[113]을 비춰 주고	蘿服僊僊照花源
오동 대추 밤나무가 동산에 빽빽하네	椅桐棗栗森成園
낮엔 때로 지나다가 물새와 마주치고	晝行時觸水禽靜
밤에 잘 땐 우레 같은 폭포 소리 듣고 깨네	夜睡多驚巖瀑喧
시 친구들 술병 들고 모여 기뻐하거니와	喜看詩朋佩壺集
성읍에서 세속 수레 찾아온 적 없어라	何曾俗駕來城邑
구름이 창 옆에서 쉬다 가게 허락하고	幽雲獨許窓間宿
밝은 달이 처마까지 들어와도 마다 않네	明月不猜簷前入
녹야와 평천[114]과도 견줄 만한 곳이니	綠野平泉伯仲間
옛사람은 멀어지고 지금 사람 와서 사네	古人邈矣今人還
바위 기운 동문(東門)의 뽀얀 먼지 차단하고	石氣遮斷青門塵
솔 그늘은 창오산과 가까이 닿아 있네[115]	松陰近接蒼梧山

113 도화원(桃花源) : 번암 자신이 머물고 있는 명덕산을 별천지인 무릉도원(武陵桃源)에 비유한 것이다.

114 녹야(綠野)와 평천(平泉) : 녹야는 당(唐)나라 배도(裴度)의 별장인 녹야당(綠野堂)인데, 벼슬에서 물러난 뒤 낙양(洛陽) 남쪽의 녹야당에서 백거이(白居易), 유우석(劉禹錫) 등 문인들과 모여 시주(詩酒)로 소일하였던 곳이다.《新唐書 裴度列傳》 평천은 당나라 이덕유(李德裕)의 별장인 평천장(平泉莊)으로, 낙양에서 30리 되는 곳에 있었으며 천하의 기화이초(奇花異草)와 진송괴석(珍松怪石)이 다 갖추어져 있었다고 한다.《新唐書 李德裕列傳》

115 솔……있네 : 창오산(蒼梧山)은 중국 호남성(湖南省)에 있는 산으로, 옛날에 순(舜) 임금이 남쪽 지방을 순행하다가 죽어 이곳 기슭에 묻혔다고 한다. 여기서는 조선의 제20대 왕 경종(景宗)과 계비 선의왕후(宣懿王后) 어씨(魚氏)의 능인 의릉(懿陵)이 명덕산 근처에 있다는 뜻으로 한 말이다.

거주민들 아전을 만날 일이 없으니	居民生不人吏見
호적이 양주현에 매여 있지 않아서네	版籍無係楊州縣
여남의 해와 달[116]은 절로 청명하였거니	汝南日月自清明
귤주의 전지[117] 중엔 비옥한 곳이 많네	橘洲[118]田土多沃衍
궁벽해도 대대손손 지켜 가게 할 것이니	窮僻長教子孫守
산수는 구름처럼 변개할 일 없으리라[119]	流峙不隨衣狗變
새와 고기 깊은 곳을 싫어하지 않듯이	鳥性魚情不厭深
이 몸도 한평생을 임천에서 살려 하네	百年吾亦愛泉林
산을 보고 물 보는 게 즐겁다고 하였지만[120]	看山看水雖云樂

116 여남(汝南)의 해와 달 : 후한(後漢) 때 여남의 술사(術士) 비장방(費長房)이 시장에서 약을 파는 선인(仙人)을 따라 호리병 속으로 들어갔더니 그 속에 별천지가 펼쳐져 있었다고 한다.《後漢書 方術列傳 費長房》여기서는 번암 자신이 명덕산에서 보내고 있는 시간을 선경에 빗대어 한 말이다.

117 귤주(橘洲)의 전지 : 중국 호남성 장사시(長沙市) 서쪽 상강(湘江) 가운데에 위치한 비옥한 지역으로, 본래 지명은 범주(汎洲)이다. 삼국 시대 오(吳)나라 때 단양태수(丹陽太守) 이형(李衡)이 임종할 때 자식들에게 "내가 범주에 귤나무 1000그루를 심어 놓았으니, 너희들의 의식은 그것으로 해결할 수 있을 것이다."라고 유언했던 유명한 고사가 전한다.《三國志 吳書 孫休傳》여기서는 번암 자신이 은거한 명덕산 일대를 비유한 것이다.

118 洲 : 대본에는 '州'로 되어 있다. 오자로 판단하여 수정하였다.

119 산수는……없으리라 : 당(唐)나라 두보(杜甫)의 시 〈가탄(可歎)〉에 "하늘 위에 뜬구름이 하얀 옷과 같더니, 잠깐 새에 변하여 푸른 개와 같아졌네.〔天上浮雲如白衣, 斯須改變如蒼狗.〕"라고 한 데서 나와, 무상(無常)한 인정세태(人情世態)를 비유할 때 '백의창구(白衣蒼狗)'라는 말을 흔히 사용한다.

120 산을……하였지만 :《논어》〈옹야(雍也)〉에 "지혜로운 자는 물을 좋아하고 어진 자는 산을 좋아한다. 지혜로운 자는 움직이고 어진 자는 고요하며, 지혜로운 자는 즐기고 어진 이는 오래 산다.〔知者樂水, 仁者樂山. 知者動, 仁者靜; 知者樂, 仁者壽.〕"라 하였다.

인과 지를 은거하는 곳에서 찾아야지[121]　　仁智須從隱處尋

121 인(仁)과……찾아야지 : 굳이 멀리 아름다운 산수를 찾아가지 않고도 자신의 은거지에서 인자(仁者)와 지자(知者)의 경지에 이르고자 한다는 말이다.

또 망천의 12운[122]에 차운하다

又次輞川十二韻

지초 캐는 골짝에는 정적이 돌고	漠漠採芝谷
차조를 심은 밭은 깊고 깊으니	深深種秫田
우연하게 율리로 돌아왔을 뿐	偶成歸栗里
평천장을 꾸미려고 한 건 아니네[123]	非爲飾平泉
벼슬살이하느라고 다 늙었는데	簪笏行將老
산림에선 참선하는 승려와 같네	山林定似禪
사슴들은 현포[124]의 꽃잎을 먹고	鹿含玄圃蘂
물고기는 녹색 연못 밑에 노는데	魚負綠塘蓮
산굽이에 솥 걸고서 기장밥 짓고	黍飯炊巖曲
노송나무 근처에서 화전(花煎) 부치네	花糕煮檜邊
농부는 한 골짝만 있으면 그뿐	田公專壑一
소부는 천금을 다 흩어 버렸지[125]	疏傅散金千

122 망천(輞川)의 12운(韻) : 왕유(王維)의 시 〈유오진사(游悟眞寺)〉를 지칭한다. 169쪽 주10 참조.

123 우연하게……아니네 : 율리(栗里)는 동진(東晉)의 처사(處士) 도잠(陶潛)이 은거했던 곳이다. 즉 번암은 도잠처럼 은거하기 위해서 명덕산(明德山)으로 들어온 것이지, 이덕유(李德裕)의 평천장(平泉莊)처럼 진귀한 화초와 수목, 수석 들로 화려하게 별장을 꾸민 것은 아니라는 말이다.

124 현포(玄圃) : 곤륜산(崑崙山) 정상에 있다는 신선이 사는 곳인데, 그곳에는 기화요초(琪花瑤草)와 기석(奇石)이 많다고 한다.

상해는 지켜보니 어떠하던가[126]	桑海看何似
부침은 우연이니 웃어넘길 뿐	升沈笑適然
빽빽한 솔가지에 달이 비추고	松深穿素月
엉킨 등라 사이로 먼 하늘 드네	蘿合漏遙天
폭포에는 물이 튀어 안개 피는데	瀑沫跳成霧
부엌에선 남모르게 단약을 굽네	丹廚密惹煙
몇 사람과 어울려서 시나 읊으며	嘯歌同數子
제현에게 좋은 정치 일임하노라	致澤付諸賢
환로에서 항룡 되어 부끄러우니[127]	宦業慙龍亢
초의는 학이 검게 물든 듯하네[128]	初衣似鶴玄
예로부터 내 마음과 일치하는 건	古來會心者
오로지 망천 시에 있을 뿐이네	惟有輞川篇

125 소부(疏傅)는……버렸지 : 소부는 한 선제(漢宣帝) 때의 태자태부(太子太傅) 소광(疏廣)이다. 소광은 부귀영화가 극에 달하는 것을 경계하여 조카인 태자소부(太子少傅) 소수(疏受)와 함께 병을 핑계로 사직하고 고향으로 돌아갔다. 그들이 귀향할 때 황제와 태자가 각각 많은 황금을 하사하였는데, 고향인 동해(東海)로 돌아가서는 그 돈을 모두 풀어 날마다 친척과 친구 들을 불러다가 잔치를 베풀며 노년을 즐겼다.《漢書 疏廣傳》 물러갈 때를 알고 부귀영화에 집착하지 않는다는 뜻으로 인용한 고사이다.

126 상해(桑海)는 지켜보니 어떠하던가 : 상해는 상전벽해(桑田碧海)와 같은 말로, 세상사의 급격하고 거대한 변천이 어떠하냐고 자문(自問)한 것이다.

127 환로(宦路)에서……부끄러우니 : 번암이 지나치게 높은 지위에까지 오른 것이 부끄럽다는 뜻이다. 《주역》 〈건괘(乾卦)〉에 "끝까지 올라간 용이니, 뉘우침이 있게 될 것이다.〔亢龍, 有悔.〕"라고 하였다.

128 초의(初衣)는……듯하네 : 초의는 벼슬길에 처음 나갈 때 입었던 옷이다. 하얀 학이 더럽혀져 검은색으로 변하듯, 벼슬살이에 찌들어 처음에 가졌던 맑고 순수한 뜻을 잃었다는 뜻으로 한 말이다.

17일 밤에 천둥 번개를 동반한 비가 쏟아지다

十七夜大雷雨

우리 임금 본래부터 신성하시어	吾王本神聖
정사가 날로 더욱 밝아지도다	政事日昭回
경연에 법복 입고 임어하시니	法服臨經席
초야에서 갓을 터는 사람들 보네[129]	彈冠見草萊
그런데 어쩐 일로 깊은 가을날	如何季秋月
오경에 반복해서 우레가 치나	重疊五更雷
하늘의 깊은 뜻이 어떠한지를	天意深如許
성상께선 생각해 보셔야 하리	重宸試念哉

129 초야에서……보네 : 임금이 훌륭한 정치를 펼치고 인재를 등용함에 따라 초야에 묻혀 있던 인사들이 고무되어 갓에 앉은 먼지를 털며 벼슬길에 나갈 준비를 한다는 것이다. 한(漢)나라 때 왕길(王吉)이 관직에 임명되자 친구 공우(貢禹)도 덩달아 갓의 먼지를 털고 벼슬길에 나설 준비를 했다는 고사에서 나온 말이다. 《漢書 王吉傳》

비 내리는 백향루에서 운을 뽑아 함께 짓다

百香樓對雨拈韻同賦

누대에서 빗소리를 듣노라니 상쾌해져	聽雨高樓神骨淸
읊조리듯 조는 듯이 귀 기울여 듣고 있네	似吟如睡角巾傾
온 숲의 단풍잎은 홀연히 비에 젖고	千林忽作臙脂濕
밤사이에 수석이 생겨나서 놀라노라	一宿驚逢水石生
서리 내린 뒤인데도 꽃은 아직 남았지만	霜後有花能耐久
가을 깊어 잎이 져서 아무 소리 나지 않네	秋深無葉不爲聲
가까이에 사는 안군 생각 자꾸 나서	安君住近煩相念
침상 아래 탁주 잔을 자꾸 들어 마시노라	床下頻提濁酒觥

광영지에서 앞 시의 운을 써서 읊다

光影池用前韻

한 방면의 지당이 비에 씻겨 깨끗한데	一面池塘雨氣淸
시든 연은 반 가까이 바람결에 쏠렸어라	衰荷多半受風傾
섬 모양의 가산(假山)은 못의 삼 분 정도이고	長留島勢三分據
펄쩍 뛰는 물고기는 한 자 남짓 될 듯하네	或躍魚身一尺生
촛불 아래 마주 앉아 밤을 지새우는데	燭下與爲終夜色
대통에는 늦가을의 바람 소리 윙윙대네	筧中添作暮秋聲
누대 위의 대자리가 얼마나 써늘하랴	樓頭莞簟涼如許
성근 발을 드리우고 자꾸 술을 청하노라	掩却疎簾屢喚觥

오경에 잠에서 어렴풋이 깨어 보니 창으로 하얀 달빛이 비쳐 들고 있었다. 문득 백향루 앞의 기막히게 아름다운 광경을 상상하고는 급히 옷을 입고 나와 못가를 산보하였는데, 여와와 오사는 깊은 잠에 취하여 알지 못하였으니, 일도 기이하고 흥취도 기이하다

五更睡微覺窓月皎如忽想百香樓前光景絶奇急穿衣散步池上餘窩五沙睡熟莫之省也事奇興亦奇

등불 앞의 이불을 박차고 나와	蛻却燈前被
달빛 아래 지팡이 들고 나가니	狂携月裏笻
평평한 하늘빛은 거울과 같고	天容平掃鏡
누운 나무 그림자는 용과 같구나	樹影臥爲龍
고요하여 폭포 있는 것조차 잊고	靜寂忘飛瀑
달이 밝아 봉우리를 셀 수 있도다	虛明數幾峯
옷에 온통 찬 기운이 느껴지는 건	衣裳渾覺冷
새벽에 바람 이슬 쐬어서라네	風露五更重

판시행[130]

販柴行

산에는 달이 뜨고 울엔 서리 가득한데	山月未傾霜滿籬
닭이 울자 아이종이 일어나서 어딜 가나	鷄鳴兒起欲何之
말이 꼴을 한창 달게 씹고 있는 와중에	馬齕豆萁聲正酣
아이종이 끌어내니 말의 걸음 더디어라	兒牽馬出馬步遲
또각또각 발굽 소리 양주 고을 향해 가서	踏踏去向楊州村
땔감 사서 실었는데 그 높이가 언덕 같네	買柴馱馬高如坻
해 질까 봐 한양까지 정신없이 달려가니	西走長安爭落暉
아이 발은 부르트고 말도 잔뜩 지쳤건만	兒足重繭馬蹄疲
한양 성 사람들은 대부분이 약아빠져	長安之人機事多
공공연히 값을 깎고 속이려고만 하누나	公然賤買欲相欺
땔감 판 돈 적다고 주인장이 노하여서	販柴錢少主翁怒
욕하면서 돈 던지니 아이종은 눈물 뚝뚝	罵兒擲錢兒涕垂
세상 사람들에게 말을 하노니	寄語世上人
남의 집 머슴살이 정말 하기 어렵다오	人家傭賃誠難爲
땔감 사는 사람은 양 적을까 의심하고	負柴翁嫌柴不多
주인장은 돈을 몰래 썼을까 봐 의심하니	販柴翁疑錢用私
땔감 파는 머슴 신세 참으로 가련하네	販柴販柴良足噫

130 판시행(販柴行) : 땔감을 사다 시장에 내다 파는 어린 머슴의 비애를 읊은 시이다.

연천 현감 이여화[131] 혁주 가 찾아오다
漣川使君李汝華 赫冑 見訪

오늘은 비가 제법 많이 내리고 今日雨頗作
젖은 구름 나무를 에워쌌어라 濕雲屯樹木
잠깐 기대 낮잠을 자고 있을 때 午枕暫攲眠
홀연 문을 두드리는 소리 들렸네 忽然聞剝啄
현감의 수레인 게 틀림없는데 宛彼使君蓋
비 오는 날 이 골짝에 어찌 온 건가 何得入山谷
방으로 맞이하여 앉고서 보니 延之坐我堂
목욕한 듯 옷에 물이 줄줄 흐르네 霑濕衣如沐
괴롭게 말하기를 국역이 있어 苦言値國役
이리저리 뛰느라고 힘이 다하니 奔走罷筋力
광진으로 목재를 운송해 가고 運木廣津闊
남한으로 꼴을 실어 보낸다 하네 輸草南漢僻
얼굴 가득 근심을 드러낸 채로 憂端上眉睫
일어나려 하면서도 말을 못 끊네 欲起語不釋
바라건대 그대여 편안히 앉아 願君且安坐
나의 와룡폭포를 구경하시게 看我臥龍瀑
산중에는 복잡한 일이 적으니 山中少塵事
수석이나 얘기하면 충분하리라 秪可談水石

131 이여화(李汝華) : 이혁주(李赫冑, 1717～?)로, 본관은 전주, 자는 여화이다.

수오, 공회와 함께 운을 뽑다
同秀五公會拈韻

숲속에서 묵어가게 객을 붙드니	留客林中宿
산새와 물고기도 생기 나는 듯	禽魚頗有光
시냇물이 얼마나 불어났을까	溪流如許大
지난밤 밤새도록 비가 왔는데	前夜雨聲長
머리 감아 저녁별에 건조시키고	濯髮晞山照
목욕한 뒤 돌 평상을 골라 앉노라	休身揀石牀
동자가 불렀다는 창랑의 노래[132]	滄浪孺子曲
천년이 지났어도 잊기 어렵네	千載耿難忘

132 동자가……노래 : 창랑(滄浪)은 중국의 물 이름이다. 어떤 동자가 "창랑수가 맑으면 내 갓끈을 빨고, 창랑수가 탁하면 내 발을 씻으리라."라고 노래하였는데, 공자(孔子)는 이 노래를 듣고서 "물이 맑으면 갓끈을 빨고 물이 탁하면 발을 씻는다고 했으니, 모두가 자기 스스로 취하는 것이다."라고 말했다 한다.《孟子 離婁上》 즉 명예와 오욕이 모두 스스로의 행위에 달렸으므로 몸가짐을 깨끗이 해야 한다는 뜻이다.

밤에 앉아 함께 짓다

夜坐同賦

벌레 소리 커져 가고 저녁 기운 짙어지니　　蟲語紛紛暝色遙
숲을 돌고 돌아와서 앉은 방이 서늘하네　　林蹊巡罷坐涼宵
구름 낀 나무 뒤로 양서 초동 돌아가고[133]　　瀼西樵返雲連樹
비 내리는 다리 건너 연천 사람[134] 가 버렸네　　漣上人歸雨暗橋
병 앓은 뒤 머리칼은 가을 되자 더 빠지고　　病起鬢毛秋更落
자다 깨니 폭포 소리 지경을 다 흔드누나　　夢回山瀑境全搖
밝은 시대 재상이 참 은자가 되었는데　　明時宰相眞成隱
사리 아는 시내 꽃이 활짝 웃어 주는구나　　解事溪花笑肯饒

133 양서(瀼西) 초동(樵童) 돌아가고 : 양서는 양수(瀼水) 서쪽이다. 양수는 사천성(四川省) 봉절현(奉節縣)의 산간을 흐르는 냇물인데, 두보(杜甫)가 그곳의 산천을 몹시 좋아하여 양수의 동쪽, 서쪽 등으로 세 번이나 집을 옮기며 살았다고 한다. 여기서는 번암 자신이 머물고 있는 명덕산 근처에 흐르는 시내를 가리킨다. 즉 날이 저물어 나무꾼이 시내 건너 집으로 돌아갔다는 말이다.

134 연천(漣川) 사람 : 연천 현감 이혁주(李赫胄, 1717~?)를 지칭하는 듯하다. 본관은 전주, 자는 여화(汝華)이다.

달밤에 상방에서 입직하고 있을 목유선[135]을 생각하다
月夜懷睦幼選尙方寓直

머리가 다 세어서 벼슬 새로 시작하니[136]	靑袍拂篋雪漫頭
헤어진 뒤 매미 소리 가을을 불렀었지	別後鳴蟬喚素秋
긴긴밤 대궐에서 어찌 편히 잠을 자랴	長夜敢安靑瑣寢
날 밝기 전 상방에서 갖옷 갖춰 올리리라	未明應進尙方裘
잠랑이 우리 도가 아니지도 않거니와[137]	潛郎未必非吾道
박봉이라 할지라도 아내 시름 덜 만하네	薄祿猶堪慰婦愁
그렇지만 방화계 옆에 있는 한 사람은	獨有傍花溪上客
그리움에 달이 밝은 누대에 기대노라	相思倚遍月明樓

135 목유선(睦幼選) : 목만중(睦萬中)으로, 유선은 그의 자이다. 1779년(정조3) 6월 28일 상의원 별제(尙衣院別提)에 제수되었다.

136 머리가……시작하니 : 목만중은 30대에 병조와 예조의 낭관(郎官)을 지냈으나, 1769년(영조45) 비인 현감(庇仁縣監)으로 재직하던 중 관찰사 홍낙순(洪樂純)과의 불화로 벼슬을 그만두고 초야에서 지냈다. 그러다가 53세가 되어서야 6품 별제로 다시 기용되었으므로 이렇게 말한 것이다.

137 잠랑(潛郎)이……않거니와 : 잠랑은 재능이 있으면서도 불우하게 오랫동안 낮은 관직에 적체되어 있는 것으로, 한(漢)나라 안사(顔駟)가 문제(文帝) 때 낭관이 되어 경제(景帝)와 무제(武帝) 때까지도 승진하지 못하고 낭서(郎署)에서 늙었던 고사에서 유래한 말이다. 《漢武故事》 여기서는 낮은 직책에 적체되어 있더라도 꿋꿋이 자신의 본분을 다하는 것이 유자(儒者)의 올바른 도리라는 뜻으로 한 말이다.

공회와 함께 '운' 자를 얻다

同公會得雲字

번암 노인 본래부터 세속 기운 싫어하나	樊翁素性外塵氛
방훈을 사절했던 소유와는 같지 않네[138]	不是巢由謝放勳
앙상한 몸 추위를 타 가을이면 병을 앓고	瘦骨怕寒秋易病
잠이 늘어 대낮에도 취한 듯이 자곤 하네	老眠當晝醉如醺
아이종을 밭에 보내 참새를 쫓게 하고	敎童野畝勤驅雀
객이 싫어 산루의 구름 쓸지 않고 두네	厭客山樓懶掃雲
그런데도 어찌하여 묵은 인연 못 버리고	何事宿緣除未得
옛 시문을 주야장천 손에 들고 있는 건가	手中長把古詩文

138 방훈(放勳)을……않네 : 방훈은 요(堯) 임금을 지칭하는 말이고, 소유(巢由)는 요 임금 때의 은사(隱士) 소보(巢父)와 허유(許由)이다. 소보와 허유는 기산(箕山) 영수(潁水) 가에 숨어 살고 있었는데, 요 임금이 제위(帝位)를 맡기려 하자 허유가 이를 거절하고는 더러운 말을 들었다면서 귀를 씻었고, 소보는 허유가 귀를 씻은 물을 자신이 기르는 소가 마시게 할 수 없다며 소를 끌고 상류로 올라가서 물을 먹였다는 전설이 전한다.《高士傳 許由》 번암 자신은 소보와 허유처럼 융통성 없이 기필코 세상을 피해 숨어 살려 하는 사람은 아니라는 말이다.

공회와 함께 장난삼아 삼오칠언을 짓다

同公會戲賦三五七言

저녁 무렵 산은 맑고	暮山淸
가을 물은 졸졸댄다	秋水鳴
이슬 내려 평상 위의 대자리 차고	露下床簟冷
못이 비어 은하수가 물에 비친다	潭空星漢生
신선 사는 궁전이 어디인지 알겠기에	玉宇瓊樓知近遠
창 옆에 홀로 누워 잠 이루지 못하노라	窓間獨宿夢難成

또 '미' 자를 얻다

又得微字

산속 집에 우물이 본래 없는데	山家本無井
여종이 시내에서 물 길어 오니	婢汲石川歸
아마도 저녁때가 다가오는 듯	應是日將暮
사립문에 밥 짓는 연기가 피네	炊煙生竹扉
어둑해진 소나무엔 적막감 돌고	晩陰松寂寂
늦더위에 보슬보슬 비가 내리네	秋暑雨微微
우리 조카 도성으로 돌아가더니	阿姪終南去
어찌하여 소식이 없는 것인가	如何來信稀

밤에 춘성당에 앉아서 공회에게 보여 주다

夜坐春星堂示公會

종일토록 부슬부슬 비가 내리고 雨意仍終日
가을 구름 사방에 짙게 덮인 날 秋雲濃四隅
바람 멎어 뭇 산은 고요하건만 風消衆山靜
하늘이 가까워도 별 하나 없네 天近一星無
작은 횃불 숲에서 가물거리고 篝火依林小
외로운 반딧불이 물을 건너네 流螢度水孤
희이의 침상에서 다디단 꿈을[139] 希夷枕上夢
그대와 밤새도록 함께 꾸리라 長夜與君俱

139 희이(希夷)의……꿈을 : 희이는 중국 오대(五代) 말기 송(宋)나라 초기의 은사(隱士) 진단(陳摶)의 별호(別號)이다. 진단은 무당산(武當山)과 화산(華山) 등지에 은거하였는데, 한번 잠이 들면 100여 일 동안 깨지 않았다고 한다. 《宋史 隱逸列傳 陳摶》 여기서는 깊은 잠에 든다는 뜻으로 한 말이다.

이창사 몽서[140] 헌경 가 찾아왔기에 데리고 명덕동으로 가서 함께 짓다
李蒼沙夢瑞 獻慶 見訪携至明德洞同賦

흰 판자 사립문이 푸른 솔을 가려 주고　白板柴扉掩碧松
구름 골짝 시냇물이 꼬불꼬불 흐르는 곳　雲蹊百折水千重
오랜 벗이 도성에서 여기까지 찾아오니　故人遠自東城出
이곳에서 기이한 일 만났다고 할 만하네　奇事能爲此地逢
늙어 관을 걸었지만[141] 임금님을 그리거니　老去掛冠猶戀主

"관을 걸었지만〔掛冠〕"이 어떤 본에는 "농사짓지마는〔明農〕"으로 되어 있다.

나누어 살고 싶은 봉우리는 어디인가[142]　意中分華欲何峯
그대 머리 나의 수염 다 하얗게 세었으니　君顚我鬢渾如鶴
그림 같은 이곳에서 둘이 함께 소요하세　畫裏溪山兩倚笻

140 이창사 몽서(李蒼沙夢瑞) : 이헌경(李獻慶, 1719～1791)으로, 본관은 전주(全州), 자는 몽서, 호는 간옹(艮翁)이며, 초명은 성경(星慶)이다. 창사는 그의 별서(別墅)가 있었던 곳이므로, 이를 그의 별호로 쓴 것으로 보인다.

141 늙어 관(冠)을 걸었지만 : 관직을 그만두고 물러나 은거하는 것을 뜻한다. 후한(後漢) 왕망(王莽) 시대에 봉맹(逢萌)이 왕망에게 실망하여 관을 벗어 동도(東都)의 성문에 걸어 놓고는 가족을 데리고 요동으로 떠났던 고사에서 비롯된 것이다. 《後漢書 隱逸列傳 逢萌》

142 나누어……어디인가 : 송(宋)나라의 은사 진단(陳摶)이 화산(華山)에 은거하였을 때, 당시의 명신(名臣) 장영(張詠)이 그를 흠모하여 화산을 반으로 나누어서 함께 머무르기를 원했다고 한다. 《澠水燕談 卷2 名臣》 여기서는 번암이 이헌경과 명덕산에서 함께 은거하고 싶다는 바람을 드러낸 것이다.

한근지가 하룻밤을 묵고 돌아가므로 써서 주다
韓謹之一宿告歸書贈

성시에 좋은 일이 있는 것인지	城市有底好
시 친구들 괴롭도록 오지 않더니	社朋苦不來
푸른 숲에 그대의 흰말이 와서	靑林君馬白
도심에서 묻은 먼지 씻어 냈어라	淬濯九衢埃
그대 진정 산속 밤을 사랑하기에	君誠愛山宵
오경까지 혼자 자지 않고 있다가	五更眠獨遲
옷자락을 잡고 몰래 문을 나가되	攬衣潛出戶
같은 방의 사람들도 모르게 했네	不使同舍知
빽빽한 솔밭에서 서성거리며	徘徊亂松間
동쪽에서 떠오르는 달을 보는데	東眺月上時
연못에는 새벽 기운 맑게 퍼지고	荷塘湛晨華
바람과 이슬 숲을 씻어 주었지	風露灑淋漓
멀리서 꿈결처럼 새벽닭 우니	村鷄遠如夢
난생을 기약할 수 있을 듯했네[143]	鸞笙若可期
날이 밝자 남들에게 자랑하면서	朝來向人誇
기이한 경지였다 말을 하더니	自道還自奇
곧바로 하얀 말에 올라타고는	語罷騎白馬

143 난생(鸞笙)을……듯했네 : 난생은 난새를 타고 생황을 분다고 하는 신선이다. 즉 난새 타고 생황을 부는 신선을 만나 함께 노닐 수 있을 듯한 기분이 들었다는 뜻이다.

서쪽으로 도성 향해 길을 떠나네	西入長安道
그러면서 시 친구들 향해 하는 말	歸向社朋語
성시에 무슨 좋은 일이 있으랴	城市有底好

산월가. 도성으로 돌아가는 사술과 경삼을 전송하다
山月歌送士述景參還城

산속에 달 있으니 밝기가 흰 명주 빛	山中有月明如素
지난밤 달을 보며 이별할 일 시름했네	前夜見月思君苦
그대들이 나귀 타고 산속으로 왔을 때에	君騎蹇驢山中來
밝은 달도 동산에서 고운 자태 드러냈지	明月亦自東山吐
산속의 나무들이 하얀 달을 맞이하여	山中萬木迎素暈
규룡 같은 그림자가 땅에 가득 생겨나고	影如虯龍滿地布
방화계는 맑디맑아 빈 것처럼 보이는데	傍花之溪淸若空
덩굴 감긴 소나무엔 쏴아 하는 바람 소리	聲搖蘿薜如風雨
늙은이가 흥이 나서 산보하러 문 나서자	老夫杖藜興不淺
그대들은 뒤따르며 서로 보고 웃었었지	君已在後相笑顧
성각[144]에서 발 걷으면 갠 달빛이 들어오고	星閣開簾霽華通
향루[145]에서 술잔 들면 작은 털도 헤아렸네	香樓把杯秋毫數
그중에서 사술은 익살스러운 노랠 잘해	就中士述善戲歌
높고 낮은 가락을 악보 없이 부르는데	或高或低不須譜
경삼은 어깨 치고 공회는 껄껄대며	景參拍肩公會噱
새벽이슬 옷 적셔도 아무 상관 않았었지	五更不愁衣霑露
세상일로 짧은 시간 한가함도 못 누리고	世故驅人不暫閑

144 성각(星閣) : 춘성각(春星閣)을 가리킨다.

145 향루(香樓) : 백향루(百香樓)를 가리킨다.

달이 아직 둥근데도 그대 먼저 돌아가네	明月未缺君先還
그대 먼저 돌아가면 밝은 달을 어이할까	君先還奈此明月何
홀로 앉아 달을 보며 빈산에서 시름하리	獨坐對月愁空山
산 달은 다함없고 흥도 아직 남았으니	山月不窮興不盡
산 달과 더불어서 그대들을 기다리리	還將山月待夫君

청작곡[146]

青雀曲

연못에 물고기를 놓아기르며	養魚蓮池內
조석으로 크는 모습 구경하는데	日夕望其大
청작이 물고기를 엿보다가는	靑雀伺魚遊
낚아채서 입에 물고 나무 위로 날아갔네	銜魚飛向楊柳外
고래를 만난다면 도리어 널 삼킬 텐데	若逢鯨魚反呑雀
청작아 그리되면 너는 어찌하려느냐	靑雀靑雀汝將奈

146 청작곡(靑雀曲) : 청작(靑雀)은 상호(桑扈), 포곡(布穀), 절지(竊脂), 반합(斑鴿), 청자(靑觜), 엽취(躐嘴), 소상응(小桑鷹) 등 다양한 이름을 가진 새이다. 우리말로는 청작새, 고지새, 밀화부리, 산비둘기 등 많은 이름으로 불린다.

물고기를 풀어 주다
放魚行

노복이 도성에서 붕어를 사 와서는	僕夫買鯽來長安
내일 아침 반찬거리 삼으라고 말하는데	要我朝廚佐盤飡
한 마리는 제법 크고 한 마리는 좀 작은 게	一者頗大一差小
입은 아직 뻐끔대고 비늘도 온전하네	口猶呀呷鱗猶完
어리석게 떡밥에 눈멀지만 않았다면	向非智昏口中餌
어찌 몸이 낚싯대에 걸려들고 말았으랴	那由身掛沙頭竿
먹는 것에 정신 팔려 몸조심을 않았으니	咎在謀口不謀身
비록 솥에 들어간들 무얼 원망하겠는가	縱入烹燔何怨嘆
세상 사람 다 그러니 너를 어찌 탓할까만	世人皆是汝何誅
토막 쳐서 먹는 것은 인의 단서 아니리라	因是劊刌非仁端
노복에게 명하여서 한 손으로 들어다가	乃命僕夫一擧手
네모난 너른 못에 놓아주게 하였어라	放之方塘五畝寬
깊은 곳엔 연이 있고 얕은 곳엔 갈대 있어	深有蓮兮淺有葦
살랑살랑 헤엄치면 작은 물결 일어나니	掉尾搖鬐生微瀾
어어 양양 구태여 분별하지 않더라도[147]	圉圉洋洋不須辨

147 어어(圉圉)……않더라도 : 어어는 물고기가 어릿어릿하는 것이고, 양양(洋洋)은 유유히 헤엄치는 것이다. 춘추 시대 정(鄭)나라 대부 공손교(公孫僑)에게 어떤 사람이 산 물고기를 선물하였는데, 그는 못을 관리하는 하리(下吏)에게 주며 못에 놓아기르라고 하였다. 하리가 물고기를 삶아 먹어 버리고는 거짓으로 보고하기를 "처음 물고기를 놓아주자 어릿어릿하더니, 조금 지나자 유유히 헤엄쳐 갔습니다."라고 하였으나, 공손

살리기를 좋아하는 내 마음을 다하리라 好生吾自吾心殫

숲에서 나는 새는 주살 맞을 염려 있고 藪上飛鳧畏矰繳

가지 위의 참새는 탄환 맞을 일 많으니 枝頭黃雀多彈丸

물고기야, 떡밥 물어 사람에게 잡히는 일 없게 하라

魚兮愼勿貪餌爲人得

또 잡히면 오후정에 들어가게 될 것이니[148] 再罹恐入侯鯖盤

교는 상황을 알아차리지 못하고 "제 살 곳을 얻었구나! 제 살 곳을 얻었구나!"라고 하였다. 《孟子 萬章上》 물고기를 연못에 풀어놓는 상황이 비슷하여 인용한 고사이지만, 여기서는 물고기가 연못에서 과연 잘 살 수 있을지 알 수 없다는 뜻으로 말한 것이다.

148 물고기야……것이니 : 오후정(五侯鯖)은 쉽게 맛볼 수 없는 진미(珍味)로, 한(漢)나라 때 누호(婁護)라는 사람이 다섯 제후 집의 대표적인 음식을 함께 넣어서 만든 요리이다. 《西京雜記 卷2》 떡밥을 탐하다가 낚시꾼에게 잡혀 죽고 마는 물고기처럼, 사람도 과도한 탐욕을 부리면 패망하게 된다는 사실을 일깨워 주고자 하는 구절이다.

밤에 앉아서

夜坐

가을 숲엔 바람 소리 많아 괴롭고　　秋樹苦多聞
가을 당은 앉아 봐도 달이 없어라　　秋堂坐無月
피리 소리 높아졌다 낮아지노니　　簫聲高復低
내일 아침 이별을 슬퍼하는 듯　　如訴明朝別

공회(公會)가 내일 도성으로 돌아갈 예정이었다.

도성으로 돌아가는 공회를 전송하다

送公會還城

너럭바위 근처에서 그댈 보내니	送君臨盤石
너럭바위 여기저기 늘어섰어라	盤石更離離
사람에겐 만남과 이별 있어도	人生有聚散
너럭바윈 자리를 옮기지 않네	盤石無轉移
너럭바위 위에 뜬 저 가을 달은	盤石上中秋月
그대 가도 어김없이 떠오르리라	君去復來無暫遲

홀로 밤을 지내며 공회를 생각하다
獨夜憶公會

해 질 무렵 숲속에서 나그네를 전송하고	送客黃昏倚薜蘿
돌아와 가을 당에 누운 심정 어떠하랴	秋堂歸臥欲如何
외로운 등불 곁에 쓸쓸한 베개 하나	蕭然一枕孤燈畔
이 밤에 벌레 소리 유난히도 요란하네	始覺蟲聲此夜多

이군 석하[149]가 왔기에 데리고 와룡폭포로 가서 함께 짓다
李君錫夏至携至臥龍瀑同賦

돌아가는 구름 따라 오지 않고는	不借歸雲導
은거하는 곳 찾기가 어려웠으리	幽居難可尋
시내 바위 근처에서 상봉한 뒤에	相逢水石上
벽라 그늘 밑에서 잠시 머무네	少駐薜蘿陰
흐릿한 산 정상엔 소나기 와도	雨忽蒼茫岫
그윽한 숲에서는 매미가 우네	蟬仍窈窕林
티끌세상 과감히 떨치고 오니	埃塵能脫略
그대의 젊은 마음 아름답구나	多爾少年心

149 이군 석하(李君錫夏) : 이석하(1758～?)의 본관은 연안(延安), 자는 성욱(聖勖)이며, 초명은 규섭(奎燮)이다.

이군이 비 때문에 머물다
李君雨留

구름이 자욱하게 몰려오더니	漠漠雲方集
푸른 산이 컴컴하게 변해 버리네	蒼蒼山更昏
서풍이 보슬비를 동반하고서	西風送微雨
밤새도록 외로운 마을 지나니	遙夜度孤村
언덕 위의 버들은 마구 쓸리고	岸柳縱橫靡
시냇가의 모래는 윙윙거리네	溪沙颯沓喧
그렇지만 내는 급히 붇지 않으니	川流非急漲
이는 본래 근원이 있어서이지	本自有眞源

즉흥적으로 읊다

卽事

대가가 가을 맞아 효종 능에 참배하니	大駕秋謁孝宗陵
도성이 빈 까닭에 대낮에도 순라 도네	長安城空晝擊柝
종일토록 왕래하는 우마가 드물어서	去馬來牛終日稀
마른 땔감 한 지게에 백 전이나 줘야 하네	枯柴一擔百錢直

이 집의[150] 종영 에 대한 만사

李執義 宗榮 挽

풍진에서 분주하다 늙어 가는 우리 중에	吾儕鹭蘉老風塵
그대만 한 기개 가진 사람 몇이나 더 있을까	奇氣如君更幾人
가슴속엔 빈틈없는 계책이 담겨 있고	胸裏布籌長錯落
세간에는 경륜하지 못할 일이 없었어라	世間無事不經綸
노저공의 가계를 멀리 계승하였으며[151]	光流鷺渚承家遠
대각에서 항소하여 명성이 높아졌네[152]	名起烏臺抗疏頻
겨울밤의 사남시회[153] 지금까지 기억하니	尙憶社南冬夜會

150 이 집의(李執義) : 이종영(李宗榮, 1723~1779)으로, 본관은 전주(全州), 자는 인길(仁吉)이다.

151 노저공(鷺渚公)의……계승하였으며 : 노저는 이종영의 6대조 이양원(李陽元, 1526~1592)이다. 정종의 아들인 선성군(宣城君) 이무생(李茂生)의 현손이며, 풍안수(豐安守) 이옥석(李玉石)의 증손이다. 자는 백춘(伯春)이며, 노저는 그의 호이다. 1555년(명종10) 알성 문과에 급제하여 여러 관직을 역임한 뒤 1590년(선조23) 종계변무(宗系辨誣)의 공으로 광국 공신(光國功臣) 3등에 책록되고 한산부원군(漢山府院君)에 봉해졌으며, 이듬해에는 우의정으로 승진하였다. 임진왜란 때는 유도대장(留都大將)이 되었다가 양주(楊州)의 해유령(蟹踰嶺)에서 왜군과 싸워 승리한 뒤 영의정에 올랐다. 이때 의주에 피란해 있던 선조가 요동(遼東)으로 건너가 중국으로 들어가려 한다는 소식을 전해 듣고 탄식하며 8일간 단식하다가 피를 토하고 죽었다 한다.

152 대각(臺閣)에서……높아졌네 : 1767년(영조43) 5월 이종영이 사간원 정언에 제수되어 올린 상소를 두고 한 말인 듯하다. 이때 이종영이 조정의 몇몇 고위 관료들의 불법을 탄핵한 것에 대해서 영조가 칭찬한 바 있다. 《英祖實錄 43年 5月 2日》

153 사남시회(社南詩會) : 번암이 1773년 호조 판서로서 약원 제조(藥院提調)를 겸

취중에 진심 담긴 맑은 시를 지었었지 　　清詩瀉出酒中眞

두 번째 其二

가을날 와룡탄에 가기로 했었는데 　　秋期曾赴臥龍灘
그대가 먼저 와서 말을 매고 기다렸지 　　君馬先來繫曲欄
찬 솔에 기대 있다 나를 보고 웃으면서 　　孤倚寒松迎我笑
빈산에서 기다리기 어렵더라 말하였네 　　爲言空谷待人難
명년에 꽃 필 때에 다시 오자 약속했고 　　奇花預許明年乞
밤새도록 술 마시며 즐겁게 보냈었지 　　綠酒仍成永夜歡
새 정자의 편액 써서 보내지 못했기에 　　辜負新樓三字扁
벽에 걸린 큰 붓을 차마 보지 못하노라 　　大毫留壁不堪看

임하고 있을 당시 결성했던 종남시사(終南詩社)를 지칭하는 듯하다. 이 시사에 이종영이 참여했던 것은 《번암집》 권11 〈정원록(貞元錄)〉 서문을 통해 확인할 수 있다.

번암집

제16권

詩시

알릉곡
謁陵曲

영릉의 상로의 감회[1] 저물녘에 처창한데	寧陵霜露晩凄凄
석마는 지금도 북을 향해 울부짖는 듯	石馬常如向北嘶
친히 행하시는 남한산성의 군사 훈련	南漢城頭親習戰
신손은 회계의 시절을 잊지 않았으니까[2]	神孫不忘會稽棲

1 상로(霜露)의 감회 : 서리와 이슬을 밟으며 슬픈 생각에 잠긴다는 뜻으로, 보통 돌아가신 부조(父祖)에 대한 추억을 말하는데, 여기서는 영릉(寧陵)을 참알(參謁)하다 보니 북벌(北伐)을 추진했던 효종(孝宗)에 대해 느껴지는 비장한 느낌을 비유하는 말로 쓰였다. 영릉은 효종의 능호(陵號)이다. 《예기(禮記)》〈제의(祭義)〉에 "서리와 이슬이 내린 뒤에 군자가 그것을 밟노라면 반드시 처창한 마음을 갖게 되나니, 이는 날이 추워져서 그런 것이 아니다. 또 봄에 비와 이슬이 땅을 적신 뒤에 군자가 그것을 밟노라면 반드시 깜짝 놀라는 마음이 생기면서 마치 돌아가신 분을 만날 것 같은 생각이 들게 된다."라는 말이 나온다.

2 신손(神孫)은……않았으니까 : 인조(仁祖) 때에 당한 삼전도(三田渡)의 치욕을 씻기 위해, 현재의 임금인 정조(正祖)가 각고면려(刻苦勉勵)하며 부국강병책을 도모하고 있다는 말이다. 춘추 시대 월(越)나라의 제2대 왕 구천(句踐)이 오(吳)나라 왕 부차(夫差)와 싸우다가 크게 패하여 회계산(會稽山)에서 굴욕적인 화의(和議)를 체결하고 귀국한 뒤에 복수할 것을 잊지 않으려고 와신상담하면서 부국강병책을 추진한 결과, 마침내 부차를 죽이고 오나라를 멸망시켜 회계의 치욕을 씻은 고사가 있다. 《吳越春秋 句踐歸國外傳》《史記 越王句踐世家》

두 번째 其二

태평성대 맞이하여 성군의 백성 모두가	昇平煙月聖人氓
해를 향해 기우는 해바라기의 마음이라	摠是葵情向日傾
들이든 산이든 앞다퉈 기쁘게 우러르나니	被野彌山爭覩快
임금님 한번 웃으심에 팔방이 영화로워라	天顔一笑八方榮

세 번째 其三

주황색 고습에 보라색 행전 졸라매고	朱黃袴褶紫行纏
엄중히 어마 호위하니 햇빛도 산뜻해라	齊擁天駒日色鮮
앞장서서 인도하는 서른여섯 별감들	爭道別監三十六
한 몸 장식하는 데에 백금은 들였겠네	一身裝束百金捐

네 번째 其四

마름꽃 끝에서 가을바람 살랑살랑 일어나니[3]	蘋末西風細細吹
광릉에 막 해가 뜨며 붉은 깃발들 펄럭펄럭	廣陵初日滿紅旗

3 마름꽃……일어나니 : 계절이 가을에 접어들어 이제 바야흐로 시원한 산들바람이 불어오기 시작한다는 말이다. 전국 시대 초(楚)나라 송옥(宋玉)의 〈풍부(風賦)〉에 "대저 바람은 땅에서 생겨나 푸른 마름꽃 끝에서 살랑거리기 시작하고, 그것이 점점 계곡으로 번져 나가 토낭의 주둥이에서 성내어 으르렁거린다.〔夫風生於地, 起於青蘋之末, 侵淫谿谷, 盛怒於土囊之口.〕"라는 명구가 나온다. 토낭 즉 흙주머니는 동혈(洞穴)의 문학적 표현으로, 토낭의 주둥이는 동구(洞口)를 의미한다.

하늘 멀리 은은히 들리는 균천의 음악 소리[4]	遙空隱隱勻天樂
임금님 행차가 도착하시기 직전임을 알겠도다	已識鑾輿未到時

다섯 번째 其五

양안 사이에 늘어선 용주[5] 일만여 척	兩岸龍舟萬軸餘
창파가 힘을 합쳐 임금님 행차 모시더니	滄波同力捧鑾輿
아침나절 순조롭게 도강(渡江)의 공 이룬 뒤엔	終朝利涉功成後
무수히 내 낀 물결들 각자 가고 싶은 대로	無限煙濤任所如

4 균천(勻天)의 음악 소리 : 궁중 의장대(儀仗隊)의 음악 소리를 말한다. 균천은 천제(天帝)의 거소로, 균천(鈞天)이라고도 한다. 춘추 시대 진(晉)나라 조 간자(趙簡子)가 5일 동안 혼수상태에 빠졌을 때 균천에 올라가서 이른바 균천광악(鈞天廣樂)이라는 천상의 선악(仙樂)을 듣고 내려왔다는 기록이 있다. 《史記 趙世家》

5 용주(龍舟) : 용무늬로 꾸민 큰 배를 말하는데, 여기서는 임금의 배와 이를 호위하며 수행하는 배들을 총칭한다.

수오[6]와 사술[7]과 유문[8]과 사순[9]이 찾아왔다가 저녁이 되기도 전에 돌아가겠다고 고하기에

秀五士遞幼文士純見訪未夕告歸

객은 왔다가 부리나케 돌아가고	客來還復歸
구름은 나갔다가 금세 들어오네	雲出還復入
무정물(無情物)이 유정물보다 나으니	無情勝有情
오늘 밤은 구름과 같이 묵으리라	今夜雲同宿

6 수오(秀五) : 유항주(兪恒柱, 1730～?)이다. 본관은 기계(杞溪), 자는 수오, 호는 죽파(竹坡)이다. 번암이 중년에 참소에 걸렸을 때 유항주만이 배신하지 않았다는 정약용(丁若鏞)의 논평이 보인다. 《茶山詩文集 卷17 竹帶先生傳》

7 사술(士遞) : 채홍리(蔡弘履, 1737～1806)이다. 본관은 평강(平康), 자는 사술, 호는 기천(岐川)이다. 대제학 채유후(蔡裕後)의 5대손으로, 번암에게 종질(從姪)이 된다. 정조 연간에 목만중(睦萬中), 홍의호(洪義浩) 형제 등과 가까이 지내면서 노론과 결탁하였으며, 공서파(攻西派)의 입장에 서서 번암을 공격하기도 하였다.

8 유문(幼文) : 이동욱(李東郁, 1739～?)이다. 본관은 평창(平昌), 자는 유문, 호는 소암(蘇巖)이다.

9 사순(士純) : 《번암집》에서 여기에만 나온다. 번암의 생애와 겹치는 인물로, 신수(申燧)와 서명현(徐命顯)의 자가 사순이기는 하지만, 이 시와는 관련이 없는 것으로 보인다.

8월 12일 밤에 달을 보며 수오와 경삼[10]과 사술을 생각하다

八月十二夜對月懷秀五景參士述

앉아서 산중의 달을 마주하며	坐對山中月
저쪽 산 밖의 사람을 생각하네	念彼山外人
산 밖에는 혼미한 꿈길이 많으니	山外多昏夢
산 달이 새로 떠오른 것도 모르겠지	不知山月新

10 경삼(景參) : 오대익(吳大益, 1729~?)이다. 본관은 동복(同福), 자는 경진(景晉)·경삼, 호는 운암(雲巖)이다. 오필운(吳弼運)의 아들이고, 오광운(吳光運)의 종질(從姪)이며, 번암의 처남이다.

8월 보름날 달빛이 유난히도 아름다운 밤에 유수오와 우사앙[11]이 찾아왔기에 뜻 가는 대로 운을 뽑아 함께 읊다

中秋夜月色正佳兪秀五禹士仰至拈韻同賦

태반이나 가을빛을 문 처닫고 보내다가	强半秋光閉戶過
우연히 달구경할 겸 높은 언덕 올라서니	偶因看月倚崇阿
둥근 바퀴는 옥우[12] 위에서 청량한 기운을 쏟아 내고	輪當玉宇晴全闊
계수 가지는 은하를 철벅여 더욱 깨끗이 닦아 주네	桂拂銀河洗更多
바람결 삽상한 산림에 갖가지 색깔이 요동치고	颯爽松蘿搖衆色
환하게 드러난 골짝에 허공의 물결 일렁이는 때	分明洞府泛空波
단지에 술이 있어 당에 손을 붙들었나니	樽中有酒堂留客
천지는 우리의 호쾌한 노래 받아 주리라	天地容吾浩浩歌

11 우사앙(禹士仰) : 우경모(禹景謨, 1744~?)이다. 본관은 단양(丹陽), 자는 사앙이다. 아우인 우석모(禹錫謨)와 함께 번암의 문하에서 수학하였다.

12 옥우(玉宇) : 경루옥우(瓊樓玉宇)의 준말로, 신화 속에 나오는 월궁(月宮) 속의 누각을 말하는데, 여기서는 하늘을 지칭한다.

17일 밤에 와룡폭포 가에서 달을 마주하며 공회[13]를 생각하다
十七夜對月臥龍瀑上懷公會

혼자서 시냇가 돌길 걸어가노라니 獨往步溪石
지팡이마다 울려오는 청랑한 음향 一笻鏗有聲
중추의 다함이 없는 달이 中秋無盡月
오늘 밤에 또 밝은 빛 드날려 주네[14] 今夜又揚明
잔잔한 용소 위엔 달빛이 홀로 흔들리고 潭定孤光動
텅 빈 산속에는 삼라만상이 맑기도 해라 山空萬象淸
병든 우리 시어를 생각하노니 懷哉病侍御
슬프게도 서성에 누워 있다오 惆悵臥西城

공회(公會)가 병이 들어 중추(中秋)의 약속을 지키지 못했으므로 이렇게 말한 것이다.

13 공회(公會) : 번암의 문인인 이정운(李鼎運, 1743~1800)이다. 본관은 연안(延安), 자는 공회, 호는 오사(五沙)이다. 시호는 정민(貞敏)이다.

14 중추의……주네 : 소식(蘇軾)과 도잠(陶潛)의 시문에서 명구를 발췌하여 산중의 밝은 가을 달빛을 묘사한 것이다. 다함이 없는 달은, 조물주가 선물한 무진장(無盡藏)한 산속의 명월(明月)이라는 말인데, 소식의 〈전적벽부(前赤壁賦)〉 말미에 나온다. 밝은 빛 드날린다는 것은 도잠의 시 〈사시(四時)〉에 나오는 말이다. 《陶淵明集 卷3》

주서 정철조[15]가 잉어를 그린 병풍에 적어 넣은 노래
題鄭注書喆祚畫鯉魚障子歌

선생이 저녁에 야채 밥상 대할 적에	先生晚對苜蓿案
비린내가 홀연히 콧구멍으로 스멀스멀	腥氣忽然侵鼻觀
깜짝 놀라 돌아보니 보이는 것은 없고	驚顧左右無所覿
물고기가 펄떡이며 종이 위에 붙어 있네	有魚潑潑依紙面
물이 맑아서 몸뚱이를 가리지 못했는지	水淸全似不覆身
동글동글 금빛 비늘 하나하나 셀 수 있고	金鱗細數團團片
등지느러미 일어설 듯 빳빳이 세우고서	背鬣輒張如起立
빈풍과 바야흐로 맞서 보려는 기세로세[16]	其勢欲與蘋風戰
생각이 나면 갑자기 깊은 곳 찾아 달아나니	意到忽尋深處走
영성이 어쩌면 출처의 도리를 아는지도	靈性豈或知隱現
지척에서 쏘아보는 한 쌍의 붉은 눈동자여	咫尺紅射一雙眸
쑥 내민 선명한 눈알에 정신이 깃든 듯도	悍睛的的精神浮
아뿔싸 찬찬히 보니 산 놈이 아니고 그림인데	細看非魚卽畫魚
그 솜씨 귀신을 빼닮아서 귀신이 근심하겠구나	畫者逼神神應愁

15 정철조(鄭喆祚) : 1730～1781. 본관은 해주(海州), 자는 성백(誠伯), 호는 석치(石痴)이다. 생을 마칠 때까지 왕의 초상화를 그리는 등 당대 제일의 화가로 활약하였다.

16 빈풍(蘋風)과……기세로세 : 가을의 계절이 돌아와 쌀쌀하게 찬 바람이 불면서 초목이 시들고 만물이 쇠락하는 모습을 보이지만, 그런 숙살지기(肅殺之氣)에도 자기만은 끄떡없으니 한번 붙어 보자고 자신감을 내보인다는 뜻의 해학적인 표현이다. 빈풍은 마름꽃 끝에서 일어나는 바람이라는 말로 추풍(秋風)을 의미한다. 264쪽 주3 참조.

세상 사람은 눈이 있어도 물고기 눈 비슷하니	世人有眼魚目如
너를 범상한 물고기로 여길지도 모르겠다만	竊恐視汝凡鱗儔
용의 덕은 사람이 몰라줘도 그저 그만이니	龍德不妨人不識
때가 오면 자연히 바람 우레를 일으킬 터	時至自然風雷作
용으로 변할 날 기다려 공중으로 치솟아서	待到變化爲龍騰踔去
패연히 비 내리며 그 은택 길이 전하리라	好施霈澤垂無極

운대에 있는 이씨의 정자[17]를 찾아갔다. 함께 노닌 자는 사술과 유문과 공회이며, 추후에 온 자는 진산 군수 심여점[18]이었다. 여와는 타고 올 말이 없어서 약속을 지키지 못하였다

訪雲臺李氏亭同遊者士述幼文公會追至者珍山使君沈汝漸餘窩無騎不赴約

청라 홀로 피었다 지고 흰 구름 드리운 곳	靑蘿開合白雲垂
개 닭 소리 평화로운 깊은 산골 태고의 시절	鷄犬村深太古時
옛 주인이 아니라고 암학이 어찌 시비하랴	巖壑何論非舊主
물고기 새는 어딜 가도 상대를 알아주는 것을	禽魚無處不相知
잔 앞의 국화의 뜻은 찬 서리 일찍 머금었고	杯前菊意含霜早
단 위의 소나무 그늘은 객을 위해 느릿느릿	壇上松陰爲客遲
새북과 성서 모두 애달피 바라보았나니	塞北城西俱悵望
가을의 감회가 초성의 시[19]에 함께 담겼어라	秋懷竝入楚聲詩

17 운대(雲臺)에……정자 : 서울 인왕산(仁旺山) 기슭의 필운대(弼雲臺) 근처에 있는 범취정(泛翠亭)을 말한다. 《번암집》 권10에 〈오경삼 등 제군이 필운대 아래 이씨의 정자에서 묵고 있기에, 아침에 일어나 내달려 가 시를 읊어 벽에 남기다〔吳景參諸君宿弼雲臺下李氏亭朝起馳赴賦詩留壁〕〉라는 시가 실려 있는데, 그 정자 이름은 '범취정'이라는 해설이 시구 안에 붙어 있다.

18 심여점(沈汝漸) : 심규(沈逵)이다. 자는 여점 · 운로(雲路), 호는 죽포(竹圃)이다. 죽파(竹坡) 유항주(兪恒柱), 죽대(竹帶) 이종화(李宗和)와 함께 채문(蔡門)의 삼죽(三竹)이라고 칭해졌다.

19 초성(楚聲)의 시(詩) : 비애를 느끼게 하는 가을날의 정서를 표현한 초나라 시인의 시라는 뜻으로, 전국 시대 초나라 송옥(宋玉)의 시를 말한다. 그의 시 〈구변(九辯)〉에

정자의 주인이 바뀌었으므로 제3구에서 이렇게 말하였다.

"슬프다, 가을 기운이여. 쓸쓸하게 초목은 바람에 흔들려 땅에 지고 쇠한 모습으로 바뀌었도다.〔悲哉秋之爲氣也. 蕭瑟兮, 草木搖落而變衰.〕"라는 유명한 표현이 나온다.

낙엽을 쓸어 모으는 아이

兒掃葉

아이가 낙엽을 쓸어 모으네	兒掃葉
산꼭대기에서 낙엽을 쓸어 모으네	掃葉山之椒
솔가리가 얼마 없어 아이의 손 부르튼 채	松葉落稀兒手胝
동쪽 서쪽 멀다 않고 손으로 긁어모으네	西刮東爬不言遙
산의 해 지려 하고 저녁 취사 다급해서	山日將暮夕炊急
까치 둥지 모양으로 망태에 솔잎 담았는데	盛之藁網如鵲巢
금송하는 군졸이 옆에서 슬며시 엿보다가	禁松軍卒巧傍伺
돌풍보다 재빠르게 숲속에서 뛰쳐나와	林間跳出迅於飆
고함치며 채찍으로 아이를 때리고는	高聲鞭打兒
아이의 땔감까지 내처 압수해 버리니	仍之奪兒蕘
아이가 놀라 엉엉 울며 호소하기를	兒驚哭且語
나무는 하지 않고 낙엽만 주웠다 하네	兒但掃葉何云樵
망태기를 뺏어 가도 한스럽지 않고	不恨奪藁網
살에 생채기가 나도 상관없지만	不惜傷肌肉
주린 모친이 고대하는 자기가 붙잡히면	但念飢母待兒兒見拘
땔감이 없어 밥 짓지 못할 것만 걱정하네	廚下無柴炊不得

이튿날에 사술, 공회, 상사 이귀서[20]와 함께 남성에 오르다

翌日同士述公會李上舍龜瑞登南城

명리를 구하려 장안으로 내달리지만	名利長安道
나의 걸음은 아예 구함이 없는 것을	吾行無所求
한가한 날이 많아서 가마에 올라타고	籃輿饒暇日
늦가을의 성곽에 이 몸을 기대었소	城郭倚深秋
차가운 하늘엔 희미하게 탑이 보이고	縹緲寒空塔
지는 햇빛 속에 누대가 선명도 해라	鮮明落照樓
국화는 만년의 절조를 품고 있나니	黃花抱晚節
상로를 너희가 근심할 것이 있으리오[21]	霜露爾何愁

20 이귀서(李龜瑞) : 이정서(李廷書, 1735~?)로, 본관은 전주(全州), 자는 귀서, 호는 겸와(兼窩)이다.

21 국화는……있으리오 : 번암이 마치 오상고절(傲霜孤節)의 국화꽃처럼 늘그막까지 초심(初心)을 보전하며 어떤 위태한 상황에서도 자신의 신념을 고수하겠다는 결의를 표명한 시구이다. 송(宋)나라의 명재상인 한기(韓琦)의 시에 "옛 동산 가을 풍경 밋밋해서 부끄럽기도 하오마는, 늦가을 만절을 지닌 국화의 향기를 한번 맡아 보소.〔雖慚老圃秋容淡, 且看寒花晚節香.〕"라는 구절이 있다. 《安陽集 卷14 九日水閣》 그는 또 "초년의 절조를 지키기는 쉬워도 만년의 절조를 지키기는 어렵다. 따라서 만년의 절조를 지키기 위해서는 매사에 더욱 힘써야 한다."라고 하여 특히 만절(晚節)을 강조하기도 하였다. 《宋名臣言行錄 後集 卷1 韓琦》

두 번째 其二

구불구불 이어진 저쪽 성 변두리 길	宛彼城邊路
가을이 깊어 서리 기운 맑기도 해라	秋深霜氣淸
비녀와 갓끈을 몸에서 멀리 떼어 버리니	簪纓去身遠
단풍과 국화가 이 얼굴을 환히 비춰 주네	楓菊照顔明
남쪽 기러기 점점 더 아득히 길 떠나는데	南雁渺增逝
서쪽 강물은 불평이 많아 출렁거리기만	西江多不平
전에 부임할 땐 큰길이 앞에 있었는데	前臨有大道
사잇길로 가는 지금 누가 또 알아보랴	誰復解間行

강화 유수에 새로 제수된 뒤에 밤에 앉아서 공회와 함께 읊다[22]

新除沁都留後夜坐同公會賦

염막에서 경영하며 썰렁한 냉기를 막으려고	簾幕經營掩薄寒
약 화로 친근히 하니 가는 연기가 몽글몽글	藥爐親近細煙蟠
밤 시간 이제 길어져서 청등이 벽을 비추고	青燈照壁夜初永
가을이 이미 쇠잔해서 황엽이 뜰에 가득해라	黃葉滿庭秋已殘
봉해가 세 번 얕아진 것[23] 웃어 젖히고	笑罷三回蓬海淺
유연히 한숨 자는 초당이 널찍하기만	悠然一睡草堂寬
근년 이래로 연명의 시에 나아간 처지에서	年來已就淵明賦
늙어 가며 공우의 갓 먼지 떠는 게 부끄러워[24]	老去羞彈貢禹冠

22 강화……읊다 : 번암이 1779년(정조3) 7월 29일 강화 유수에 제수되면서 당일로 교대하라는 명을 받았지만 줄곧 숙배하지 않다가 10월 3일 사양하는 상소를 올렸는데, 정조가 이튿날 체직(遞職)을 허락하는 비답을 내렸다. 이 시에도 조정의 명에 불응하려는 번암의 뜻이 담겨 있다.

23 봉해(蓬海)가……것 : 상전벽해(桑田碧海)의 이야기를 인용하여 한 말이다.《神仙傳 卷7 麻姑》 여기서는 상전벽해처럼 당파 간에 권력이 교체되는 과정에서 피바람이 불었던 현상이 거듭 발생한 것을 비유하는 말로 쓰였다.

24 근년……부끄러워 : 이미 도잠(陶潛)처럼 〈귀거래사(歸去來辭)〉를 읊고 초야에 돌아온 처지에서, 늘그막에 벼슬자리를 탐하여 덩달아 조정에 나아가는 것은 자괴감이 들어서 차마 하지 못하겠다는 말이다. 서한(西漢)의 왕길(王吉)이 관직에 임명되자, 친구인 공우(貢禹)도 갓의 먼지를 털고서 벼슬길에 나갈 채비를 하였다고 한다.《漢書 王吉傳》

공회를 붙들어 두고는 읍취의 시[25]에서 운을 뽑아 짓다
留公會拈挹翠韻

나의 생활은 볼품없어 자랑할 게 못 되지만	輿居草草未宜誇
속세와 멀지 않아도 마음은 절로 멀다나요[26]	人境非遐心自遐
유객이 찾아오면 어쩌다 노새에 올라탈 뿐	幽客到門時跨騗
노부는 병 핑계 대고 현거를 다짐하였다오	老夫言病誓懸車
시상이 막히면 뚫으려고 찻잔을 늘 옆에 두고	詩腸導滯親茶椀
미칠 듯 책을 좋아해서 새 촛불 자꾸 바꾼다오	書癖成癡進燭華
그대를 붙잡아 두고 새 시 지으려 하다 보니	惟有留君供拭目
근래에 나의 글솜씨 부쩍 더 늘어났다나요	邇來文藻頓能加

25 읍취(挹翠)의 시 : 읍취는 박은(朴誾, 1479~1504)으로, 본관은 고령(高嶺), 자는 중열(仲說), 호는 읍취헌(挹翠軒)이다. 이 시는 《읍취헌유고(挹翠軒遺稿)》 권3에 실린 〈장자 용재에게 가서 밤에 담화하려 할 적에, 먼저 시 한 수를 보내면서 지정과 우암에게도 돌려보여 주기를 바라다〔將赴容齋夜話先簡一詩冀轉示止亭寓庵〕〉라는 시의 운자를 취한 것이다.

26 속세와……멀다나요 : 도잠의 〈음주(飮酒) 20수〉 중 다섯 번째 시에 "나 사는 집이 속인의 동네에 들어있어도, 내 귀에는 시끄러운 거마 소리가 안 들리오. 그대 어떻게 가능하냐고 물어본다면, 마음이 멀면 땅은 절로 외지다고 답하리다.〔結廬在人境, 而無車馬喧. 問君何能爾, 心遠地自偏.〕"라는 구절이 나온다. 《陶淵明集 卷3》

평사 오경삼에게 부치다

寄吳評事景參

오생이 날랜 역마에 올라타고서	吳生跨飛馹
떠날 채비하는 것이 마치 소년인 양	裝束如少年
관북의 병영으로 달려 내려가면	馳下北兵營
그 기세 진림[27]의 앞을 위협하리라	氣凌陳琳前
그대는 참으로 서생으로 늙어 가며	君誠老書生
태현을 지으면서 세월을 보냈는데[28]	窮年草太玄
하루아침에 군복으로 갈아입고서	一朝事戎裝
어쩌면 그리도 가뿐하게 떠나가시나	行邁何翩翩
나도 옛날에 북평사를 지냈는지라	我是舊評事
평사의 어려움을 설명해 줄까 하노니	請說評事難

27 진림(陳琳) : 건안칠자(建安七子)의 한 사람으로, 특히 교서(敎書)와 격문(檄文)을 짓는 데에 뛰어났다. 그가 원소(袁紹)의 밑에 있을 적에는 조조(曹操)의 죄상을 문책하는 격문을 지어 조조를 격분하게 하였으나, 원소가 패망하여 귀순하자 조조가 그의 문재(文才)를 아껴서 처벌하지 않고 기실(記室)로 삼았으며, 또 두통을 앓다가 그가 지은 격문을 보고는 "이 글이 나의 병을 낫게 하였다."라면서 상을 내리기도 하였다.

28 그대는……보냈는데 : 번암의 처남인 오대익(吳大益)이 시류(時流)에 영합하지 않고 집에 조용히 들어앉아 문필에만 종사했다는 말이다. 경삼은 오대익의 자이다. 한(漢)나라 양웅(揚雄)이 《주역》의 체제를 본떠서 《태현경(太玄經)》을 집필하며 담백한 생활을 고수하였는데, 권세에 아부하여 출세한 자들이 "아직도 완전히 검어지지 않고 흰 부분이 남아 있어서 출세하지 못한다.〔玄尙白〕"라고 조롱하자, 〈해조(解嘲)〉를 지어서 스스로 해명했던 고사가 있다. 《漢書 揚雄傳下》

마천산맥이 험준해서 그런 것도 아니요	非爲磨天峻
북쪽 바다가 드넓어서 그런 것도 아니라네	非爲北溟寬
평사는 그저 태평 시대를 즐기면서	評事樂時平
하는 일이래야 미인들 점고하는 것[29]	其職領嬋娟
금차[30]를 불러다가 걸핏하면 줄을 세우고	金釵動成行
향택[31]을 비단 자리에서 껴안는다고나 할까	薌澤擁錦筵
어떻게든 평사의 눈에 들어 보려고	要買評事眼
재주 부려 가야금 줄을 퉁길 터인데	巧撚瑤琴絃
눈보라가 몰아치는 재필당[32]에서	風雪載筆堂
촛불 아래 쓸쓸히 앉아 있을 적에	孤燭坐耿然
한번 서로 돌아보다가 눈이 맞으면	此時一相顧
어찌 귀여워하지 않을 수 있으리오	那得不汝憐
마침내 온유의 고을[33]에 빠져들어서	遂入溫柔鄕

29 평사는……것 : 춘추 시대의 저명한 병법가인 손무(孫武)가 여자들을 부하로 삼아 시범을 보인 고사를 인용하여, 북평사가 기녀들과 친하게 지내기 쉬운 것을 해학적으로 표현한 말이다.

30 금차(金釵) : 머리에 꽂는 금비녀인데, 보통 부녀의 대명사로 쓰인다.

31 향택(薌澤) : 화장을 한 여인의 체취를 말한다. 향택(香澤)이라고도 한다.

32 재필당(載筆堂) : 사관(史官)의 붓으로 당시의 일을 기록하는 공관이라는 뜻으로, 경성(鏡城)에 있는 북평사의 관소(館所)를 비유하는 말로 쓰였다.

33 온유(溫柔)의 고을 : 따스하고 부드러운 여인의 품속을 비유한 말이다. 한 성제(漢成帝)가 황후 조비연(趙飛燕)의 쌍둥이 동생인 조합덕(趙合德)의 몸을 온유향(溫柔鄕)이라고 칭하고는 "나는 이 고을에서 늙어 갈 것이니, 무제(武帝)를 본받아 백운향(白雲鄕)을 구할 수는 없는 노릇이다."라고 말했다는 고사가 전한다. 《古今事文類聚 前集 卷21 老溫柔鄕》 백운향은 신선이 사는 하늘 나라를 말한다.

천금의 옥체를 보전키 어려우리니	鮮保千金軀
북쪽 바다와 마천산맥도	北溟與磨天
이에 비하면 모두 평탄한 길이리라	視茲皆坦途
이 속에 들어가는 그대를 보내려니	送君此中去
나의 생각 계속해서 길어질 수밖에	綿綿我思紆
아무리 생각해도 선물할 것이 없어	相思無可贈
일어나서 노란 국화 가지를 꺾었나니	起折黃花枝
국화는 고상한 품격을 지니고 있어서	黃花有崇操
복사꽃 자두꽃에 속지 않을 테니까	不受桃李欺

9일에 또 남성에 올랐는데, 유선[34]과 수오와 사술과 공회와 이선[35]이 따라왔다. 운자를 불러서 함께 시를 짓다

九日又登南城幼選秀五士述公會而善從呼韻同賦

북엄과 남고의 추억이 아련히 생각나서　　悠悠北广與南皐
쪽지 보내 시사의 벗들을 불러냈다오　　折簡招呼社裏曹
노경에 들어 가절이 좋다고 우겨 대었나니　　老境强言佳節好
도성에선 그래도 이 산 하나가 높다고 할까　　禁城惟許此山高
이내 낀 교외 어느 쪽에서 단풍 숲을 접하리오　　煙郊錦樹何邊得
서리 진 성가퀴 어디에나 꽃들이 또 기대었네　　霜堞欹花到處遭
집이 가까워 어린 종이 술을 나를 수 있으니　　家近小奚能送酒
술집에 내 도포 전당 잡힐 걱정은 없네그려　　不愁壚巷典吾袍

34 유선(幼選) : 목만중(睦萬中, 1727~1810)이다. 본관은 사천(泗川), 자는 유선, 호는 여와(餘窩)이다.

35 이선(而善) : 이유경(李儒慶, 1748~1818)이다. 본관은 함평(咸平), 자는 이선, 호는 청심옹(淸心翁)이다. 번암의 둘째 매형 이태운(李台運)의 아들이다.

이일장이 국화 화분을 선물한 것에 사례하는 노래

謝李日章惠菊盆歌

노부는 원래 편애하는 외물이 없는 데다　老夫於物無所癖
또 나이가 쇠해 병들어 자리에 있는 데야　況復年衰病在席
때로 꽃을 길러 봐도 솜씨가 매우 서툴러서　有時養花術甚疎
얼거나 말라 죽으니 어떻게 살릴 수 있으리오　或凍或乾生何得
이 때문에 싫증 내어 마침내 내버려 둔 채　以玆生厭遂棄置
섬돌 위에 하나의 꽃도 심지를 않았어라　階上曾無一花植
오늘 중양절에 비가 성을 지나가고　是日重陽雨過城
기러기와 낙엽 소리 스산하게 울리는데　征鴻落木流寒聲
맑은 일이 많기도 한 성 서쪽의 우리 벗님　城西故人多淸事
맑은 새벽에 나에게 몇 줄기 국화를 보냈어라　淸晨貽我菊數莖
자그마해도 심기에 적당한 도자기 화분　陶盆雖小種得宜
무수히 피어나 난간을 훤히 비추는 꽃들　開花無數照軒楹
샛노란 색깔에 향기를 진하게 풍기면서　其色全黃其氣馥
꽃들마다 잎사귀마다 조촐히 빛나기에　花花葉葉紛光晶
환희하며 한번 웃고 방 안에 모셔 들이고는　歡然一笑迎入室
꽃잎을 따서 넘실대는 이 술잔에 띄웠다오　摘花泛此盈盈觥
그대가 국화 심어 벗으로 삼는 줄 알겠노니[36]　知君種菊以爲友

36 그대가……알겠노니 : 송(宋)나라 주돈이(周敦頤)는 〈애련설(愛蓮說)〉에서 국화를 은자(隱者)의 꽃이라고 찬미하고는, 진(晉)나라 도잠(陶潛) 이후로는 국화를 사

한 가지라도 어찌 속인이 갖도록 허락하리오　　一枝寧許俗人取
한양 성중 천만 가호 수많은 사람 중에　　長安城中千萬戶
나는 주고받을 만하다 여겼던 거로구려　　爲是老夫堪與受
얼근해져 널 마주해 중양을 기념하는 것은　　半酣對此作重陽
네가 드물어서보다 보낸 뜻이 귀해서이니　　非汝爲稀君意長
찬 하늘에 도리 모두 종적을 감춘 때에　　寒天桃李無蹤跡
오직 동쪽 울타리 만절[37]이 향기로우니까　　惟有東籬晩節香

랑한 이가 또 있다는 말을 거의 듣지 못했다고 탄식하였다. 이일장 역시 국화를 벗으로 삼고서 유유자적하게 살아간다는 뜻으로 번암이 말한 것이다.

37 동쪽 울타리 만절(晩節) : 오상고절(傲霜孤節)의 국화를 가지고 만절 즉 만년의 절조에 비유한 말이다. 275쪽 주21 참조.

동짓달 16일 밤에 모이다

仲冬哉生魄夜集

도성 씻어 주는 눈발이 절반은 바람	雪灑嚴城半雜風
고인은 약속에 맞춰서 이경 중반에	故人如約二更中
한 해의 색은 사람을 늙도록 다그친다마는	已判歲色催人老
매화 향기가 술잔에 풍김은 역시 기쁜 일	且喜梅香與酒通
밑동 보임이 싫어서 촛불 자주 바꾸는데	孤燭屢更嫌跋見
대머리 부끄럽게 모자는 자꾸만 기우뚱	危冠頻側愧頭童
멋진 용모는 미인의 투기를 받기 십상이니	容華易被嬋姸妒
예쁜 기녀 함부로 집에다 들이지 마시도록	莫把蛾眉浪入宮

소한의 저녁에 공회와 맹영[38]이 왔다. 근지[39]는 나중에 왔다

小寒夕公會孟英至謹之後至

진창길 미끄러워 나막신 걸음 어렵고	泥滑難爲屐
거리가 길어 통금에 걸리기 쉬운 밤	街長易犯鍾
고즈넉이 문 닫고 앉아 있나니	蕭然閉門坐
오직 우리 벗님들 만나 보려고	惟有故人逢
병풍 둘러 주위가 더욱 아늑한데	屛幄圍還靜
시서는 늙어 갈수록 게을러지니 원	詩書老轉慵
매화여 그대는 성품이 어떠하기에	梅花爾何性
얼굴을 아예 다듬지 않는 것이냐	曾不冶顔容

38 맹영(孟英) : 권영(權偀, 1741~?)이다. 본관은 안동(安東), 자는 맹영이다. 목만중(睦萬中)과 친하게 지냈다. 《여와집(餘窩集)》에 권영을 위해 지은 〈시암기(始菴記)〉와 시 몇 편이 실려 있다.

39 근지(謹之) : 한덕후(韓德厚, 1735~?)이다. 본관은 청주(淸州), 자는 근지, 호는 호암(湖庵)이다.

이 지사 제암 에 대한 만사
李知事 齊嵒 挽

동어를 내던지고 기러기처럼 훨훨[40]	銅魚抛下作鴻冥
노년에 유유자적 초정에 누웠다가	黃髮怡然臥草亭
주나라 임금이 수고에 오른 때를 만나	時值周王登壽考
친히 기범을 펼쳐 나라를 편케 하였어라[41]	親敷箕範錫康寧
강호에선 어디서나 경월[42]을 쳐다봤고	江湖滿地瞻卿月
고향에선 마을마다 덕성[43]을 우러렀지	桑梓連村仰德星
남성의 진솔회를 아직도 기억하나니	尙憶南城眞率會
어르신의 건구가 단청 안에 들었어라[44]	丈人巾屨入丹靑

40 동어(銅魚)를……훨훨 : 이제암(李齊嵒)이 난세(亂世)의 화망(禍網)을 피해 지방 수령의 직책도 그만두고 멀리 초야에 숨어 조용히 살려고 했다는 말이다. 동어는 동어부(銅魚符)의 준말로, 수령이 차는 물고기 모양의 구리 부신(符信)이다.

41 주(周)나라……하였어라 : 이제암이 영조의 장수(長壽)를 축하하려고 상경하여 사은숙배를 하고, 영조에게 마음을 청정하게 하여 정사를 살필 것을 권하는 상소를 올린 것을 말한다. 수고(壽考)는 장수와 같은 말이다. 기범(箕範)은 기자(箕子)의 〈홍범(洪範)〉이라는 뜻으로, 기자가 주 무왕(周武王)에게 음양오행과 이에 따른 응험을 해설했던 것을 말하는데, 여기서는 이제암이 영조에게 소를 올려, 천지(天地)에 함께 참여하여 만기(萬機)에 응해야 하는 임금의 도리를 설한 것을 말한다.

42 경월(卿月) : 경대부(卿大夫)를 가리킨다. 《서경》 〈홍범〉의 "왕이 살필 것은 해의 일이고, 경사가 살필 것은 달의 일이고, 사윤이 살필 것은 날의 일이다.〔王省惟歲, 卿士惟月, 師尹惟日.〕"라는 말에서 연유하였다.

43 덕성(德星) : 치세(治世)에 현인이 나오면 출현한다는 상서로운 별이다.

44 남성(南城)의……들었어라 : 기영사(耆英社)의 원로들과 약봉(藥峯)에서 가진

두 번째 其二

청라 늘어진 신선의 동네가 우리의 고향	靑蘿洞府是吾鄕
공은 그 사이에서 훌륭한 명예를 빛냈어라	公在其間令譽光
진첩을 기로사에 영원히 남기시고	眞帖長留耆老社
순공을 소아의 농장에 체과했지요[45]	巡筇遞過小兒莊
책상이 수석을 굽어보아 상아 찌가 서늘했고	床臨水石牙籤冷
바둑판이 도화 옆이라 바둑돌이 향기로웠지	棋傍桃花玉子香
벼슬하러 떠도느라 찾아뵙지 못했는지라	遊宦東西違鞠䐈
수성[46]에 올라타시매 가슴이 온통 무너지네	百年心折壽星藏

모임의 그림 속에 이제암의 모습이 담겨 있다는 말이다. 진솔회(眞率會)는 송나라 사마광(司馬光)이 정치를 그만두고 낙양에 있을 적에 고로(故老)들을 모아, 술은 다섯 잔을 넘지 않고 음식은 다섯 가지를 넘지 않게 서로 약속하고서 만든 모임의 이름인데, 약봉의 모임을 비유한 것이다.

45 순공(巡筇)을……체과(遞過)했지요 : 이제암이 노년에 아들의 집을 차례로 찾아다니며 번갈아 기거했다는 말이다. 순공은 순회하는 지팡이라는 뜻이고, 체과는 교대로 들른다는 뜻인데, 한(漢)나라 육가(陸賈)가 다섯 아들의 집에 차례로 들러서 극진한 대우를 받고는 10일마다 교대하게 했던 고사에서 나왔다. 《漢書 陸賈傳》

46 수성(壽星) : 남쪽 하늘 끝의 2등성 별자리로, 장수를 상징하는 노인성(老人星)을 말한다. 이제암은 89세까지 살았다.

경자년(1780, 정조4) 정월 초하루에 사직단에서 풍년을 기원하는 친제에 배종하다

庚子元日陪社壇祈穀親祭

아침저녁으로 연빙[47]하기 어느덧 사 년 세월　昕夕淵氷已四年
봄 농사 개시하려는 성상의 마음 애련해라　春農欲起聖心憐
공경히 사직단 나아가니 신령이 강림하신 듯　恭趨太社神如在
물시계 소리 점검하며 앉아서 새벽을 맞으시네　親數更籌坐不眠
하늘이 맑아서 술 그릇에 북두칠성이 내려앉고　天淨樽罍臨斗柄
바람이 돌아와 현악기에 솔바람 소리 뒤섞이네　風廻松柏雜琴絃
화마와 숙맥을 추수하는 일과 관련하여　禾痲菽麥秋來事
풍년이 들었다고 태사가 응당 기록하리라　大有應歸太史編

47 연빙(淵氷) : 깊은 못[深淵]과 얇은 얼음[薄氷]이라는 뜻으로, 매사를 신중히 처리하는 것을 비유하는 말이다. 《시경》 〈소아(小雅) 소민(小旻)〉의 "전전긍긍하여 깊은 못에 임하듯 얇은 얼음을 밟듯 한다.[戰戰兢兢, 如臨深淵, 如履薄氷.]"라는 말에서 기인하였다.

2월 3일에 상이 명릉에 참배할 예정이므로, 내가 예조 판서로서 먼저 가서 익릉의 재실에서 묵었는데, 예전의 일을 생각하며 감회에 젖어 시 한 수를 지어서 재랑 홍인호에게 보여 주다

二月初三上展謁明陵余以大宗伯先詣宿翼陵齋室感念前事吟示洪齋郎仁浩

가마가 기우뚱 언덕을 건너 돌아드니　肩輿欹側度回岡
역력히 창오[48]가 석양빛을 띠고 있네　歷歷蒼梧帶夕陽
삼십여 년 만에 이 땅에 돌아왔나니　三十年餘還此地
지금의 대종백이 그때는 재랑이었다오　大宗伯是舊齋郎
우뚝해라 냇가의 잣은 가벼운 한기를 머금었고　森梢澗柏輕寒集
추창해라 섬돌의 꽃은 세월 흘러 사라졌네　惆悵階花小劫忙
당일의 앳된 병사가 모두 장년이 되었으니　當日兒軍皆項領
노부의 머리가 센 것도 괴이할 게 뭐 있으리　老夫那怪鬢成蒼

재사(齋舍)에 예전에 진달래꽃 나무가 있었는데 꽃이 풍성하기로 특별히 소문이 났다. 그런데 지금은 없어졌기에 경련(頸聯)에서 이렇게 언급하였다.

48 창오(蒼梧) : 왕릉을 말한다. 제순(帝舜)이 남방을 순행하다가 죽어 이 산에 장사 지낸 고사에서 유래하였다.

삼척 부사로 나가는 이령 덕순[49] 동우 을 전송하다
送李令德順 東遇 宰三陟

만마 치달리는 세상길에서 발자취 거뒀나니[50] 斂跡人間萬馬場
봉새는 주려도 고량진미 도모하지 않는 법[51] 鳳飢猶自不謀粱
그동안 명군 모시느라 병이 깊어졌는지라 向來多病緣明主

49 이령 덕순(李令德順) : 이동우(李東遇, 1730~?)이다. 본관은 평창(平昌), 자는 덕순·천여(天與), 자호(自號)는 진심재(眞心齋)이다. 1780년(정조4) 1월 승지로 있다가 삼척 부사로 부임하였다.

50 만마(萬馬)……거뒀나니 : 이동우가 당시 당쟁이 격화되는 와중에서도 어느 한쪽에 몸담지 않고 자신의 신념을 올곧게 유지했다는 말이다. 북송(北宋)의 왕존(王存)이 신종(神宗) 때 왕안석(王安石)과 친하게 지내면서도 국사를 논하다가 뜻이 맞지 않으면 초청을 거절하고 발길을 끊고서 누차 상소하여 시정(時政)을 논했는데, 사마광(司馬光)이 "만마가 다 함께 치달리는 와중에서도 발걸음을 멈출 수 있는 자는 바로 왕존일 것이다."라고 찬미한 고사가 《송사(宋史)》 〈왕존열전(王存列傳)〉에 실려 있다.

51 봉새는……법 : 이동우가 세상길에서 썩은 쥐와 같은 부귀영화를 탐내지 않으며 봉새와 같은 고결한 자세를 견지했다는 말이다. 전국 시대 혜자(惠子)가 양(梁)나라의 재상으로 있을 적에, 혹자가 혜자에게 "장자(莊子)가 여기에 와서 당신 대신 재상이 되려고 한다."라고 하자, 혜자가 매우 두려워한 나머지 전국에 수배령을 내려 사흘 밤낮 동안 장자를 찾게 하였는데, 이에 장자가 혜자를 찾아가서 말하기를 "남방에 원추(鵷鶵)라는 봉새가 있는데, 자네는 아는가? 원추는 남쪽 바다를 출발하여 북쪽 바다로 날아갈 적에, 오동나무가 아니면 내려앉지 않고, 대나무 열매가 아니면 먹지 않으며, 단물이 나는 샘이 아니면 마시지 않는다네. 그런데 올빼미가 썩은 쥐를 가지고 있다가 그 위를 날아가는 원추를 쳐다보면서 행여나 원추에게 썩은 쥐를 빼앗길까 봐 '꽥' 하고 으르댔다는군. 그와 마찬가지로 자네도 양나라 재상 자리 때문에 나를 으르대는 것이 아닌가."라고 했다는 이야기가 《장자(莊子)》 〈추수(秋水)〉에 나온다.

이번에 술랑에게 영단을 물으러 간다네요[52]　　此去靈丹問述郎
산골 풍속은 세 치 오디를 제때에 공급하고　　峒俗時供三寸葚
관리는 칠분의 당에 드나드는 일 드물리라　　吏趁稀入七分堂
거문고로 느긋하게 〈남해〉의 곡조 연주하며　　瑤琴緩奏南陔曲
바닷가에서 봄빛을 한껏 길이 누리리라[53]　　海上春暉盡意長

두 번째 其二

몇 년이던가 하늘 끝으로 귀양 간 것이　　何年仙謫落天涯
대숲 속의 유명한 누대 사해가 알아줬지[54]　　竹裏名樓四海知
늙은 나는 정녕코 다시 가 볼 날 없으리니　　老我定無重見日
그대 보내며 옛날의 추억만 떠올릴 따름　　送君空憶舊遊時

52 그동안……간다네요 : 이동우가 임금을 열심히 보좌하느라 정작 자신의 신병은 치료하지 못하다가, 이번에 요양하기 위해 외직(外職)으로 나가게 되었다는 말이다. 술랑(述郎)은 신라 효소왕(孝昭王) 때의 화랑(花郎)으로, 영랑(永郎), 남랑(南郎), 안상(安詳) 등과 더불어 이른바 사선(四仙)의 하나로 꼽힌다. 영단(靈丹)은 도사(道士)가 단련한 장생불로 약으로, 보통 사람의 병을 낫게 하는 특효약을 지칭한다.

53 거문고로……누리리라 : 이동우가 해변의 임지에서 모친을 극진히 모시면서 어버이의 사랑을 듬뿍 받을 것이라는 말이다. 〈남해(南陔)〉는 《시경》 〈소아(小雅)〉 생시(笙詩)의 편명으로, 어버이를 봉양하는 효자의 심정을 담고 있다.

54 몇……알아줬지 : 번암이 1751년(영조27) 부인상을 당하여 장지(葬地) 문제로 중인(中人)과 산송(山訟)을 벌이다가 그의 분산(墳山)을 탈취했다는 집의(執義) 이훈(李塤)의 날조된 논핵을 받았는데, 이때 영조가 번암의 건강을 걱정하여 관동(關東)의 삼척부(三陟府)로 배소를 삼으라고 명령하여 그해 7월에 삼척으로 귀양을 갔다가, 이듬해 8월에 사면을 받고 11월에 홍문관 부교리로 조정에 복귀하였다. 유명한 누대는 관동팔경(關東八景)의 하나인 죽서루(竹西樓)이다.

단약 화로의 묵힌 불은 삼생의 업이요　丹廚宿火三生債
기녀 경대의 물씬한 향은 몇 첩의 시라　妓篋餘香幾疊詩
이 편에 안부 전하노니 모래밭의 물새들이여　憑寄沙邊鷗鷺語
내 머리칼도 너희를 닮아 하얗게 늘어졌단다　頂毛儂亦學垂絲

이 판돈녕부사[55] 정철 에 대한 만사
李判敦寧 廷喆 挽

대궐 정시에서 만년에 성대히 급제하여　瑤宮仙桂晚菲菲
기로에 임명된 것은 옛날에도 드문 일　耆老金泥古亦稀
반심의 예리를 들었던 성상의 돌보심이요[56]　聖眷班心聞曳履
옷 무게도 이기지 못했던 아담한 자태였네　雅姿身上不勝衣
고령에도 파리 대가리 자디잔 글씨를 구분했고　大年書辨蠅頭細
여경으로 뜰에서 봉우가 나는 것을 보았다오[57]　餘慶庭看鳳羽飛

55 이 판돈녕부사(李判敦寧府事) : 이정철(李廷喆, 1695~1779)이다. 본관은 전주(全州), 자는 원명(原明), 시호는 효정(孝靖)이다.

56 반심(班心)의……돌보심이요 : 대간(臺諫)의 직간을 왕이 잘 받아 주며 그를 신임했다는 말이다. 반심은 조관(朝官)의 반열 중에 어사(御史) 즉 대간이 서 있는 곳을 말한다. 소식(蘇軾)의 시에 "번구의 추억은 처량하게 묵은 자취 되었는데, 반심에 우뚝 돋보이게 장대한 몸을 드러냈네.〔樊口淒涼已陳迹, 班心突兀見長身.〕"라는 구절이 있는데, 자주(自註)에 "어사가 서 있는 곳을 대리들이 반심이라고 한다.〔臺吏謂御史立處爲班心〕"라고 하였다.《蘇東坡詩集 卷29 次韻張舜民自御史出倅虢州留別》 예리(曳履)는 예리성(曳履聲)의 준말로, 신발 끄는 소리 즉 발자국 소리를 말한다. 한(漢)나라의 정숭(鄭崇)이 상서복야(尙書僕射)에 발탁된 뒤에 아무도 하지 못하는 말을 감히 직간하곤 하였는데, 그가 가죽 신발을 끌고 오는 소리를 들으면 애제(哀帝)가 곧바로 그가 오는 것을 알아차리고서 마음속으로 대비했다는 고사가 전한다.《漢書 鄭崇傳》

57 여경(餘慶)으로……보았다오 : 그의 음덕(陰德)으로 훌륭한 자손이 배출되었다는 말이다. 여경은《주역》〈곤괘(坤卦) 문언(文言)〉의 "선행을 쌓은 집안에는 후손이 받을 남은 경사가 반드시 있게 마련이다.〔積善之家, 必有餘慶.〕"라는 말에서 나왔다. 봉우(鳳羽)는 봉의 깃털이라는 뜻으로, 남의 뛰어난 후손을 가리킨다. 두목(杜牧)이

돌아가 영종대왕을 모실 여지가 있다면야　　歸侍英宗如有地
구천에 공이 돌아감을 어찌 꼭 한탄하리오　　九泉何必恨公歸

이 수재(李秀才)에게 준 시에 "골격 청수한 소년의 눈빛이 얼음 같은데, 봉의 깃털 얼룩덜룩 오색이 겹쳤어라. 하늘의 기린이 지금 한번 내려왔나니, 인간 세상에 서릉만 있는 것이 아니로다.〔骨淸年少眼如氷, 鳳羽參差五色層. 天上麒麟時一下, 人間不獨有徐陵.〕"라고 하였는데, 자주(自註)에 "그는 이 상공(李相公)의 손자이다."라고 하였다. 《全唐詩 卷522 贈李秀才》

봄날에 필운대에 올라 감회에 젖어 시를 읊다

春日登弼雲臺感懷賦詩

창오의 한스러움[58] 품은 뒤로부터	自抱蒼梧恨
백각의 누대 오르는 일 중단했는데	休登白閣臺
혼자 피는 꽃은 그대로 잘 있는지	幽花能自在
흰머리로 힘내어 다시금 찾아왔소	皓首强重來
정오의 햇볕은 일천 집에 내리쬐고	午景千家麗
봄의 절기를 일만 버들이 재촉하기에	春機萬柳催
슬픈 감회 그 덕분에 오래가지 않아	傷懷聊不永
잔 가득 손에 쥐고 단숨에 들이켰소	提挈有深杯

58 창오(蒼梧)의 한스러움 : 영조의 죽음을 비유한 말이다. 290쪽 주48 참조.

필운대에서 북쪽으로 수십 보쯤 걸어가면 모씨의 정자가 있는데, 자못 그윽하고 외져서 사랑스럽기에 함께 노니는 제군과 함께 시를 지어 주인에게 증정하다

臺北擧數十武有某氏亭頗幽絶可愛與同遊諸君賦詩贈主人

솔 밑에서 노닐다 돌아오곤 하였는데	松下紆廻久
바위 앞에 걸음 옮긴 건 이번이 처음	巖前步履初
아쉽도다 나는 이미 늙어 버렸으니	悵然吾已老
어떻게 너를 얻어 함께 지내 보리오	那得爾同居
냇물은 더욱 가늘게 소리를 내고	澗水鳴逾細
뜰에는 성기지 않게 꽃을 심었네	庭花種不疎
돌아올 때 나귀의 등이 무거운 것은	歸時驢背重
소매에 가득 저녁 구름이 남아서라오	滿袖暮雲餘

실록청에서 여러 동료의 시에 차운하여 감회를 기록하다
實錄廳次諸僚韻識感

크나큰 공업과 위대한 덕정이여	洪功與峻德
오십이 년의 영조대왕의 치세로다	五十二回春
시우에 내내 적셨다고 표현한다 해도	縱道霑時雨
어떻게 성인을 묘사해 낼 수 있으리오	那能畫聖人
조심조심 더욱 엄밀히 기록하다 보니	小心書更密
대하는 일마다 슬픈 감회가 새로워지네	觸事愴維新
밥을 먹고 난 뒤의 잠깐의 휴식 시간	行飯聊乘暇
누대가 높아 항해[59]가 바로 내 옆에	樓高沆瀣隣

59 항해(沆瀣) : 수기(水氣)가 엉긴 야간의 맑은 이슬을 말하는데, 보통 선인(仙人)의 음료수를 뜻한다. 《초사(楚辭)》 〈원유(遠遊)〉에 "육기를 먹고 항해를 마심이여, 정양으로 양치질하고 아침놀을 머금는다.〔餐六氣而飮沆瀣兮, 漱正陽而含朝霞.〕"라고 하여, 불로장생하는 신선을 동경하는 내용이 나온다.

산인의 말
山人馬

산인의 말이여 산인의 말이여	山人馬山人馬
일찍이 본 적 없는 괴이한 말이로세	怪哉曾所未見者
형체와 털은 얼핏 보면 영락없는 나귀인데	形毛驟看元是驢
다리와 등은 어쩌면 그렇게 소와 똑같은지	背脚獨能牛體如
긴 귀가 양쪽으로 뾰족하게 솟아 있고	長耳尖尖起而立
그 중간에 주먹만 한 외뿔을 숨겼구려	中藏獨角如拳揷
산인이 이놈을 타고 도로에 나가면	山人騎出街路中
분분하게 손뼉을 치며 아이들 왁자지껄	紛紛拍手哄兒童
창힐이 글자 만들며 철저히 궁구했을 텐데	蒼頡造書窮奧秘
이놈에겐 맨 처음에 뭐라고 이름 붙였을지	此物肇錫何名字
산인은 말하기를 나귀가 암소와 바람나서	君言有驢風牝牛
결국 새끼 낳고 보니 그만 이렇게 됐는지라	畢竟生雛乃如此
나귀라고도 부르고 암소라고도 부르는데	或者呼驢或呼牸
자기 부모를 닮아서 비슷하게 생겼다고	受渠父母仍形似
노부가 이놈을 보고 나름 유추해 보건대	老夫見之反三隅
천하 사물의 이치는 속일 수 없는 것으로서	天下物理非可誣
난은 난을 낳고 가시는 가시를 낳는 만큼	蘭自生蘭棘生棘
선과 악이 각각 종자를 따라 달라지는 법	善惡各隨種子殊
너의 생명도 천지의 부모에게서 나왔으니	乾父坤母爾生靈
밤낮으로 생각하여 네 천성 구현할지어다	夙宵念哉須踐形

뒤에 자서(字書)를 조사해 보니, 이놈을 노새〔騍〕라고 하였다.

달을 마주하고서 시사의 제군과 함께 시를 지어 읊다
對月同詩社諸君賦

나의 집에 근사한 물건은 없고　我居無長物
단지 동쪽에 이 달이 있을 따름　有此東邊月
도위의 담장에서 처음 떠올라　始升都尉墻
어슴푸레하게 나무숲을 비추다가　蔥蘢映脩樾
서서히 푸른 공중으로 방향을 바꿔　徐徐轉碧空
광채를 쏟아 부으며 성궐을 덮어 주네　流光被城闕
만 리 자욱한 먼지가 씻겨 나가면서　萬里埃氛拭
온 천하가 청명해지고 확 트이나니　天宇澄且闊
옷깃 열고 삽상한 기운 속에 앉았노라면　開襟坐爽氣
내 방도 하늘 기운과 막힘없이 통한다오　我室疏以達
군자들이 가지 않고 머물러 주어　君子留不去
돗자리에 안온하게 자리하였으니　莞席澹相列
시가 없어도 물론 서로 기쁘지만　無詩固相嬉
시가 있으면 더더욱 즐겁고말고　有詩尤可悅
달을 마주하고 또 술을 마주하며　對月又對酒
환담을 나누면서 먼동이 틀 때까지　歡言至明發

매선당[60]에서 작은 모임을 갖고 호주의 시운[61]을 뽑아 함께 짓다

每善堂小集拈湖洲韻同賦

항상 상여의 소갈병으로 약 속에 지내는 처지라서	長時藥裏病相如
종남산 봄날이 다 가도록 문을 처닫고 있었다오	春盡終南閉戶居
늙어 가며 탕병의 객[62]을 보는 것도 민망하오만	老去羞看湯餠客
게을러져서 한청의 글[63] 쓰는 것도 멈추었지요	懶來休草汗靑書
비둘기가 나무를 휘도니 맑은 날의 이내가 뚝뚝	鳴鳩繞樹晴嵐滴
산새는 점심 찌끼 쪼아 먹으며 섬돌을 왔다갔다	幽鳥循除午飯餘
소가 금화를 떠받은들 한스러울 게 있으리오	牛觸金花何足恨

60 매선당(每善堂) : 보은동(報恩洞)에 있던 번암의 거실 이름이다. 보은동은 서울 남대문 근처 광통방(廣通坊)에 속한 동네로, 보은단동(報恩緞洞)이라고도 하는데, 《번암집》 권34에 〈매선당기(每善堂記)〉가 실려 있다. 번암의 부친 채응일(蔡膺一)이 "매사에 선(善)을 다하라."라고 유언하였으므로, 이 말씀을 잊지 않으려고 당호(堂號)를 붙였다고 한다.

61 호주(湖洲)의 시운 : 호주는 번암의 5대 백조(伯祖)인 채유후(蔡裕後)의 호이다. 호주의 시는 《호주집(湖洲集)》 권3에 〈견문징서지중휘중거입경녹기(見文徵書知仲徽仲蘧入京錄寄)〉라는 제목으로 실려 있다.

62 탕병(湯餠)의 객 : 자식을 낳은 것을 축하해 주러 오는 손님을 말한다. 이 탕병회의 주인공은 번암이 60세에 낳은 서자(庶子) 채홍신(蔡弘愼)이 아닌가 한다.

63 한청(汗靑)의 글 : 한청은 글자를 새겨 넣는 청죽(靑竹)을 불에 달궈 물기를 빼내어서 좀 벌레 등을 예방하는 것으로, 붓을 잡고 저술하는 것 또는 청사(靑史) 즉 역사책을 지칭하는 말이다. 여기서는 번암이 실록청에서 《영조실록》의 편찬에 관여했기 때문에 이렇게 말한 것으로 보인다.

나 자신 돌보는 일에 그동안 소홀했는걸 뭐[64] 謀身吾自向來疎

64 소가……뭐 : 스스로 보신책(保身策)에 서툴러서 화를 당했으니 남을 원망할 것도 없다는 뜻의 자조적인 표현이다. 두보(杜甫)의 〈적소행(赤霄行)〉은 뛰어난 재질을 소유하고서도 소인에게 곤욕을 당하는 것을 묘사한 시인데, 그중에 "공작이 소에 뿔이 달린 줄 알지 못하고서, 목이 말라 샘물을 마시다 쇠뿔에 받혔다네. 천계(天界)와 선계(仙界)를 오고 가야 할 몸이건만, 비취빛 꼬리의 황금 무늬가 욕되는 것도 마다하지 않다니 원.〔孔雀未知牛有角, 渴飮寒泉逢觝觸. 赤霄玄圃須往來, 翠尾金花不辭辱.〕"이라는 구절이 나온다. 《杜少陵詩集 卷14》

또 오언 율시에서 뽑아서 짓다[65]

又拈五律

그냥 드러누운 채 일어나기도 귀찮아서	高枕慵衣韈
아침 해 둥실 떠올라도 마음껏 게으름	羲輪滿意遲
청산은 벗들을 길에서 영접하고	青山迎友道
서책은 나에게 쇠했다 경고하네	縹帙警吾衰
내 오두막이 속세에 있지 않으니	小屋非塵境
시회도 지난날과 비슷해질 듯	盟壇似往時
그대여 돌아가려고 서두르지 마오	君歸且勿遽
달이 뜨면 필시 서로 생각할 테니	月出定相思

65 또……짓다 : 《호주집》 권2의 〈봉별전창군출사지행(奉別全昌君出使之行)〉을 차운한 것이다.

경자년(1780, 정조4) 동짓달 그믐날에 삭직을 당하고 엄한 견책을 받았는데, 이는 계속해서 인의하여 동짓날 문후하는 반열에 참석하지 못했기 때문이다. 이에 명덕산의 별장으로 빠져나가 일을 기록하다

庚子至月晦日被削職嚴譴以連事引義不能參冬至候班也迸出明德莊記事

나귀를 몰아 동대문으로	驅驢興仁門
성곽에는 어스름 땅거미	城郭有暝色
어둠침침 의릉의 소나무요	黯黯懿陵松
어슴푸레 명원의 석물이라	翳翳明園石
좌로 꺾어 석현의 비탈길 들어서니	左折石峴皈
나의 정자가 어둠 속에 벌써 눈 안에	吾亭已暗識
등롱촉이 별빛처럼 반짝거리고	籠燭皎如星
나무꾼 길도 익숙하게 알아보겠네	樵徑亦云熟
촌사람이 내가 오자 깜짝 놀라며	村人驚我至
창졸간에 절을 하고 맞아들이는데	倉卒拜相逆
단풍나무 삼나무는 보이는 것이 없고	楓杉無所見
단지 들리나니 쏴아 하는 바람 소리	但聞風淅瀝
등불을 밝히고서 내실에 좌정하니	明燈坐內室
정결한 분위기가 마음에 들어맞고	精潔心所適
장작으로 밤 아궁이 군불 지피자	榾柮燒夜竈
따뜻한 기운으로 침석이 훈훈하네	暖氣熏枕席
그동안 한양 도성 눈발 속에서	向來洛城雪

어떻게 이런 낙이 가능했으리오 那得有此樂
쓰러져 누우니 사지백체가 편안하기만 頹臥四體康
나의 분수는 참으로 채우기 쉬운 것을 吾分諒易足

백설가를 지어 해남의 관아로 돌아가는 김성주 서구 를 전송하다

白雪歌送金聖疇 敍九 還海南衙

산중에 흰 눈이 한밤중에 쏟아져서	山中白雪中夜來
아침에 일어나니 암학이 새 모습 선보이네	早起巖壑生新姿
석현의 아래는 인적이 드문 가운데	石峴之下少人跡
옥가루가 질펀하게 뜰과 섬돌을 뒤덮었네	瓊瑤漠漠鋪庭墀
사립문 밖에서 홀연히 들리는 말 울음소리	忽聞馬嘶柴門外
해남의 태수가 뜻하지 않게 찾아왔다네	海南太守來不期
군이 말하기를 고암의 바위 앞길에서	君言鼓巖巖前路
흰 눈이 땅에 가득하여 갈 길을 잃어버려	白雪滿地迷所之
만나는 사람마다 상서의 정자를 물어 가며	逢人屢問尙書亭
봉우리 돌고 길을 도느라 말이 지쳐 늦었다고	峯廻徑轉疲馬遲
문안으로 맞아들이고 서로 보고서 웃었나니	迎之入戶相視笑
잡곡밥을 소반에 올리고 나물을 곁들였다네	山飯登盤野蔌隨
그대 재주 지니고서도 펼칠 곳이 없다니 원	憐君有才無所施
그대 문장 지니고서도 홀로 자부하다니 원	憐君有文空自奇
해남은 여기에서 거리가 무려 일천여 리	海南此去千餘里
성곽은 자욱이 장독 구름 드리운 곳	城郭離離瘴雲垂
어찌하여 왔던 길을 다시 밟게 되었는지	胡爲復踏來時路
인생이 뜻대로 되지 않아 정말 유감일세	人生失意良可噫
늦겨울 산골의 해는 너무 쉽게 져 버려서	季冬山日苦易曛

이야기 대충 나누고는 작별을 고할밖에 言談草草告別離
산중의 백설 속에 다시 그대를 보내다니 山中白雪還送君
말발굽이 눈 밟으며 얼마나 또 멀리 갈까 馬蹄踏雪何逶迤
청사에서 촛불 앞에 외로이 읊는 밤에는 鈴齋對燭孤吟夜
산중에 눈 내린 때가 그래도 기억나리라 儻憶山中雨雪時

홍근[66]이 온 것을 기뻐하며

喜弘謹至

홍근이 겨우 여섯 살인데도	謹也纔六歲
벌써 아비를 사랑할 줄 알아	已能愛其父
아비 떠난 지 닷새도 못 되어서	離父未五日
눈물 흘리며 숱하게 울었다나요	啼泣不知數
나귀 새끼 한 마리 빌려 타고서	借騎一驢兒
동쪽으로 십오 리쯤 나갔다 돌아오며	東出十五里
약한 허리로 안장을 잘도 버텨 냈으니	弱腰能勝鞍
이것만도 기이한 일이라고 할 것인데	亦足爲奇事
소매 속에 밤톨을 고이 간직했다가	勤護袖中栗
무릎을 꿇고 내 앞에 또 바쳤다나요	跪膝獻我前
신바람 내며 방 안을 둘러보고는	踴躍覽室宇
섬돌 내려가 뛰어가다 넘어지기도	下階走且顚
너럭바위를 스스로 탐색하고 나선	盤石旣自探
연못 주위를 차례로 돌아다니면서	蓮塘次第巡
역력히 옛 이름을 기억하는가 하면	歷歷記舊名
중얼중얼 전년의 일을 얘기한다나요	喃喃話前年
귀천의 신분이 비록 다르다곤 해도	貴賤雖云異
지극한 정이야 어찌 차이가 있으리오	至情何間焉

66 홍근(弘謹) : 번암이 56세에 낳은 서자의 이름이다.

네가 이 땅에 태어난 뒤로부터 自汝墮地來
어미를 떠난 것은 오늘 밤이 처음 離母始今夕
아이야 부디 밤중에 울지 말거라 愼勿夜中泣
아비 곁이 어미 곁보다 나을 테니까 父側勝母側

달을 마주하여 노래하며 유수오를 생각하다

對月歌懷兪秀五

어제 객을 만류하여 산중에 묵게 하니	昨日留客山中宿
산중의 밝은 달도 안색이 돋아났는데	山中明月生顏色
오늘 객을 보내고는 쓸쓸히 홀로 서니	今日送客悄獨立
밝은 달이 어젯밤처럼 다시금 찾아왔네	明月還來如昨夕
달이 차고 이지러짐이야 어찌할 수 있으랴만	月有圓缺可奈何
사람이 모이고 흩어짐도 인력으로 어려워라	人有聚散難容力
멀리서도 알겠노니 서울 남산 북쪽의 집	遙知紫閣峯陰宅
이 달이 그대의 침석에도 흘러가 비춰 주리	此月流照君寢席
다만 원컨대 우리 삶이 저 달보다 낫게끔	但願人生勝明月
둥글게 이지러짐 없이 길이 종유하였으면	有圓無缺長追逐

한우행을 지어서 목유선에게 주다

寒雨行贈睦幼選

명덕산 속은 시절이 지금 십이월	明德山中十二月
문을 열고 앉으매 아침 내내 눈 오더니	開門坐對崇朝雪
저물녘엔 녹아내려 하늘 가득 빗줄기라	向晩融爲滿天雨
마른 나무 처량하게 계속해서 울어 대네	枯樹颯颯鳴不絶
얼음 겉면이 언뜻 풀려 연못 물이 부풀부풀	氷腹乍解塘水涌
사람 자취 완전히 끊겨 산골길은 미끌미끌	人跡全稀巖谷滑
이런 형세 그치지 않고 그대로 삼경까지	直至三更勢未已
낙숫물 소리 제멋대로 느려졌다 빨라졌다	簷溜橫縱間徐疾
절기의 착오는 감히 알 바가 아니지만[67]	時氣錯迕非敢知
산중 생활 적막하니 장차 어떻게 하리오	山居岑寂將何爲
여와가 이틀 동안 여기서 묵지 않았다면	向非餘窩此信宿
오늘 밤 이 생각을 위로받을 길 없었으리	今夜無以慰所思
그대는 지금 벼슬 그만둔 낭인의 자취	君今罷官成浪跡
나도 퇴직하고서 대궐 섬돌 내려온 몸	我亦抽簪下玉墀

67 절기의……아니지만 : 번암의 처지가 국가를 경륜하는 재상의 지위에 있는 것도 아닌 만큼, 계절의 기후에 대해서 신경을 쓸 입장이 못 된다는 뜻의 자조적인 표현이다. 서한(西漢)의 재상인 병길(丙吉)이, 길에서 싸워서 사람들이 죽고 다친 일에 대해서는 물어보지 않고, 소가 혀를 빼물고 헐떡이는 현상을 보고서는, 음양(陰陽)의 조화가 깨진 나머지 계절의 기후가 바뀌었다고 생각하여 이를 자세히 물어보았던 고사가 전한다. 《漢書 丙吉傳》

산중에서 서로 만나 한번 서로 웃었나니	山中相逢一相笑
더구나 외로운 등불 아래 밤비 오는 때임에랴	何況孤燈夜雨時
쇠안은 오정의 술 덕분에 살짝 붉어졌어도	衰顔微酡五精膏
백발은 만수의 시 때문에 그렇게 변했을 터	白髮應緣萬首詩
이번 만남이 어찌 하늘이 시킨 게 아니리오	此會豈非天所使
임야의 학과 원숭이 들도 서로 기뻐해 주리라	林猿野鶴應相喜
바라건대 산중에 비가 그치지 않고 내려 주어	願言山中雨不絶
그대 열흘 붙잡아 두고 종이에 가득 시 썼으면	十日留君詩滿紙

사술[68]의 매화를 생각하며 우스개로 장가를 지어 사술에게 부치다

憶士述梅花戱草長歌寄士述

예로부터 매화에 푹 빠진 이는 누구일까	從古癖梅者誰子
이전에는 임포[69]요 그 뒤엔 홍리라 하리	前有林逋後弘履
홍리는 매화가 없으면 기필코 길러서 키워 내고	履也無梅苦蓄梅
매화가 방 안을 못 채우면 마음이 불안하다나요	梅不滿室心不已
특사를 급히 파견하여 옮겨 오게 하는가 하면	爲送健步移得來
장난 편지 위조해서 꼼짝없이 바치게 하기도	戱折僞簡箝致之
탐부가 오이를 먹을 때면 맵거나 달거나 안 가리고	貪夫喫瓜辛甘齊
주당이 술을 마실 때면 청주나 탁주나 다 좋은 법	酒人傾壺淸濁宜
조비연과 양 귀비 등 미녀가 교태를 부리는 속에	飛燕玉環嬌相倚
추녀 무염을 끼워 준다면 너무도 기괴한 일이건만	間以無鹽事尤奇
홍리는 웃음을 머금고서 좋고 좋다 말하면서	履也含笑曰好好
모두 거두어 함께 기르며 내버리는 일이 없이	俱收竝蓄無所遺
외투를 벗어서 덮어 주어 추위를 몰아내는가 하면	爲脫狐裘遮辟寒

68 사술(士述) : 번암의 종질(從姪)인 채홍리(蔡弘履, 1737~1806)의 자이다. 266쪽 주7 참조.

69 임포(林逋) : 북송(北宋)의 은사(隱士)이다. 항주(杭州) 전당(錢塘) 사람으로, 서호(西湖)의 고산(孤山)에 초막을 짓고는 매화를 심고 학을 기르며 평생 장가들지 않고 숨어 살았으므로 당시 사람들이 서호처사(西湖處士) 혹은 매처학자(梅妻鶴子)라고 일컬었다.

비단을 아끼지 않고 늘어뜨려 장막으로 삼았나니	不惜雲紗持作帷
그윽한 안방을 의연히 군옥의 관부로 만들고는	洞房依然群玉府
날마다 시사의 붕우를 불러다 노닐며 즐겼다오	日邀社朋遊且嬉
노부도 이런 일엔 흥취가 얕지 않은지라	老夫於此興不淺
꽃이 피어 멋진 모임 이뤄지기만 기다리며	直待花發爲佳期
동쪽 이웃의 죽엽주도 갖추어 놓고	且具東隣竹葉酒
고인의 매화시도 미리 점검하였나니[70]	預檢古人梅花詩
동문의 필마로 창졸간에 돌아와서도[71]	東門匹馬何倉卒
삼횡월락의 정경[72]을 항상 생각했더라오	參橫月落長相思
듣자 하니 꽃핀 것이 벌써 흐드러져서	聞道花開已爛漫

70 동쪽……점검하였나니 : 소식(蘇軾)이 길을 가다가 매화를 보고 우스개로 지어 준 시에 "시골 주점에서 이제 막 맛보네 죽엽의 술을, 강가의 구름은 떨어뜨리려 하네 콩깊 태운 재 가루를.〔野店初嘗竹葉酒, 江雲欲落豆稭灰.〕"이라는 표현이 나온다.《蘇東坡詩集 卷21 岐亭道上見梅花戲贈季常》 또 그의 〈별세(別歲)〉라는 시에 "동쪽 이웃 술이 이제 막 익고, 서쪽 집의 돼지도 살이 졌으니, 오늘 하루만이라도 즐겁게 노닐면서, 세밑의 이 서글픔을 달래 보자꾸나.〔東隣酒初熟, 西舍彘亦肥. 且爲一日歡, 慰此窮年悲.〕"라는 구절이 보인다.《蘇東坡詩集 卷3》

71 동문(東門)의……돌아와서도 : 번암이 삭직(削職)을 당한 뒤에 동대문을 빠져나와 명덕산(明德山)의 별장으로 돌아간 일을 말한다.

72 삼횡월락(參橫月落)의 정경 : 새벽의 매화 모습을 비유한 말이다. 수(隋)나라 개황(開皇) 연간에 조사웅(趙師雄)이 나부산(羅浮山)에 갔다가 황홀한 경지에서 향기가 감도는 미인을 만나 환담하고 술을 마시며 하룻밤을 보내고는 아침에 보니 큰 매화나무 아래에서 술에 취해 누워 있더라는 매화 선녀의 전설이 유종원(柳宗元)의 《용성록(龍城錄)》에 전하는데, 거기에 "동방이 벌써 환해졌다.〔東方已白〕"라는 말과 "달이 지고 삼성이 기울었다.〔月落參橫〕"라는 말이 나오기 때문에, 새벽녘의 매화를 읊을 때면 이 표현을 곧잘 끌어다 쓰곤 한다.

제적[73] 지역의 향기요 빙옥의 자태라는데　鞮狄之香氷玉姿
빙옥의 자태는 누가 평하며 향기는 누가 맡을꼬　玉姿誰評香誰齅
유의 코는 막히고 오의 눈은 색맹일 것인데[74]　兪鼻全塞吳眼癡
더군다나 여와[75]도 그만 나를 지금 찾아와서　況乃餘窩訪我至
매화 옆에 술병 들고 마시는 이도 없으리니　梅傍一壺無人持
매화도 응당 풀이 죽어 있겠지만　梅亦應慆悵
나도 때로 탄식하며 아쉬워할밖에　我亦時歎惜
매형[76]에게 말 전하노니 때에 순응해 힘 기르며　寄語梅兄爲遵養
내가 뒷날 나귀 타고 수각에 가는 날 기다리기를
待我他時一驢臨水閣
그런 뒤에야 매형도 웃고 나도 웃으면서　然後梅笑吾亦笑
봄 귀신의 기쁜 소식 저버리지 않으리라　不負東皇喜消息

수각(水閣)은 동(洞)의 이름이다.

73 제적(鞮狄) : 옛날 서역(西域)의 칭호인 적제(狄鞮)를 도치(倒置)한 표현이다.

74 유(兪)의……것인데 : 시사(詩社)의 동인(同人)들도 매화를 감상하기에는 부적격자들이라는 뜻의 해학적인 표현이다. 유(兪)는 유항주(兪恒柱), 오(吳)는 오대익(吳大益)을 가리킨다. 266쪽 주6과 267쪽 주10 참조.

75 여와(餘窩) : 목만중(睦萬中)의 호이다.

76 매형(梅兄) : 매화를 의인화한 미칭(美稱)이다. 송나라 황정견(黃庭堅)의 시에 "계설향(鷄舌香) 머금은 수선화의 하얀 몸매는 경국지색(傾國之色)이라 할까, 산반화가 그의 아우라면 매화는 그의 형이라 하리.〔含香體素欲傾城, 山礬是弟梅是兄.〕"라는 말에서 유래하였다. 《山谷集 卷7 王充道送水仙花五十枝欣然會心爲之作詠》

여와의 시에 차운하다
次餘窩

얼굴 모습도 수수해라 촌 늙은이 행색이요	顔狀蕭蕭野老爲
마음속의 기약도 흰 구름 자욱한 산골 생활	白雲巖壑是心期
어찌하여 지팡이 짚고 달도 밝은 이 밤에	如何倚杖月明夜
매화 필 때의 집을 또 홀연히 생각하는지	忽復思家梅發時
산이 고요해 옥루 소리 가늘게 성곽을 건너오고	山靜漏聲微度郭
눈이 녹아 땅속의 수맥이 쉽게 못에 통하는 때	雪消泉脈易通池
숲속 등불 아래 은근히 객을 붙잡노니	慇懃留客林燈下
내일 떠나는 나귀 발굽 좀 늦춰 주셨으면	來日驢蹄去願遲

세모행
歲暮行

소년 시절에 세밑을 만날 때면	少年值歲暮
한 살 먹는 게 아쉬워서 즐겁지 않았는데	惜添一齒心不樂
늙어 갈수록 세밑을 만날 때면	老去值歲暮
별수 없지 하며 한 해 버린 셈 친다 할까	置之無奈如棄擲
열흘을 명덕산에 높이 누워 있노라니	一旬高臥明德山
사립문도 안 보이게 자욱이 내리는 눈	雨雪漠漠掩松關
부로는 두메에 거하여 문후도 중단하고	父老奧居休問候
붕우도 잠시 왔다가 곧바로 돌아간다네	朋友暫訪旋歸還
바람 맞은 솔은 대낮에 덜그럭 갈기들이 뒤엉기고	風松晝戛紛謦鬣
얼어붙은 샘은 한밤에 조르륵 옥구슬이 구르는 듯	氷泉夜墜鳴瑤環
이런 때엔 웅얼거리며 백발을 아쉬워하고	此時沈吟歎白髮
이런 때엔 앉았다 섰다 대궐을 그리워한다오	此時行坐戀丹闕
물어보세 이해가 며칠이나 남았는지	借問此歲餘幾日
십오 일 지나면 바로 정월 초하루인데	日過三五是元日
관복 입고 조정의 반열 따르기도 어려운 몸	簪珮難隨大庭班
매화는 종남산 골방을 고수하라고 충고하네	梅花教守終南室
해는 서로 치달리고 물은 동으로 흐르는 법	白日西馳水東流
예로부터 이러한데 이 몸이 무얼 근심하랴	古來如此我何愁
산골 아궁이 한밤중에 장작불을 지피면서	山廚榾柮燒中夜
술 데워 권하노니 그대여 잠시 머무시라	暖酒勸君君且留

공연히 격호[77]하며 한 곡조 노래할 것 있소　　莫謾擊壺歌一曲
위대한 우리의 도 길이 유유할 텐데 뭘　　大哉吾道長悠悠

77 격호(擊壺) : 타호(唾壺)를 두들긴다는 뜻으로, 자신의 불우한 처지를 옛 노래에 빗대어 부르며 스스로 위로하는 것을 말한다. 조조(曹操)가 지은 〈보출하문행(步出夏門行)〉이라는 악부가(樂府歌)에 "늙은 천리마가 구유에 엎드려 있어도 뜻은 언제나 천 리 밖이요, 열사의 나이가 비록 늙었어도 장한 마음은 변함이 없네.〔老驥伏櫪志在千里, 烈士暮年壯心不已.〕"라는 구절이 나오는데, 진(晉)나라 왕돈(王敦)이 만년에 자신의 뜻대로 되지 않자 술을 마실 때마다 이 노래를 부르며 타호를 두드려 박자를 맞춰 타호의 가장자리가 모두 깨지곤 했다는 고사가 전한다. 《世說新語 豪爽》《晉書 王敦列傳》

여와의 시에 차운하다

次餘窩

보름날 하늘에 가득한 달빛이	三五滿天月
곧장 소나무 아래 나의 집으로	直來松下家
산이 밝아져 잠든 학이 꿈에서 깨어나고	山明誤睡鶴
숲이 조촐해 깃든 까마귀가 환히 보이네	林潔洞深鴉
얼음 폭포 분분하게 광채를 더해 가매	氷瀑紛增彩
시내 다락도 덩달아 화려하게 빛나는 때	溪樓與作華
길고 길게 벋어 있는 은하수 길도	悠悠雲漢路
눈앞에 바라보여 멀다고 못 하겠네	瞻望未言賖

경신일[78] 밤에 수의행을 지어 멀리 이공회[79]에게 부치다
庚申夜賦繡衣行遙寄李公會

노부는 밤이 길어도 원래 잠이 없는데	老夫夜長元無睡
더구나 잠들기 꺼려지는 경신일인 데야	況復庚申不屑寐
걸으며 보나니 공중에 내걸린 달의 바퀴요	步看月輪當空懸
앉아서 듣나니 밤새 멋대로 부는 바람 소리	坐聞風聲終夜肆
옆에서는 여와가 억지로 흥취를 돋우느라	在傍餘窩强歡趣
큰 소리로 읊으며 입으로 노래를 불러 대고	高吟口吻生歌吹
나는 멀리 나가 있는 사람이 계속 생각나는데	我思綿綿在遠途
충청도 암행 어사에게 내 뜻을 어떻게 전달할꼬	湖西繡衣何當至
수의의 역할은 실로 감내할 수 없나니	繡衣之役不可堪
나 역시 일찍이 호서의 어사로 나갔던 몸	我亦曾廉湖西地
해어진 갓과 짚신으로 종적을 숨기고는	破笠芒鞋蹤跡掩
말도 타고 걷기도 하며 수시로 달리했지	或馬或徒隨時異
사람이 나를 몰라봐도 겁이 나는 심정으로	人雖不識心自惕
말하고 싶어도 그전에 서너 번 헤아려 보고	欲語未語揣三四

78 경신일 : 사람의 몸 안에 기생하는 삼팽(三彭)이라는 시귀(尸鬼)가 사람이 잠든 틈을 타서 몸 밖으로 빠져나가 그 사람의 선악을 상제(上帝)에게 일러바쳐 수명을 줄이게 한다는 이유로, 도교(道敎)에서 장생을 위해 특별히 경계하는 날이다. 번암의 시가 전 생애에 걸쳐 순차적으로 편집된 것을 감안하면, 앞뒤의 시를 참고할 때에 이날은 음력 섣달의 경신일로 보인다.

79 이공회(李公會) : 번암의 문인인 이정운(李鼎運)으로 공회는 자이다.

읍촌에 몸 숨기고 관청 문서를 엿보는가 하면	邑村藏身窺簿書
시장에서 관아의 비판 귀 기울여 듣기도 했지	場市傾耳求謗議
제일 큰 곤욕은 찬 바람 부는 어스름 저녁에	最是嚴風薄暮時
하룻밤 묵기를 청해도 주인이 퇴짜 놓는 것	叩門乞宿人不寄
몸이 얼고 배를 주려도 어쩔 수 없는 상황에서	體凍腹飢無奈何
평생 병의 빌미가 될 것을 그때 이미 알았다오	的知平生爲病祟
이 모두가 내 스스로 겪어 본 일인 만큼	此皆吾所自經歷
어찌 그대 걱정을 많이 하지 않으랴마는	那不爲君多憂思
도로에서 부질없이 시나 지어 읊어 대지 말고	道途須勿浪吟哦
밥 먹거나 숨 쉴 때나 항상 나랏일 생각하기를	食息長宜念王事
오늘 밤은 어느 마을에서 하룻밤을 신세질까	今夜不知何村宿
왕년의 경신일을 다시 기억할 수나 있을는지	舊歲庚申能復記
명덕산 속의 일개 풀과 나무 들도	明德山中一草木
근년에 와선 군의 이름을 모두 아는 터	年來皆識君名字
노부는 병이 들고 군은 또 멀리 있어	老夫病矣君又遠
쓸쓸하게 여와는 술 취하지도 못하나니	怊悵餘窩不成醉
군이 수의로 대궐 섬돌 배알하길 기다려서	待君繡衣反面文石陛
군을 데리고 나와 마음껏 놀며 장난치고는	携出君來恣遊戲
그러고 나선 밤마다 경신일처럼 지새우며	然後夜夜皆庚申
시는 계산에 가득 술은 잔에 가득 채우리라	詩滿溪山酒滿觶

신축년(1781, 정조5) 정월 초하루에 조카인 이유경·이유상 및 아들 홍원과 함께 연명헌에서 밤을 새우며 새해를 맞다

辛丑元日同李姪儒慶儒尙兒子弘遠守歲戀明軒

예전엔 새해가 되면 먼동이 트기 전에	憶昔元日未明天
옷 단정히 어버이 앞에 달려가 절하였는데	整衣趨拜父母前
지금은 이불 끌어안은 늙고 초췌한 몸	如今擁被老且憊
아이들이 차례차례 나에게 절을 올리니	兒曹秩秩向我拜
생각하면 지난일이 어젯밤같이 느껴져서	感念往事如昨夕
나로 하여금 암암리에 회포가 슬퍼지게 하네	令我暗暗懷抱惡
명덕산 서재에서 외로운 등불 마주함에	明德山齋對孤燈
먼 닭이 선창하자 가까운 닭들이 꼬끼오	遠鷄纔唱近鷄膺
눈빛이 아직 남아 어느 산이고 흰빛인데	雪色尙留何山白
바람 소리 홀연히 뒤따라 오늘 밤에 더해지네	風聲忽從今宵增
지금쯤 자물쇠 채운 궐문이 열리면서	此時金鑰禁門開
응당 궁전 섬돌에도 조정 관원이 올라갈 터	也應玉陛簪紳登
나만 홀로 어이하여 산속에 남아 있으면서	我獨胡爲在山裏
넘실넘실 하나의 강물이 천 리처럼 머나먼지	盈盈一水如千里
나는 우선 병촉[80]과 같이 공부나 해야 하리니	學問且須如炳燭

80 병촉(炳燭) : 촛불을 켜서 빛을 밝힌다는 뜻으로, 늙어서도 학문을 좋아하는 것을 비유하는 말이다. 춘추 시대 진 평공(晉平公)이 나이 70이라서 공부하기에 늦었다고

원망하고 탓하면 군자가 아님을 잘 알고말고　　　怨尤久識非君子

걱정하자, 사광(師曠)이 "어찌하여 촛불을 밝히지 않으십니까.……신이 듣건대, 어려서 학문을 좋아함은 해가 떠오를 때의 빛과 같고, 커서 학문을 좋아함은 해가 중천에 있을 때의 빛과 같으며, 늙어서 학문을 좋아함은 촛불을 켤 때의 빛과 같다고 하였습니다. 촛불이라도 켜서 밝히는 것이 어둠 속에 행하는 것보다야 낫지 않겠습니까."라고 권유한 고사에서 유래하였다.《說苑 卷3 建本》

새해 첫날의 고한가

元日苦寒歌

겨울철 날이 따뜻함이 봄날 같아서 三冬日暖如三陽
납월에 대청에 앉아 부채를 부쳤는데 臘月搖扇坐高堂
제야에 바람의 기세가 홀연히 만 길이라 除夕風頭忽萬丈
산속의 나무 흉흉한 것이 바다 물결 광란하듯 山木洶若溟濤狂
새벽에 일어나 앉으니 한기가 솜옷을 뚫고 淸晨起坐寒折綿
술이나 음료도 삽시간에 얼음물로 변하네 氷液須臾結酒漿
오릉의 사관의 손가락도 떨어져 나갈 듯 五陵祠官指欲墮
말에서 내려 입실하면 온수를 찾으리니 下馬入室覓溫湯
적체된 기운이 천지 가득 얼어 막혀서 積氣凍澁彌兩間
태양신의 수레가 배회해도 정광이 감소하겠네 六龍徘徊少晶光
남쪽 마을 북쪽 마을에 사람 말소리 드물어지고 南村北村人語稀
밥 짓는 연기만 썰렁하게 숲 언덕 가로걸린 때 炊煙寂歷橫林岡
노부는 문을 닫고 그저 오뇌(懊惱)할 따름이니 老夫閉戶一惆悵
구징인지 휴징인지는 미묘해서 잘 모르겠소[81] 咎徵休徵渺難詳
겨울 귀신에게 말 전하노니 장난 그만 치시고 寄語玄冥休竊弄
푸른 깃발 혁혁하게 봄 귀신 임하게 하시도록 靑旂赫赫臨東皇

81 구징(咎徵)인지……모르겠소 : 날씨의 변화가 과연 무엇을 의미하는지는 감히 말하지 못하겠다는 뜻의 겸허하면서도 불안감이 뒤섞인 표현이다. 구징은 재화(災禍)의 응험이라는 뜻으로, 국가의 과실에 대한 보응을 뜻하고, 휴징(休徵)은 반대로 미행(美行)에 대한 응험을 말하는데, 모두 《서경》 〈홍범(洪範)〉에 그 내용이 나온다.

붓을 달려 김생 지규[82]의 병풍에 쓰다
走筆書金生之奎屛

그대는 평양에 거주하는 객　　君是箕城客
평양에서 오는 길 머나멀건만　　箕城道路長
어떻게 서리와 눈을 무릅쓰고　　如何冒霜雪
푸른 산 별장을 다시금 찾아왔나　　重訪碧山莊

두 번째 其二

세상길은 분분히 쟁탈전을 벌이면서　　世路紛傾奪
멋대로 평론하며 진정성이 전혀 없는데　　雌黃苦少眞
성심으로 날 좋아하는 이가 있으니　　誠心好我者
그는 바로 기성 사는 사람이라오　　惟有箕城人

세 번째 其三

말이 없으니 빌려줄 수가 있나　　無馬艱貰馬

82 김생 지규(金生之奎) : 평양 대동강 가에 거주했던 인물로, 번암이 평안 감사로 재직할 때에 교유했던 것으로 보인다. 《번암집》 권33에 〈기성으로 돌아가는 김지규를 전송하며 지은 시서〔送金之奎還箕城詩序〕〉가 수록되어 있는데, 거기에서 번암이 그를 관중유(灌仲孺) 즉 한 무제(漢武帝) 때의 관부(灌夫)처럼 기개가 높다고 평하였다.

양식이 없으니 싸 줄 수가 있나 無糧艱聚糧
서로 만난 것을 좋아할 따름이요 但爲相逢喜
여행길 먼 것은 알지도 못한다네 不知行路長

네 번째 其四

나의 오두막에는 아무것도 없고 吾廬無所有
덩그러니 책상 하나 놓여 있을 뿐 寂寂一書床
그대가 와서 옥빛이 자리를 비췄는데 君來玉映座
그대가 가면 달빛이 들보에 걸리겠지 君去月懸樑

다섯 번째 其五

푸르고 푸른 명덕산에 들어와서 蒼蒼明德山
물과 구름 사이에 집을 얽어 놓고는 結屋水雲間
나는 지금 늙어서 세상일 모두 사양하는데 吾方老謝事
그대 역시 담박해서 돌아갈 줄을 모르누나 君亦澹忘還

여섯 번째 其六

일만 나무에 바람 소리 울리는 속에 風聲萬木裏
섣달그믐 지새우는 그대 그리고 나 守歲君與我
주방이 썰렁해서 대접할 것은 없고 貧廚無供具
담담히 앉아 등잔불만 마주할 따름 淸坐對燈火

일곱 번째 其七

신정이라 달이 아직 차지 않은 때 新正月未滿
고향에 돌아가는 그대 떠나보내노니 送爾歸故園
가다가 정월 대보름 둥근달을 만나면 行逢上元月
연명헌에서의 추억을 응당 떠올리리라 應憶戀明軒

여덟 번째 其八

나는 문옹의 교화가 모자라지만[83] 我乏文翁化
그대는 정녕코 직하[84]의 학사이니 君爲稷下生
돌아가 기자의 〈홍범〉을 강론하고 歸歟講箕範
여사로 정전에서 밭갈이하시기를[85] 餘事井田耕

83 나는……모자라지만 : 번암이 평안 감사로 재직할 적에 문교 정책을 철저히 시행하지 못했다는 뜻의 겸사이다. 한 경제(漢景帝) 때에 문옹(文翁)이 촉군 태수(蜀郡太守)로 나가서 저잣거리에 학교를 세우고 부역을 면제시키는가 하면 성적이 우수한 자를 관리로 임용하는 등 획기적인 문교 정책을 실시하여 문풍(文風)을 크게 진작한 결과 제(齊)·노(魯)처럼 변화하였던 고사가 전한다. 《漢書 循吏傳 文翁》

84 직하(稷下) : 전국 시대 제(齊)나라 도성 임치(臨淄)의 서문(西門)인 직문(稷門) 부근의 지역을 가리킨다. 제 선왕(齊宣王)이 문학지사(文學之士)를 좋아하여 직하관(稷下館)이라는 학궁(學宮)을 설치하고 유명한 문인과 학자를 초빙하여 상대부(上大夫)로 삼았는데, 사람들이 이들을 직하학사(稷下學士)라고 칭하였다. 《史記 田敬仲完世家》

85 돌아가……밭갈이하시기를 : 주 무왕(周武王)에게 홍범구주(洪範九疇)를 일러 준 기자(箕子)가 조선에 봉해진 뒤에 평양에서 정전법(井田法)을 시행했다고 하여 이렇게 말한 것이다.

연명헌의 춘첩자
戀明軒春帖

티끌만큼도 보좌를 못 한 채 귀밑털 희끗희끗　　涓埃未補鬢絲先
사영[86]의 시편을 지은 지도 어언 이십 년　　思潁篇成二十年
예로부터 출처에 능한 이 누가 있었던가　　終古有誰能出處
성조가 나를 용납하여 이렇게 소요한다오　　聖朝容我此盤旋
평안을 매양 알려 주는 금문의 물시계 소리요　　平安每報金門漏
자나 깨나 내 마음속엔 실록 편찬의 일이라　　寤寐常懷石室編
정치 역량은 형편없음을 이미 알고 있으니　　已識經綸無小大
꽃나무나 기르면서 양생술 시험해 보련다　　欲將花木試丹詮

86 사영(思潁) : 영주(潁州)를 그리워한다는 뜻으로, 벼슬을 그만두고 시골로 돌아가고자 하는 심정을 비유한 것이다. 송나라 구양수(歐陽脩)가 한때 수령을 지냈던 영주를 매우 사랑하여 장차 이곳에서 여생을 마치고 싶어 하며 그동안 지은 시 10여 편을 모아 놓고는 그 소회를 술회한 〈사영시후서(思潁詩後序)〉가 그의 문집인 《문충집(文忠集)》 권44 첫머리에 수록되어 있다.

또

又

성시에 짐을 챙겼으니 은둔과는 다르다 해도	城市歸裝異隱淪
몇 봉우리가 풍진을 막아 줘 그래도 흐뭇하이	數峯猶喜隔風塵
소라 부르든 말이라 부르든 나와 무슨 상관이랴[87]	呼牛呼馬何關我
물을 보고 산을 보며 자유를 누리면 그만인 것을	看水看山自在人
지난해 단풍 들 때 북한산 자락 옮겨 와서	往歲丹楓移北漢
이따금 푸른 대삿갓 서쪽 이웃에 빌린다오	有時青篛借西隣
나의 집도 봄 귀신의 영토에 들어 있는지라	幽居亦入東君領
사심 없는 좋은 비에 만물 모두가 봄빛일세	好雨無私物物春

87 소라……상관이랴 : 타인이 자신에 대해서 뭐라고 평하든 간에 개의치 않는다는 말이다. 사성기(士成綺)가 노자(老子)를 성인인 줄 알고 찾아왔다가 잘못 알았다면서 비판하고 돌아갔는데, 다음 날 다시 찾아와 깨달은 점이 있다면서 그 이유를 물으니, 노자가 "지난번에 당신이 나를 소라고 불렀으면 나도 나를 소라고 했을 것이고, 나를 말이라고 불렀으면 나도 말이라고 했을 것이다."라고 하며 가르침을 내린 이야기가 《장자(莊子)》〈천도(天道)〉에 실려 있다.

유 지례 광익 에 대한 만사

柳知禮 光翼 挽

단풍 그늘 속의 작은 초가집	楓陰小茅屋
약봉의 나의 집과 마주했나니	對我藥峯居
단표의 누항에서 늙어 감을 잊고	忘老單瓢巷
만권의 서책 속에 몸을 숨겼다네	藏身萬卷書
은자의 거소에서 소요하면서	周旋隱者所
영남 사람에게 교화를 끼치신 분	治化嶺人於
눈물 말고도 금양에 또 내리는 눈	淚外衿陽雪
상여 안에 봄추위가 스며들까 봐	春寒入柳車

김장 숭제 에 대한 만사
金丈 嵩濟 挽

이수정[88] 앞에 자그맣게 사립문 걸어 놓고 　二水亭前小掩扉
자제들 시서 가르치며 기갈 잊고 즐겼네 　詩書教子樂忘饑
백년의 세도가 어떻다고 생각하오 　百年世道看何似
명재상[89]의 후손이 포의로 늙었는걸 　名相遺孫老布衣

두 번째 其二

반미를 나눠 저축하여 공경히 상생하고 　飯米分儲儼象生
한 푼 두 푼 티끌 모아 애써 경영하였나니[90] 　積來銖寸費經營

88 이수정(二水亭) : 양화진(楊花津) 남쪽 언덕에 이덕연(李德演)이 백로주(白鷺洲)와 서로 마주 보게 하여 지어 놓은 정자이다. 이산해(李山海)가 지은 〈이수정기(二水亭記)〉에 의하면, 물이 양화진으로 흘러드는 곳이 두 군데 있는데, 이는 대개 이백(李白)의 "이수는 백로주를 끼고 둘로 나뉘었다.〔二水中分白鷺洲〕"라는 시구를 취한 것이라고 한다.

89 명재상 : 김응남(金應南, 1546~1598)이다. 본관은 원주(原州), 자는 중숙(重叔), 호는 두암(斗巖)이며, 우의정과 좌의정을 지냈다. 추후에 호성 공신(扈聖功臣) 2등에 녹훈(錄勳)되었고, 원성부원군(原城府院君)에 봉해졌으며, 영의정에 추증되었다. 김숭제(金嵩濟)는 김응남의 5세손이다.

90 반미(飯米)를……경영하였나니 : 망자가 살아 있을 때처럼 받들어 모시고, 제사와 묘소 관리 등을 위한 자금을 조성하기 위해, 어려운 살림 속에서도 애면글면 노력하였다는 말이다. 반미는 보통 망자의 입에 물리는 쌀알이나, 관리에게 양식으로 지급하던

어려웠던 부모님 묘소 앞 석물의 조성이여　　　艱哉父母墳前石
정위[91]가 가지 머금은 지극한 정성을 보겠도다　　　精衛銜枝見至誠

세 번째 其三

시호의 교서가 찬란하게 조정에서 내려와서　　　諡誥煌煌下九閽
백년인도 상공의 유택(幽宅)임을 알아보리니[92]　　　百年人識相公門
구천에 돌아가 상공을 뵙게 되는 날　　　秪應歸拜重泉日
명조가 보고 훌륭한 손자라 말하리라　　　名祖相看曰有孫

네 번째 其四

예로부터 양천 지방은 땔나무가 무척 귀해서　　　從古陽川薪似桂
산마다 벌목해 벌거벗어 누런 먼지 날렸는데　　　山山童濯盡黃埃
이 묘역에서만은 행인이 가리켜 말하기를　　　松楸獨入行人指

쌀을 말하는데, 여기서는 상장(喪葬) 등에 대한 예비미(預備米) 즉 애미(哀米)를 뜻한다. 상생(象生)은 살아 있을 적의 일을 본떠서 한다는 뜻으로, 죽은 자를 살아 있는 것으로 여기고 모든 의식 절차를 이에 준하여 행하는 것을 말한다.

91 정위(精衛) : 고대 신화에 나오는 새이다. 염제(炎帝)의 막내딸이 동해(東海)에서 노닐다가 익사한 뒤에, 한을 품고 정위라는 작은 새가 되어 서산(西山)의 나뭇가지와 돌을 물어다가 동해를 메우려 했다고 한다. 《山海經 北山經》

92 시호의……알아보리니 : 조정에서 죽은 김응남에게 충정(忠靖)이라는 시호를 내렸으니, 백년인(百年人) 즉 인생 백년을 살고서 지하에 묻힌 다른 사람들도 모두 그 사실을 알게 될 것이라는 말이다.

김씨 산자락 효자가 가꾼 나무숲이라 했다네[93]　　金氏山邊孝子栽

다섯 번째 其五

천박해서 멋진 비문 전혀 지을 수가 없어　　淺薄全無幼婦辭
십 년이나 두암의 비명 지어 주지 못했는데　　十年辜負斗巖碑
병석에 누워 비문을 짓는 날이 있다 헤도　　漳濱縱有文成日
공이 지하에 계시니 어떻게 알 수 있으리오[94]　　公在九原那得知

93 묘역에서만은……했다네 : 황덕길(黃德吉)이 지은 묘지명에 "손수 묘역에 나무를 심어 가꾸었는데, 혹 도끼나 자귀에 찍히기라도 하면, 번번이 나무를 보듬고 울며 묘소 앞에서 자신을 매질하곤 하였으므로, 초동목수(樵童牧豎)들이 서로 경계하며 조심해서 베지 말자고 하였다."라는 말이 나온다. 《下廬集 卷13 贈童蒙敎官金公墓誌銘》

94 천박해서……있으리오 : 번암이 지은 〈대광보국숭록대부……두암 김공 신도비명(大匡輔國崇祿大夫……斗巖金公神道碑銘)〉에 의하면, 김응남의 시호가 내려진 뒤에 김숭제가 번암에게 신도비명을 써 달라고 부탁했는데 글을 짓기 전에 그가 죽었다는 사실과 그의 아들 김동식(金東植)이 거상(居喪) 중에 찾아와 눈물을 흘리며 간청해서 비명을 쓰게 되었다고 한다. 《樊巖集 卷44》

영광 군수로 나가는 오경삼을 전송하며

送吳景參出宰靈光

해마다의 이별에 귀밑털 훨씬 일찍 희끗	頻年離合鬢絲催
하교[95]에 비바람 치더니 저녁에 와서야 잠잠	風雨河橋晚始開
실록청의 자료들은 나의 고심을 가련히 여겨도	西第簡編憐我病
남쪽 고을 백성들은 그대의 역량을 고대하는걸	南州民社待君才
영광에선 옛 비석이 신화를 전함을 볼 것이요[96]	光瞻老石傳薪火
꿈속에선 세초를 기념하는 춘대의 술잔 속으로	夢入春臺洗草盃
탐천을 떠서 마셔도 기운이 삽상해질 것이니	酌取貪泉應爽氣
찌는 무더위에 먼지 날려도 상관이 없으리라[97]	不關炎日烘飛埃

95 하교(河橋) : 하수(河水)의 교량(橋梁)이라는 뜻으로, 보통 이별하는 장소를 가리킨다. 하량(河梁)이라고도 한다. 한 무제(漢武帝) 때에 흉노의 선우(單于)에게 투항하여 우교왕(右校王)으로 있다가 그곳에서 죽은 이릉(李陵)이 소무(蘇武)와 작별하면서 지은 시 중 "손잡고 오른 하수의 다리, 나그네는 저녁에 어디로 떠나는가.〔携手上河梁, 遊子暮何之.〕"라는 구절에서 유래하였다. 《文選 卷29 與蘇武》

96 영광에선……것이요 : 오경삼의 선조 중에 영광 군수로 부임하여 선정을 베푼 자가 있는데, 오경삼 역시 정사를 잘 행해서 선조처럼 그 땅에 송덕비가 세워질 것이라는 말이다. 경삼은 번암의 처남인 오대익(吳大益)의 자이다. 267쪽 주10 참조. 신화(薪火) 즉 장작불의 불씨를 전한다는 것은, 스승과 제자 혹은 조상과 후손이 서로 제대로 주고받는 것을 비유하는 말인데, 《장자(莊子)》 〈양생주(養生主)〉의 "관솔불의 송진 기름은 다할 때가 있지만, 불씨는 새로 전해져서 끝날 줄을 알지 못한다.〔指窮於爲薪, 火傳也不知其盡也.〕"라는 말에서 유래하였다.

97 탐천(貪泉)을……없으리라 : 오대익은 인물이 워낙 청렴결백해서 저절로 몸에서 시원한 기운이 우러나올 것이니, 아무리 무더운 날씨라도 끄떡없이 잘 부임하여 정사를

이때 내가 실록을 편차하는 일로 항상 서해(西廨)에 출근하였고, 경삼이 또 낭청(郎廳)으로 참여하곤 하였는데, 세초하기 전에 수재(守宰)로 나가게 되었으므로, 시에서 이렇게 말하였다.

행할 것이라는 뜻의 해학적인 표현이다. 탐천은 그 물을 떠 마시면 어떤 사람이든지 예외 없이 탐욕스럽게 변한다고 하는 중국 광주(廣州) 땅의 샘물이다.

대설가를 목여와와 함께 지어서, 멀리 홍 시랑 수보 의 연계 사행에 부쳤다. 이때 나는 명덕산의 별장에 있었다

大雪歌同睦餘窩賦遙寄洪侍郎 秀輔 燕薊之行時余在明德山莊

어제는 한여름처럼 비가 쏟아지더니	昨日雨注如盛夏
오늘은 밤낮없이 계속 눈이 내리누나	今日雪下無晝夜
눈이 빚는 천태만상 모두 호연하지만	千岐百術皆浩然
가장 볼만한 건 명덕의 깊은 산 아래	最是明德深山下
형세가 워낙 급하니 사립문 행여 무너질까	勢急偏恐壓柴荊
눈 무게 못 이겨 이따금 뽕나무 부러지는 소리	積厚時聽折桑柘
흰 해는 빛을 숨겨 구름 기운과 한가지요	白日韜光雲氣同
끊긴 다리는 행인도 없이 소슬할 따름	斷橋蕭瑟少行者
게다가 북풍까지 거세게 윙윙 불어제쳐	復有北風吹淅淅
버들개지 옥가루 날려 앞 들판이 희뿌연	落絮飛屑迷前野
노부는 병이 많아 모년에 누워 있으면서	老夫多病臥暮年
그대 떠난 뒤로 근심이 또 하나 생겼나니	自君之出愁綿纏
두꺼운 옷에 이중 창문도 추위가 이러한데	重衾複室寒如此
더구나 가없이 펼쳐진 요동의 들판임에랴	何況遼東野無邊
발해는 백 길의 얼음이 멋대로 둥둥 떠다니고	渤海憑凌百丈氷
계문은 천 리의 연기 끊겼다 이어졌다 할 것이니	薊門斷續千里煙
이런 때에 눈이 내리면 몇 자는 보통이요	此時雪下知幾尺
이런 때에 추위 닥치면 솜옷을 관통할 터	此時寒急應折綿
고인의 사신 수레 쉬지 않고 가노라면	故人軺車去不息

독한 술도 얇은 털옷엔 효력이 없으리라　蘆酒無力貂裘薄
장성의 혹한을 애처롭게 여길 수도 있겠지만　念君長城苦寒雖可哀
장부가 아녀자처럼 가련한 기색을 보일 수야　丈夫何必兒女可憐色
음산에 불을 놓아 대낮처럼 밝히는 것은　陰山獵火明如晝
바로 선우가 밤중에 짐승 쫓기 위한 것　正是單于夜逐獸
옥하성 해자 너머 아관의 소리[98] 들릴 적에　玉河城外鵝鸛聲
폭설을 뚫고 그대 말을 치달릴지 어떨지　大雪疾馳君能否

98 아관(鵝鸛)의 소리 : 군진(軍陣)에서 일어나는 군사들의 함성이나 진격의 북소리를 가리킨다. 《춘추좌씨전(春秋左氏傳)》 소공(昭公) 21년의 "정편은 관을 쓰기를 원하고, 그의 전차를 조종하는 자는 아를 쓰기를 원했다.〔鄭翩願爲鸛, 其御願爲鵝.〕"라는 말에서 나왔는데, 두예(杜預)의 해설에 "관과 아는 모두 진법(陣法)의 이름이다."라고 하였다.

명덕산에서 목유선 및 정법정[99]과 함께 짓다

明德山同睦幼選丁法正賦

마을 중에서도 구름 깊은 곳에서	井落雲深處
한 해도 끝날 무렵 친한 사람끼리	交親歲暮中
두 분 군자 붙잡아 묵게 할 수 있었으니	能留二子宿
일체 인연이 공이라는 말 믿지 못하겠소[100]	不信萬緣空
나무가 벌거벗어 초승달 온전히 보이고	木脫全新月
병풍을 둘러쳐도 저녁 바람이 오만해라	屛回傲晚風
여러분이 이 모임을 오래 할 수만 있다면	爾如長此會
쇠한 늙은이 신세를 내 한하지 않으리다	吾不恨衰翁

99 정법정(丁法正) : 정범조(丁範祖, 1723~1801)이다. 본관은 나주(羅州), 자는 법정・법세(法世), 호는 해좌(海左), 시호는 문헌(文憲)이다.

100 일체……못하겠소 : 이 세상의 모든 일이 잠깐 동안 그 관계를 유지할 뿐, 결국에는 물거품처럼 허무하게 스러지고 만다는 연기론(緣起論)의 주장을 인정하지 못하겠다는 뜻의 해학적인 표현이다.

법정의 시에 차운하다

次法正

정원에 눈발이 끊겼다 이어졌다 하며 庭雪斷還續
곱고 곱게 지금 막 숲 모습 바꾸는 때 姸姸初改林
자연스레 병이 많아 누워 있을 뿐 自然多病臥
입산의 마음이 있어서가 아니라오 非有入山心
말로에 나의 몸 이만하면 족하고 末路吾身濟
쇠년에 벗과의 우정 역시 깊으니 衰年友道深
문장에 혹 실추된 서업이 있다면 文章有墜緖
그대와 손잡고 한번 찾아봤으면 携手與君尋

침랑 이원성[101]에 대한 만사

李寢郎源誠挽

우리 도가 장차 어떻게 되려고	吾道欲何似
인재가 지금 씻은 듯이 없는지	人才方渺然
초야의 여러 의론을 종합해 보면	徵諸草野論
이군의 훌륭함을 알 수 있었다네	有是李君賢
예악으로 몸가짐을 엄밀히 하고	禮樂持身密
지란으로 만든 띠가 선명했나니	芝蘭製珮鮮
도성 남방 오래된 세가의 전통을	南坊舊喬木
봄기운 애연히 전할 수 있었다네	春意藹能傳

두 번째 其二

지봉[102]에게 아마도 속 깊은 생각이 있어서	芝峯應有鬼
친히 보듬고 이 기린아를 내려보냈겠지	親抱送麟兒
겸금[103]의 값이 나가는 귀중한 보물이요	價以兼金重

101 이원성(李源誠) : 1744~1781. 홍릉 참봉(弘陵參奉)으로 있다가 38세의 젊은 나이로 죽었다. 본관은 전주, 자는 경혼(景混)이다.

102 지봉(芝峯) : 이수광(李睟光)의 호이다. 이원성은 이수광의 6대손이다.

103 겸금(兼金) : 보통의 금보다 갑절이나 값이 나가는 좋은 금이라는 뜻으로, 이원성이 워낙 뛰어난 인재임을 비유한 말이다.

가문을 지탱할 만한 한 그루 나무였어라　家惟一木支
재액의 운세에서 양의 기운이 돋았나니　微陽百六運
시로 장원한 것쯤이야 여사일 뿐이었다오　餘事狀元詩
노부가 그대를 고대했던 그 뜻을　老子相須意
당시에 그대도 혹 알 수 있었으리　當時爾或知

세 번째 其三

결백하여 홍진의 생각을 여의었고　耿介離塵想
종용하여 도의 자질에 가까웠으니　從容近道資
조물이 그에게 햇수를 더 빌려줬더라면　以年如或假
얼마나 발전할지 헤아릴 수가 있었으랴　其進詎能涯
그대 말고 내가 누구를 의지하리오　微爾吾誰仗
지금에 와선 일이 비통해할 만하네[104]　於今事可悲
산야의 사람이 글을 안고 눈물 흘리니　山阿抱書泣
싸라기눈이 자욱하게 장막을 채우누나　霜霰浩盈帷

104 그대……만하네 : 공자가 안회(顔回)를 잃었을 때의 심정을 연상하게 하는 번암의 절망적인 심정을 토로한 표현이다. 안회가 죽었을 때, 공자가 "내가 이 사람을 위해 비통해하지 않고 누구를 위해 비통해하겠는가.〔非夫人之爲慟而誰爲〕"라고 하였다. 《論語 先進》

네 번째 其四

도성에서 동쪽으로 십오 리 떨어진 곳 東城十五里
그대가 찾아와서 내 얼굴이 환해졌지 君到我顏愉
앉은 자리 온윤한 것이 옥과 같았고 坐處溫如玉
읊을 때 침방울 속에 구슬이 보였지[105] 吟時唾見珠
첫추위가 어쩌면 병의 빌미 됐을지도 初寒應汝病
인생 만사 그만 막다른 길이 되었구나 萬事是窮途
어버이 눈물을 그래도 닦아 주려 하는 願拭高堂淚
하늘의 마음이 두 아이 속에 보이네 天心見二雛

군이 나를 명덕산(明德山) 속으로 찾아와서 시 한 편을 읊고 돌아갔는데, 그 뒤에 바로 병이 들어 마침내 일어나지 못했으므로 시에서 이렇게 말하였다.

105 읊을……보였지 : 내뱉는 침방울 모두가 구슬과 같다는 해타성주(咳唾成珠)의 고사를 인용한 말로, 이원성의 뛰어난 시문(詩文)을 가리킨다. 《장자(莊子)》〈추수(秋水)〉에 "그대는 튀어나오는 저 침방울들을 보지 못하는가. 한번 재채기라도 하면 큰 것은 마치 구슬과 같고 작은 것은 안개처럼 부서져 내린다네.〔子不見夫唾者乎? 噴則大者如珠, 小者如霧.〕"라는 말에서 나왔다.

우사앙과 사통[106]이 와서 묵었다. 밤에 당인의 운[107]을 뽑아 시를 짓다

禹士仰士通來宿夜拈唐人韻

열고 닫음이 악보대로 이루어지는 듯	開闔如成譜
청량한 바람 소리가 사립문에 가득하네	泠泠風滿扉
눈발 속에 찾아오는 사람이 드문 때에	人稀雪中到
그대들이 황해도에서 돌아와 주었구나	君自海西歸
먼 성곽에서 미세하게 들리는 종소리요	遠郭聞鍾細
상현(上弦)으로 희미하게 내뿜는 달빛이라	初弦得月微
마음 내키는 대로 따르면 그만이니	從吾賞心在
세월이야 훌쩍 날아가거나 말거나	任爾歲華飛

106 우사앙(禹士仰)과 사통(士通) : 번암의 문인이다. 사앙은 우경모(禹景謨), 사통은 우석모(禹錫謨)의 자이다.

107 당인(唐人)의 운(韻) : 중당(中唐)의 시인인 유장경(劉長卿)이 지은 〈송사제지파양거(送舍弟之鄱陽居)〉라는 제목의 오언 율시이다.

사앙의 시에 차운하다

次士仰

밝은 창가에 책들이 반쯤 비스듬히 삐딱	明窓書帙半斜橫
대낮이 되자 솔 구름이 궤안에 어른어른	當晝松雲几案生
기심(機心)이 멈추니 남과 북의 길도 잊고	機息路應南北忘
몸이 한가하니 오천의 말[108]도 지어 볼 듯	身閑言欲五千成
가인의 서찰에는 매화가 피었다 졌다는데	家人有札梅開落
산골은 눈이 꽉 차서 나무하는 이 드무네	峒客稀樵雪滿盈
세상일 가만히 보면 한번 웃어 젖힐 만도	世事默觀堪一哂
봄볕 쬐려고 잠시 또 앞마루에 나와 앉네	炙暄聊復坐前楹

108 오천의 말 : 노자(老子)가 지었다고 전하는《도덕경(道德經)》오천언(五千言)을 말한다.

작은 나귀를 타고 명덕동에 올라왔는데, 사앙 형제가 함께 따라왔다. 조금 있다가 광영지 물가로 돌아와서 지난밤의 시에 차운하다
跨小驢上明德洞士仰兄弟從少選還光影池上次前夜韻

나귀가 작아도 길이 눈에 익어서	驢小經行慣
솔 아래 사립문 혼자 잘 찾아가네	自知松下扉
한가로이 그대들과 외출했다가	蕭然與君出
잠시 뒤에 나무꾼과 돌아왔다오	聊得伴樵歸
구릉의 잣나무는 구름이 둔쳐 어둑어둑	陵柏屯雲暝
마을의 울타리는 흰 눈 속에 희끄무레	村籬入雪微
은주가 홀연히 눈 안에 들어오고	殷州忽在望
기러기 몇 마리 남쪽으로 날아가네	鴻雁少南飛

사앙과 함께 운자를 얻어 은율 현감 이공회에게 기증하다
同士仰得韻寄贈殷栗宰李公會

오래되었어라 남성에서 헤어진 지 久矣南城別
작기도 하여라 해서의 바닷가 고을 小哉西海官
산과 강으로 얼마나 막혀 있는지 山川隔幾許
꿈속에서도 건너오기 어려우리라 魂夢度應難
돌아가는 뜬구름 외로이 바라보고 孤眺浮雲迥
썰렁한 새벽 등불 아래 읊조리겠지 幽吟曙燭寒
떠돌이는 우리 모임의 운명이랄까 萍逢吾社事
즐거웠던 추억이 워낙 드무니 원 全少向來歡

병들어 누워서 새벽에 읊다

病枕曉吟

기운이 쇠해져 대적할 수 없자	衰氣不能敵
하찮은 병도 마구 극성을 부려	微痾亦太驕
바야흐로 이틀이나 끙끙 앓다가	呻吟方兩日
결국엔 한열로 밤을 꼬박 새웠네	寒熱遂終宵
어두운 창문으로 솔바람 소리 들어오고	暗牖松聲入
빈 연못에 빗방울 져 파문이 이는 때	空塘雨點搖
어린 아들 홍신(弘愼)이 얼마나 깜찍한지	還憐小阿愼
그래도 아비 허리 주무를 줄 알 줄이야	猶解撫身腰

연명헌에서 홀로 밤을 지내며

戀明軒獨夜

산중의 숲에 있는 모든 나무들이	山中皆樹木
밤이 되자 윙윙 소리를 질러 대네	淅淅夜爲聲
줄지은 별들은 추위에 광채를 더하고	列宿寒增彩
외로운 등불은 침침해서 정감이 가네	孤燈黯有情
재주가 엉성하니 버림받는 것도 당연	才疎應世棄
벼슬을 그만두니 문득 몸이 날아갈 듯	官罷却身輕
성안에서는 오고 가는 이도 없이	城裏無來往
정원의 솔 그리고 눈 덮인 평원뿐	庭松與雪平

장령 홍이건과 병랑 이익운과 정언 홍인호와 수찬 이종섭이 하루 중에 시간을 나눠 찾아왔기에 기뻐서 읊조리다

洪掌憲履健李騎曹益運洪正言仁浩李修撰宗燮分日來訪喜而有吟

내 거처 외져서 좋아할 만하니	可說吾居僻
여러분이 많이들 찾아 줄 만도	多爲爾輩尋
험한 길 돌고 돌아 눈빛을 띠고	間關帶雪色
각자 차례로 구름 깊은 이곳까지	次第到雲深
산새들은 얼굴을 아는 것도 같은데	山鳥如知面
밥상 나물은 아직 마음을 안 여는 듯	盤蔬未展心
편안히 궤안에 기대어 들어 보니	怡然憑几聽
현란하도다 백량의 노래[109]들이여	璀璨柏梁吟

이 네 사람이 모두 규장각의 초계 문신(抄啓文臣)으로서, 강경(講經)과 제술(製述) 시험의 일정을 이제 막 마쳤기 때문에 이렇게 말하였다.

109 백량(柏梁)의 노래 : 임금의 시에 멋지게 화답하는 초계 문신들의 시라는 말이다. 백량은 백량체(柏梁體)의 준말이다. 한 무제(漢武帝)가 장안(長安)에 백량대(柏梁臺)를 세우고 그 위에서 신하들과 연음(宴飮)을 하며 구(句)마다 압운(押韻)을 하는 칠언시(七言詩)를 짓게 하면서 화답을 잘하는 신하만 누대 위에 올라가도록 허락한 고사가 전하는데, 여기에서 유래하여 각 구에 압운을 한 칠언시를 후대에 백량체라고 부르게 되었다. 《三輔黃圖 卷5 臺榭》

임인년(1782, 정조6) 1월에 내가 병조 판서의 신분으로 집권층의 무함을 받았으므로, 소장을 올려 해면을 허락받고 삼포에 있는 김씨의 누정으로 나갔는데, 이때 생질인 이유경[110]이 따라왔다. 이에 당시의 일을 술회하며 시를 지어 주인에게 사례하고 아울러 유경에게도 보여 주다

壬寅正月余以大司馬被用事者讒誣陳章蒙解出三浦金氏亭甥子李儒慶從述懷賦詩以謝主人兼示阿慶

더디고 더디게 대궐을 하직하고[111]	遲遲謝城闕
아득한 심정으로 한강 변의 삼포[112]로	莽莽出江浦
대궐을 어찌 그리워하지 않으랴만	城闕豈不懷
근래에 시호[113]가 많으니 어떡하오	邇來多市虎
이 몸이 그래도 미천한 신분이 아닌지라	我有不貲軀

110 이유경(李儒慶) : 번암의 둘째 매형 이태운(李台運)의 아들이다.

111 더디고……하직하고 : 번암이 역신(逆臣)의 공초(供招)에 이름이 거론되었다는 이유로 조정 대신(大臣) 등 당시 집권 세력인 소론의 무함을 받고 도성을 떠나면서도 임금을 위한 생각에 발걸음이 차마 떨어지지 않았다는 말이다.

112 삼포(三浦) : 원명은 삼개로, 마포(麻浦)를 가리킨다. 삼개의 삼이 한자로 마(麻), 개가 포(浦)로 바뀐 것이다. 삼밭이 강가에 무성했다는 설도 있다.

113 시호(市虎) : 시장에 출현한 호랑이라는 뜻으로, 근거 없는 유언비어를 비유할 때 쓰는 말이다. 저잣거리에 범이 나타났다는 소문을 사람들이 처음에는 믿지 않다가도 자꾸 그런 소문이 돌면 사실로 믿고서 의심하지 않는 것처럼, 위왕(魏王)이 한비자(韓非子) 자기에 대해서도 간사한 자의 무함을 그대로 믿고 있다고 해명한 고사에서 비롯되었다. 《韓非子 內儲說上》

거주할 데를 찾지 못해 마음이 조마조마	蹩躠迷所住
명덕산의 내 별장이 없는 것은 아니지만	非無明德莊
형세를 감안하면 실로 두렵고 겁날 따름	便宜實恐懼
말을 듣자 하니 하목정이란 곳이	聞說霞鶩亭
아스라이 화령(花嶺) 촌을 굽어본다고	縹緲臨花塢
긴 강물이 높다란 다락 보듬은 가운데	長江抱飛棟
호연한 기운이 온몸을 흥건히 적셔 주고	灝氣流巾屨
백사장은 밝기가 달빛처럼 환해서	平沙明如月
예부터 역노[114]가 있을 수 없었다네	古來無蜮弩
주인이 그동안 나를 후하게 대하면서	主人於我厚
누차 고맙게도 초청 편지를 보냈는데	屢邀煩尺素
이때 나를 따라온 자가 그 누구였던가	從我者其誰
우리 유경이 기꺼이 동행해 주었다오	阿慶與同赴
봄날의 엷은 얼음 완전히 깨지지 않아	春氷未全坼
대현의 길도 얼마나 가기 어렵던지	艱哉大峴路
화령은 참으로 쉽게 알 수 있었나니	花嶺誠易知
구름이 모인 듯 은행나무 우뚝했으니까	靄靄銀杏樹
나를 위해 정원을 깨끗이 쓸어 놓고	階庭爲我掃
나를 위해 대자리 정갈히 깔아 주고	莞簟爲我鋪
기쁜 얼굴로 한방을 함께 썼나니	歡然共一室

114 역노(蜮弩) : 역(蜮)이라는 독충이 물속에서 모래를 머금고 있다가 사람에게 그 독기(毒氣)를 쏘아 맞혀서 부스럼을 앓게 하는 등 해를 끼치는 것을 말하는데, 간사한 자가 정대한 사람을 몰래 해치는 것을 비유한 말이다. 역사(蜮射)라고도 한다.

누가 손이고 주인인지도 몰랐어라	不知賓與主
그대는 참으로 호오가 남다른 사람	君誠異好惡
나는 실로 아첨할 줄을 모르는 것을	我實少媚嫵
태어나 어려서부터 고서를 읽었을 뿐	生少讀古書
이끗과 작록은 내가 힘쓴 게 아니요	利祿非所務
목표라면 백성이 잘사는 데에 두고	所期在致澤
나의 재주 없는 것은 걱정도 안 했다오	不恤無才具
옳은 길 고수하며 독자적으로 행했으니	直道以獨立
어떻게 권세가의 노여움을 면했으리오	那免權貴怒
죽더라도 내 좋아하는 것을 따르리니	雖死從吾好
서책 안고 끝까지 이렇게 살아가리라	抱書以終古

하목정의 객이 되어 밤에 폭풍을 만나고 나서 아침에 일어나 뜻 가는 대로 읊다

霞鶩亭客夜遇大風朝起漫吟

다락에 기대어 바라보니 새벽하늘 안온하고	高樓憑眺曉天宜
꿈속 역시 청랭하여 기상도 더디지 않았어라	魂夢淸冷起不遲
해 뜰 때 밥 짓는 연기 평상시처럼 모락모락	初日人煙渾自得
지난밤에 바람은 왜 그리도 거세게 불었는지	昨宵風力爾何爲
대소의 배들은 눈밭에 누워 진작부터 꿈작거리고	舟船臥雪元含動
버들과 살구는 추위 속에서 좋은 시절 기다리네	柳杏凌寒已待時
파도야 강기슭 몰려와 괜히 놀래지 말아라	多事驚濤休拍岸
머무는 곳이 어디든 간에 내 마음 즐거우니	行窩隨處我心怡

하목정에서 바라보며 읊다

霞亭吟眺

나를 소라 부르건 말건 명리는 가소로워	名場一笑任呼牛
강과 바다를 텅 빈 배로 자유롭게 떠다닌다오	江海虛舟自在浮
화령에서 나귀 내려 오솔길을 찾아가니	花嶺下驢尋小徑
봄 냇물이 나를 맞아 높은 다락 비춰 주네	春流迎我照高樓
둥근 백사장 백로는 성근 울 너머 서성이고	圓沙鷺步疎籬外
어느 고을의 산인지 고목 끝에서 알현하네	何郡山呈老樹頭
화문석 그림 병풍 속에 성의가 듬뿍 담겼으니	文席畫屛成款曲
초야의 몸은 주인 위해 응당 머물러야 하리	野夫應爲主人留

성씨의 누정에서 앞의 시에 차운하다

成氏亭次前韻

인간 세상에 노한 분우[115]가 어디 한둘일까	人間何限怒奔牛
허공중에 황금 꽃이 원대로 떠돌고 있겠지	空裏金花盡意浮
창해에 배를 띄워도 반려가 없는 처지에[116]	滄海乘桴無伴侶
천지는 나를 용납하여 정루를 선물했네	乾坤容我有亭樓
임금 섬기는 충성심은 하늘이 위에서 굽어보고	淸忠事主天臨下
시대 걱정에 진퇴하면서 머리에는 흰 눈 가득	進退憂時雪滿頭
구름과 안개도 대궐의 꿈을 막지 못했나니	雲霧不遮宸極夢
어향의 내음이 여태 베갯머리에 감도는 듯	御香猶似枕邊留

115 분우(奔牛) : 돌진하는 소라는 뜻으로, 남의 사주를 받고서 물불을 가리지 않고 덤벼드는 무리를 비유하는 말이다. 전국 시대에 연(燕)나라가 제(齊)나라를 공격하여 즉묵(卽墨)을 포위하였을 때, 제나라 장군 전단(田單)이 소 1000여 마리를 징발하여 기름 묻힌 갈대 다발을 꼬리에 부착하고는 불을 붙이자, 소가 놀라 적진에 돌진하여 연나라 군대가 크게 무너진 고사에서 유래하였다. 《史記 田單列傳》

116 창해에……처지에 : 공자에게는 그래도 따라올 자로(子路)가 있었지만, 지금 곤경에 처한 번암을 위해서는 동반해 줄 사람이 하나도 없어서 외롭기 그지없다는 뜻의 자조적인 표현이다. 공자가 "도가 행해지지 않으니, 뗏목을 타고 바다로나 나가 볼까 하는데, 나를 따라올 자는 아마도 자로일 것이다."라고 탄식한 고사가 《논어》〈공야장(公冶長)〉에 나온다.

봄비가 밤새 내려 얼음이 다 풀리며 물이 되어 흐르기에 흐뭇한 마음으로 시를 짓다

春雨連宵氷盡水生欣然賦之

화령에 자욱하게 습한 공기 물씬해서	花嶺蒼蒼雨氣多
바람만 맞아도 정원의 나뭇가지 축축	隨風容易濕庭柯
만학에 겨울 내내 쌓인 눈을 녹여 내어	消融萬壑全冬雪
삼호의 한밤중 물결이 생동하게 하네	生動三湖一夜波
백조는 거울 같은 물속에 그림자 담그며 서 있고	白鳥影涵明鏡立
청어잡이 배는 저녁 구름 속에 들어가 뒤섞였네	靑魚船入暮雲和
오늘 아침 봄소식 한번 알아보고 싶으신가	今朝試覓春消息
어린 쑥과 버들이 함께 한 언덕을 차지했다오	嫩艾纖楊共一坡

경술년에 상께서 제4구로 시제(詩題)를 명하여 화성(華城)의 유생(儒生)을 시험하게 하였다.[117]

117 경술년에……하였다 : 경술년은 1790년(정조14)인데, 이는 번암의 착오로 계축년(1793)이 맞지 않을까 싶다. 《일성록》 정조 17년 2월 14일 기사를 보면, 정조가 "삼호의 한밤중 물결이 생동하게 하네.〔生動三湖一夜波〕"를 시제로 삼아 유수(留守) 채제공에게 내려보내며 수원의 유생들을 시취(試取)하게 한 내용이 나온다.

하목정(霞鶩亭)의 밤

亭夜

봄철이 오니 강과 호수가 불어나고	春至江湖大
하늘이 개니 별과 은하가 높아졌네	天晴星漢高
물가에서 묵기로 물새와 맹약하였는데	鷗盟同水宿
정루의 형세도 광포한 바람을 피했구나	亭勢避風饕
새고[118]는 멀리 포구까지 들려오고	賽鼓通遙巷
어등은 밤배에 매달려 전진을 하네	漁燈進夜舠
이따금 마음에 맞는 객을 만나면	時逢會心客
아직도 노래가 속없이 이어진다네	猶不廢歌號

118 새고(賽鼓) : 농사 귀신에게 풍년을 기원하며 봄철에 굿하는 북소리를 말한다.

괴이한 일
怪事

괴이해라 허주[119]도 노여움을 받다니 怪事虛舟亦被嗔
하기야 구당과 지척이 요진이니까[120] 瞿塘咫尺是要津
올곧은 충절이 정상에 높이 걸린 이날 危忠頂上高懸日
환란 많은 인간 세에서 여태 살아남았네 大患人間尙有身
객은 떠나고 유유히 혼자서 잠을 이루는데 客去悠悠成獨睡
물새가 와서 곰살궂게 아는 체를 해 주누나 鷗來故故解相親
아득히 지난 역사에서 어떤 사람이 부럽냐면 茫茫往古誰堪羨
오직 요 임금 하늘 아래 우물 파서 먹는 백성[121] 惟有堯天鑿井民

119 허주(虛舟) : 조종하는 사람이 없이 떠다니는 배라는 뜻으로, 마음이 툭 터져서 그 안에 당색(黨色)이나 선입견 등에 사로잡히지 않고 자유롭게 편견 없이 행한다는 뜻이 들어 있다. 《장자(莊子)》 〈산목(山木)〉에 "두 배가 나란히 강을 건널 적에, 주인 없는 한쪽의 배가 다가와서 내 배에 부딪칠 경우에는, 비록 마음이 편협한 사람일지라도 화를 내지 않는 법이다.〔方舟而濟於河, 有虛船來觸舟, 雖有惼心之人不怒.〕"라는 말이 나온다.

120 하기야……요진(要津)이니까 : 현요직(顯要職)은 물살이 거센 협곡처럼 위태롭기 그지없다는 뜻으로, 번암이 남들이 부러워하는 요직에 있었기 때문에 사람들의 시기심을 유발하여 화란을 당했을 수도 있다는 뜻의 냉소적인 표현이다. 구당(瞿塘)은 장강삼협(長江三峽) 중 으뜸으로 꼽히는 구당협(瞿塘峽)을 말한다. 구당(瞿唐)이라고도 한다. 요진은 중요한 나루라는 뜻으로 요해지(要害地)를 비유하는 말인데, 요로(要路) 즉 요직을 뜻하는 말로 곧잘 쓰이곤 한다.

121 요(堯)……백성 : 격양가(擊壤歌)를 불렀다는 백성을 말한다. 제요(帝堯) 때에 어떤 사람이 막대기로 땅을 치며〔擊壤〕 박자를 맞춰 노래하자, 이를 본 자가 "위대하다,

밤에 앉아서 명덕의 시내와 산을 생각하다

夜坐憶明德溪山

흰머리로 계산과 약속하기를	皓首溪山約
구름 놀과 혼자서 즐기겠다고	雲霞以自娛
어찌하여 잠시라도 이별을 하여	如何少離別
이렇게 강호에 떠돌게 되었는지	飄轉此江湖
밤경치에 돌아가는 기러기 급해지고	夜色歸鴻急
봄날의 시름 속에 잠든 학도 외로우리	春愁睡鶴孤
마음에 걸리는 것은 천도복숭아나무들	關情碧桃樹
그중에서도 석단 모퉁이에 서 있는 그놈	最在石壇隅

요 임금의 덕이여."라고 찬탄을 하니, 격양자(擊壤者)가 "해 뜨면 일하고 해 지면 쉰다. 우물 파서 물을 마시고 밭을 갈아 밥을 먹는다. 요가 무슨 힘을 썼단 말이냐.〔吾日出而作, 日入而息, 鑿井而飮, 耕田而食, 堯何等力?〕"라고 대답했다는 기록이 전한다.《論衡 卷5 感虛篇》

조카 이주명이 내가 환란 중에 있다는 말을 듣고는 예산에서 치달려 왔다. 이때 조카는 금방 상기를 마친 처지이므로 슬픔과 기쁨이 교차하는 가운데 시를 지어서 그에게 주다

李姪柱溟聞余在患難中自禮山馳至時姪纔闋制悲喜書贈

친상에 목숨 붙인 것도 다행일지니	草土生爲幸
마포까지 오는 길 정말 어려웠으리라	麻湖路正艱
자리에 앉자마자 눈물부터 닦았나니	坐來先拭淚
오랫동안 헤어져서 얼굴도 잊어버릴 듯	別久欲迷顔
호롱불 가리고 목소리 낮춰 말하다가	語細篝燈裏
벼슬의 바다 대목에서 혼이 녹아 버리누나	魂消宦海間
황량한 정자에서 두 밤을 자고 나면	荒亭信宿罷
혼자 말을 타고 산으로 또 돌아가리	匹馬又還山

1월 29일 밤에 천둥이 크게 치다

正月廿九夜大雷

음양의 도로 보면 삼양의 달[122]이건만	道是三陽月
천둥이 왜 한밤중에 그리도 쳐 댔는지	何多一夜雷
길흉을 단정하진 못한다 하더라도	災祥雖未了
휘곽을 한 것은 또한 기이한 일[123]	揮霍亦奇哉
백 리의 강과 호수 요동을 치며	百里江湖蕩
한밤중에 도깨비가 돌아오다니	三更魍魎回
천공이 어찌 이유 없이 그렇게 했으리오	天公豈無以
노부의 착잡한 심정 억누르기 어려워라	衰白意難裁

122 삼양(三陽)의 달 : 세 개의 양이 생겨나는 달이라는 뜻으로, 1월을 말한다. 《주역》에 의하면, 10월은 곤괘(坤卦)로서 순음(純陰)의 상(象)이 되고, 11월은 복괘(復卦)로서 하나의 양(陽)이 아래에서 생겨나고, 12월은 임괘(臨卦)로서 두 개의 양이 아래에서 생겨나고, 1월은 태괘(泰卦)로서 세 개의 양이 아래에서 생겨난다. 이 1월은 겨울이 가고 봄이 오며, 음기가 감소하고 양기가 자라나서 길하고 형통하는 상이 있기 때문에, 옛날에 삼양개태(三陽開泰) 혹은 삼양교태(三陽交泰)라고 하여 세수(歲首)를 칭송하는 말로 사용하였다.

123 휘곽(揮霍)을……일 : 길상(吉祥)의 상징인 1월의 한밤중에 천공(天公)이 느닷없이 천둥과 번개를 몰고 다닌 것은 아무래도 심상치 않은 일이라는 뜻으로, 당시에 조정의 처분에 대한 번암의 불안한 심정을 비유적으로 토로한 표현이다. 휘곽은 조종하거나 지휘하는 것을 의미한다. 당나라 유종원(柳宗元)이 굴원(屈原)을 애도한 글 가운데에 "어찌하여 천둥과 번개를 몰고 다니는 등 이처럼 비현실적인 황망한 일을 행했을까.〔何揮霍夫雷電兮, 苟爲是之荒茫.〕"라는 구절이 나온다. 《柳河東集 卷19 弔屈原文》

거처를 옮기다
遷次

성안에 머물 집이 없는 것은 아니지만	城裏非無宅
못가엔 거처를 아직 정하지 못했다오	湖邊未定居
예전에 병조 판서로 재직할 당시에	前時大司馬
도처에서 고기잡이 구경하였을 뿐	隨地且觀魚
지는 해에 강물은 새로 용모를 다듬은 듯	落日江如改
산들바람에 버들가지는 점점 더 나긋나긋	微風柳向舒
떠돌이 생활이 나에게 무슨 손해랴	萍蓬何損我
갈매기 백로 그들 속에 끼고 싶어라	鷗鷺欲參渠

2월 1일에 비바람이 불고 눈이 오다

二月初吉風雨雪

향 사르며 말없이 정좌하매 아침나절이 훌쩍	燒香默坐易終朝
서북쪽 음산한 구름에 어지러이 날리는 눈발	西北陰雲亂眼飄
강물은 물결도 없는데 바람이 불어다치다니	江本無波風可怪
봄에 눈이 온다 한들 난풍도 멀지 않으리라	春雖有雪暖非遙
만물의 이치 미루다 보니 쇠약한 심신도 망각하고	閑推物理忘衰懶
책상의 서책 재미로 들추니 적요함에서 깨어나네	戲閱床書起寂寥
도성이 십 리도 안 된다고 누가 말하는가	京國誰言無十里
친붕이 오늘 비 온다고 불러도 안 오는걸	親朋今雨不成邀

대풍
大風

한번 바람 불더니 연달아 나흘째　　一風連四日
이월이 되레 겨울로 후퇴했나 봐　　二月倒三冬
백로는 자욱이 모래 날려 갈 곳을 잃고　　鷺失飛沙漲
강물은 벼랑에 방아 찧으려 뛰어오르네　　江騰絶岸舂
아이를 보내고 나서 이런저런 생각을 하며　　送兒閑費念
객이 드물어 드러누우니 게으름만 늘어날 뿐　　稀客臥添慵
창문 열고는 놀랐나니 어느새 내린 흰 눈이여　　開戶忽驚雪
어느 곳 봉우리인지 눈 안에 분명히 들어오네　　皎然何處峯

6일 밤에 민속을 기록하다

初六夜記俗

동쪽 언덕 서쪽 산에 달빛이 흘러내리니	東屯西崦月痕流
농사꾼 할멈 하늘 보고 쉴 새 없이 중얼중얼	農媼看天語不休
묘수 별자리가 풍넌 들지를 어떻게 알겠는가	昴宿何知豐稔事
기뻐도 하고 근심도 하는 그들이 우습도다	笑渠成喜或成憂

최치회 현중이 찾아오다

崔稚晦顯重至

현중(顯重)은 뒤에 헌중(獻重)으로 개명하였다.

그대가 몇 달이나 병을 앓는 통에	爾病何多月
나는 쇠하여 삭거함을 탄식하였네	吾衰恨索居
한강 포구 가에서 상봉한 것이	相逢江浦上
난리 뒤에 만난 것만 같네그려	如在亂離餘
난초가 쑥으로 뒤바뀌는 세상의 정태요	世態蘭成艾
눈물이 옷깃을 적시는 임금의 은혜로세	君恩淚濕裾
우리 모쪼록 알지니 의리가 중하지	須知義爲重
영화와 이록은 본시 공허한 것임을	榮祿本來虛

홍신이 나를 보지 못하면 문득 목 놓아 울곤 하였다. 그리하여 성안에서 며칠 간격으로 강변에 나와서 나를 보았으므로 기뻐서 시를 짓다

弘愼不見我輒啼哭自城內間數日出江上喜而賦

지각이 이미 이와 같으니　　知覺已如許
총명한 것이 예쁘다마다　　聰明可愛哉
부모를 매양 사모할 수 있다니　　能思二親每
겨우 네 살이라곤 믿기지 않네　　難道四齡纔
노비의 등에 업혀 꾸벅꾸벅 졸면서　　婢背和眠負
며칠 간격으로 꼬박꼬박 강 머리로　　江頭間日來
무릎 돌며 장난치는 네가 아니면　　非緣繞膝戲
어떻게 얼굴을 펼 수나 있겠느냐　　那得使顔開

모처럼 날이 맑기에

始晴

모진 바람에 모진 비 내리다가	苦風兼苦雨
맑은 날 만나니 정말 기쁘기만	眞切喜逢晴
구름이 단절되니 푸른 산이 우뚝	雲斷靑山聳
강물이 공허하니 붉은 해 두둥실	江虛赤日生
사람은 와서 서로들 축하해 주려 하고	人來欲相賀
새들도 건너가며 노랫소리 새로워라	鳥度亦新聲
봄물에 동남쪽 활짝 트인 곳으로	春水東南闊
누군가 쪽배 다투어 떠나는 이는	誰爭一棹行

그냥 감흥이 일어서
漫賦

도성 문 일단 나서니 강물이 이어져 공중까지	都門一出水連空
객사의 창가에 서면 저녁 기러기가 눈 아래에	客舍軒窓壓暮鴻
나는 장차 삼천육백 번의 낚시를 하려는데[124]	我且三千六百釣
봄은 지금 스물네 번의 바람[125]이 부는구나	春方二十四番風
당시엔 근심과 즐거움 천하와 함께하며	當時憂樂同天下
매일 밤 군왕이 꿈속에 항상 들었었지	每夜君王在夢中
이 몸이 환란을 겪는 것도 이골이 났는지라	已慣此身行患難
뜨내기 신세 정처 없다 감히 한하지 않노매라	浮居不敢恨飄蓬

124 나는……하려는데 : 조정의 부름을 받고서 다시 국가 정책에 참여할 날을 오래전부터 고대하고 있다는 말이다. 삼천육백 번의 낚시란, 오랜 세월의 기다림 끝에 현신(賢臣)이 성군(聖君)의 지우(知遇)를 받는 것을 말한다. 강태공(姜太公) 여상(呂尙)이 70세에 위수(渭水) 가에서 낚시질을 시작해서 80세에 문왕(文王)을 만났는데, 그 사이의 기간이 10년이기 때문에 이런 말이 생긴 것이다.《史記 齊太公世家》

125 스물네 번의 바람 : 꽃 소식을 전하는 바람〔花信風〕, 즉 꽃 필 시기에 맞춰서 불어오는 바람을 말한다. 소한(小寒)부터 곡우(穀雨)까지의 120일 동안 5일에 한 번씩 모두 24회에 걸쳐 그 시기에 피어날 꽃에 적합한 바람이 불어온다고 한다.

날씨가 흐려서
天陰

비 오면 비 온다고 맑으면 맑다고 기록하는	雨卽雨書晴記晴
야부의 개인 기록은 어디까지나 한가한 일	野夫私錄屬閑情
하늘 흐린 것이 금년보다 심한 적 없었나니	天陰未有今年甚
한 달 사이에 종일 맑은 날 만나기 어렵도다	旬月難逢盡日淸
늦보리 이제야 싹트니 병든 것은 아닐는지	稚麥始芽無乃病
봄 진창길 개펄보다 질퍽해 행인도 드물어라	春泥勝海少人行
미천한 신하 만년의 계획은 경착[126]하는 것일 뿐	微臣晩計惟耕鑿
바라는 바는 우리 임금님 위육[127]이 성취되는 것	所冀吾王位育成

126 경착(耕鑿) : 밭을 갈고 우물을 판다는 경전착정(耕田鑿井)의 준말로, 초야에서 자급자족하며 안정된 생활을 영위하는 것을 말한다. 358쪽 주121 참조.

127 위육(位育) : 《중용장구》 제1장의 "중화를 이루면 천지가 제자리를 찾고 만물이 길러진다.〔致中和, 天地位焉, 萬物育焉.〕"라는 말에서 나온 것으로, 불편불의(不偏不倚)하고 과불급(過不及)이 없는 성인의 지극한 정치를 비유한 말이다.

우사의 벽에 제하다
題寓壁

강변의 오래된 명승인	江干舊名勝
성씨 가문의 이 누대는	成氏此亭臺
우치가 몸통을 온전히 보듬어 주고	牛峙全身抱
잠애가 어귀를 막고서 돌아간다오	蠶崖捍口廻
그대가 있는 곳을 뉘 있어 다투리오	有誰爭子所
나를 오게 한 것도 기이한 일이로세	奇事使吾來
아담한 방에서 안온히 잠을 이루나니	曲闥穩成寢
바람이 시기할 일은 단연코 없으리라	斷無風可猜

용궁 현감 심경석[128]이 오늘 사망했다는 말을 듣고는 눈물을 훔치며 짓다

聞沈龍宮景錫以今日入地抆淚書此

심 판부사[129]의 평생으로 말하면	平生沈判府
성인의 세상에서 노성하신 어른	聖世老成人
상해의 천고의 슬픔에 젖어	桑海傷千古
성상을 혈혈히 보낸 이신이여[130]	星霜孑貳身
상금을 아직 울리지도 않았는데	祥琴猶未鼓
해로가 홀연히 정신을 놀래켰네[131]	薤露忽驚神

128 용궁 현감 심경석(沈景錫) : 심경석은 1732년(영조8)에 태어났고, 1779년(정조3) 용궁 현감에 임명되었다. 이 시의 연대와 내용으로 볼 때 그는 1780년에 죽은 것으로 생각된다. 본관은 청송(青松), 자는 경현(景玄)이다. 《사마방목(司馬榜目)》에는 복경(福卿)으로 되어 있다.

129 심 판부사 : 심경석의 부친 심각(沈瑴, 1695~1779)을 말한다. 자는 군옥(君玉), 호는 만오(晩晤)이다. 1776년 판중추부사에 제수되었다. 《性齋集 卷19 判中樞晩晤堂沈公神道碑銘》

130 상해(桑海)의……이신(貳身)이여 : 심경석이 부친상을 당한 외로운 고자(孤子)의 몸으로 비통한 슬픔 속에서 세월을 보내고 있었다는 말이다. 상해는 세상의 거대한 변천을 뜻하는 상전창해(桑田滄海)의 준말인데, 여기서는 어버이의 상을 당한 것을 비유하였다. 천고(千古)는 일조성천고(一朝成千古) 즉 하루아침에 영원히 이별하게 되었다는 뜻으로, 죽음을 완곡하게 표현한 것이다. 성상(星霜)은 1년에 한 번 도는 성신(星辰)과 매년 추위를 당해 떨어지는 서리라는 뜻으로, 보통 연세(年歲)를 가리키는데, 여기서는 1년의 시간을 의미하는 말로 쓰였다. 이신은 자기 몸의 대신(代身)이라는 뜻으로, 자기의 화신(化身)이라 할 자식을 가리키는 말이다.

세 아이가 아버지를 부르며 곡하나니 三稚呼爺哭
바람도 처연히 부는 여항의 아침이여 風悽里巷晨

두 번째 其二

문을 통해서 만났던 당년의 일이여[132] 文會當年事
기개가 호탕한 그대가 있어야 했나니 須君氣岸豪
목소리도 드높이 사방을 노려보며 高聲睨四座
경박한 붓을 한번 웃고 쓸어 버렸지 一笑掃輕毫
온 나라가 우리 시사를 알아주었던 擧國知吾社
그때에 그대들을 함께 얻었는데 同時得爾曹
어떻게 해서 십 년도 채 못 된 지금 如何未十載
물결에 모래 씻기는 일을 당하였는지 愁見浪沙淘

131 상금(祥琴)을……놀래켰네 : 심경석이 상복을 벗기도 전에 자신이 또 죽어서 번암이 더욱 충격을 느꼈다는 말이다. 상금은 고대 상제례(喪祭禮)의 의식으로, 친상(親喪) 때에 대상(大祥)의 제일(祭日)을 맞아 슬픔을 조절하기 위하여 '장식하지 않은 거문고〔素琴〕'를 타는 것을 말한다. 해로(薤露)는 부추 위에 맺힌 이슬이라는 뜻으로, 덧없이 스러지는 허무한 인생을 비유하는 말인데, 만가(輓歌)의 대명사로 쓰이기도 한다.

132 문(文)을……일이여 : 심경석이 번암의 시사(詩社)에 동인(同人)으로 참석한 것을 말한다. 《논어》 〈안연(顔淵)〉에 "군자는 문을 통해서 벗과 만나고, 벗을 통해 자신의 인덕을 보완한다.〔君子以文會友, 以友輔仁.〕"라는 증자(曾子)의 말이 나온다.

세 번째 其三

이월 달의 통진 고을은	二月通津上
송추[133]에 눈이 자욱이 내리는데	松楸雨雪縈
무슨 일로 그대를 떠나보내게 되었는가	緣何送君去
성묘의 행차와도 유사하지 않은 것을	不似省墳行
영락한 상서의 가업이요	零落尙書業
소조한 지현의 깃발이로다[134]	蕭條知縣旌
세상 풍파를 날마다 겁내는 신세인지라	風波日憂畏
한번 애통하게 나귀 울음도 못 울었네[135]	一慟負驢鳴

133 송추(松楸) : 묘지에 소나무와 가래나무를 많이 심었으므로 보통 분묘(墳墓)를 가리키는데, 여기서는 선영(先塋) 특히 부모가 묻혀 있는 묘소를 뜻한다.

134 영락한……깃발이로다 : 예조 판서의 부업(父業)을 잇지 못하고 현감으로 생을 마친 아쉬움을 표현한 것이다. 상서는 판서, 지현은 현감의 옛 이름이다.

135 한번……울었네 : 그의 장례식에 참석해서 영결(永訣)하며 애도하지도 못했다는 말이다. 한말(漢末)의 문학가로 건안칠자(建安七子)의 하나인 왕찬(王粲)이 죽어서 장사 지낼 적에, 위 문제(魏文帝) 조비(曹丕)가 조문객들을 돌아보며 "그가 나귀 울음소리를 좋아했으니, 각자 한 번씩 울음소리를 내어서 그를 보내 주자."라고 하자, 모두 한 번씩 나귀 울음을 울었다는 여명일성(驢鳴一聲)의 고사가 전한다. 《世說新語 傷逝》

정루가 깊어서

亭深

말로는 정루가 물에 임했다지만	道是亭臨水
정루가 깊어서 물을 알진 못해도	亭深水不知
바람이 동산 위에서 휘파람 불면 놀라고	風驚園上嘯
돛대가 지붕 끝에서 엿보면 흠칫한다오	檣訝屋頭窺
남들이 혹시라도 알게 해선 안 될지니	無使時人識
낮잠을 즐기기에는 여기가 그만이니까	偏於午睡宜
영대가 종일토록 고요하다 보니	靈臺終日靜
강뢰가 뭔가 일을 꾸미려나 봐[136]	江籟欲何爲

136 영대(靈臺)가……봐 : 마음속의 고요함을 훼방하려 하는지 강물 소리가 번암의 귀를 침범한다는 뜻의 해학적인 표현이다. 영대는 신령스러운 정신의 집이라는 뜻으로, 심(心)을 가리킨다. 《장자(莊子)》 〈경상초(庚桑楚)〉에 "인(人)에 의해서가 아니라 천(天)에 의한 여러 가지 선악의 작용에 대해서는, 그것 때문에 마음의 안정을 어지럽혀서도 안 되고, 영대에 들여놓아서도 안 된다."라고 하였는데, 곽상(郭象)의 주(註)에 "영대는 심이다.〔靈臺者, 心也.〕"라고 하였다. 강뢰(江籟)는 강의 피리 소리라는 뜻으로, 강물에서 나는 여러 가지 소리들을 말하는데, 번암이 《장자》 〈제물론(齊物論)〉의 천뢰(天籟), 지뢰(地籟), 인뢰(人籟)에서 착안한 표현이다.

추후에 지은 김 지평[137] 광우 에 대한 만사
追挽金持平 光遇

삼 년을 보지 못해 못내 마음 아팠나니	三年不見動傷神
누가 또 내 집안의 석상진[138]이었으랴	誰復吾廬席上珍
시의 가락은 천보의 뒤에 있기를 꺼려 했고[139]	詩調恥居天寶後
웃는 모습은 언제나 동정의 봄날이었어라[140]	笑容長爲洞庭春

137 김 지평(金持平) : 김광우(金光遇, 1708~1781)로, 본관은 김해(金海), 자는 백첨(伯瞻), 호는 당계(棠溪)이다. 31세인 1737년(영조13) 생원시에 입격하고, 56세인 1763년 대과에 등제하였으며, 병조·예조의 낭관과 함경도 도사(咸鏡道都事)를 거쳐 한참 뒤에 사헌부 지평이 되었는데, 당시에 뜻이 맞지 않아 권력층과 갈등을 빚는 가운데 홀로 시장(詩章)과 고문(古文)을 좋아하여 기재(奇才)라는 평을 받았으며, 만년에는 성리서(性理書)를 좋아하여 그 이치를 깊이 탐구했다고 한다.《海左集 卷28 持平金公墓碣銘》

138 석상진(席上珍) : 자리 위의 진귀한 보배라는 뜻으로, 유자(儒者)의 아름다운 재학(才學)을 의미한다.《예기(禮記)》〈유행(儒行)〉의 "유자는 자리 위의 옥처럼 자신을 갈고닦으며 임금이 불러 주기를 기다리는 법이다.〔儒有席上之珍以待聘〕"라는 공자의 말에서 유래하였다. 줄여서 석진(席珍)이라고도 한다.

139 시의……했고 : 성당(盛唐)의 시풍(詩風)을 좋아했다는 말이다. 천보(天寶, 742~756)는 당 현종(唐玄宗)의 연호인데, 이때가 당시(唐詩)의 전성시대로서 왕유(王維), 맹호연(孟浩然), 이백(李白), 두보(杜甫), 고적(高適), 잠삼(岑參) 등의 저명한 시인들이 활약하였다.

140 웃는……봄날이었어라 : 그가 항상 술에 취해 불콰한 모습으로 미소를 짓곤 하였다는 말이다. 동정춘(洞庭春)은 동정춘색(洞庭春色)의 준말로, 황감(黃柑)으로 빚은 술 이름이다. 소식(蘇軾)의 〈동정춘색〉 시의 서문에 "안정군왕(安定郡王) 조세준(趙世準)이 황감으로 술을 빚고는 동정춘색이라고 일컬었는데, 색(色)과 향(香)과 미(味)

늦은 나이에 나하고 깊이 의기투합하신 분 晩齡於我托深契
지금 세상에 그대를 대하면 고인만 같았는데 今世對君如古人
하목정 안에서 한 번 눈물을 뿌릴 뿐이요 霞鶩亭中一灑淚
표륜과 지개 아득하여 가까이하지 못하네[141] 飆輪芝蓋杳難親

세 가지가 절묘하였다."라는 말이 나온다.《東坡全集 卷20》

141 표륜(飆輪)과……못하네 : 영결식에 참석하지 못하는 것을 비유한 말이다. 표륜은 회오리바람을 타고 하늘로 오르는 신선의 수레라는 뜻으로, 상여를 가리킨다. 지개(芝蓋)는 버섯 모양의 수레 덮개를 말한다. 묘갈명에 의하면, 그는 74세의 나이로 죽어 학성(鶴城) 관아 서쪽 이동(梨洞)에 묻힌 것으로 되어 있다. 학성은 함경남도 안변(安邊)의 옛 이름이다.

밤비
夜雨

임시 거처 본래 적막한 데다가	羈棲本幽寂
밤새도록 비까지 내리는 데야	況是雨終宵
나무가 가까워 오직 물방울 듣는 소리만	樹近惟聞滴
등불이 깊숙해서 바람에 흔들리지도 않네	燈深不見飄
두미 골에서 터진 얼음 둥둥 떠내려오고	氷澌斗尾拆
바다 어구의 먼 바람이 윙윙 불어올 따름	風勢海門遙
만물을 생육하는 자취 찾기 어려운 것은	育物難尋跡
오직 하늘 그리고 요 임금의 경우라 하리	惟天惟帝堯

날씨가 하루도 어그러지지 않는 날이 없기에 울적한 마음을 풀어 보려고 짓다

日候無日不乖遣悶書此

신년의 절기가 너무도 차질을 빚건마는	新年節氣太差池
조화는 단서가 없으니 추리해 볼 수도 없네	造化無端未可推
구름 눈 비 바람이 하루에 우르르 몰려오고	雲雪雨風兼一日
어둠 밝음 열림 닫힘이 삼시 세 때 극성일세	晦明開闔劇三時
노부는 문을 닫으니 책이 지붕 밑에까지	老夫閉戶書連屋
어부는 배를 묶으니 물결이 울 옆에까지	漁子維舟浪接籬
그나마 기쁜 건 긴 물가 연약한 버들가지	差喜長干弱柳色
푸르고 푸르러 늦추위의 기롱을 안 받는 것	靑靑不受暮寒欺

이 함창 헌락 이 강변의 내 거처를 찾아와서, 일찍이 함창 현감으로 재임했을 때의 일로 견책을 받아 울진으로 유배 가게 되었다고 스스로 말하기에, 이렇게 시를 지어서 작별 선물로 주다

李咸昌 憲洛 來訪江居自言以曾任咸昌事謫赴蔚珍草此爲別

강호에 내리는 이월의 눈발 속에	江湖二月雪
이별하는 두 사람 모두 쇠한 나이	離別兩衰年
변변찮은 벼슬살이 오히려 죄가 되어	薄宦還爲罪
이렇게 떠나다니 어찌 가련하지 않나	此行那不憐
구름이 석류의 굴을 캄캄하게 덮어 주고	雲冥石榴穴
물결이 울릉의 하늘에 하얗게 튀기는 곳	波白鬱陵天
남관에 가는 말[142]을 한탄하지 마오	莫恨藍關馬
염여의 배[143]보다는 그래도 나으니까	猶勝灩澦船

142 남관(藍關)에 가는 말 : 눈 내릴 때에 변방으로 쫓겨 가는 신하의 모습을 비유한 것이다. 남관은 진(秦)나라의 요관(嶢關)인 남전관(藍田關)의 준말로, 섬서성(陝西省) 남전현(藍田縣) 동남쪽에 있다. 당나라 한유(韓愈)가 〈불골표(佛骨表)〉를 올렸다가 헌종(憲宗)의 노여움을 사서 조주(潮州)로 귀양 갈 적에 남관을 넘어가며 지은 시 중 "구름이 진령에 비꼈나니 집은 어디에 있는가, 눈이 남관에 가득 쌓여 말이 앞으로 가려 하지 않네.〔雲橫秦嶺家何在, 雪擁藍關馬不前.〕"라는 구절에서 유래하였다. 《韓昌黎集 卷10 左遷至藍關示姪孫湘》

143 염여(灩澦)의 배 : 염여는 염여퇴(灩澦堆)의 준말로, 배를 타고 무사히 건너기가 거의 불가능할 정도로 험하다는 장강(長江) 구당협(瞿塘峽)의 여울이다.

또 거처를 옮기다

又遷次

어딜 가든 홑이불과 해진 갖옷 하나이지만	行處單衾件敝裘
뱁새도 나무 없이 아무 데서나 잘 순 없지[144]	鷦鷯無樹不宜投
황폐한 집도 사람이 좋으면 좋아진다 하더라도	荒亭敢說因人勝
밝은 달이 뜨는지는 아무렴 나하고 상의해야만	明月應須與我謀
다락이 고요해 도서를 잠들어도 거머쥐고	樓靜道書眠尙把
주렴이 비어 강변 풍경을 앉아서 거둔다오	簾虛江色坐能收
주인과 손님 모두가 편안히 여기면 그만인데	但令物我俱安所
작과 구의 교와 졸을 따짐은 무슨 심보인지[145]	巧拙何心辨鵲鳩

그동안 거처를 옮길 적에 마침 모두 달이 찼으므로 함련(頷聯)에서 이렇게 말하였다.

144 어딜……없지 : 번암의 신세가 지금 초라하고 행장이 단출하기는 하지만, 그렇다고 체면을 차리지 않고 다급하게 몸을 피해 아무 데나 거처할 수는 없다는 말이다. 뱁새는 몸집이 작고 낮은 곳에 거처하는 까닭에 약소(弱小)한 자 혹은 쉽게 자족하는 자의 비유로 쓰이곤 한다.

145 주인과……심보인지 : 지금 남의 집에 들어가서 임시로 거처하는 번암의 처지를 두고, 본래 꾀가 졸렬해서 자기 둥지도 틀지 못해 까치집에 들어와 사는 비둘기 같은 위인이라고 비난한다면, 그것은 정당한 평가가 아니라는 뜻의 해학적인 표현이다. 《시경》 〈소남(召南) 작소(鵲巢)〉에 "까치가 지어 놓은 집에, 비둘기가 무작정 들어와 사네.〔維鵲有巢, 維鳩居之.〕"라고 하여, 작구(鵲鳩) 즉 까치와 비둘기의 재주의 우열(優劣)을 논한 대목이 나온다.

비와 눈이 온 뒤에 모처럼 맑다

雨雪始晴

너도나도 모처럼 날이 맑게 개었다면서	爭道新晴始
흡사 기이한 일 만난 듯 서로들 두런두런	還如異事遭
봄풀이 돋아나며 쌓인 눈 깨끗이 녹고	草生融雪淨
강물이 잠잠해서 힘차게 배를 띄운다네	江定放船豪
새들도 친근해져 서로 장난치려는 듯	鳥近如相劇
다락문 열렸나니 높을수록 좋고말고	樓開不厭高
나이가 쇠해서 문밖출입이 적었는데	年衰簡出戶
햇살이 비치니 높은 곳 올라 봐야겠네	日照議登皐

달빛을 타고 강변으로 걸어 나가 물가의 버드나무 그늘 아래에서 소요하였다. 그때 시간은 밤 이경이었는데, 아들 홍원과 시중드는 두 사람이 따라왔다
乘月步出江頭逍遙渚柳之陰時夜二更兒子弘遠二傔人從焉

비와 눈이 교대로 이어져 마음에 걸렸는데 關心雨雪遞相仍
오늘 밤 하늘빛 깨끗해서 얼마나 흐뭇한지 今夜千金霽色澄
물가에 임하니 달빛 밝아서 어디나 좋기만 한데 臨水月明隨處好
지팡이 있으니 머리 희어도 문을 나갈 수 있다오 杖藜頭白出門能
이경에 조수 물 가득해서 포구까지 밀려오고 二更潮滿迤通巷
양안의 돛배는 멈춰 선 채 등불만 깜박깜박 兩岸帆停曖見燈
그냥 갔다가 돌아옴이 멋진 일인 줄 아오마는 勝事自知空自返
초야에 거하는 영락한 신세라 친붕이 없는 것을[146] 野居牢落少親朋

146 그냥……것을 : 친구라도 있으면 달빛 아래 배를 타고서 그 집 앞까지 갔다가 그냥 돌아오는 흥취를 맛볼 수도 있을 것인데, 지금은 그럴 처지도 못 된다는 뜻의 자조적인 표현이다. 진(晉)나라 왕휘지(王徽之)가 폭설이 내린 달 밝은 밤에 산음(山陰)에서 홀로 술을 마시며 좌사(左思)의 〈초은시(招隱詩)〉를 읊다가, 불현듯 섬계(剡溪)에 있는 벗 대규(戴逵)가 보고 싶어지자, 밤새도록 배를 몰고 그 집 앞에까지 갔다가 그냥 돌아왔는데, 그 이유를 물으니 "흥이 일어서 갔다가 흥이 다해서 그냥 돌아왔다."라고 대답한 고사가 있다. 《世說新語 任誕》

달을 보고

見月

항상 흐려서 달을 보지 못하다가	恒陰不見月
달이 떠오르니 그 기쁨 어떠할까	月上喜如何
그림자는 천 가닥 버들 속에 굴러가고	影轉千條柳
달빛은 만 겹의 물결과 함께 회전을 하네	光廻萬疊波
피곤한 물새는 노 젓는 소리에 잠이 드는데	懶鷗眠櫓響
늙은 이 몸은 어부의 노래[147] 부르며 거니노라	老子步漁歌
하늘 길을 바라봐도 멀지 않으니	天路望非遠
은하수 맑은 것이 훨씬 더해졌구나	銀河淸更多

147 어부의 노래 : 굴원(屈原)의 〈어부사(漁父辭)〉를 말한다.

이창사 몽서가 나를 찾아 준 것에 감사하며 시를 짓다. 이때 그는 삼척 부사의 인끈을 푼 지 얼마 안 되었다

謝李蒼沙夢瑞來訪時纔解三陟紱

신선 고을 벼슬이 귀한 줄 알겠나니	仙吏乃知貴
쇠한 얼굴이 전에 비해 살이 붙었네	衰顔較昔腴
도성에 돌아온 지 닷새도 채 못 되어	還都未五日
나를 만나 보려고 삼호에까지 나왔다오	訪我出三湖
소매에 묻은 특산품 오디 진액의 향기요	葚液香留袂
옥그릇 속의 얼음이라는 선정의 소문일세[148]	政聲氷在壺
죽루[149]의 시구를 기쁘게 듣고 있노라니	欣聽竹樓句
비동하는 뜻[150]이 없을 수가 없네그려	飛動不能無

148 옥그릇……소문일세 : 청렴결백한 그의 인품처럼 고을 정사 역시 올곧게 처리했다고 전해진다는 말이다. 남조(南朝) 송(宋)나라 포조(鮑照)의 시에 "곧기는 거문고의 붉은 현과 같고, 맑기는 옥그릇 속의 얼음과 같네.〔直如朱絲繩, 淸如玉壺氷.〕"라는 명구가 전한다.《樂府詩集 卷41 白頭吟》

149 죽루(竹樓) : 삼척의 죽서루(竹西樓)이다.

150 비동(飛動)하는 뜻 : 날아갈 듯 생동하는 기상을 말한다. 두보(杜甫)의 시에 "평소에 비동하던 뜻이, 그대를 보니 없을 수가 없소그려.〔平生飛動意, 見爾不能無.〕"라는 구절이 나온다.《杜少陵詩集 卷6 贈高式顔》

밤에 앉아서
夜坐

가린 구름 말끔히 개도록 하늘이 명했으니	雲翳天教盡意開
달도 물시계 소리 맞춰 재깍재깍 떠오르리	月昇應被漏聲催
백사장에 사람들 말소리 온 마을이 모였나 봐	沙頭人語一村集
바다 어구에서 고깃배가 한밤중에 들어오네	海口漁船深夜來
이웃 노인은 위로할 양으로 장기를 두어 주고	隣老慰情供博戲
병부는 잠이 없어 조수 밀려오는 소리 듣네	病夫無睡聽潮回
마호를 번계에 비한다면 못하다고 할 것인데	麻湖持較樊溪遜
학창 재봉하는 산처의 뜻 저버릴까 두려워[151]	恐負山妻鶴氅裁

151 마호(麻湖)를……두려워 : 마포(麻浦)에서의 떠돌이 생활이 벼슬하며 번계(樊溪)에 있던 때와 비교하면 훨씬 못하다고 하겠지만, 아내는 아예 벼슬을 그만두고 초야에서 자유롭게 살기를 바라 마지않는데, 그런 바람과는 달리 다시 조정에 복귀하여 아내의 뜻을 저버리게 될까 한편으로는 두려운 생각이 들기도 한다는 뜻의 해학적인 표현이다. 학창(鶴氅)은 학의 깃털로 만든 도포라는 뜻으로, 은자(隱者)나 도사(道士) 등 신선의 분위기를 풍기는 사람들이 평소 입는 옷을 가리킨다. 산처(山妻)는 은사(隱士)의 처를 말하는데, 보통 자기 처의 겸사로 쓰인다.

우사에서 멀리 바라보며
寓舍眺望

할 일 없이 지팡이 괴고 날이 기울 때까지	無事支筇至日斜
난간에서 조망하며 서쪽을 향해 하염없이	欄頭眺望向西賖
촌은 밤섬을 매달아 제비처럼 둥지를 틀고	村懸栗島巢如燕
강은 잠애를 피해 뱀처럼 방향을 틀었어라	江避蠶崖折似蛇
아랫집은 배를 사서 바야흐로 돈 버는 중	下戶買舟方產業
소동은 말을 달리며 혼자 뻐기고 자랑하네	小童馳馬自矜誇
이 몸은 한한의 호가 걸맞지만 아직 멀어서	此身合號閑閑未
초삽의 연운 사이에 잘도 집 빌려 산다오[152]	苕霅煙雲好借家

152 초삽(苕霅)의……산다오 : 여기저기 강가를 떠돌며 남의 집에 곧잘 얹혀산다는 말이다. 초삽은 초계(苕溪)와 삽계(霅溪)라는 두 시냇물의 병칭으로, 당나라 장지화(張志和)가 은거했던 곳인데, 여기서는 한강의 여러 물줄기를 뜻한다. 장지화가 안진경(顔眞卿)에게 "나의 소원은 배 타고 물 위에 살면서 초계와 삽계 사이를 왔다 갔다 하는 것이다."라고 말한 부가범택(浮家泛宅)의 고사가 전한다. 《新唐書 隱逸列傳 張志和》

한식에 죽주[153]를 생각하며 감회에 젖어 읊다

寒食憶竹州感吟

한식날 황량한 언덕의 풀들	寒食荒原草
매년 내가 끼듯 더부룩했지	每年靑似煙
동쪽 바람이 늙은이의 눈시울을 자극하여	東風吹老淚
해 질 녘 남쪽 하늘 보며 눈물을 뿌리노라	落日灑南天
빈조도 정성이 옅은 것이나 진배없고[154]	蘋藻誠如淺
송추도 제대로 심어 가꾸지 못했나니	松楸種未圓
나의 깊은 이 원한과 외로운 이 분심을	深冤與孤憤
어떻게 중천에 하소연할 수나 있으리오	那得訴重泉

153 죽주(竹州) : 경기도 죽산(竹山)의 옛 이름이다. 번암의 선영(先塋)이 여기에 있다.

154 빈조(蘋藻)도……진배없고 : 한식날 직접 찾아가서 성묘하지 못하는 입장에서는 비록 제사를 지낸다 하더라도 아무렇게나 형식적으로 지내는 것과 다름없다고 자책하는 표현이다. 빈조는 제사를 의미한다. 빈(蘋)과 조(藻) 모두 물풀인 마름을 말하는데, 옛날에 제사를 지낼 때 이 물풀을 사용하였던 데에서 유래하였다.

회포를 적다
書懷

왕성은 단지 단정[155]의 주변에 있을 뿐인데	王城只在短亭邊
한강 포구 넘실넘실 바라보자니 가련해라	江浦盈盈望可憐
버들가지는 한식의 절기인 줄을 스스로 알고	楊柳自知寒食節
제비와 꾀꼬리는 화창한 봄날을 기다리리라	燕鶯應待艷陽天
밝은 시대에 떠도는 것이 되레 이와 같으니	明時飄梗還如此
내일은 또 어디로 흘러갈는지 막막할 따름	來日浮家去渺然
슬프다 일편단심 그리고 백발의 이 몸이여	惆悵丹心與白髮
근년에 위모의 어진 덕[156]을 절실히 느끼겠네	比年深覺魏牟賢

155 단정(短亭) : 성 밖의 대로변에 5리(里)마다 설치했던 건물로, 행인의 휴게소 혹은 송별하는 장소로 쓰였다. 10리마다 설치한 것은 장정(長亭)이라고 한다.

156 위모(魏牟)의 어진 덕 : 몸은 조정에 있지 않아도 마음만은 항상 나랏일을 생각하며 걱정하는 것을 말한다. 위(魏)나라의 중산공자(中山公子) 모(牟)가 황궁을 연모하면서, 첨자(瞻子)에게 "나의 몸은 강해(江海) 가에 있지만, 마음은 항상 대궐 아래에 머물러 있으니, 이를 어찌해야 하겠는가."라고 질문한 내용이 《장자》〈양왕(讓王)〉에 실려 있다.

강성오가 호서에서 와서, 종형 이귀호[157]의 묘소를 참배하고 왔다고 말하기에, 감회에 젖어 이렇게 적다

姜誠五至自湖中言歷拜龜湖李從兄墓感而書此

거의 다 된 쇠한 내 얼굴 괴이할 것도 없나니	無怪凋顔已九分
슬픔과 기쁨 사람의 일이 오지게 분분했으니까	悲歡人事劇紛紛
내가 홀연히 양담[158]의 눈물 흩뿌리게 된 것은	使吾忽灑羊曇淚
귀로를 성묘하고 왔다는 그대의 말을 듣고 나서	聽子新從龜老墳
가랑비 내리는 빈숲에는 두견이가 피 토하고	微雨空林鵑血吐
저녁 구름 해변에는 기러기 소리가 들리겠지	暮雲窮海雁聲聞
나이가 쇠할수록 마음이 약해짐을 느끼노니	年衰轉覺中心弱
애조를 띠고 황혼의 사람에게 얘기하지 말라	莫把哀情話夕曛

157 이귀호(李龜湖) : 이수일(李秀逸, 1705~1779)이다. 본관은 한산(韓山), 자는 자준(子俊), 호는 귀호이다. 아계(鵝溪) 이산해(李山海)의 7대손이다. 번암은 그의 이종제(姨從弟)이다. 호서의 육군자(六君子) 중 하나로 꼽혔다는 기록이 《번암집》 권50의 그의 묘갈명(墓碣銘)에 실려 있다.

158 양담(羊曇) : 진(晉)나라 사안(謝安)의 생질이다. 사안이 평소에 양담을 애지중지하였으므로, 사안의 사후에 그가 살던 서주(西州)의 길을 차마 밟지 못하였는데, 어느 날 대취(大醉)하여 자기도 모르게 서주의 문에 이르렀다가 측근이 그 사실을 알려 주자 말채찍으로 문을 두드리며 "살아서는 화려한 집에 살았는데, 영락하여 산언덕에 돌아갔네.〔生存華屋處, 零落歸山丘.〕"라는 조식(曹植)의 시구를 외며 통곡하고 떠났다 한다. 《晉書 謝安列傳》 양담이 서주의 문에 와서 통곡한 것처럼, 번암은 강성오의 말을 듣고 나서 눈물을 흘리게 되었다는 식으로 함련(頷聯)이 구성되었다.

보진당에 걸어 둘 시를 지어 보냈다. 보진당은 강릉에 있으니, 그곳은 바로 증조모인 권 부인의 친정집이 있는 향리이다. 척숙인 도사 권세규가 현판에 걸어 둘 시를 지어 달라고 나에게 매우 간절히 청하기에, 내가 감히 사양하지 못하였다

寄題葆眞堂堂在江陵卽曾王母權夫人泉淇之鄕戚叔權都事世規要余詩揭扁其懇甚至余不敢辭也

선인은 누대를 좋아한다 말하지 마오　　仙人莫道好樓居
금궐이며 은대 모두 헛된 일인 것을[159]　　金闕銀臺摠是虛
그보다는 역시 봉도 위의 그대의 집　　爭似君家蓬島上
해상 뒤의 선구[160]에 기꺼이 찾아오리라　　肯來先構海桑餘
경호의 구름 기운이 화려한 기둥에 흐르고　　鏡湖雲氣流華棟
교목의 봄 그늘이 고서에 가득 드리운 곳　　喬木春陰滿古書
소생이 감히 말하노니 택상을 성취하여　　薄劣敢言成宅相
사정의 진보로 문려를 환히 비추리이다[161]　　謝庭珍寶照門閭

159 선인(仙人)은……것을 : 선인이 특별히 거하는 곳이 따로 있다는 말은 모두 꾸며낸 이야기로서 근거가 없다는 말이다. 한 무제(漢武帝) 때에 방사(方士) 공손경(公孫卿)이 "선인은 누각에 거하기를 좋아한다."라고 하니, 무제가 그 말을 듣고는 장안(長安)에 비렴계관(蜚廉桂觀)을, 감천(甘泉)에 익연수관(益延壽觀)을 세워서 선인을 기다리게 한 고사가 전한다.《史記 孝武本紀, 封禪書》금궐(金闕)은 도가(道家)에서 말하는 천상의 황금궐(黃金闕)로서 선인 혹은 천제(天帝)가 거하는 곳이라고 하고, 은대(銀臺)는 전설 속의 왕모(王母)가 거하는 곳이라고 한다.

160 해상(海桑) 뒤의 선구(先構) : 상전벽해(桑田碧海)와 같은 엄청난 세상의 변고를 겪고 나서 지은 선인(先人)의 건축물이라는 말이다.

우거에서
寓次

문장이나 국정 능력 모두 잘못되었으니	文章經濟竝差池
강호에 떠돌아다님은 분수에 당연한 일	漂泊江湖乃分宜
너무도 쇠해져서 어디나 지팡이 짚어야만	行處須笻衰太甚
병든 뒤로 근질거리면 비가 꼭 온다나요	病來搔癢雨如期
문에서 지인을 물리침은 정이 시들해서가 아니라	門麾舊識情非漫
꿈속에 균천[162]에 들어가 늦게 깨어나고 싶어서라	夢入勻天覺願遲
만물이 천지간에 있으면 모두가 우거이니	物在兩間皆是寓
묻노라 누가 주인이 되고 손님이 누구인지	問誰爲主客爲誰

161 소생이……비추리이다 : 번암이 증조모의 증손으로서 그 길상(吉祥)한 집터에 걸맞게끔 외가를 빛내도록 노력하겠다는 말이다. 택상(宅相)은 주택의 풍수(風水)의 상을 말한다. 진(晉)나라 사도(司徒)인 위서(魏舒)가 고아가 되어 외가에서 자랐는데, 새로 집을 지을 적에 지관(地官)이 "귀한 생질이 나올 상이다."라고 하였다. 이에 외조모가 어려서부터 총명한 위서에게 기대를 걸자, 위서가 "외가를 위해 이 택상이 실현되도록 노력하겠다."라고 말하였는데, 뒤에 그대로 이루어진 고사가 전한다. 《晉書 魏舒列傳》 사정(謝庭)의 진보(珍寶)는 명망 있는 집안의 훌륭한 자손을 의미한다. 사정은 진(晉)나라 때 태부(太傅)를 지낸 사안(謝安)의 집안을 가리킨다. 사안이 여러 자질(子姪)들을 불러 놓고 앞으로의 소망을 물어보자, 그의 조카인 사현(謝玄)이 "비유하자면 지란(芝蘭)과 옥수(玉樹)가 집안 섬돌에 피어나 향기를 내뿜는 것과 같게 하겠습니다."라고 대답한 고사가 전한다. 《晉書 謝安列傳 謝玄》

162 균천(勻天) : 균천광악(勻天廣樂)의 준말로, 천상의 음악을 가리키는데, 여기서는 꿈속에서도 대궐을 그리워하는 번암의 간절한 소망을 암시하는 표현으로 쓰였다. 265쪽 주4 참조.

화창한 봄빛

韶光

청명 이후로 갈수록 더 화창한 봄빛	淸明以後轉韶光
창가의 해 길고 긴 재양[163]에 속했어라	窓日遲遲屬載陽
한강의 물은 길어 와서 청정한 밥을 짓고	江水汲成淸淨飯
내와 구름은 농도가 태화탕[164]과 근사하네	煙雲濃似太和湯
갈매기가 우리 모임에 들 줄은 예전부터 알았지만	飛鷗入社曾相識
가랑비는 뭐가 그리 급해서 꽃 피우라고 독촉하는지	細雨催花有底忙
세상의 버림받은 몸 굳이 멀리 갈 것 있나	棄世不須勞遠適
여남에서는 뜻대로 옥병에 들어가 쉬었느니[165]	汝南隨意玉壺藏

163 재양(載陽) : 바야흐로 포근해진다는 뜻으로, 음력 3월을 가리킨다.

164 태화탕(太和湯) : 술의 별칭이다. 송나라 소옹(邵雍)의 글에 "무명공(無名公)은 천성적으로 술 마시기를 좋아하여 일찍이 술을 명명하여 태화탕이라고 하였는데, 마시는 것은 많지 않아서 약간 취기가 돌면 그만두었고 과하게 취하는 것을 좋아하지 않았다."라는 말이 나온다. 《性理大全書 卷13 無名公傳》

165 여남(汝南)에서는……쉬었느니 : 동한(東漢) 때 여남 사람 비장방(費長房)이 신선술을 배우고 싶어 하던 중에, 시장에서 한 노인이 호로병을 매달아 놓고 약을 팔다가 시장이 파하면 그 병 속으로 훌쩍 뛰어 들어가는 것을 보고는, 그 노인을 찾아가 배알을 하고 간청을 하여 함께 호로병 속으로 들어가 보니 옥당(玉堂)이 화려하고 먹을 것이 그득하였다는 이른바 선인 호공(壺公)과 옥호(玉壺)의 이야기가 전한다. 《後漢書 方術列傳下 費長房》

그냥 흥이 일기에

漫爲

포도의 진물 색깔이 봄날에 비례해 짙어지며	葡萄水色與春濃
강촌에서 일 없이 지내는 나에게 볼거리 제공하네	供我江村漫浪蹤
수목 끝에서 불쑥 출현하는 어스름 저녁의 돛대요	暝棹忽疑生樹木
어룡을 죄다 셀 작정인지 환히 밝힌 밤 등불이라	夜燈渾欲數魚龍
생애는 물가 언덕에서 고사리순을 뜯는 것	生涯野岸挑新蕨
소식이라면 장안의 먼 종소리 주워듣는 것	消息長安落遠鍾
이웃집 찾아가 부로에게 내 자랑 한번 하며	要向隣家誇父老
두 조정에서 은혜받은 전말을 설명해 줄거나	兩朝終始敍遭逢

봄이 깊어 가기에

春深

천지간에 봄이 깊지 않은 곳 없으니	乾坤無處不春深
높고 낮은 정대 모두 굽어볼 만하네	高下亭臺摠可臨
아침저녁으로 버들가지 색깔이 아연 달리지고	朝暮柳絲俄改色
맑고 흐림에 따라 새소리도 변덕이 너무 심해	陰晴鳥語太多心
아이 불러 바둑이나 두며 긴 날 보내는데	呼僮借奕消長日
손님이 글을 손에 들고 먼 산 내려왔어라	有客携文下遠岑
백 년 머물다 가는 인생 이와 같으면 충분하니	居止百年如是足
사치한 생각이 소탈한 흉회 교란케 하지 말라	肯敎華念攪疎襟

우사앙(禹士仰)이 산사(山寺)에 올라가서 사륙문(四六文)을 짓고는 이날 나에게 와서 교정을 청하였으므로 제6구에서 이렇게 말하였다.

농사를 걱정하며

憂農

날이 개고 나서 고작 열흘이 지났건만	逢霽纔旬日
농사를 걱정하며 날이 가물다 말을 하니	憂農曰旱乾
끝이 없는 것은 바로 사람의 욕심	無窮是人欲
상천도 난처하게 여기지 않겠는가	不亦上天難
세상일 나 몰라라 하는 것도 한가한 생각이라	謝世猶閑念
처마 밑 거닐며 하늘을 때때로 쳐다본다네	步檐時仰觀
밭 가는 일 그리고 씨를 뿌리는 일	耕田與播種
아직 봄 농사가 늦진 않았을 터이니	春序未應闌

2월 그믐날에 사천의 길가로 달려갔으니, 상이 이날 홍릉에서 춘알을 행했기 때문이다

二月之晦趨詣沙川路左以上以是日行春謁於弘陵也

아침 일찍 서호 가로 나가서　早出西湖上
청포를 입고 어린 나귀 탔다네　青袍跨小驢
나의 이 걸음은 유랑하는 게 아니오라　我行非漫浪
왕을 뵙는 것이니 감히 거드름 부려서야　王覲敢虛徐
봉황 수놓은 일산에는 길상의 구름이 일렁이고　鳳蓋祥雲動
꾀꼬리 산봉우리엔 왕화(王化)의 햇살이 퍼지네　鶯岑化旭舒
길가에서 가까이 우러러 뵙는 것이　瞻依近上路
꿈속의 대궐 섬돌보다 훨씬 나으니까　勝似夢丹除

두 번째 其二

멀리 치마바위 길가에 부복하고서　遠伏裳巖側
곤룡포의 휘황함을 첨앙코자 하였나니　希瞻袞服輝
찰랑대어 말할 수 있을 법도 한데　盈盈或可語
날아가듯 휙휙 지나가니 어떡하나[166]　倏倏奈如飛

166 찰랑대어……어떡하나 : 별로 깊지도 않은 모래내[沙川]의 물 하나를 사이에 두고 정조의 행차를 바라보기만 할 뿐 한마디 말도 아뢰지 못하는 번암의 안타까운 심정을 표현한 말이다.

골짜기 침침해짐은 정기로 뒤덮여서	谷暗旌旗蔽
봉우리 돌아가매 가늘어지는 취타 소리	峯回管籥微
벌써부터 염려되네 강변 여관의 밤중에	預愁江館夜
사모하는 생각이 점점 희미해지지 않을는지	思想轉依俙

3월 1일에 비가 오다

三月一日雨

봄 구름이 누대에 비를 가득 보냈나니	春雲送雨滿亭臺
어둑어둑 부슬부슬 개지 않을 형세일세	靄靄濛濛勢不開
하늘 뜻은 정녕 보리를 무성하게 키우려니 봐	天意定敎滋麥茂
노부의 회포도 개화를 재촉해 덩달아 기쁘기만	老懷兼喜爲花催
습지에 앉은 산새 곁으로 지팡이 살금살금	幽禽坐濕移笻近
땅속의 물소리 높아져서 베갯머리 곁에까지	暗水聲高倚枕來
멀리 번계를 생각건대 토맥이 풀어졌으리니	遙想樊溪融土脈
작은 동산 나무들도 옮겨 심으면 딱 좋겠네	小園嘉木合移栽

청유

淸幽

지세가 맑고 그윽하여 정신 건강에 적합한 곳　地勢淸幽愜性靈
규모는 비록 작더라도 물가에 바짝 다가섰네　衡扉雖小酷臨汀
다락은 버들색 만나서 많이도 뒤덮여 가려졌고　樓逢柳色多虧蔽
강물은 하늘빛 좇아서 홀연히 하얗다 푸르렀다　江逐天光忽白靑
천고의 선유에 남은 것은 오직 나무뿐　千古仙遊餘獨樹
백년의 시서에 바뀐 것은 새로운 달력　百年時序易新蓂
풍진 속에 밭과 집을 구할 줄도 알지 못해　風塵不分求田舍
작은 배 빌려 온 가족 물위에 떠도는 신세로세[167]　浮得全家藉小舲

이곳은 주 태사(朱太史)[168]가 옛날에 노닌 곳으로서, 사람들이 선유봉(仙遊峯)[169]이라고 부르는데, 지금 남아 있는 것은 교목(喬木) 몇 그루뿐이기에, 이 시에서 그 사실을 언급하였다.

167 풍진……신세로세 : 세상살이에 무능해서 가족들을 데리고 이리저리 떠돌며 뜨내기 신세로 지내고 있다는 말이다. 밭과 집을 구한다는 것은 구전문사(求田問舍)의 고사를 취한 것으로서, 원대한 포부는 없이 가족을 위해 돈벌이를 하며 안정된 생활을 하는 일반 백성의 평범한 생활을 말하는데, 번암이 자조적인 뜻으로 말한 것이다.

168 주 태사(朱太史) : 명나라 한림학사(翰林學士) 주지번(朱之蕃)을 가리킨다. 그는 1606년(선조39) 황손(皇孫)의 탄생을 알리러 정사(正使)로 조선에 왔다.

169 선유봉(仙遊峯) : 한강 양화나루〔楊花津〕 근처의 산봉우리인데, 경치가 빼어나서 중국 사신을 위해 으레 잔치를 베풀던 곳이다.

청명일에 당종제인 민공과 척족인 이지형이 찾아왔기에 짓다

清明日堂從敏恭李戚趾馨至

즐거운 일도 늙어 가며 드물어지니	歡娛老蕭瑟
명절에는 시름이 더욱 더할 수밖에	佳節更添愁
천지야 원래부터 광활한 곳이지만	天地本自闊
강호도 그런대로 잠시 노닐 만하지	江湖猶薄遊
버들가지 늘어진 집에는 연무가 자욱하고	煙深垂柳宅
초록색 마름 물가에 바람이 살랑거리는 때	風軟綠蘋洲
두 사람이 내 집에 오지 않았더라면	不有二君至
막걸리 마시자고 그 누가 제안했을까	村醪誰爲謀

영종대왕의 기신에 눈물을 훔치며 쓰다

英宗大王忌辰抆淚以書

신성하신 삼황이 재현하셨으니	神聖三皇再
종묘사직 만세토록 이어지리라	宗祧萬歲仍
왕도가 탕평함이 없지 않았건만[170]	非無王道蕩
항상 전전긍긍하며 신중히 하셨어라	長見小心兢
해와 달을 춘대에 걸어 놓으시고[171]	日月春臺麗
뇌정으로 밤 도깨비 혼내 주시며	雷霆夜魅懲
나라를 통치하신 오십 년의 공적을	治功五十載
신의 붓으로 그려 내기 어렵나이다	臣筆畫難能

천신(賤臣)이 이제 막 실록의 편찬을 끝냈으므로 이렇게 말하였다.

170 왕도(王道)가……않았건만 : 영조가 탕평책(蕩平策)을 실시한 것을 말한다. 탕평은 《서경》 〈홍범(洪範)〉의 "편벽됨이 없고 편당함이 없으면 왕의 도가 넓어질 것이요, 편당함이 없고 편벽됨이 없으면 왕의 도가 평평해질 것이다.〔無偏無黨, 王道蕩蕩. 無黨無偏, 王道平平.〕"라는 말에서 나왔다.

171 해와……놓으시고 : 영조가 민생의 안정에 역점을 두고서 태평성대를 이루기 위해 노력을 경주했다는 말이다. 《주역》 〈이괘(離卦) 단(彖)〉에 "해와 달이 하늘에 걸려 있다.〔日月麗乎天〕"라는 말이 나오는데, 번암이 춘대(春臺)에 일월이 걸려 있는 것으로 변용(變用)하였다. 춘대는 봄날의 따스한 누대라는 뜻으로, 세상 사람들이 화락하게 어울리며 태평 시대를 구가하는 것을 비유하는 말인데, 《도덕경(道德經)》 제20장의 "세상 사람들 화락하여 마치 큰 잔칫상을 받은 듯, 따스한 봄날 누대에 오른 듯 즐거워한다.〔衆人熙熙, 如享太牢, 如登春臺.〕"라는 말에서 유래하였다.

두 번째 其二

신의 생애가 완고함이 또한 심해서	有生頑亦甚
눈물 흘리지 않을 일이 없습니다만	無事不潸然
탕약 사발을 어떻게 좇아 올려 드리며[172]	藥盌何從進
왕의 교서를 어떻게 다시 엮으리이까	雲章那更編
재주가 미천함은 횃불[173]과 같다고 할 것인데	才微應似爝
성상의 은혜가 막대함은 실로 하늘과 같습니다	恩大實如天
교릉[174] 너머 하늘을 하염없이 바라보다	目斷喬陵外
신의 마음 한강 가에서 재가 됩니다	心灰漢水邊

세 번째 其三

지금도 기억나네 관서에서 돌아와 납절[175]했을 때	尙憶西關來納節

172 탕약……드리며 : 번암이 내의원 제조(內醫院提調)로서 영조의 병세에 대해 다른 의관(醫官)들과 함께 진단을 하며 거의 일상적으로 탕약을 올렸기 때문에 이렇게 말한 것이다.

173 횃불 : 해와 달에 비하면 빛이라고 할 수도 없다는 뜻으로, 역량이 턱없이 부족한 것을 비유할 때 쓰는 말인데, 《장자(莊子)》 〈소요유(逍遙遊)〉의 "해와 달이 나왔는데 횃불 드는 일을 그만두지 않는다면, 빛이 되는 면에서 또한 난처한 일이 아니겠는가."라는 말에서 연유하였다.

174 교릉(喬陵) : 중국 섬서성(陝西省) 황릉현(黃陵縣) 교산(喬山)에 있는 황제(黃帝)의 능을 말하는데, 여기서는 영조의 능침(陵寢)인 원릉(元陵)을 지칭한다.

175 납절(納節) : 조정에서 내려 준 정절(旌節)을 반납하는 것을 말한다. 관직을 그만둘 때에도 이 말을 차용하곤 한다.

사알에게 얼른 데려와 알현케 하라고 하셨지요　促令司謁引登筵
성상께서 해 넘겨 돌아온 것을 유독 기뻐하시어　聖心偏喜經年返
한밤중 선실(宣室)[176]에서 담소하는 은혜 삼가 받들었지요
笑語恭承半夜宣
우매하고 완고한 처세가 부끄럽지 않겠습니까마는　人世冥頑那不愧
강호에서 쪼고 마시며 그런대로 잘 살고 있습니다[177]　江湖飮啄苟能全
외로운 신하가 이날 흘리는 천 가닥 눈물을　孤臣是日千行淚
옆에서 신명이 위에서 하늘이 지켜보고 있나이다　傍有神明上有天

176 선실(宣室) : 한(漢)나라 미앙궁(未央宮)의 정전(正殿)이다. 가의(賈誼)가 좌천되어 장사왕(長沙王)의 태부(太傅)로 있다가 1년 남짓 만에 소명(召命)을 받고 조정에 복귀했을 때, 문제(文帝)가 한밤중에 그를 선실로 불러들여 독대(獨對)하며 그의 이야기를 경청한 고사가 전한다. 《史記 賈生列傳》

177 강호에서……있습니다 : 번암이 조정에서 쫓겨나 한강 가에서 언제 어떻게 될지 모르는 불안한 심정으로 구차하게 연명하고 있는 현실에 대해서, 그래도 영조의 마음을 위로하려는 뜻으로 이렇게 말을 완곡하게 돌려서 표현한 것이다. 쪼고 마신다는 표현은, 《장자(莊子)》 〈양생주(養生主)〉의 "못가의 꿩은 위험을 피하려고 주위를 두리번거리며 열 걸음 걸어가서야 겨우 한 입 먹이를 쪼아 먹고, 백 걸음 걸어가서야 겨우 한 모금 물을 마신다."라는 말에서 발췌한 것이다.

여와를 생각하며

懷餘窩

친붕이 한 사람 한 사람 한양에서 와서	親朋一一漢陽來
말하기를 한양의 꽃들이 모두 피었다고	傳道漢陽花盡開
도성 교외 행락객들 줄 이을 줄 알겠는데	遊騎定知聯紫陌
여와는 몇 번이나 운대에 올라가셨을까	餘窩幾許上雲臺
홀연히 떠오르는 지난해의 봄나들이	尋春忽憶前年事
길일을 택해 탁주 잔 함께 기울였으면	選日同銜濁酒杯
처량하도다 강호에 병들어 누운 이 몸	怊悵江湖成臥病
골목길에 무수히 이끼만 퍼렇게 돋아나니	巷門無數綠生苔

김효검과 최상규가 10리 길을 걸어서 강변에서 적막하게 지내는 나를 찾아왔다. 이 두 사람은 바로 선조의 태의로서, 내가 약원의 제조로 있을 적에 이들을 데리고 아침저녁으로 병세를 살펴 진단하곤 하였는데, 지금은 벼슬자리에서 떨어져 빈궁한 가운데 몸 부칠 데도 없으므로 감회에 젖어서 이렇게 써 주다

金孝儉崔尙圭徒行十里訪余於江居寂寞之中二人卽先朝太醫余在藥院提擧相率診候于晨于夕見今落仕貧窮無所於繫感以書贈

그대들은 뒤에서 종종걸음 나는 앞에서　　君趨在後我趨前
집경당 안에서 함께 보낸 이십 년 세월　　集慶堂中二十年
무슨 일로 인간 세상 다 같이 몰락하여　　何事人寰共淪落
한강 가에서 서로 마주해 눈물 흘리는지　　涙痕相對大江邊

두 번째 其二

세상 싫어 승천할 날이 잡혀 있으니　　厭世乘雲自有期
유화[178]가 여기에 온다 한들 또 어찌하리오　　兪華到此亦何施
남은 목숨이 얼마 전에 천붕일[179]을 보냈으니　　餘生纔過天崩日
그대들 만나 옛날 일을 차마 얘기 못 하겠소　　不忍逢君話昔時

178 유화(兪華) : 옛날의 명의(名醫)인 유부(兪跗)와 화타(華陀)의 병칭이다.

179 천붕일(天崩日) : 하늘이 무너진 날, 즉 영조의 휘일(諱日)을 말한다.

세 번째 其三

강 언덕에 맨발 걸음한 포의의 신하가	江干徒步布衣身
선조 때의 태의인 줄 그 누가 알아보랴	誰識先朝議藥人
선왕의 수레 까마득히 부여잡을 수 없어서	仙馭渺茫攀不得
옛날 그때 백발의 신하를 부질없이 찾았구려[180]	白頭空訪舊時臣

네 번째 其四

무쇠 풍로 은제 약 솥 모두 먼지에 파묻힌 채	金鑰銀鐺摠刧塵
경희궁의 이 봄날에 옛 꽃만 공연히 피었겠지	舊花空發慶熙春
가련타 만번 죽을 고비 넘기는 강변 노인은	自憐萬死江邊老
그래도 자유롭게 유랑하는 그대들이 부럽다오	羨爾猶爲漫浪人

180 선왕의……찾았구려 : 영조의 의관(醫官)으로 활약했던 이들이 영조 사후에 함께 따라 죽지도 못한 채 제대로 도움을 받지도 못하고 낙백(落魄)하여 떠돌아다니다가 당시의 추억을 떠올리며 번암을 찾아왔지만 정작 번암 자신도 불우한 처지라서 그들을 도와줄 형편이 되지 못한다는 뜻의 자조적인 표현이다. 선왕의 수레 운운은 황제(黃帝)의 정호(鼎湖)의 전설을 인용한 것이다. 황제가 형산(荊山) 아래 정호에서 솥을 만들어 연단(鍊丹)을 하다가 그 단약(丹藥)을 복용하고 신선이 되어 용 위에 올라타고서 승천할 적에 신하와 후궁 70여 인을 함께 데리고 갔는데, 여기에 참여하지 못한 소신(小臣)들이 용의 수염을 부여잡고 있다가 용의 수염이 빠지는 바람에 모두 땅으로 다시 떨어졌다는 이야기를 말한다. 《史記 封禪書》

달밤에 토정 강변에 걸어 나가서
月夜步出土亭江上

나 자신도 우스워라 쇠한 몸이 민첩해서	自笑衰能捷
높은 무지개다리도 무섭지가 않으니 원	橋高不畏虹
모래는 언덕이 다한 데에서 평평해지고	沙平岸盡處
돛배는 달이 밝은 가운데 잠이 들었네	帆宿月明中
적막한 촌에 닭 소리 멀리 들리고	寂歷村鷄遠
써늘한 물에 거울이 텅 비었어라[181]	蒼涼水鏡空
어옹은 물론 나를 이상하다고 여기겠지	漁翁應怪我
사경이 끝나도록 걸었다 앉았다 하니까	行坐四更終

181 써늘한……비었어라 : 해가 떠오를 때의 강물에 서늘한 기운이 감도는 가운데 빈 거울처럼 텅 비어 아무것도 없는 광경을 묘사한 것이다.

상이 명륜당에서 재숙한 뒤에 선성에게 작헌하는 한편 비천당에서 인재를 시험했다는 말을 듣고 짓다

聞上齋宿明倫堂酌獻先聖仍試士於丕闡堂

반궁의 물이 봄에 광채를 드날렸나니	泮水春騰彩
임금님 수레가 묵으며 돌아가지 않고	鑾輿宿未回
제자의 예를 공경히 거행하는 한편	恭行弟子禮
사림의 인재들을 친히 뽑으셨으니까	親擢士林才
성월의 빛이 행단에 조촐히 임하고	星月臨壇潔
풍운의 시운이 나라에 가득 도래했나니	風雲滿國來
천년토록 선성의 사당을 드높이면서	千年尊聖廟
우리의 도 길이길이 계속 이어지리라	吾道儘悠哉

봄이 저물도록 문밖으로 나가지 않다가, 만어 권중범 사언의 손에 이끌려 하목정에 걸어서 올라갔는데, 꽃을 보는 흥취가 이미 반감되었기에 감회에 젖어서 이렇게 적다
春暮不出門爲晩漁權仲範 師彦 牽率步登霞鶩亭花事已減半感懷有述

나그네 회포 적막하게 호시절 뭉개다가	羈懷寂歷撫年華
한번 홍정에 올라 멀리 사방 바라보네	一上紅亭四望賒
모두 그동안 문을 처닫고 있던 탓으로	摠爲向來深閉戶
봄 구경하기엔 꽃이 시든 것도 몰랐구나	不知春事已殘花
미무는 푸른 싹 질펀히 새 제비 맞아들이고	蘼蕪綠遍逢新燕
양류는 그늘 가지런히 저녁 까마귀 가려 주네	楊柳陰齊庇晩鴉
초목 무성한 이 광경 대하다 백수를 돌리노니	對此莽然回白首
오색구름 서북쪽 하늘 멀리 임금님 계신 곳으로	五雲西北美人遐

달밤에
月夜

봄이 깊어져 물론 아쉽기도 하지만	春深應可惜
밤이 짧으니 또 어찌 잠을 잘 수야	夜短亦無眠
성군의 세상에 은택이 많은지라	聖世多恩澤
이웃집에서 관현악 소리 들려오누나	隣家有管絃
나무숲 너머 전해지는 통금 종소리요	禁鍾傳樹外
꽃 가에 도달하는 은은한 달빛이라	澹月到花邊
노소가 따로 없이 유희를 즐기건만	遊戲傾髫白
나는 평생 글만 지어서 부끄러워라	平生愧草玄

이날 밤 이웃집에서 새로 과거 급제한 것을 축하하여 연희(演戲)를 벌였다.

봄빛
韶光

누가 봄빛을 날마다 달라지게 재촉하는가	誰遣韶光日日催
봄 귀신이 누대에 잘 보이려고 하는 듯도	東君似欲媚樓臺
선창에 비 부슬부슬 복어가 거슬러 올라오고	篷前雨細河豚上
꽃 밑에 흙냄새 물씬 바다제비가 둥지 트네	花底泥香海燕來
삼출은 사람 때문이지 고퇴한 것이 아니거늘[182]	三黜由人非告退
일 년 나그네 생활에 돌아오라는 말이 없네	一年爲客未言回
오두막도 내 분수엔 족히 편안하고말고	蓬門亦足安吾分
규장각과 조정에는 본래 재주가 없으니까	奎閣巖廊本不才

182 삼출(三黜)은……아니거늘 : 조정에서 쫓겨난 것은 원리 원칙대로 행동하는 자기를 권신(權臣)이 미워해서 그런 것이지, 자기가 자청해서 사퇴한 것이 아니라는 말이다. 삼출 즉 세 번 쫓겨난다는 것은 올곧게 처신하다가 축출당하는 것을 말한다. 춘추시대 노(魯)나라 유하혜(柳下惠)가 사사(士師)로 있다가 세 번이나 쫓겨나자, 사람들이 왜 나라를 떠나지 않느냐고 물었는데, 이에 대해서 유하혜가 "원칙을 올곧게 지키면서 벼슬을 한다면, 어디를 간들 세 번쯤 쫓겨나지 않겠는가."라고 대답한 내용이 《논어》 〈미자(微子)〉에 나온다.

족제 우공이 낙제하고 나를 찾아와 묵다

族弟友恭下第來宿

사마시에 합격한 뒤로부터는	自從登上舍
내 집에 묵는 것이 드물었나니	稀闊客吾家
해변 고을에 양친이 늙으신 데다가	海國雙親老
왕경에 한번 오려면 길이 멀어서	王京一路賖
금년에 이렇게 행장을 꾸린 것은	今年有行李
삼월 처음 꽃 필 때 과거 보려고	三月趁初花
옥을 품었으면 끝내 바쳐야 할지니	抱玉終須獻
삼조를 원망하며 탄식하지 말지어다[183]	三朝莫怨嗟

183 옥을……말지어다 : 남의 탓을 하지 말고 피눈물을 흘리는 심정으로 자기 실력을 쌓아서 기필코 목표를 성취하라는 뜻으로 권면한 말이다. 춘추 시대 초(楚)나라 변화(卞和)가 박옥(璞玉)을 여왕(厲王)에게 바쳤으나 왕이 돌이라는 옥공(玉工)의 말을 듣고는 자기를 속인다면서 왼쪽 발을 잘랐다. 무왕(武王) 때에 다시 바쳤으나 이번에도 돌이라고 하여 오른쪽 발을 잘랐다. 문왕(文王)이 즉위하자 변화가 박옥을 품에 안고 초산(楚山)의 아래에서 피눈물을 흘리며 곡읍(哭泣)을 하니, 문왕이 옥공에게 가공하게 하여 마침내 미옥(美玉)을 얻었는데, 이것이 이른바 화씨벽(和氏璧)이다. 이 고사를 포옥(抱玉), 혹은 포박(抱璞)・포벽(抱璧)이라고 한다. 《韓非子 和氏》

날이 개니 달빛이 매우 밝아서 우공과 홍원 및 성군[184] 등 몇 사람을 이끌고 강변으로 걸어 나가 배를 띄우고는 은행정 아래까지 갔다

霽月明甚率友恭弘遠暨成君數人步出江干放舟至銀杏亭下

우연히 새로 꽉 찬 달빛을 따라	偶爾隨新月
흔연히 작은 배 위에 올라탔어라	欣然上小舟
맑고 밝게 대우주가 활짝 열리니	澄明開大界
호호탕탕 온갖 시름이 날아가누나	浩蕩失千愁
호연한 기운을 방울방울 음미하는 듯하니[185]	灝氣如涓滴
잔바람쯤이야 제 마음대로 불든지 말든지	恬風信去留
저기 저 은행나무 희미하게 보이나니	依依銀杏樹
멀리 그윽한 옛 정자를 알아보겠도다	遙識古亭幽

184 성군(成君) : 성훈(成塤)이다. 효종(孝宗)의 사위인 금평위(錦平尉) 박필성(朴弼成)이 권사언(權師彦)의 만어정(晩漁亭)을 매입하려다가 뜻대로 되지 않자 그 옆에다 본보기로 지은 집에 세 들어 살던 사람이다. 이곳은 번암이 마포(麻浦)에 우거할 때 다섯 번째로 자리를 잡아 머문 곳으로, 번암이 무명정(無名亭)이라고 이름을 붙였다. 《樊巖集 卷35 無名亭記》

185 호연한……듯하니 : 두보(杜甫)가 병든 몸으로 차남 종무(宗武)의 생일을 맞아 지은 시에 "유하를 조각조각 나누어서, 방울방울 조금씩 음미하며 마시노라.〔流霞分片片, 涓滴就徐傾.〕"라는 표현이 있다. 유하는 한 잔만 마셔도 몇 달 동안 배고픔을 모른다는 신선의 음료인데, 보통 미주(美酒)를 가리킨다. 《杜少陵詩集 卷17 宗武生日》

두 번째 其二

한가히 밤을 틈타 슬렁슬렁 거닐다가　　步屧閑乘夜
내 낀 물결에 재미 삼아 배를 띄웠다네　　煙波戲放舟
물오리 갈매기와 함께 묵을 것이니　　鳧鷗應伴宿
바람이나 이슬을 또 어찌 걱정하랴　　風露更何愁
꽃 기운이 돛대 앞에 은은히 스며들고　　花氣帆前入
하늘의 별들이 물 밑에 잠겨 있는 때　　天星水底留
낚싯대 제멋대로 드리우지 말지어다　　漁竿休恣意
깊이 숨은 와룡을 건드릴까 무서우니　　恐觸臥龍幽

우공과 홍원이 용산 이씨의 화원에 노닐면서 시를 지었기에 여기에 차운해서 보여 주다
友恭弘遠遊龍山李氏花園有所賦次韻以示

봄나들이의 흥취를 누워서도 알겠노니	臥識春遊興
뉘엿뉘엿 해 기울 때 돌아들 왔으니까	爾歸侵日斜
마포의 나그네는 지루하기 짝 없는데	支離麻浦客
이씨네 꽃동산은 얼마나 다채로웠을까	深淺李園花
손으로 꺾되 향기로운 흰 꽃을 추려 내고[186]	手折抄香雪
목이 마르면 불그레한 노을을 삼키나니	喉乾嚥絳霞
도원(桃源)을 잘못 찾지 않았다면	尋源如不誤
나도 얼른 집을 옮겨 가고 싶어라	吾欲急移家

186 손으로……내고 : 《초사(楚辭)》 〈구가(九歌) 대사명(大司命)〉에 "손으로 신마(神麻)를 꺾나니 옥구슬 같은 흰 꽃이여, 장차 보내드리리라 숨어 사는 분에게.〔折疏麻兮瑤華, 將以遺兮離居.〕"라는 표현이 나온다. 여기서 요화(瑤華) 즉 옥구슬 같은 흰 꽃은 옥화(玉華)라고도 하는 선계(仙界)의 꽃으로서, 이 꽃을 복식(服食)하면 장수할 수 있다고 한다.

여와가 왔다. 시축 가운데 〈회여와〉라는 나의 시에 차운한 것을 보고 내가 다시 그 시에 차운하다

餘窩至見次軸中懷餘窩韻却復次

봄이 깊어져 날마다 그대 오기만 기다리다	春深日日待君來
그대 문에 도착하자 얼른 나가서 문 열었네	君到衡門往白開
말에서 내려 동복에게 버들에 매어 두라 하고	下馬教僮閑繫柳
꽃을 보더니 나를 이끌고 곧장 대로 올라갔네	看花携我直登臺
냉도[187] 먹기엔 절기가 일러도 괴엽을 찾고	冷淘節早尋槐葉
집이 가난해 박주를 대통 술잔에 부었어라	薄酒家貧捧竹杯
사리를 아는 남주가 새 시를 지어 주었나니	解事南州新有贈
상자 속 시축은 양태가 마치도 이끼 낀 듯	篋中詩軸樣如苔

187 냉도(冷淘) : 냉면을 말한다. 두보(杜甫)에게 〈괴엽냉도(槐葉冷淘)〉라는 시가 있는데, 홰나무 잎의 즙을 내어서 이것을 국수와 섞어 냉면을 만드는 과정을 설명하고 있다. 속칭 과수면(過水麵)이라고 하며, 냉도면(冷淘麵) 혹은 괴도(槐淘)라고도 한다. 《杜少陵詩集 卷19》

만어정에서 주인의 현판의 시에 차운하다

晩漁亭次主人板上韻

세상 근심과 벼슬 욕심 완전히 벗어 버린	脫略塵愁與宦情
만어옹의 정자 역시 경계가 완전히 청정해라	晩翁亭子境全淸
연하는 남산의 저택에 나누어 주고	煙霞分與南山宅
궁달은 북두의 성을 첨의할 따름[188]	窮達瞻依北斗城
바람이 자니 고깃배 등불이 포구 따라 오밀조밀	風定漁燈緣浦細
달이 옮겨 가매 꽃 그림자 난간 안으로 비스듬히	月移花影入欄橫
오래된 오의항[189]의 시서의 가업일랑	烏衣舊巷詩書業
훌륭한 아들 손자가 또 명성 이으리라	佳子佳孫又繼聲

188 궁달(窮達)은……따름 : 곤궁과 현달은 왕의 처분을 믿고 따르며 전혀 걱정하지 않는다는 말이다. 북두(北斗)의 성은 임금이 있는 도성을 가리킨다. 북두는 제왕의 상징이다. 첨의(瞻依)는 부모처럼 우러러 바라보며 의지한다는 뜻인데, 《시경》 〈소아(小雅) 소반(小弁)〉의 "우러러볼 분으로는 아버지 말고 다른 사람이 없으며, 의지할 분으로는 어머니 말고 다른 사람이 없다.〔靡瞻匪父, 靡依匪母.〕"라는 말에서 유래하였다.

189 오의항(烏衣巷) : 중국 남경(南京) 진회하(秦淮河) 남쪽의 지명으로, 동진(東晉) 때 왕씨(王氏)와 사씨(謝氏)의 양대 귀족이 많이 모여 살았던 데에서 유래하여, 명문거족(名門巨族)을 뜻하는 말로 쓰인다.

여와가 돌아가기에 서운해서 짓다

餘窩歸悵然有述

두 밤 연속 묵었으니 어찌 온당치 않으랴만　信宿寧非穩
돌아갈 적에 바삐 서둘러 못내 유감이로세　歸時却恨忙
봄이 한창인데 행락은 하지 못한 채　方春少行樂
늙어 가며 문장만 일삼으니 아쉬워라　垂老惜文章
술은 텅 빈 숲에 기운을 발산하고　酒歇空林氣
꽃은 작은 둔덕에 향기를 남겼어라　花殘小塢香
만날 기약은 어느 저녁이 좋으냐면　佳期欲何夕
강물 툭 터져 등불이 반사될 그때　江闊射燈光

등불 걸린 저녁으로 약속 날짜를 잡았기 때문에 이렇게 말한 것이다.

3월 25일에 잠시 비가 오다

三月二十五日乍雨

일시적인 비라도 없는 것보단 나으니	一雨猶賢已
농민들의 기뻐함이 아예 없지 않도다	三農喜不無
어찌 혜택의 많고 적음을 따지리오	何論惠多少
마른 대지 적셔 주는 것만으로도 족한 것을	亦足潤焦枯
날아가는 새들은 찰싹찰싹 깃을 적시고	度鳥輕輕濕
남은 구름장은 점점이 떠서 외로워라	餘雲點點孤
이 비에 이어 주룩주룩 쏟아지기만 한다면	滂滂能繼此
배불리 먹는 우리 소원 이룰 수 있으련만	含哺庶幾吾

봄을 떠나보내는 날에 여와를 불렀으나 병 때문에 오지 못하기에 서운한 마음으로 짓다

送春日邀餘窩病不至悵然書此

봄 귀신은 수레 멈추고 이제 어디로 가려는지	東君弭節欲何之
산 그림자도 아쉬운 정 머금고 고의로 머뭇머뭇	山景含情故故遲
내년에 다시 볼 날이 없는 것은 아니지만	重見非無來歲日
외로운 감회가 소년 때와는 절로 다를밖에	孤懷自異少年時
날리는 꽃잎 암암리에 넘치는 이별 술 애석해하고	飛花暗惜盈盈酒
원망하는 새 풀죽은 암담한 시에 화답하는 듯도	怨鳥如和黯黯詩
서쪽 성곽의 푸른 나귀 속절없이 되돌아오니	西郭青驢空復返
녹색 마름 물가에서 뉘에게 거드름 부려 보랴	綠蘋洲畔謇須誰

4월 13일에 비 오는 것이 기뻐서

四月十三日喜雨

비가 안 내린 지 사십 일 만에	無雨四十日
오늘 아침에 비로소 주룩주룩	今朝方沛然
군왕이 하늘의 뜻에 맞게 조처하여	君王與天合
기름진 은택이 제때에 전해졌나 봐	膏澤及時傳
용의 기운이 잔칫상에 좌르르	龍氣流樽俎
구름이 그늘 지워 관현이 눅눅	雲陰濕管絃
나의 시도 제법 쓸모 있나니	吾詩頗有用
태평세월을 노래할 줄 아니까	解頌太平年

이날 마침 이웃집의 과거 급제 축하 잔치에 참석했기에, 이 시에서 언급하였다.

여와가 달밤에 왔기에 운을 뽑아 함께 읊다

餘窩至月夜拈韻同賦

강호에 없으면 분명히 산에 있었을 터	不在江湖定在山
몸소 자기를 이끌고 함관으로 나오셨군[190]	身隨紫氣出函關
다락을 오래 빌려 쓰니 객이 마치 주인인 듯	荒亭久假賓如主
달님도 서로 친해져서 갔다가 금방 돌아오네	好月相親往卽還
공뢰[191]의 울림이 드무니 주렴과 궤안이 조용하고	空籟稀鳴簾几靜
고인이 시어를 잊으니 물과 구름이 한가로워	故人忘語水雲閑
내일 아침엔 낚싯대를 손에 쥐고서	明朝手把魚竿竹
농암의 몇 번째 물굽이로 향해 볼거나	欲向籠巖第幾灣

190 몸소……나오셨군 : 여와 목만중(睦萬中)이 옛날 노자(老子)가 함곡관(函谷關)에 출현한 것처럼 영광스럽게 번암 자신을 찾아 주었다는 뜻의 해학적인 표현이다. 자기(紫氣)는 옛날에 상서로운 기운으로 여기던 자색(紫色) 운기(雲氣)로, 제왕이나 성현 등이 출현하는 조짐으로 받아들여졌다. 한(漢)나라 유향(劉向)의 《열선전(列仙傳)》에 "노자가 서쪽으로 유력할 적에 함곡관의 관령(關令)인 윤희(尹喜)가 멀리 바라보니 자기가 떠올라 관문 위로 다가오고 있었는데, 얼마 뒤에 과연 노자가 푸른 소를 타고 그곳을 지나갔다."라고 하였다.

191 공뢰(空籟) : 허공의 피리 소리라는 뜻으로, 바람 소리를 말한다. 《장자》 〈제물론(齊物論)〉의 천뢰(天籟), 지뢰(地籟), 인뢰(人籟)에서 착안한 표현이다.

김 우윤 조윤 에 대한 만사
金右尹 朝潤 挽

옛날 벗들은 죽어서 구천으로 내려가고	舊遊歸盡九泉下
늙은 나는 삼포 물가 행음하는 신세[192]	老我行吟三浦濱
우리 도 가슴 아파라 앞으로 이를 어떡하나	吾道傷心將奈此
종남산 머리 돌려 봐도 끝내 사람이 안 보이네	終南回首遂無人
뜻과 사업이 소침한 것은 밝은 시대의 한이요	消沈志業明時恨
명리에서 벗어난 것은 정조 지킨 처녀였네	超脫名場處子身
길이 맑은 향기가 탁한 세상 정화하도록	長使淸芬翹濁世
아경의 반열 안에 청빈한 집을 두었나 봐	亞卿班裏有家貧

192 늙은……신세 : 번암 자신은 조정에서 무함을 받고 쫓겨나 한강 변 마포(麻浦) 물가에서 서성이고 있다는 말이다. 행음(行吟)은 못가에서 읊조린다는 행음택반(行吟澤畔)의 준말이다. 전국 시대 초(楚)나라 굴원(屈原)이 소인의 참소를 입고 조정에서 쫓겨나 지은 〈어부사(漁父辭)〉에 "강변에서 노닐고 못가에서 읊조릴 적에, 안색은 초췌하고 용모는 마른 나뭇가지 같았다.〔遊於江潭, 行吟澤畔. 顔色憔悴, 形容枯槁.〕"라는 구절이 나온다.

차운하여 환월정에 걸어 둘 시를 부쳐 보내다

次韻寄題喚月亭

배 모양의 정루는 강변을 압도하고	亭樓如舫壓江潯
허명한 호기는 날마다 옷깃에 가득	灝氣虛明日滿襟
자리 위에서 맞는 것은 여기서 묵는 백로뿐	座上逢迎惟宿鷺
거울 물에 반사되는 것은 어딘가의 산봉우리	鏡中飛落是何岑
가까이에서 우러러 뵈러 구름은 성궐로 돌아가고	雲歸城闕瞻依近
앉고 눕기 푹신하게 솔은 술통과 바둑판 덮어 주네	松覆棋樽坐臥深
기이한 일은 주인옹이 여든의 나이에도	奇事主翁年八十
맑은 시로 노룡음[193]에 항상 화답하는 것	淸詩長和老龍吟

193 노룡음(老龍吟) : 늙은 용의 울부짖음이라는 뜻으로, 큰 소리로 노래하거나 읊조리는 것, 혹은 퉁소나 피리 등 관악기에서 울려 나오는 음향이나 솔바람 소리, 임금의 호령 등의 비유로 다양하게 쓰이는데, 여기서는 산골에 바람이 불어와 갖가지로 반응하는 자연의 소리를 비유하는 말로 쓰였다. 이백(李白)의 시에 "바람이 불어와 종산을 에워싸니, 일만 골짜기가 모조리 용의 울음소리.〔風吹繞鍾山, 萬壑皆龍吟.〕"라는 표현이 있다.《李太白集 卷24 金陵聽韓侍御吹笛》

8월 그믐날에 밤새도록 우레와 번개가 크게 치다

八月之晦大雷電終夜

내가 듣건대 크게 우레와 번개가 치는 것은	吾聞大雷電
여름에나 있지 가을엔 없는 일이라고	宜夏不宜秋
근년에는 항상 이것과 상반되는데	近年常反是
이 일이 오묘하여 헤아리기 어려워라	此事窅難籌
강과 바다에 바람이 다 함께 일어나니	江海風俱立
물고기와 교룡도 밤에 잠을 설칠 듯	魚龍夜欲愁
서생에게는 그래도 〈홍범〉[194]이 있나니	書生有洪範
오경 다락에서 펼쳐 놓고 읽는다오	展讀五更樓

194 홍범(洪範) : 《서경》의 편명인데, 이 〈홍범〉의 구주(九疇) 가운데 여덟 번째 서징(庶徵)에서 비〔雨〕와 볕〔暘〕과 따뜻함〔燠〕과 추위〔寒〕와 바람〔風〕과 때〔時〕 등의 여러 가지 징조를 서술하고, 이를 다시 좋은 반응〔休徵〕과 좋지 못한 반응〔咎徵〕으로 구분하여 설명하였다.

가을비

秋雨

비 오기를 빌어도 비가 오지 않더니　祈雨還無雨
날이 개기를 생각해도 개지를 않네　思晴也不晴
내가 어찌 하늘의 뜻을 알겠는가마는　吾何識天意
이런 처지에서 민생을 염려할 수밖에　自爾念民生
홀로 된 아낙은 밭머리에서 곡을 하고　寡婦原頭哭
애달픈 기러기는 늪 속에서 울어 대네　哀鴻澤裏鳴
유망해도 끝내는 반드시 돌아오리니　流亡終必返
당저께선 실로 인자하고 밝으시니까　當宁實仁明

이계수[195]가 와서 묵는 것을 기뻐하며

喜李季受來宿

병실의 문 적막하게 대낮에 열지 않은 채	病閤蕭蕭晝不開
시 짓는 일도 폐했는데 하물며 술잔이리오	新詩已廢況深杯
숨어 사는 나를 한번 활짝 웃게 해 주려고	窮居使我一歡笑
오늘 저녁에 그대가 걸어서 찾아왔구려	此夕蒙君徒步來
연무 속에서 찬 강은 때로 가까워졌다 멀어졌다	煙裏寒江時近遠
국화 옆에서 눈썹달 빛은 흔들거리며 왔다 갔다	菊邊纖月澹徘徊
백량[196]을 제작하는 것이 지금은 어떠한지	柏梁製作今何似
성세에 한대의 인재 보는 것이 흐뭇하구려	聖世欣瞻漢代才

195 이계수(李季受) : 이익운(李益運, 1748~1817)이다. 본관은 연안(延安), 자는 계수, 호는 학록(鶴麓)이다. 1782년(정조6) 정언(正言)으로 번암을 변호하는 상소를 올렸다가 파직되었다. 이정운(李鼎運)의 동생으로, 형제가 모두 번암의 문인이다.

196 백량(柏梁) : 한 무제(漢武帝) 때에 성립된 백량체(柏梁體)의 준말로, 임금과 신하가 서로 주고받는 시를 말한다. 349쪽 주109 참조.

10월 2일 밤에 천둥이 치기에

十月初二夜雷

무슨 일로 우리 삼한의 나라에서	何事三韓國
해마다 시월만 되면 천둥을 쳐 대는지	連年十月雷
안위는 성주를 믿고 의지한다 해도	安危聖主恃
눈물을 흘림은 노신의 처지가 애달파서	涕淚老臣哀
옛일을 상고하는 것은 우선 그만두더라도	傅會且姑舍
기황의 재해가 저와 같으니 어떻게 하나	飢荒如彼災
재성[197]하는 지극한 도리가 있으련마는	財成有至理
조정에 그런 인재가 얼마나 있을는지	廊廟幾人才

197 재성(財成) : 재성보상(財成輔相)의 준말로, 과부족(過不足)이 없게 조화(調和)하는 것을 말한다. 《주역》 〈태괘(泰卦) 상(象)〉의 "하늘과 땅의 기운이 서로 통하여 조화를 이루는 것이 태괘이다. 제왕은 이로써 천지의 도를 지나침 없이 이루고 천지의 일을 모자람 없이 도와서 백성을 보호하고 인도한다.〔天地交泰, 后以財成天地之道, 輔相天地之宜, 以左右民.〕"라는 말에서 나왔다.

만어정가를 지어서 권중범에게 증정하다

晩漁亭歌贈權仲範

삼포의 일천 가호가 백사장을 끼고 있지만	三浦千家夾沙汀
맑고 그윽하기로는 유독 만어정을 손꼽나니	淸幽獨數晩漁亭
만어정의 주인은 바로 나의 오래된 벗	晩漁主人吾故人
정루에 돌아와 누운 지 이십 년이라오	歸臥亭中二十齡
세인은 말안장을 얹지만[198] 옹은 물고기나 낚고	世人韝馬翁釣魚
세인은 걸번[199]을 하지만 옹은 문 닫고 거하는데	世人乞墦翁掩扃
내가 파직당해 이웃이 된 것을 기뻐하며	喜我罷官來比隣
손잡고 정루에 올라 함께 형적을 잊는다오	携手亭樓共忘形
정루는 알기는 쉬워도 잊기는 정말 어려운 곳	亭樓易知誠難忘
아늑한 달맞이 창가 여기에 또 바람 부는 난간	重重月牖兼風欞
유명한 화초 씨 뿌려 얻은 일천 가지 꽃들이요	名花種得千般紅
기이한 초목 옮겨다 심어 사철 푸른 정원이라	異草移來四時靑

198 세인은 말안장을 얹지만 : 세상에서 벼슬하는 사람들은 매일 출퇴근 시간에 맞춰 근무하느라 여념이 없어서 한가한 여유는 아예 엄두를 내지 못한다는 말이다. 두보(杜甫)의 시에 "형은 부귀를 뜬구름처럼 여기지만, 나는 공명을 훔치고 권세를 좋아할 뿐. 장안은 가을비 내려 열흘이나 질퍽질퍽한데, 우리들 말안장 얹는 것은 새벽닭 소리 들릴 때. 공경의 붉은 문은 아직 열리지 않았건만, 우리는 벌써 도착해서 어깨를 서로 마주치네.〔兄將富貴等浮雲, 弟竊功名好權勢. 長安秋雨十日泥, 我曹韝馬聽晨鷄, 公卿朱門未開鎖, 我曹已到肩相齊.〕"라는 구절이 있다. 《杜少陵詩集 卷14 狂歌行贈四兄》

199 걸번(乞墦) : 무덤 사이를 돌아다니며 먹을 것을 구한다는 뜻으로, 염치없이 출세를 목적으로 권세 있는 자에게 애걸하는 행태를 비유한 말이다. 《孟子 離婁下》

사방의 벽에 있는 도보와 광지의 필적이여　　四壁道甫光之筆
홍월의 미가의 배와 어찌면 같다고나 할까[200]　　虹月何如米家舲
옹은 그 사이에서 담박하게 경영함이 없이　　翁在其間澹無營
이따금 시를 짓고 나면 바둑돌 쩡쩡 놓는다오　　有時詩罷棊丁丁
화단 옆의 한 그루 싱그러운 배나무는　　壇邊一株香梨樹
강변 달이 찾아와 비칠 때 꽃향기 자욱　　江月來照花冥冥
노부는 평소에 술 마실 줄을 모르지만　　老大平生不解飮
이를 대하고서야 백옥병 술을 마다하랴　　對此那辭白玉甁
이 낙은 단지 우릴 위해 마련되었으니　　此樂直爲吾輩設
정루 밖 사람들이 알게 하면 안 되겠지　　亭外勿許時人聽
바라건대 화산을 나누듯[201] 이 집을 나눠 주어　　願言分宅如分華
내가 쉬며 물 위의 부평이 되게 하였으면　　使我休爲水上萍

군이 일찍이 달밤에 나를 배나무 아래로 초청하여 술을 권했으므로 이 시에서 그 사실을 언급하였다.

200 사방의……할까 : 만어정 역시 명필(名筆)의 작품을 많이 걸어 두고 있으니, 미불(米芾)의 배와 비교해도 손색이 없을 것이라는 뜻의 해학적인 표현이다. 도보(道甫)와 광지(光之)는 영조 시대의 저명한 서예가인 이광사(李匡師)와 강세황(姜世晃)의 자이다. 북송의 미불은 서화를 싣고 강호를 유람한 것으로 유명한데, 황정견(黃庭堅)이 그에게 우스개로 써 준 〈희증미원장(戲贈米元章)〉 시에 "창강의 고요한 밤에 무지개가 달을 꿰뚫었나니, 정녕 미가의 서화 실은 배 때문이리라.〔滄江靜夜虹貫月, 定是米家書畫船.〕"라고 하였다. 《山谷集 卷9》

201 화산을 나누듯 : 송나라의 괴애(乖崖) 장영(張詠)이 포의의 신분일 적에, 태화산(太華山)에 은거 중인 희이선생(希夷先生) 진단(陳摶)을 찾아가서 화산의 반쪽을 나누어 살고 싶다고 하자, 진단이 그의 풍모를 가상하게 여겨 허락한 고사가 전한다. 《事實類苑 卷37 詩賦歌詠 張乖崖》

김사집이 해서를 유람할 겸 풍천 부사 정해좌 법정을 방문하는 것을 전송하다

送金士楫遊海西兼訪豐川使君丁海左法正

쓸쓸하도다 필마의 객이여	蕭蕭匹馬客
장점에는 알아주는 사람이 없고	長店無人知
오직 있다면 우리 정 원님께서	獨有丁明府
그대의 가슴속 시를 사랑한다네요	愛君胸裏詩

담이 결려 갈비뼈 아래가 찌르는 듯 통증이 심해서 밤새도록 잠을 이룰 수 없기에 베개에 기대어 억지로 시를 읊으며 잊어 보고자 한다

痰結脅下刺痛甚連夜不得睡倚枕强吟以遣

사람이 늙으면 병이 꼭 찾아오는 듯한	人老如期病
이런 이치를 어찌 내가 의심하랴마는	吾何此理疑
죽고 사는 것을 걱정해서가 아니라	非緣念生死
몸이 아픈 것은 참을 수가 없네그려	不耐痛身肢
탁기가 덩어리로 서로들 엉겨 붙어	醜類團相結
뿌리가 어디에 서렸는지 알 수 없으니	盤根秘莫知
짧고 긴 오리와 학의 다리와 같이	短長鳧與鶴
상천이 하는 대로 일임할 수밖에[202]	一任上天爲

202 짧고……수밖에 : 번암이 남달리 유난히 병약한 몸으로 태어나 이런 고통을 당하는 것은, 마치 오리와 학이 태어날 때부터 각기 다리가 짧고 긴 것처럼 선천적인 것이니, 그저 하늘의 처분에 맡길 수밖에 없다는 뜻의 자조적인 표현이다. 《장자(莊子)》〈변무(騈拇)〉에 "오리는 다리가 비록 짧지만 이어 주면 근심하고, 학은 다리가 비록 길지만 잘라 주면 슬퍼한다."라는 학장부단(鶴長鳧短)의 이야기가 나온다.

오생 정진에 대한 만사

吳生鼎鎭挽

자욱하게 천지 사이에 오월의 된서리 내리면서 漢漢乾坤五月霜
복천의 교목이 하마터면 몰락할 뻔도 하였는데[203] 福川喬木易凋傷
겁회[204]가 점차로 식으면서 훌륭한 자손이 출현하여 劫灰乍冷孫枝迸
난새와 고니가 정치(停峙)하듯 찬란히 빛을 발했도다[205] 峙鵠停鸞爛有光

203 자욱하게……하였는데 : 1680년(숙종6) 남인(南人)이 몰락하고 서인(西人)이 득세한 경신환국(庚申換局)을 겪으면서 오시수(吳始壽), 오정창(吳挺昌) 등 동복 오씨(同福吳氏)가 유배되거나 사사(賜死)되는 등 심대한 타격을 입은 뒤를 이어, 1689년 기사환국(己巳換局)으로 남인이 집권한 것도 겨우 몇 년 동안이었을 뿐, 다시 1694년 갑술환국(甲戌換局)으로 인해 거의 재생 불능의 상태로 빠져들게 된 것을 말한다. 복천(福川)은 전라도 동복(同福)의 옛 이름이다. 교목(喬木)은 크고 높은 수목을 말하는데, 보통 고국(故國), 고향, 세가(世家)의 뜻으로 쓰인다.

204 겁회(劫灰) : 겁화(劫火)를 당하고 남은 재라는 뜻의 불가(佛家)의 용어인데, 여기서는 사화(士禍) 등 당쟁으로 인한 참혹한 재앙을 비유하는 말로 쓰였다. 한 무제(漢武帝) 때에 곤명지(昆明池)의 밑바닥에서 검은 재가 나왔는데, 이에 대해서 인도 승려인 축법란(竺法蘭)이 "바로 그것이 '겁화를 당하고 남은 재〔劫灰〕'이다."라고 대답했다는 고사가 전한다. 《高僧傳 卷1 漢洛陽白馬寺竺法蘭》

205 난새와……발했도다 : 동복 오씨의 문중을 빛낼 자손들이 차례로 나오기 시작하였는데, 그중에서도 오정진(吳鼎鎭)이 특출하였다는 말이다. 난새와 고니는 타인의 자제에 대한 미칭(美稱)인데, 한유(韓愈)의 글에 "내가 물러 나와 소부를 보건대, 푸른 대와 벽오동에 난새와 고니가 우뚝 멈춰 서 있는 것 같았으니, 그는 부조(父祖)의 업(業)을 제대로 지킬 만한 사람이었다."라고 한 데에서 유래하였다. 《昌黎文集 卷33 殿中少監馬君墓誌銘》

두 번째 其二

나귀 타고 책가방 메고 장안에 들어와서　　騎驢携笈入長安
성남에 방을 구한 썰렁한 객지 생활이여　　問舍城南旅食寒
어버이 마음은 오로지 자식의 성공에 있었을 뿐　　親心祇在兒成就
떠나보내며 이별의 아픔은 얘기하지도 않았다오　　相送不言離別難

세 번째 其三

학당에서 시문으로 멋진 솜씨 선보이매　　黌庭翰墨拂晴開
사론이 모두 인재 중 첫 번째로 꼽았나니　　士論同歸第一才
번암 노자 역시 그대를 특별히 사랑하여　　樊巖老子偏相愛
샘물줄기 인도하여 바다에 들이려 했더랬지　　欲護涓泉入海來

네 번째 其四

하나의 병에 손쓸 새 없이 만사가 잘못되어　　一病蒼黃萬事冤
성남에서 고향의 혼령 돌아오도록 불렀나니　　郭南招得故園魂
슬프다 이런 일을 하늘이 왜 모질게 행했는지　　哀哀此事天何忍
말 몰고 부친이 왔을 때도 말씀드리지 못하였네　　急馬爺來未及言

다섯 번째 其五

금강 물 슬피 울고 저녁 햇빛도 희미하기만　　錦水悲鳴夕照微

고향 산의 솔과 잣도 광휘가 감소했으리라	故山松柏少光輝
왔을 적에 차곡차곡 쌓아 놓은 경서와 사책들	來時袠袠書兼史
상여 옆에 함께 싣고 적막하게 돌아가누나	載得輀邊寂寞歸

여섯 번째 其六

영고성쇠 유유한 건 보편적인 하늘의 도	衰盛悠悠天道常
명문거족이 끝내 멸망할 리는 없고말고	故家應不遂淪亡
듣건대 뛰어나게 영특한 아들이 있다 하니	聞君一子寧馨在
못다 한 하늘의 보답 길이 받게끔 해 주리라	未食端須責報長

밤에 베갯머리에서 바람 소리를 듣고 바다를 건너가는 한생협을 생각하다

夜枕聞風聲憶韓生浹浮海之行

이 사람은 가난하여 말이 없기에　　之子貧無馬
마치 말을 타듯 배 위에 올라타고　　乘舟如馬乘
천 겹 만 겹 물안개 자욱한 바닷길을　　煙濤千萬疊
달마다 계속해서 왔다 갔다 한다네요　　月朔往來仍
바람이 오늘 밤에 유난히도 포효하니　　風吼今宵最
돛배는 외로이 어느 해안에 정박할지　　帆孤何岸憑
헤어지는 근심 걱정 세모에 당하고서　　離憂當歲暮
머리를 치켜드니 먹구름 겹으로 쌓였네　　矯首水雲層

결성 현감으로 나가는 한근지 덕후를 전송하며

送韓謹之德厚宰潔城

서쪽으로 활짝 트인 창해에 배 띄웠나니 西坼滄溟動
남쪽 지방 잔약한 군읍을 구제하기 위해서 南爲郡邑殘
어진 원님 명성은 이번에 가는 길로부터 賢聲此去路
뛰어난 문장 실력은 옛날 낭관 시절부터 文藻舊郎官
흉년이 들어 살아갈 길 막바지에 몰렸으니 生計荒年拙
부임하는 날 굶주린 백성들 얼마나 기뻐할까 飢氓到日歡
어버이에게 날마다 문안 인사를 올릴 때면 親堂問夜寢
옥루[206]가 혹 추울까 응당 걱정하리라 應念玉樓寒

군이 일찍이 병조의 낭관(郎官)으로 재임할 당시에 사람들이 글을 잘 짓는다고 상에게 아뢰었기 때문에 제4구에서 언급하였다.

206 옥루(玉樓) : 전설 속의 천제(天帝)나 선인(仙人)이 산다는 곳인데, 여기서는 임금의 거소를 뜻한다.

삼포에서 돌아오며 말 위에서 만어 권중범을 생각하다
歸自三浦馬上懷晩漁權仲範

삼포는 나의 땅이 아닌데도	三浦非吾土
떠나려니 마음이 아련해지는데	歸心方渺然
어찌하여 말 타고 나오자마자	如何騎馬出
벌써 만어 주변이 생각나는지	已憶晩漁邊
통주의 국화[207]가 시들기도 전에	未老通州菊
기망의 배[208]를 끝내 저버리다니	終孤旣望船
취향이 같아 가곡을 서로 좋아한	同聲好歌曲
천고의 그 뜻 면면히 이어지리라	千古意纏綿

207 통주(通州)의 국화 : 연경(燕京) 동쪽 40리 지점에 있는 통주는 아름다운 국화를 많이 재배하는 곳으로 유명한데, 그중 흰 것은 통주백(通州白), 붉은 것은 통주홍(通州紅), 황색은 통주황, 흑색은 통주흑이라고 일컬었다고 한다. 《物名考 3 無情類 草》《燕轅直指 卷5 回程錄 癸巳年 2月 7日》

208 기망(旣望)의 배 : 16일의 배라는 뜻으로, 소식(蘇軾)의 적벽유(赤壁遊)를 본뜬 뱃놀이 약속을 말한다. 소식의 〈전적벽부(前赤壁賦)〉는 "임술년 가을 7월 16일에 내가 객과 더불어 적벽 아래에 배를 띄우고 놀았다."라는 말로 시작된다.

10월 그믐날에 기쁘게도 계수가 와서 묵었는데 이날 밤에 비가 내렸다

十月晦喜季受來宿是夜雨

강호와 성궐을 왕래하는 것도	江湖與城闕
특별한 은혜를 받아서 가능한 일	來去以殊恩
그대가 홀연히 찾아와 주지 않았다면	微爾忽相訪
이 마음을 누구와 함께 논했으리오	此心誰共論
울며 가는 기러기에 시월이 다하고	鳴鴻十月盡
차가운 비 내려 사경에도 어두운데	寒雨四更昏
다시 임금님 말씀을 전하려 하니	更欲傳天語
두 뺨엔 벌써 흥건한 눈물 자국	雙腮已淚痕

동우탄

冬雨歎

한양의 성안은 십일월 동짓달인데도	漢陽城中建子月
이상하게 하늘이 눈 한 점 내려 주지 않아	異哉天不爲點雪
지합과 여상[209]에서 부채질 멈추지 않으니	紙閤藜床不廢扇
봄기운이 일양보다도 먼저 발동했나 봐[210]	春氣先於一陽發
더구나 또 어제부턴 큰비가 쏟아지며	況復昨日行大雨
곧장 오늘 밤까지 잠시도 멈추지를 않아	直至今夜無暫歇
광통교 아래 궁중의 도랑을 거쳐 온 물이	廣通橋下御溝水
동쪽으로 콸콸 화살처럼 급히 흘러감에랴	東流瀌瀌如箭疾
동네 노인들 놀라며 손가락으로 가리키니	里老指點驚且怪
쌍무지개 타원형으로 하늘 끝에 걸렸도다	雙虹蜿蜿橫天末
낭묘에서 조원[211]할 줄 안다고 말한다면	若道廊廟解調元

209 지합(紙閤)과 여상(藜床) : 지합은 창이나 벽을 종이로 도배한 방을 말하고, 여상은 명아주 줄기를 엮어서 만든 평상으로, 누추한 자신의 거소를 의미하는 겸사이다. 지합은 지각(紙閣)이라고도 한다.

210 봄기운이……봐 : 동지(冬至)가 돌아오기도 전에 벌써 따뜻한 봄날이 찾아온 것 같은 이상 기후를 보인다는 말이다. 일양(一陽)은 하나의 양기(陽氣)라는 뜻인데, 순음(純陰)의 달인 10월의 곤괘(坤卦)에서 오음(五陰) 아래의 초효(初爻)에 양효(陽爻) 하나가 새로 생기는 것이 11월의 복괘(復卦)이기 때문에, 일양이라는 말이 복괘의 동지를 의미하는 말로 쓰이게 되었다.

211 조원(調元) : 음양을 조화하며 국가의 정무를 관장하는 것으로, 보통 재상의 임무를 가리키는 말로 쓰인다.

어찌 음양의 운행이 순조롭지 못할 리야	何得陰陽不順轍
번암 노자는 여전히 쓸데없이 일이 많아	樊巖老子還多事
황천을 우러러보며 칠실[212]에서 걱정하네	仰視皇天憂漆室

212 칠실(漆室) : 춘추 시대 노(魯)나라의 고을 이름이다. 노 목공(魯穆公) 때에 신분이 낮은 여자가 캄캄한 방에서 나라를 걱정했다는 칠실지우(漆室之憂)의 고사에서 유래한 말이다. 《山堂肆考 卷98 憂國》《古今事文類聚 別集 卷22 漆室憂魯》 보통 자기 신분과 지위에 맞지 않게 나랏일을 근심하고 걱정하는 것을 비유하는 말로 쓰인다.

옛집으로 돌아오다
還舊第

내가 내 집을 떠나온 뒤로부터	自我我家別
강변의 달이 열 번 둥글어지는 동안	江月十回圓
내 몸도 스스로 보전하질 못했으니	我躬不自保
내 집을 돌아볼 겨를이나 있었으랴	遑恤我家焉
아이에게 관리하라고 지시했어도	縱令兒子守
흡사 버려진 집처럼 바뀌고 말아	便若成棄捐
사당을 옮겨 모시지도 못했으니	祠屋未奉移
그 일이 언제나 마음에 걸렸어라	此事心纏綿
강호를 내 집으로 삼을 수는 없어	江湖無以家
다섯 달에 이사한 게 무려 다섯 번	五朔凡五遷
애틋하게 월나라 새의 꿈을 꾸면서	依依越鳥夢
밤마다 남쪽 가지 주변에 깃들었다오[213]	夜夜南枝邊
밝은 햇빛이 복분[214] 안에 다시 돌아와	白日回覆盆

213 애틋하게……깃들었다오 : 타지에서 옛집을 잊지 못한 심정을 묘사한 것이다. 고시(古詩)에 "흉노족의 말은 북에서 불어오는 바람에 몸을 의지하고, 월나라의 새는 남쪽을 향한 가지에 둥지를 튼다.〔胡馬依北風, 越鳥巢南枝.〕"라는 구절이 나오는데, 여기에 기인하여 월조(越鳥)나 남지(南枝)가 고향 혹은 고국을 그리워하는 것에 대한 전고로 쓰이게 되었다. 《文選 卷29 古詩十九首》

214 복분(覆盆) : 거꾸로 엎어 놓은 동이라는 뜻으로, 성군의 밝은 빛을 받지 못한 채 깜깜한 어둠 속에 놓이게 된 신하의 억울한 심정을 비유한 표현이다. 《포박자(抱朴

대궐에서 앞으로 나오라 불러 주심에　文石召使前
지극한 은혜가 뼛속까지 사무쳤나니　至恩淪骨髓
나를 알아주는 분은 임금님이신지라　知我者上天
만 줄기 흐르는 눈물 훔치고 나서　拭盡萬行淚
옛집에 돌아와 잠들 수가 있었다오　還歸舊堂眠
돌층계는 반이나 옆으로 기울어지고　砌石半欹側
그 위에 뒤덮인 동전 모양의 이끼들　其上苔成錢
석류나무는 이미 말라 부러졌고　石榴已枯折
작약은 옛 자취만 남아 있을 뿐　芍藥空舊躔
창연히 경서 등 서책을 점검해 보노라니　悵然撫經籍
열 권 중에 하나도 온전한 것이 없네　十袠無一全
뜰 남쪽에 작은 솔만 구불구불 서린 채　庭南小盤松
혼자 남아 있는 것이 오히려 가련한데　獨留還可憐
회오리바람이 늙은 은행에 불어닥치니　回風吹老杏
남은 잎이 나부끼며 나풀나풀 떨어지네　餘葉落翩翩
막걸리를 울타리 너머로 건네받고는[215]　濁酒過墻來

子)》〈변문(辨問)〉의 "일월도 비춰 주지 못하는 곳이 있고, 성인도 알지 못하는 곳이 있다. 그러나 성인이 하지 못하는 바가 있다고 해서, 천하에 신선이 없다고 말해서야 되겠는가. 이는 해와 달과 별이 복분의 내부를 비춰 주지 않는다고 책망하는 것과 같다." 라는 말을 단장취의(斷章取義)하여 인용한 것이다.

215 막걸리를……건네받고는 : 이웃끼리 음식도 서로 나눠 먹는 순박한 인심을 표현한 말이다. 두보(杜甫)의 시에 "담 너머 서쪽 이웃 불러 가로되, 혹시 술이 없느냐고 물어봤더니, 울타리 너머로 막걸리를 넘겨주기에, 긴 강물 내려다보이는 곳에 자리를 폈네.〔隔屋喚西家, 借問有酒不, 牆頭過濁醪, 展席俯長流.〕"라는 구절이 있다. 《杜少陵詩集 卷3 夏日李公見訪》

낭랑하게 읽어 보는 〈이소〉의 시편이여　　朗讀離騷篇
백발의 몸으로 도성 문에 들어가다니　　皓首入脩門
이는 옛날 현인에게 많이 있었던 일　　茲事多昔賢
나머지야 말할 것이 뭐가 있으랴　　餘外何足道
느긋이 노닐며 백년을 살아가리라　　優游且百年

12월 8일에 명덕산으로 들어가다

臘月八日入明德山

일 년 지나야 한 번쯤 찾아오는 곳이니	縱道一年方一到
헤어진 동안 잊을 수 있다고 말할지 몰라도	可因相別或相忘
나는 그동안 어딜 가도 모두 심드렁하였으니	我來隨處皆閑放
누가 명호와 비교하며 우열을 논한단 말인가[216]	誰把明湖較短長
솔 그림자가 의연히 대낮의 사립을 가려 주고	松影依然籠晝閤
연꽃 향기가 찬 못에서 스며 나오려는 듯도	蓮香似欲沁寒塘
이제부터 소원이라면 몸에 아무 일이 없이	從今秖願身無事
춘성당과 적취정 옆에서 노년을 마치는 것	終老春星積翠傍

정해좌(丁海左)가 마호(麻湖)와 번계(樊溪)의 우열을 비교하며 논설해 마지않았으므로 제4구에서 이렇게 말하였다.

216 누가……말인가 : 해좌 정범조(丁範祖)가 명덕산의 번계보다는 번암이 한동안 우거했던 마포 일대가 훨씬 낫다고 주장하였다. 《海左集 卷9 携李公會登九月山……奉寄樊巖蔡尙書, 卷18 奉寄樊台書》 이에 대해서 번암이 다시 반박한 내용이 《번암집》 권36 〈정해좌에게 답하는 글〔答丁海左書〕〉에 자세히 보인다. 명호(明湖)는 마포를 가리킨다.

나 혼자 유유히

悠悠

유유히 혼자서 왔다 가는 길	悠悠自來去
성곽을 나서니 산에 해가 기우뚱	出郭山日斜
고즈넉한 길목에 컹컹 개 짖는 소리	犬吠蕭條巷
두세 집에 짙게 드리운 소나무 그늘	松深三兩家
쫑긋 선 산봉우리 날 보고 미소 짓는 듯	巖巒如帶笑
구름 사이 달님도 화사하기 이를 데 없네	雲月不勝華
이로부터 금단을 익혀 나간다면	即此金丹熟
삼신산이 어디 멀리 따로 있으리오	蓬壺未覺賒

여와가 왔기에 밤에 앉아서 차운하여 짓다

餘窩至夜坐次韻

말 빌려 타고 느긋하게 반궁으로부터	借馬遄從泮
구름 헤치고 재아[217]를 찾아와 주었구려	披雲訪在阿
읽지 못한 책들을 내가 보듬어 보려 해도	殘書吾欲抱
쇠한 몰골이 이러하니 어떻게 해야 하나	衰相爾如何
솔과 계수에 걸린 등불 흔들리지 않고	松桂懸燈靜
산과 강에 내린 눈 어찌 이리도 많은지	山河雨雪多
마음 맞는 벗에 아름다운 이 밤이여	良朋與良夜
하늘가에는 또 일렁이는 금빛 물결	天際又金波

217 재아(在阿) : 언덕에 있다는 뜻으로, 숨어 사는 사람의 거처를 말한다. 《시경》 〈위풍(衛風) 고반(考槃)〉의 "숨어 살 집이 언덕에 있으니, 큰 선비의 마음이 넉넉하도다.〔考槃在阿, 碩人之薖.〕"라는 말에서 유래하였다.

15일 밤에 춘성당에 앉았다. 펄펄 내리던 눈이 이제 막 개고 달빛이 무척 밝기에, 아쉬운 심정으로 시를 짓다

十五夜坐春星堂大雪初霽月色明甚悵然有述

일천 산 또 일만 산에 눈발이 막 그치고	雪霽千山復萬山
하늘이 명월의 다른 얼굴 선보이게 했네	天教明月別開顔
차가운 빛이 초경을 지나 점점 쌓여 가니	寒光漸積初更後
우주에 한 점 찌끼도 용납하기 어려워라	點滓難容六合間
장엄한 승경이 사람을 잠 못 들게 하는데	靈境使人無夜寐
한 해 걸러서 귀환할 일정이 서운하기만	前期悵爾隔年還
솔가지 끝에 잠든 학을 혹 놀라게 할까 봐	恐驚水鶴松端睡
지팡이 짚고 살금살금 작은 물굽이 건너가네	筇杖低聲度小灣

계묘년(1783, 정조7) 1월 3일 입춘에 짓다. 이때 나는 번계에서 도성에 들어와 있었다

癸卯正月三日立春時余自樊溪入城

숲속 시내 은둔 생활도 즐겁기는 하지만	林棲溪遯亦歡如
우연히 봄바람 따라 옛집으로 돌아왔소	偶逐春風返故閭
해 그림자는 섬돌 가에서 길어짐을 느끼겠고	日影漸知緣砌長
닭 소리는 벌써 목청껏 뽑으려고 작정하였나 봐	鷄聲已欲盡情舒
성상은 소신을 사랑해서 은총을 자주 내리는데	天慈一物頻新渥
나는 병으로 삼여를 잃어 책을 보면 느꺼워져	病失三餘感舊書
오직 외로운 충성심이 본성 안에 있는지라	惟有孤忠根性在
매양 시절을 만나면 대궐의 꿈을 꾼다네요	每逢時節夢丹除

청하 현감으로 나가는 당제인 민공을 전송하며
送堂弟敏恭宰清河

너를 의지하며 친동생처럼 여겼는데　倚爾同生若
무슨 연고로 멀리 헤어지게 되었는고　緣何遠別爲
계림의 땅 조그마한 하나의 고을　鷄林一縣小
오모를 착용한 칠 년의 오랜 세월[218]　烏帽七年遲
벼슬은 박해도 은혜는 박하지 않나니　宦薄恩非薄
백성이 주리면 내 몸이 주리듯 하여　民飢已似飢
티끌만큼이라도 보답할 수만 있다면　涓埃能有答
나도 이별하는 것을 한하지 않으리라　吾不恨相離

두 번째 其二

말을 듣자 하니 내연의 폭포는　聞說內淵瀑
웅장한 기세가 천하에 드물어서　雄雄天下稀
금강산의 체세를 나누어 받고　金剛分體勢
보경사(寶鏡寺)의 광휘를 보유했다네　寶鏡有光輝
늙어 가며 부질없이 고개 돌리는 것이　老去空回首

218 오모(烏帽)를……세월 : 채민공이 7년 동안 민간에서 포의로 지냈다는 말이다. 오모는 검은 모자라는 뜻으로, 고대에는 귀족의 상복(常服)에 속했으나, 수당(隋唐) 이후로는 서민이나 은자(隱者)의 모자가 되었다.

인간 세상의 옷깃을 아직 못 떨쳤으니 人間未拂衣
어떡하면 부석의 자취 따라서 那由躡鳧舃
함께 안항을 지어 날아 볼거나[219] 同作雁行飛

219 어떡하면……볼거나 : 청하 현감으로 부임하는 채민공을 따라가서 내연(內淵)의 폭포를 함께 구경해 보고 싶다는 말이다. 부석(鳧舃)은 오리로 변한 신발이라는 뜻으로, 지방 수령의 고실(故實)로 쓰는 말이다. 후한 현종(後漢顯宗) 때 하동(河東) 사람 왕교(王喬)가 상서랑(尙書郎)으로 있다가 섭현(葉縣)의 수령으로 옮겨 갔는데, 매달 초하루와 보름에 조회하러 도성에 드나들 때마다 수레나 말은 보이지 않고 오직 두 마리의 집오리만 날아오는 것을 이상하게 여겨 그물로 잡고 보니, 그 속에 상서랑으로 있을 때 신었던 신발 한 짝만 있더라는 고사에서 유래하였다.《後漢書 方術列傳上 王喬》 안항(雁行)은 《예기》〈왕제(王制)〉의 "부친의 연치에 해당할 때에는 그 사람의 뒤를 따라가고, 형의 연치에 해당할 때에는 나란히 걷되 약간 뒤에 위치한다.〔父之齒隨行, 兄之齒雁行.〕"라는 말에서 나온 것으로, 형제 관계를 비유할 때 쓰는 말이다.

경성의 통판으로 가는 신선용 우상을 전송하며
送申善用禹相通判鏡城

백산 청해에선 기러기가 천천히 난다는	白山靑海雁飛遲
석로[220]의 맑은 시어가 아직도 기억나는데	石老淸詞尙記之
만리 변새의 출정곡을 바야흐로 전하리니	萬里方傳出塞曲
구원에서 아들 보내는 시를 어찌 지으리오	九原那賦送兒詩
역마 치닫는 길엔 막막하게 눈보라가 몰아치고	郵程漠漠多風雪
성곽의 버들은 한들거리며 이별 객을 마주할 터	城柳搖搖對別離
도임하는 날 백성들 근심이 눈에 들어오리니	到日民憂應在睫
행락이나 하며 밝은 시대 저버리지 말지어다	莫將行樂負明時

백산청해(白山靑海) 운운은 바로 선용(善用)의 선대인(先大人)이 북관(北關)으로 떠나는 사람을 전송하는 시에 나오는 표현이기에 이 시에서 언급하였다.

220 석로(石老) : 신광수(申光洙, 1712~1775)로, 본관은 고령(高靈), 자는 성연(聖淵), 호는 석북(石北)·오악산인(五嶽山人)이다.

맹춘고한행
孟春苦寒行

대보름에서 사오 일이나 지났는데도	上元之過四五日
날씨가 살을 엘 듯 갑자기 추워지며	天氣忽復成凜烈
밤에 눈발이 몰아닥쳐 몇 치나 쌓이고	夜雪憑淩積數寸
바람 귀신이 당돌하게 여기에 가세하여	風伯挾勢太唐突
정원의 나무가 휙 하며 부러지는가 하면	園木披折砉有聲
큰 바위도 갈라져서 볼품이 없게 되었어라	巨石決裂無光晶
강한의 물이 그동안 기름 풀린 듯 맑았는데	江漢邇來淸若油
밤사이에 어쩌면 그리도 꽁꽁 얼어붙었는지	夜來氷合何崢嶸
나무꾼 수레 끊어진 것은 그럴 수 있다 쳐도	樵車斷絕猶自可
동해(凍害) 입은 보리 뿌리는 장차 어떻게 자랄거나	麥根皴瘃將何成
노부는 쇄골이 거북이 목처럼 오므라든 채	老夫衰骨縮如龜
문 닫고 귀밑머리 날로 하얗게 늘어 갈 뿐	閉戶日添霜鬢莖
못 본 책 펼쳐 보려 해도 손가락 곧장 굳어지고	欲披殘書指還直
찬 이불 억지로 덮어쓰니 외려 소름만 돋아나네	强投寒衾稜轉生
하늘을 봐도 망망하니 언제 갤지 알 수 있나	天宇莽莽何時開
태양도 빛이 차단된 채 뜬구름만 떠갈 따름	黃道晻翳浮雲征
한겨울엔 봄날이요 봄엔 거꾸로 겨울이니	盛冬爲春春反冬
하늘의 운행이 균형을 잃은 게 아니겠나	天運無乃失其平
생각하면 구호 죽 먹으러 오는 주린 백성들	默思飢甿赴賑粥
다 떨어진 누더기 입고 벌벌 떠는 모습이여	鶉衣裂盡波吒作

내 몸 걱정할 겨를 없이 동포를 걱정하니　　未暇念躬念同胞
우스워라 시속과 안 맞는 엉뚱한 내 생각이여　　笑矣吾不諧今俗

구월산가를 지어서 이공회의 공관에 부쳐 보내다

九月山歌寄贈李公會行軒

옛날에 내가 안악에 있을 적에	昔我在安岳
멀리 구월산을 바라보면서	望見九月山
공무의 여가에 한가로이 배회하노라면	簿書之暇淡徘徊
쪽머리 메가 아스라이 구름 사이에 누웠는데	姸鬟縹緲橫雲間
수중의 녹옥장[221]을 쓰지도 못하고 버려둔 채	手中辜負綠玉杖
지금껏 높다란 바위산을 몽상만 하고 있다네	至今夢想疲孱顔
지난해 군을 은율현으로 보냈는데	昨歲送君殷栗縣
현이 있는 곳은 바로 구월산의 앞	縣在九月山之前
군의 흥취는 바로 사공극에 있는 만큼	知君興在謝公屐
쌍정 오마는 즐기지 않을 줄 알았나니[222]	雙旌五馬非所樂
과연 서쪽에 간 지 순월이 채 안 되어	西行未旬月
멋진 유람 감상문을 급히 날려 보냈더군	飛書告勝觀

221 녹옥장(綠玉杖) : 전설 속의 선인(仙人)이 사용한다는 지팡이를 말한다.

222 군의……알았나니 : 공회 이정운(李鼎運)이 원님 행세를 하면서 거창하게 구월산에 행차하지 않고 소탈하게 개인 자격으로 걸어서 구월산을 등반하며 감상하리라는 것을 진작에 알고 있었다는 말이다. 사공극(謝公屐)은 남조(南朝) 송(宋)나라의 시인 사영운(謝靈運)의 나막신이라는 뜻으로, 특수하게 제작된 등산용 신발을 말한다. 그가 명산을 유람할 적에 오르막길에서는 나막신〔屐〕의 앞굽을 떼어 버리고 내리막길에서는 뒷굽을 떼어서 걷기에 편리하도록 했다는 고사가 전한다. 《宋書 謝靈運列傳》 줄여서 사극(謝屐)이라고도 한다. 쌍정(雙旌) 오마(五馬)는 한 쌍의 깃발과 다섯 필의 말이 끄는 수레라는 뜻으로, 지방 장관이 출행(出行)할 때의 의장(儀仗)을 가리킨다.

구월산 푸르른 그늘이 몇 개 고을까지	九月之山青數州
서쪽 끝에 뿌리박고 얽혀 벋어 나갔나니	托根西極紛相繆
누가 함께했느냐면 바로 우리 정해좌[223]	誰其偕者丁海左
어깨 서로 다독이며 탐방을 시작했다지	相與拍肩事冥搜
사시의 천상의 음악은 만 그루 솔바람 소리	四時天樂萬柏吟
한낮의 허공의 천둥은 일백 시내의 물소리	白日空雷百川流
땅이 장엄하여 사람이 절하는 단군 사당	地嚴人拜檀君廟
범이 점지했다 나무꾼 전하는 유씨 무덤	虎跑樵傳柳氏丘
술이 얼근해 휘파람 불며 꼭대기에 올라서면	酒酣嘯傲凌絶頂
한 웅덩이 서해의 물도 아른거리며 비칠 따름[224]	一泓西海光浮浮
해좌가 취해 읊어 대고 군이 취해서 응답하면	海左醉吟君醉答
바다 귀신 일어나 창창한 섬에서 춤춘다나요	禺强起舞蒼蒼洲
내가 이 말 접하고는 흥이 일어나 격동하며	我見此語興且狂
분발해 날아 가고파도 방법이 없어 한스러워	身欲奮飛恨無由
떠나오면 그만인데 어느 때나 유람해 볼까	勝遊幾時奈別何
세간의 만나고 헤어짐은 본래 유유한 것을	世間離合本悠悠
해좌는 〈귀거래사〉 먼저 읊으며 돌아갔고	海左先賦歸來辭
군도 관직 그만두면 오래 머물 수 없을 터	君亦罷官不可以久留
군이 산을 이별하고 산이 군을 이별하면	君別山山別君

223 정해좌(丁海左) : 해좌는 정범조(丁範祖)의 호이다.

224 한……따름 : 구월산 정상에서 굽어보면 서해도 조그마한 웅덩이 물처럼 멀리 희미하게 보일 듯 말 듯 할 것이라는 말이다. 당나라 이하(李賀)의 시에 "중국을 멀리 바라보니 아홉 점의 연기요, 한 웅덩이 바닷물도 술 한 잔 쏟아 놓은 듯.〔遙望齊州九點煙, 一泓海水杯中瀉.〕"이라는 표현이 보인다. 《昌谷集 卷1 夢天》

내와 구름이 시름에 잠긴 듯 자욱하겠지	煙雲漠漠如含愁
산이여 구월산이여	山乎山乎
두 분을 얻은 것은 귀빈을 맞이한 셈이니	得二子者爲嘉客
잠시 친했다 금방 버린다 불평일랑 하지 마오	莫云暫聚還相釋
이 일로 또한 산의 명성 불후해질 것이니	此事亦足山不朽
임사간결[225]하여 안색이 없어질 필요가 있겠소	何必林思澗觖無顏色

225 임사간결(林思澗觖) : 나무숲은 근심하고 시냇물은 실망한다는 뜻으로, 절조가 없는 자가 은사(隱士)로 위장하여 산중에 거하다가 변절하고 세상에 나가 벼슬하는 것을 산 귀신이 개탄한다는 말이다. 남조(南朝) 제(齊)나라 공치규(孔稚珪)의 〈북산이문(北山移文)〉에, 은사가 배신하고 산을 떠나가자 "나무숲은 끝없이 부끄러워하고, 시냇물은 한없이 수치스러워했다.〔林慙無盡, 澗愧不歇.〕"라는 표현이 나온다.

공회를 기다리며

待公會

은율 고을 멀다는 걸 새삼 느끼나니 更覺殷州遠
돌아오는 깃발이 열흘이나 더디니까 歸旌十日遲
봄이 추워도 병들지 않을 수 있지만 春寒能不病
사람이 늙으면 생각이 왜 많아지는지 人老易增思
얼음과 눈은 와룡폭포를 개통하고 氷雪開龍瀑
구름과 연기가 봉지의 면모 바꾸는 때 雲煙改鳳池
산속에 깃들든 궁중에서 숙직하든 山棲與禁直
어디나 그대에겐 걸맞은 곳이리라 無處不君宜

공회가 온 것이 기뻐서

喜公會至

만나 보지 못했을 땐 회포가 천 무더기였는데	未見懷千積
서로 만나 웃고 보니 기분이 완전히 새로워라	相逢笑一新
삼 년 만에 다시금 이렇게 만났으니	三年還此會
오늘 저녁이 어떤 날이라 하겠는가	今夕是何辰
지난봄의 이야기가 한편 두렵나니	復恐前春說
현재의 내 신세가 너무 부끄럽기만	深慙現在身
다정도 해라 골에서 나온 새소리여	多情出谷鳥
머물다 가시라고 누누이 권유하는구나[226]	故故勸留人

226 다정도……권유하는구나 : 공회(公會) 이정운(李鼎運)이 은율(殷栗)의 수령으로 있다가 이제 더 좋은 곳으로 옮겨 가는 것을, 골짜기에서 나와 높은 나무 가지 위로 옮겨 가는 새들도 같은 입장에서 축하한다는 뜻의 해학적인 표현이다. 《시경》 〈소아(小雅) 벌목(伐木)〉에 "나무 찍는 소리 쩡쩡 울리고, 새들은 재잘재잘 즐겁게 노래하네. 깊은 골에서 훌쩍 날아올라, 높은 나무 가지 위로 자리를 옮겨 앉네.〔伐木丁丁, 鳥鳴嚶嚶. 出自幽谷, 遷于喬木.〕"라는 구절이 나오는데, 흔히 신분이 상승하는 것을 비유하는 말로 인용하곤 한다.

앉았다 누웠다 하며

坐臥

앉았다 누웠다 유유한 하나의 초당 생활　坐臥悠悠一草堂
문 닫으면 어디인들 신선의 별장이 아니리오　閉門何地不仙莊
먼 종소리 비에 젖어 오히려 가깝게 들려오고　遙鍾雨濕聲還近
시냇물은 눈이 녹아 그 형세 장차 장대해질 듯　細澗氷消勢欲長
재난을 당해 치 떨리게 맛본 세상의 쓴맛이요　小劫齒酸當世味
한가히 거하며 몸에 배어든 어서의 향이로다　宴居身襲御書香
차가운 창 아래 웃으면서 병풍을 접어 놓고　寒窓笑摺屛風疊
아이들 한바탕 유희하는 것을 실컷 보노라　厭見兒曹戲一場

내리신 어찰(御札) 중에 "새해에 경의 얼굴을 보지 못해서 서운하다."라는 내용이 들어 있기에 제6구에서 언급하였다.

원릉[227]의 기신을 맞아 새벽에 멀리 바라보며 감회를 적다
元陵忌辰曉望識感

쌍궐[228]의 은하도 어두워져 이제 떨어지려 하고　雙闕星河黯欲低
오경 알리는 종소리가 처량하게 울리는 때　五更鍾漏動凄凄
만목의 원릉 안에서 먼 닭 소리에 맞춰　如聞萬木園陵裏
소소히 노창하는 소리 들리는 것 같네　臚唱蕭蕭答遠鷄

227 원릉(元陵) : 영조(英祖)의 능호이다. 경기도 양주 동구릉(東九陵) 안에 있다. 기신은 3월 5일이다.

228 쌍궐(雙闕) : 궁전, 사묘(祠廟), 능묘(陵墓) 앞의 양쪽에 높이 세운 건축물을 말하는데, 궁문(宮門)이나 경도(京都)의 대칭으로 쓰기도 한다. 여기서는 대궐이 있는 서울이라는 뜻으로 사용하였다.

눈물을 훔치고 또 쓰다

抆淚又書

당시에 허전[229]하지 않은 날이 없었건마는	當時無日不虛前
어인 일로 곁을 떠나 팔 년이나 되었는가	何事離違已八年
몇 군데나 산속 깊이 죽간을 묻어 두고	幾處山深埋竹簡
외로운 신하 백발로 상전에서 우노매라	孤臣頭白泣桑田
방림원 나무에 먼저 핀 꽃은 비 맞으며 오열하고	初花雨咽芳林樹
집경당 연석의 옛 제비는 진흙 속에 몸 담그네	舊燕泥霑集慶筵
부러워라 왕명을 받들고 가는 헌관이여	却羨獻官銜命去
침원에서 그래도 향연에 절할 수 있으니	寢園猶得拜香煙

방림(芳林)은 원(苑)의 이름이다.

229 허전(虛前) : 자리를 비워 두고 불러다가 이야기를 들으며 점차 빠져들어 자기도 모르게 앞으로 나와 앉는다는 뜻으로, 왕이 인재를 불러 자문을 구하는 것을 말한다. 진 효공(秦孝公)이 위앙(衛鞅)과 이야기하다가 "자기도 모르게 자꾸만 무릎이 그의 앞으로 나아갔다.〔不自知膝之前於席也〕"라는 전석(前席)의 고사가 전한다.《史記 商君列傳》또 한 문제(漢文帝)가 선실(宣室)에 가의(賈誼)를 불러 놓고 이야기하다가 "한밤중에 이르러, 황제가 그의 앞으로 자리를 옮겨 갔다.〔至夜半, 文帝前席.〕"라는 고사도 유명하다.《漢書 賈誼傳》

파재하는 날에 감회에 젖어

罷齋日感懷

춘파몽[230]을 깨고 난 하나의 쇠한 노인	春婆夢後一衰翁
불 밝힌 슬픈 노래 밤이 벌써 끝나 가네	明燭悲歌夜已終
멀리 생각건대 사관이 돌아가고 나면	遙想祠官歸去後
주구[231]는 적적하게 솔바람 속에 닫히겠지	珠丘寂寂閉松風

230 춘파몽(春婆夢) : 노파의 봄꿈 이야기라는 뜻으로, 일장춘몽(一場春夢)과 같은 의미로 쓰이는 말이다. 춘몽파(春夢婆)라고도 한다. 소식(蘇軾)이 창화(昌化)로 좌천되었을 적에 우연히 만난 칠순의 노파가 "내한의 옛날의 부귀가 한바탕 봄꿈이었구려.〔內翰昔日富貴, 一場春夢.〕"라고 말하자 소식이 그 말에 동의하였는데, 이 일로 인하여 동네 사람들이 그 노파를 춘몽파라고 부르게 되었다는 이야기가 전한다.《東坡全集 東坡先生年譜》

231 주구(珠丘) : 구슬 언덕이라는 뜻으로, 왕릉을 가리킨다. 순 임금을 장사 지낸 창오(蒼梧)의 들판에 참새 비슷한 새가 때때로 청사주(靑砂珠)를 입에 물고 날아와 떨어뜨려 이루어진 언덕을 주구라고 하고, 그 언덕에 바람이 불어 날리는 먼지를 주진(珠塵)이라고 칭했다 한다.《拾遺記 卷1 虞舜》

봄날에 경희궁 북쪽 담장을 지나가며 감회에 젖어

春日過慶熙宮北墻感懷

역력히 보이도다 선조의 우로의 흔적이여	歷歷先朝雨露痕
궁궐의 꽃도 황혼에 뭔가 하소연하려는 듯	宮花似欲訴黃昏
인간 세의 눈물이 고신의 눈에 가득하여	人間淚滿孤臣眼
차마 다시 자극문을 바라보지 못하겠네	不忍重瞻紫極門

영묘(英廟)가 자극문(紫極門)에 거둥할 때마다 사단(社壇)을 바라보시곤 하였는데, 내가 그때마다 근시(近侍)로서 주선하였기 때문에 이 시에서 언급하였다.

늦봄에 명덕산에 들어가다

暮春入明德山

산이 깊어 인가도 보기 드물고	山深少煙火
적막하게 바위 문 닫혀 있는 곳	寂歷閉巖扉
봄 일도 이미 얼마 남지 않았는데	春事已無幾
주인은 이제야 비로소 돌아왔다오	主人今始歸
다락은 안개가 쌓여 눅눅해지고	樓因積靄濕
꽃들은 작년에 비해 줄어들었네	花較去年稀
떠나가든 앉아 있든 모두 좋을 대로	行坐俱從好
언제 시비하는 사람 일찍이 보았던가	何曾見是非

산거즉사
山居卽事

일만 꽃가지 휘감은 한 비둘기 울음소리	一鳩啼繞萬花枝
비가 올지 맑아질지 그 의미를 모르겠네	喚雨喚晴吾未知
늙어 가며 점점 더 걸핏하면 문을 닫고	老矣漸成多閉戶
창연히 그냥 또 시나 한 수 읊을 따름	悵然聊復一吟詩
자갈 무더기 치우자 내는 예전 모습인데	掃空堆礫川如舊
새로 옮긴 소나무에 새도 함께 따라올지	移得新松鳥不期
천석 연하는 하늘이 붉은 옷 입힌 중병[232]	泉石煙霞天赭病
백년 인생 이러면 됐지 고칠 것이 있으리오	百年如此莫須醫

232 천석(泉石)……중병 : 천석고황(泉石膏肓), 즉 산수(山水)를 애호하는 것이 마치 고황에 병이 든 것처럼 도저히 고칠 수 없게 되었다는 말이다. 천석과 연하(煙霞)는 물과 바위, 안개와 놀이라는 뜻으로, 산수의 경치를 의미한다. 붉은 옷은 죄수복으로 형벌을 상징한다. 따라서 본문의 천자병(天赭病)은 하늘이 내린 형벌〔天刑〕과 같은 말이다.

초가을에 명덕산에 들어가 유수오 및 이공회와 함께 노두의 운[233]을 뽑아서 짓다
初秋入明德山同兪秀五李公會拈老杜韻

누대 올라 바라보면 얼마나 즐거운지　怡悅登樓望
다락 앞에 바람이 또 연꽃을 일렁이네　樓前風動荷
골이 텅 비어 폭포 소리들 메아리치고　谷虛群瀑應
산이 고요하니 매미 한 마리도 많아라　山靜一蟬多
쇠년에 적당한 건 앉고 눕고 하는 것　坐臥衰年適
이묘[234]가 찾아 줘서 내 집이 빛이 나네　光輝二妙過
가을밤 달빛 아래 어슬렁거렸나니　徘徊秋夜月
여기에 덤으로 가야금과 노래까지　閑事有琴歌

이때 추월(秋月)이라는 가기(歌妓)가 악공(樂工)과 함께 왔다.

233 노두(老杜)의 운(韻) : 두보(杜甫)의 〈장재주수정(章梓州水亭)〉이다. 《杜少陵詩集 卷12》

234 이묘(二妙) : 동시대에 재예(才藝)가 저명하여 막상막하인 두 사람이라는 뜻과 자기가 마음속으로 중하게 허여하는 두 사람이라는 뜻이 있는데, 여기서는 후자의 뜻으로 쓰였다. 즉 수오 유항주(兪恒柱)와 공회 이정운(李鼎運)을 가리킨다.

와룡폭포의 물이 비가 오자 갑자기 불어나서

臥龍瀑因雨急漲

새벽부터 무슨 일이 그렇게 많아	向曉何多事
옷 걸치고 홀린 듯이 걸어 나가는고	披衣步似顚
울퉁불퉁 몇 리나 되는 석벽 위에	盤陀數里石
백 가닥 샘물이 모조리 모였으니까	都會百重泉
별것 아닌 곳에서 용이 떨쳐 일어나고	龍起尋常際
지고[235]하는 앞에서 무지개가 날아가네	虹飛指顧前
여기에 여러 차례 왕래한 중에서도	朅來成幾許
기막힌 볼거리는 올해가 최고일세	奇觀最今年

두 번째 其二

가을날의 장맛비도 쓸모가 있나니	秋霖亦有用
산 폭포의 면모를 대번에 바꾸었네	山瀑頓能新
용맹하고 민첩하게 앞다투어 경쟁하며	驍捷紛相競
우르릉 쾅쾅 귀신처럼 휙휙 치달리누나	崩騰欻若神
쇠한 나이에 이처럼 유쾌한 일이 또 있을까	衰年殊快意
세상의 어떤 다른 일도 이 몸과는 상관없네	萬事不關身

235 지고(指顧) : 손으로 가리키고 눈으로 돌아본다는 뜻으로, 희한한 광경에 사람들의 눈길이 한쪽으로 쏠리는 현상을 표현한 것이다.

말 타고 이 숲속까지 찾아온 걸 보면	鞍馬林中到
그대도 분명히 속된 인간이 아니렷다	君應非俗人

서울로 돌아가는 수오와 공회를 전송하며

送秀五公會還京

수오의 노새는 하얀 놈	兪騾白
공회의 나귀는 검은 놈	李驢黑
하얀 노새 검은 나귀 서로 뒤따라갔나니	白騾黑驢相隨去
산에 가리고 나무에 숨겨져 남은 것은 발자취뿐	山遮樹掩空留跡
노부는 오래도록 못가의 버들에 몸 기댄 채	老夫久倚池邊柳
보내고 난 뒤 실의에 잠겨 흰머리 돌아보네	送罷悧然回白首
어제도 오늘도 주룩주룩 내리는 비	昨日今日雨滂滂
혜화문 밖 냇물에는 다리도 없는 것을	惠化門外川無梁
냇물에 다리 없는 것은 그래도 괜찮지만	川無梁尙可
독충 역이 왕왕 모래 가에 숨어 있는 것을	毒蜮往往沙邊藏
그대의 발길 내를 건널 때 조심하시라	君行愼涉川
역노(蜮弩)에 혹시 몸 상할까 겁이 나니까[236]	恐爲弩所傷

236 역노(蜮弩)에……나니까 : 간인(奸人)이 정인(正人)을 무함하여 해치는 것을 비유한 말이다. 351쪽 주114 참조.

열흘 내내 계속해서 비가 내리다가 12일 밤에 달을 보고는 매우 기뻐서

積雨彌旬十二夜見月甚喜

잘 계셨는가 푸른 하늘 달님이여	好在青天月
잊지 않고 그래도 나를 찾아왔구려	依然訪我來
열흘 동안 어디서도 찾을 수 없었는데	全旬無處覓
오늘 밤에 진정을 다해 모습을 드러냈네	今夜盡情開
못 속의 연은 가까이에서 청백하며 결백하게	皎潔池荷近
물가의 학은 되돌아서며 가냘프고 날씬하게	輕盈水鶴回
내 마음 본시 명랑하고 활달하나니	吾心本昭曠
한번 웃고서 더불어 어슬렁거리노라	一笑與徘徊

생질 이유경이 문신의 강석에서 물러 나와, 성상께서 천신의 행지를 물어 주신 말씀을 공경히 전하기에 감읍해서 적다

甥子李儒慶自文臣講席退敬傳聖上詢及賤臣行止感泣以書

세상 사람은 나를 잊고 나는 그들을 잊고	時人忘我我忘渠
뜻 가는 대로 나무도 하고 물고기도 잡고	隨意山樵與水漁
오직 군왕께서 관심을 두고 기억하시어	惟有君王煩記念
교외에서 어떻게 지내는지 물어봐 주시네	荒郊棲息問何如

원외 최현중과 지헌 이익운이 오다
崔員外顯重李持憲益運至

호중의 세월이 길어질 줄 진작 알았다만[237]	已信壺中歲月長
낙화가 그래도 무릉의 향을 누설해 주나니[238]	落花猶洩武陵香
아이가 대궐에서 천어를 전해 준 뒤를 이어	兒從鳳闕傳天語
객이 매미 소리 대동하고 석양에 도착했다오	客帶蟬聲到夕陽
자리 두루 옮긴 천 자루 연꽃 핀 곳이요	千柄荷開移席遍
구름 쓸기에 바쁜 먼지 뒤덮인 백향루라	百香樓廢掃雲忙
올 때 들뜨고 소란한 도성의 티끌 속에서는	來時閙熱城塵裏
산천이 이처럼 시원할 줄 어찌 알았으랴	豈識山泉有許涼

237 호중(壺中)의……알았다만 : 조정에서 쫓겨나 야인(野人)으로 지내는 시간이 오래갈 줄은 이미 잘 알고 있었다는 말인데, 포의의 생활을 선경(仙境) 속의 세월이라는 반어적 표현으로 묘사한 것이 주목된다. 호중은 호중천(壺中天)의 준말로, 호공(壺公)의 호로병 속의 선경이라는 뜻이다. 호천(壺天)이라고도 한다. 393쪽 주165 참조.

238 낙화(落花)가……주나니 : 진(晉)나라 때 무릉(武陵)의 어부가 복사꽃이 떠내려오는 물줄기를 따라 올라가다가 선경을 만났다는 도잠(陶潛)의 〈도화원기(桃花源記)〉의 이야기처럼, 번암도 민간에 거하면서 대궐의 소식을 간간이 부분적으로나마 전해 듣고 있다는 말이다.

일찍 일어나서 백향루에 오르다

早起登百香樓

높다란 버드나무 나란히 처마에 들어와	高柳齊簷入
다락에 오르면 손으로 매미를 잡을 수도	登樓可摘蟬
샘물이 나뉘어 돌 홈통에 톰방톰방	泉分鳴石筧
물고기 장난쳐 못의 연꽃 흔들흔들	魚戲動池蓮
삽상한 바람 소리에 삼복더위 무색하고	爽籟無三伏
맑은 아침 햇빛은 모년을 즐겁게 하네	淸輝悅暮年
뜬 이름은 이미 완전히 사양했다만	浮名渾已謝
신선이라고 부를지는 알지 못하겠네	不分喚爲仙

7월 16일에 춘성당에서 달을 마주하고 이계수와 우사앙 및 이선과 함께 시를 지어 오경삼에게 기증하다

七月旣望對月春星堂同李季受禹士仰及而善賦寄贈吳景參

숲이 깊어 마치 만 겹의 그림 병풍	林深如萬疊
그 속에서 물소리가 혹 전해지기도	中有水聲傳
이 모두가 다락의 매력이지만	儘是爲樓好
여기에 또 달까지 독점했도다	於玆得月專
하늘과 땅이 똑같이 맑게 빛나고	乾坤同皎皎
풀과 나무도 훨씬 더 곱고 예뻐라	草樹更姸姸
문을 닫고 지낼 종남의 길손이여	閉戶終南客
지금 이 시간에 잠들었을지 어떨지	此時眠不眠

또 경삼에게 부쳐 보내다

又簡景參

삼호에서 노닐었던 옛 추억이 역력한지라	歷歷三湖憶舊遊
오늘 십육일 맞아 사람을 시름 짓게 하네	天時旣望使人愁
표봉낙경[239]은 어느 날에나 쉴 수 있을는지	飄蓬落梗休何日
명월희성[240]은 지난해 가을과 비슷한 것을	明月稀星似去秋
우스워라 군은 새벽 일찍 말방울 울렸는데	鷄後笑君珂馬早
나는 벌레 우는 으슥한 초당에 앉아 있으니	蟲聲坐我草堂幽
두 손님이 찾아 준 것도 허사가 되었나니	虛蒙二客煩相訪
산속에 한 말 술 도모할 길이 없어졌으니까	山裏無因斗酒謀

작년 기망(旣望)에 삼포(三浦)에서 배를 띄웠기에 첫째와 둘째 연에서 이렇게 말하였다. 그리고 경삼(景參)이 애당초 이날 밤 모임에 오기로 약속했다가, 갑자기 다음 날 새벽에 어가(御駕)를 배종하는 일 때문에 약속한 대로 오지 못했기에 경련(頸聯)에서 언급하였다.

239 표봉낙경(飄蓬落梗) : 정처 없이 떠도는 신세를 비유한 말이다. 표봉은 바람에 흩날리는 쑥대이다. 낙경은 단경(斷梗)과 같은 말로, 물결 따라 표류하는 목각 인형을 말한다. 전국 시대 제(齊)나라 맹상군(孟嘗君)이 진(秦)나라로 들어가려 하자, 소진(蘇秦)이 제나라에 볼모로 온 진나라의 경양군(涇陽君)을 본국에 정착한 흙 인형으로, 진나라로 들어가는 맹상군을 고국을 떠나 떠도는 나무 인형으로 비유하여 설득한 결과, 맹상군이 결국 진나라에 들어가지 않은 고사가 유명하다. 《戰國策 齊策3》

240 명월희성(明月稀星) : 밝은 달빛에 별빛이 희미하다는 뜻이다. 조조(曹操)가 지은 〈단가행(短歌行)〉에 "달빛이 밝아 별빛이 희미한 때에, 까마귀와 까치가 남쪽으로 날아와서, 나무 위를 세 바퀴나 돌았는데도, 의지할 만한 가지를 찾지 못했네.〔月明星稀, 烏鵲南飛, 繞樹三匝, 無枝可依.〕"라는 구절이 나온다.

17일 밤에 달빛이 또 아름답기에 춘성당에 앉아서 계수와 사앙을 생각하다

十七夜月色又佳坐春星堂懷季受士仰

인구 많은 성시에는 연기가 많으리니	城市多煙氣
월광이 줄어들 줄을 분명히 알겠도다	應知損月光
통명하여 멋진 오늘의 세계 중에서도	通明好世界
특별한 공간은 바로 나의 모당이리라	別是我茅堂
명아주 지팡이에 솔숲 안개 방울져 뚝뚝	藜杖松嵐滴
가는 삼베옷에 시냇가 바람 불어와 선들	絺衣澗吹涼
술통이 비어 마음이 괜히 허전해지나니	空樽易惆悵
이별하고 생각나서 하염없이 서 있노라	離思立蒼茫

소요

逍遙

재주도 없고 덕도 없어 맑은 조정 떠났거늘	無才無德謝淸朝
숲속 별장이 오교[241]를 본떴다 감히 말하랴	敢道林莊學午橋
점차 늙어 가며 사람들과의 애증을 잊었나니	漸老與人忘愛惡
어초로 늙은 나[242]와 다툴 자 누가 있으리오	有誰爭我老漁樵
반창엔 솔바람 소리뿐 산속은 텅 비어 적막하고	半窓松籟山虛寂
온종일 울리는 매미 소리에 나뭇가지 흔들리네	盡日蟬聲樹動搖
참으로 도에 달통한 천고의 장생이여	千古莊生眞達道
붕안을 가져와 소요의 같음을 논했으니[243]	好將鵬鷃等逍遙

241 오교(午橋) : 오교장(午橋莊)의 준말로, 당(唐)나라 재상 배도(裴度)의 별장이다. 환관(宦官)이 권력을 전횡하자 이에 환멸을 느껴 벼슬을 그만두고 낙양(洛陽) 교외의 오교에다 녹야당(綠野堂)을 지어 놓고는 날마다 천석(泉石)과 시주(詩酒)를 즐기며 소요했던 오교천석(午橋泉石)의 고사가 전한다. 《新唐書 裴度列傳》

242 어초(漁樵)로 늙은 나 : 번암 자신은 경험이 풍부한 노련한 어부와 나무꾼과 같다는 말인데, 번지(樊遲)가 농사일을 물어보았을 때 공자가 "나는 노련한 농부만 못하다." 라고 대답한 말을 본떠서 구사한 표현이다. 《論語 子路》

243 참으로……논했으니 : 붕안(鵬鷃)은 대붕(大鵬)과 척안(斥鷃)의 합칭이다. 대붕은 하늘 한쪽을 뒤덮을 정도로 큰 새이고, 척안은 메추라기와 같은 작은 새로서, 각각 대소(大小)를 상징한다. 《장자(莊子)》〈소요유(逍遙遊)〉 첫머리에 이에 대한 내용이 실려 있는데, 특히 곽상(郭象)이 주석에서 만물은 모두 소요하는 양태가 다를 뿐 소요하는 자체는 똑같다는 제물(齊物)의 이치를 상세히 논하였다.

원외 이평중 복윤이 오다

李員外平仲福潤至

그대가 있는 곳은 멀리 남대문 쪽	君在南城遠
누구에게서 나귀 새끼 빌려 탔는고	何從借小驢
발걸음 옮긴 것은 가을비 오는 즈음	行來秋雨際
문을 똑똑 두드린 건 낮잠 즐긴 뒤	剝啄午眠餘
차가운 폭포수에 머리를 감고	沐髮飛泉冷
텅 빈 별원에서 시를 평했다네	評詩別院虛
나의 거처가 혹시 누추하지만 않다면	吾居或不陋
돌아가는 옷깃 원컨대 서서히 했으면	歸袂願徐徐

비가 그치지 않기에 평중을 잡아 두어 묵게 하고 운을 뽑아 함께 읊다

雨不止留平仲宿拈韻共賦

정이 깊지 않다면야 어찌 오려고 하겠나 非爲情深那肯來
나귀 새끼 웃으며 집 동쪽 홰나무에 묶네 兒驢笑繫屋東槐
군을 잡아 두려면 아궁이 충분히 불 때야지 留君夕竈炊應熟
가을 산에 비 개지 않을 줄 미리 아니까 解事秋山雨未開
남수는 뿌리가 서려 앉을 사람을 기다린 듯 藍樹根盤如待坐
연꽃은 재배할 것 없이 병에 꽂으면 그저 그만 荷花甁揷不煩栽
장시간 정양(靜養)하며 깨달은 점이 있다면 長年習靜仍成悟
만물의 양태를 조물이 끝없이 재촉한다는 것 物態天機袞袞催

평중의 시에 차운하다
次平仲

험난한 벼슬의 바다에서 돛대를 수습했을 뿐	收拾危檣宦海濱
연초함[244]은 선인과 진인을 좋아해서가 아니라오	燕超非是愛仙眞
시상에도 정운을 노래한 것이 있지만	柴桑亦有停雲詠
봉조에서도 금우의 사람을 만났다오[245]	蓬藋還逢今雨人
반찬은 산나물이 박하여 신물이 났겠지만	盤饌已㧓山味薄
담소는 물소리 뒤섞여서 신선함이 많아라	笑言多雜水聲新
이 속에서 오활하여 주객도 잊은 나는	此中疎懶忘賓主
의관도 심드렁해 몸에 걸치지 않았다오	巾帶尋常不掛身

244 연초(燕超)함 : 외물(外物)의 구속을 벗어나 편안하게 거하는 것을 말한다. 《도덕경(道德經)》 제26장의 "비록 대단한 구경거리가 있다 해도, 편안히 거하면서 외물을 초월한다.〔雖有榮觀, 燕處超然.〕"라는 구절에서 유래하였다.

245 시상(柴桑)에도……만났다오 : 도잠(陶潛)도 친구를 그리워하며 시를 지었지만, 번암 자신도 이제 평중(平仲)이라는 새로운 벗을 사귀게 되었다는 말이다. 《도연명집(陶淵明集)》 권1 맨 처음에 나오는 〈정운(停雲) 4장〉의 서문에 "정운은 친구를 그리워하며 지은 것이다."라고 하였다. 시상은 시상산(柴桑山)이 있는 데에서 유래한 고을 이름인데, 여기서는 그곳에서 은거하며 만년을 보낸 도잠을 가리킨다. 《宋書 隱逸列傳 陶潛》 봉조(蓬藋)는 봉초(蓬草)와 조초(藋草)로 엮은 초막으로 빈자(貧者)의 거소를 뜻하는데, 여기서는 번암 자신을 비유하였다. 금우(今雨)는 지금 비가 내려도 찾아와 주는 친구라는 뜻으로 새로운 벗을 의미한다. 반면에 구우(舊雨)는 처음에는 친했다가 나중에는 소원해진 옛 친구를 지칭한다. 두보(杜甫)가 빈한하여 남에게 기식(寄食)하며 지낼 적에 지은 〈추술(秋述)〉이라는 글에 "평상시에 거마를 탄 객들이 옛날에는 비가 내려도 찾아왔는데 지금은 비가 오면 오지 않는다.〔常時車馬之客, 舊雨來今雨不來.〕"라고 술회한 데에서 유래하였다. 《杜詩詳註 卷25》

즉사시를 지어서 평중에게 보여 주다

卽事示平仲

어제 그리고 오늘 계속해서	昨日又今日
산속에서 만난 가을날의 비	山居秋雨逢
양식을 실어다 줌은 허약한 동복이 불쌍해서	輸糧憐僕弱
낮잠을 즐기는 것은 게으른 내 습관 그대로	慣睡任吾慵
듣는 빗방울 피하려고 나귀는 섬돌에 오르고	避滴驢登砌
장맛비 근심하여 새들은 소나무 가려서 앉네	愁淋鳥擇松
대단하도다 그대의 독특한 호기여	多君獨豪氣
폭포가 방아를 찧는데 세수를 하니	洗手瀑泉舂

큰비가 와서 폭포의 물이 불어났기에 평중의 시에 차운하다

大雨瀑漲次平仲

용의 울음 땅 흔들고 햇빛도 희미해 썰렁	龍吟殷地日微寒
십 년의 산속 생활 중에 제일가는 구경거리	十載山中第一看
천상에서 허다히 급한 빗물 빠져나오니	天上許多滲急雨
숲 사이에도 급한 여울 없는 데가 없네	林間無處不驚湍
공중에 자욱이 거품 날려 다락 그림자 희멀겋고	漫空飛沫樓陰白
대낮에 우레 치달려도 바위의 형세 너끈하네	當晝奔雷石勢寬
내가 봐도 우스운 건 현기증 앓는 늙은이라	自笑老夫元病眩
장관을 홀연히 만나 시선 집중이 어려운 것	忽逢奇壯定睛難

평중의 시에 차운하다
次平仲

사시를 관리하도록 여장이 나를 부축해서 藜杖扶吾領四時
바람과 꽃과 눈과 달[246]을 죄다 알고 있지 風花雪月盡知之
진퇴는 나에게 달렸으니 어찌 점을 치랴 行休在己寧須卜
승패가 마음에 걸린다면 바둑을 두어서야 勝敗關心不着棋
백운의 마음 길러 얻으니 사람 일이 간편하고 養得白雲人事簡
꿈 깬 외로운 촛불 아래 빗소리가 더디도다 夢回孤燭雨聲遲
이생과 더불어 금어의 모임을 결성했으니 李生與結禽魚社
청약녹사[247]의 기약이 끝없이 이어지리라 青箬綠簑無盡期

246 바람과……달 : 사시의 경색(景色) 중 대표적인 현상을 거론한 것이다.

247 청약녹사(青箬綠簑) : 푸른 대삿갓과 초록 도롱이라는 뜻으로, 빗속에 낚시질하는 은자의 풍치를 비유한 말이다. 연파조도(煙波釣徒)라고 자칭한 당나라의 은사 장지화(張志和)가 〈어부가(漁父歌)〉 5수를 지었는데, 그 첫째 수에서 "서새산 앞에는 백로가 날고, 복사꽃 흐르는 물엔 쏘가리가 살졌네. 푸른 대삿갓 쓰고 초록 도롱이 걸쳤으니, 비낀 바람 가랑비에 굳이 돌아갈 것 없네.〔西塞山前白鷺飛, 桃花流水鱖魚肥. 青蒻笠綠簑衣, 斜風細雨不須歸.〕"라고 하였다. 《全唐詩 卷308》 '약(箬)'은 '약(蒻)'과 통한다.

장차 서울로 돌아갈 즈음에 앞의 시에 첩운하여 명덕산과의 이별을 기념하다

將還京疊前韻留別明德山

푸른 나귀 저녁밥 먹이며 떠나감이 아쉬워서	靑驢晚秣惜歸時
적취정과 춘성당으로 자꾸만 눈길을 돌리노라	積翠春星屢顧之
동복을 불러 정원의 수목 돌보라고 신신당부하고	招僕階庭勤飭木
사람을 시켜 이웃집 바둑판 꼼꼼히 다듬어 주게도	使人隣巷細完棊
봄에 와서도 금방 떠났는데 가을 역시 마찬가지	春遊倏倏秋還別
올 때는 급히 서두르고 떠날 땐 자꾸 늦추려고만	來欲忙忙去願遲
친숙한 곳에는 인정이 원래 이와 같나니	熟處人情元似許
운림[248]에 돌아올 계획 벌써 잡혀 있느니라	雲林非是少前期

248 운림(雲林) : 구름 걸린 깊은 숲속이라는 뜻으로, 은자의 거소나 선경(仙境) 혹은 사원(寺院)의 대칭으로 쓰이는데, 여기서는 물론 명덕산의 별장을 가리킨다. 당나라 왕유(王維)가 무릉도원(武陵桃源)을 소재로 읊은 시의 끝부분에 "당시에 그저 기억하는 건 산속 깊이 들어가서, 청계를 몇 번 건너 운림에 도착했다는 것뿐.〔當時只記入山深, 靑溪幾度到雲林.〕"이라는 표현이 나온다. 《王右丞集 卷6 桃源行》

돌아오는 길에 혼혼정에서 쉬며

歸路憩混混亭

잘 있거라 푸른 숲 그리고 푸른 산이여	離別青林與碧山
선생은 예전처럼 세상 사람들 속으로	先生依舊世人間
석양에 도위[249]의 이름난 정자 위에서	夕陽都尉名亭上
폭포수 만나 보고 얼굴 한번 펴노라	逢着飛流一解顔

249 도위(都尉) : 영조의 사위인 금성도위(錦城都尉) 박명원(朴明源, 1725~1790)을 말한다. 14세에 영조의 셋째 딸 화평옹주(和平翁主)에게 장가들어 금성위(錦城尉)에 봉해졌다. 본관은 반남(潘南), 자는 회보(晦甫), 호는 만보정(晩葆亭)이다.

시사의 야간 모임에서 제군의 시에 차운하다

詩社夜集次諸君韻

밝은 시대에 오연히 수초[250]를 읊고는　傲兀明時賦遂初
갖옷 입고 말년에 편안히 거처하노라　羔裘歲晏穩居居
사립을 평소에 닫지 못하게 하였으니　柴扉不使尋常掩
시사 동인의 내왕이 뜸한 적 있었으랴　社屐何曾來往疎
금어는 동릉의 별장을 마음 들어 하는데　禽魚會意東陵墅
홍안은 북령의 편지에 정이 걸려 있나 봐　鴻雁關情北嶺書
길가의 나의 집이 화가의 소재가 되겠는걸　街上吾廬應入畫
시우(詩友) 모두 삐딱하게 나귀 타고 있으니[251]　詩朋一一側騎驢

250 수초(遂初) : 당초의 소원을 이룬다는 뜻으로, 벼슬을 그만두고 은거하는 것을 말한다. 진(晉)나라 손작(孫綽)이 10여 년 동안 산수를 유람한 뒤에, 산림에 은거하려고 마음먹은 처음의 뜻을 마침내 이루게 되었다는 내용으로 〈수초부(遂初賦)〉를 지은 고사에서 유래하였다. 《晉書 孫楚列傳 孫綽》

251 시우(詩友)……있으니 : 선비의 체면을 돌볼 겨를도 없이 말 위에서 몸이 기울어진 것도 모른다는 뜻으로, 골똘히 시상(詩想)에 잠긴 모습을 해학적으로 형용한 것이다. 소식(蘇軾)의 시에 "그대는 또 보지 못했는가 눈 속에 나귀 탄 맹호연이, 눈썹 찌푸려 시 읊으며 어깨는 산 모양 솟게 한 것을.〔又不見雪中騎驢孟浩然, 皺眉吟詩肩聳山.〕"이라는 명구가 있다. 《蘇東坡詩集 卷12 贈寫眞何充秀才》

갑진년(1784, 정조8) 봄에 유선, 공회, 계수 및 아이들과 함께 북저동에서 꽃을 감상한 뒤에 둔사[252]에서 묵다

甲辰春同幼選公會季受及諸兒輩賞花北渚洞仍宿屯舍

성곽을 등지고 비스듬히 오솔길 뚫고	背郭斜穿逕
벼랑을 따라가니 비밀의 문이 열리는 듯[253]	緣崖窈似門
꽃잎이 모두 물 위를 뒤덮고 흘러가니	有花皆覆水
도화원(桃花源)이 어디인지 찾아볼 만도	何處可尋源
땅의 형세 깊은 것이 이와 같은데	地勢深如此
피리 소리 때맞춰 한번 흐느껴 우네	笛聲時一喧
곱고 아름다운 오늘 밤 달님께서도	娟娟今夜月
나를 따라 산촌에 들어와 주는구나	隨我入山村

252 둔사(屯舍) : '어영 주둔지〔御營屯〕'의 숙사를 말한다.

253 성곽을……듯 : 《번암집》 권35 〈북저동을 유람한 일에 대한 기문〔遊北渚洞記〕〉에 "혜화문(惠化門)을 나가 북성(北城)을 따라가다가 방향을 꺾어 몇 리를 가지 않아서 동천(洞天)이 툭 트이며 열렸으니 여기가 바로 북저라고 하는 곳이다."라는 내용이 나온다.

못가의 밤

沼上夜

봄날의 밤을 담담하게 비춰 주는 달	春霄澹澹月
꽃 속에서 마음먹은 대로 날아가니	花裏盡情飛
새들은 일천 가지 음향을 중단하고	鳥歇千般響
냇물은 일백 가닥 광채를 번득이네	溪飜百道輝
일만 나무 숲으로 서로 이끌고 가서	相携萬木下
닭이 울 때까진 돌아가지 않을까 봐	端不五更歸
이런 경지를 누가 제대로 설명할까	此境誰能說
유인이 밤에 묵는 경우는 드물리라	游人夜宿稀

죽주의 추사[254]에서 감회를 적다

竹州楸舍書懷

이십 년 세월에 선영이 황량해지고 말았나니	廿年楸櫝已荒涼
여기를 놔두고 내가 왜 사방을 떠돌았는지	捨此吾何適四方
세월 보내기 너끈한 오막의 독서 등불이요	蝸屋書燈供卒歲
동짓날 핍박하며 봉산에 치는 눈보라로세	鳳岑風雪逼生陽
물고기 들고 객이 오니 시골의 풍속을 알겠고	携魚客至知村俗
토끼 쫓아 광분하는 아이를 보니 웃음이 절로	逐兎兒奔笑爾狂
오직 〈감군은〉[255] 한 곡조만이 내 가슴속에 있어	惟有感君恩一曲
베 이불 속에서 한밤중에 천 줄기 눈물 흘리노라	布衾中夜淚千行

홍근(弘謹)이 때때로 짐승을 쫓아다녔다.

254 죽주(竹州)의 추사(楸舍) : 죽산(竹山)의 재실(齋室)을 말한다. 죽주는 경기도 죽산의 옛 이름으로, 번암의 선영(先塋)이 여기에 있는데, 1772년(영조48) 10월 이곳 남산촌(南山村)에다 재실을 짓고 불매헌(不寐軒)이라고 명명하였다.《樊巖集 卷59 竹州記懷》

255 감군은(感君恩) : 조선 초기에 지어진 악부(樂府) 중 하나로, 사해(四海)와 태산(泰山)보다도 임금의 은혜가 더 넓고 높다고 찬미하며 만수무강을 축원하는 내용이다. 모두 4장(章)으로 되어 있으며, 작자는 미상이다.

불매헌에 눈이 한 길이나 쌓여서 아침과 저녁을 제때에 못 먹는 경우가 많으므로 우스개로 짓다

不寐軒遇丈雪朝晡飯多不以時笑吟

날씨가 추워서 사흘이나 나무꾼 왕래 끊어진 채 天寒三日斷樵蘇
바람이 산창에 불어오고 눈이 부엌을 에워쌌네 風入山窓雪擁廚
병든 첩이 계옥[256]을 걱정할 것은 없나니 病妾不須愁桂玉
세간에 나만 못한 이들도 얼마나 많은가 世間何限不如吾

256 계옥(桂玉) : 계수나무 땔감과 옥으로 지은 밥이라는 뜻으로, 도시에서 시장 물가가 뛰어올라 서민들이 생활하기 곤란할 때 쓰는 표현이다. 전국 시대 소진(蘇秦)이 초(楚)나라 왕에게 "초나라의 밥은 옥보다도 비싸고 땔감은 계수나무보다도 비쌉니다. 지금 내가 옥으로 지은 밥을 먹고 계수나무로 불을 때고 있으니, 이 또한 어려운 일이 아니겠습니까."라고 불만을 토로한 고사에서 유래하였다. 《戰國策 楚策3》

불매헌에서 새벽에 읊다

不寐軒曉吟

쇠죽솥 푹푹 쑤며 새벽까지 불을 때니	牛釜深深火徹明
베 이불 덮어도 훈훈해서 봄이 돌아온 듯	布衾暄暖似春生
창 앞엔 밤새 눈이 얼마나 깊이 쌓였을지	窓前夜雪深何似
섬돌 쓰는 빗자루 소리 누워서 듣노매라	臥聽寒階掃帚聲

상이 친히 난역을 신문한다는 말을 듣고, 죽주에서 서울로 올라와 서호의 여관에서 묵었는데, 이날이 마침 원릉의 기신이기에 감회에 젖어 읊다 을사년(1785, 정조9)

聞上親訊亂逆自竹州赴京宿西湖旅舍是日適元陵忌辰感吟 乙巳

천지간에 오늘이 또 돌아왔는데	天地又今日
나의 형해는 이미 해가 지는 나이	形骸已暮年
부질없이 대궐 근방을 바라보면서	空瞻五雲近
한강 가에서 나그네로 유숙하노라	旅宿大江邊
바람 머금고 가늘게 날리는 저녁 버들이요	暝柳含風細
달빛 아래 곱게 비치는 봄날의 모래밭이라	春沙受月姸
외로운 심회로 오래도록 서성이는 것은	孤懷久延佇
잠이 없어진 것을 한탄해서가 아니라오	不是恨無眠

노호의 여인숙에서 조장을 바라보며 읊다

鷺湖旅亭望操場有吟

푯대가 우뚝하게 나무 끝에 솟아 나왔나니	標柱峥嶸出樹端
깃발을 매달아 태평 시대 볼거리를 제공하네	懸旗時作太平觀
뜨내기 신세 우습게도 기억나는 당년의 일	萍蓬笑憶當年事
군악 속에 대장의 연단에 일찍이 올랐었지	鼓吹曾臨大將壇
늙고 병들어 외로운 배로 강변과 이웃하는 몸	老病孤舟隣水國
창망하게 하나의 베개는 한단[257]을 더듬거릴 따름	蒼茫一枕撫邯鄲
백발로 경착[258]한다면 다른 소원이 또 있겠나	白頭耕鑿無餘願
무엇이 슬플 것이며 무엇이 기쁠 것이리오	孰是爲悲孰是歡

257 한단(邯鄲) : 한단지몽(邯鄲之夢), 즉 일장춘몽(一場春夢)을 말한다.

258 경착(耕鑿) : 내 힘으로 밭을 갈아서 밥을 먹고 우물을 파서 물을 마신다는 경전착정(耕田鑿井)의 준말로, 민생이 안정된 것을 의미한다. 358쪽 주121 참조.

서호에 돌아와 머물다

歸次西湖

우스워라 나의 행동거지여	笑矣吾行止
옛날 묵은 이 다락에 다시 오다니	復此曾宿樓
강과 호수 참으로 싫지 않나니	江湖眞不厭
천지간 인생이 본래 뜨내기인걸	天地本來浮
물가의 학은 날아가되 일정한 곳이 없고	水鶴飛難定
봄날의 구름은 묽어서 당장 흘러내릴 듯	春雲澹欲流
온 가족 이끌고 동쪽 산골로 옮길까 하고	全家擬東峽
강 언덕에 임하여 돌아갈 배를 물어보네	臨岸問歸舟

대은정

戴恩亭

왕자는 한번 떠나 돌아오지 않고	王子去不返
인간 세상에는 이 누대만 남았도다[259]	人間餘此樓
잡초가 무성해 수레도 찾아오지 않고	草深車轍斷
봄날이 다하여 새들 울음도 시름겨워	春盡鳥啼愁
늙은 나무는 그림자가 많이 없고	老木無多影
축 처진 처마는 당장 흘러내릴 듯	崩簷似欲流
올라가 굽어보며 큰 소리로 웃었나니	登臨還大笑
이 삶이 덧없음을 참으로 깨닫겠네	眞覺此生浮

259 왕자는……남았도다 : 인평대군(麟坪大君)의 정자이기 때문에 이렇게 말한 것이다. 인조가 셋째 아들인 인평대군을 위해 한강 가에 정자를 짓게 하였으나 생전에 이루지 못했는데, 효종이 그 뜻을 이어받아 동생의 정자를 지어 주자 인평대군이 그 이름을 '대은'이라고 하였다는 기록이 《잠곡유고(潛谷遺稿)》 권12 〈인평대군묘지명(麟坪大君墓誌銘)〉에 나온다.

봉은사에서 감회에 젖어 읊다
奉恩寺感吟

사십 년 전 책가방 메고 찾아온 사나이가	四十年前負笈郎
영락하여 유랑하다 이 선당에 다시 묵네	飄零還宿此禪堂
부끄러워라 귀밑머리 하얗게 센 늙은 내가	羞將老我繁霜鬢
월광이 충만한 부처를 다시금 마주하다니	更對金仙滿月光
상하[260]에서 꿈을 깨니 심정이 암담하고	桑下夢回情黯黯
매허에 향기가 다하니 세상일 막막해라	梅墟香盡事茫茫
같은 나이 늙은 중이 신경 써서 보살펴 줘	同庚皓釋煩相愛
나물 밥상 듬뿍 받고 내 젓가락이 바쁘도다	貽得盤蔬匕筋忙

매화당(梅花堂)은 내가 예전에 머물었던 곳인데, 여기를 찾아가 보니 황량하게 폐허로 변했으므로 이 시에서 이렇게 언급하였다.

260 상하(桑下) : 뽕나무 아래라는 뜻으로, 잠시 동안 인연을 맺은 장소를 말한다. 승려는 같은 장소에 오래 머물지 않는 관행에서 나온 것인데, 《후한서(後漢書)》〈양해열전(襄楷列傳)〉에 "승려는 뽕나무 아래에서 사흘 밤을 묵지 않는다. 이것은 오래 머무는 동안에 애착이 생기는 것을 면하고자 함이니, 정진의 극치라고 할 것이다."라는 말이 나온다.

회룡동에 있으면서 우사앙이 온 것을 기뻐하며

回龍洞喜禹士仰至

이때 거처가 일정하지 않았는데, 홍박여 시보(洪博汝時溥)가 장사(莊舍)를 빌려 주었으므로 온 가족이 꽤나 편안하게 지낼 수 있었다.

외로운 배가 광릉나루 정박할 적에	孤舟憶解廣陵津
무도의 석양이 푸른 마름을 비췄었지	舞島斜陽上綠蘋
처량하게 옥인과 강변에서 헤어진 뒤	悄與玉人江上別
몇 번이나 명월이 꿈속에 새로이 떴던가	幾回明月夢中新
회룡동이 풍진 속에 들어 있지 않아서	回龍不在風塵內
군의 말이 적막한 물가를 다시 찾았구려	君馬還尋寂寞濱
산수를 유람하며 서로들 보고 웃노라니	臨水登山相視笑
흰 구름과 산새들도 새삼 운치를 더하도다	白雲幽鳥更精神

시를 지어 사앙에게 보여 주다
吟示士仰

우연히 회룡동의 집을 빌렸을 뿐인데	偶借回龍宅
진짜로 사슴 벗한 사람이 되고 말았네[261]	眞成友鹿人
산들바람이 지석의 운치라 한다면[262]	泠風支石韻
맑은 기운은 도봉산의 영기라 할까	一氣道峯神
질탕한 풍류는 병이 많으면서부터	跌蕩從多病
늙은 몸에는 놀고먹는 게 딱 걸맞지	棲遲稱老身
아양[263]이 다시 흘러가며 생동하니	峨洋更流動

261 진짜로……말았네 : 조정에서 쫓겨나서 강호에 우거하고 있을 뿐 실제로는 임금과 나라를 진정으로 사랑하는 번암의 본의와는 달리, 진짜로 세상을 싫어하고 산수를 좋아하여 은거하는 사람처럼 되고 말았다는 뜻의 자조적인 표현이다. 이이(李珥)가 대사간으로 여러 가지 현안을 아뢰고 나서, 병이 많으니 퇴직을 하여 조섭(調攝)하겠다고 청하자, 선조(宣祖)가 "옛 시에 '귀 씻고 인간의 일은 듣지 않고서, 푸른 솔과 벗을 하고 사슴과 무리가 되겠다.'라고 하였으니, 은거가 어찌 즐겁지 않겠는가."라고 하면서 은근히 비평하며 물러나면 좋겠다는 뜻을 내비쳤다. 이에 이이가 병 때문이지 은거를 좋아해서가 아니라고 적극 해명하자, 선조는 "내가 극구 만류하지 않은 것을 잘못이라고 한다면 모르겠지만, 그 시야 무슨 하자가 있겠는가."라고 말하며 자신의 뜻을 굽히지 않았던 고사가 전한다. 《栗谷全書 卷29 經筵日記 宣祖7年》《宣祖修正實錄 7年 3月 1日》

262 산들바람이……한다면 : 바람 소리가 마치 직녀(織女)가 베 짜는 소리와 운율을 맞춰 불어온다는 말이다. 지석은 지기석(支機石) 즉 베틀을 고이는 돌을 말한다.

263 아양(峨洋) : 높고 높으며 넓고 넓다는 뜻의 아아(峨峨)와 양양(洋洋)의 합칭으로, 지기(知己)의 작품을 일컫는 말이다. 거문고의 명인(名人)인 백아(伯牙)가 고산(高山)에 뜻을 두고 연주하면 그의 지음(知音)인 종자기(鍾子期)가 "좋구나, 아아하여

산과 물이 그대를 만나 새로워지네 山水得君新

두 번째 其二

그대의 말이 어떻게 알고 들어왔을까 君馬何從入
울창하게 우거진 내가 사는 이곳으로 蒼蒼我所居
폭포가 숨을 뿜어 대니 산이 어둡지 않고 瀑噓山不暝
매미 소리 그치니 나무가 텅 빈 것 같네 蟬罷樹如虛
나는 게을러 산마루에서도 혹 꾸벅꾸벅 懶或巖巓睡
마구 써 갈긴 시들이 벽 위에 다닥다닥 詩多壁上書
하늘이 알아서 이렇게 나를 먹여 주는데 天應餉以此
사람이 도대체 나를 어떻게 한단 말인가 人顧奈於余

태산(泰山)과 같도다."라고 평하고, 유수(流水)에 뜻을 두고 연주하면 "좋구나, 양양하여 강하(江河)와 같도다."라고 평했다는 일화에서 나왔다. 《列子 湯問》

사앙이 돌아가기에

士仰歸

송별하려고 시냇가에 임하니	送別臨溪水
낙조 속에 애틋한 이 심정이여	依依晩照中
서로 만난 지 열흘도 채 못 되고	相逢未旬日
더구나 가을바람 가까운 때임에랴	況是近秋風
석벽의 기운은 서늘한 연무로 낙하하고	石氣涼煙落
솔바람 소리는 대낮 난간에 공허하도다	松聲晝檻空
조정에서 그 누가 나를 생각하랴	東華誰念我
천지간에 쇠한 늙은이 하나일 뿐	天地一衰翁

이공회의 연사록에 제하다

題李公會燕槎錄

시는 연남의 기풍을 터득했고[264]	詩得燕南氣
사귐은 궐리의 손을 이루었도다[265]	交成闕里孫
누가 상국에 가 보지 않았겠는가마는	誰非赴上國
그대야말로 중원에 뒤지지 않았도다	君不負中原
산속에서는 서로들 찾아 줄 수 있었는데	山裏能相訪
사람들 속에선 병들어 홀로 남아 있구나	人間病獨存
법장사는 얼마나 성대하였던가	森然法莊寺

264 시는……터득했고 : 공회 이정운(李鼎運)이 지은 연경(燕京) 사행(使行)의 시를 보노라면 청나라에 대해 복수하려는 적개심이 다분히 들어 있음을 느끼게 된다는 말이다. 연남(燕南)은 황하 이북 지역을 뜻하는 연남조북(燕南趙北)의 준말인데, 예로부터 조나라와 연나라 지방에는 격앙지사(激昂之士)가 많았으므로 강하고 굳세어 굴복하지 않으면서 의리에 살고 의리에 죽는 협객의 기풍을 연조풍(燕趙風)이라고 일컬어 왔다.

265 사귐은……이루었도다 : 옛날에 있었던 궐리(闕里)의 후손의 고사를 이번에 다시 볼 수 있게 해 주었다는 뜻으로, 이정운이 중국에 사신으로 가서 그곳의 명사(名士)와 원만하게 교제하고 돌아왔다는 말이다. 궐리는 산동(山東) 곡부(曲阜)에 있던 공자의 고향으로, 공자가 이곳에서 강학(講學)하였으므로, 유학(儒學) 혹은 공자의 대명사로 사용하곤 한다. 후한(後漢)의 이응(李膺)이 세교(世交)를 맺어 온 집안의 인사들 외에는 접견을 쉽사리 허락하지 않았는데, 공융(孔融)이 10세 때에 이응의 집을 찾아가서 "옛날 우리 선군(先君)인 공자와 당신의 선인(先人)인 노자(老子)가 덕과 의리가 같아서 서로 사우(師友)가 되었으니, 나하고 당신은 누대에 걸쳐 통가(通家)의 세의(世誼)가 있는 셈이다."라는 말로 이응을 감탄하게 하여 당당하게 회동(會同)을 성사시킨 공리지호(孔李之好)의 고사가 전한다. 《後漢書 孔融列傳》

아직도 이정원이 잊히지 않네[266] 尙憶李鼎[267]元

266 법장사(法莊寺)는……않네 : 법장사는 연경에 있는 사찰이다. 번암이 1778년(정조2) 사신으로 연경에 갔을 적에 그 사원에 가서 지은 〈법장사 탑에서 황성을 엿보는 노래〔法莊寺塔瞰皇城歌〕〉와 〈장가를 급히 지어서, 반정균, 이정원에게 주며 이별하다〔走草長歌贈潘庭筠李鼎元爲別〕〉라는 시가 《번암집》 권13 〈함인록 상(含忍錄上)〉의 맨 마지막에 실려 있는데, 청나라 학사(學士)인 그들로부터 번암의 시가 대가(大家)의 솜씨라는 평을 얻었다는 자주(自註)가 함께 붙어 있다.

267 鼎 : 대본에는 '廷'으로 되어 있다. 《번암집》 권13 〈함인록 상〉에 근거하여 수정하였다.

이성 현감 이귀서 정서에게 이별 선물로 주다

贈別尼城使君李龜瑞廷書

이(尼)는 뒤에 노(魯)로 바뀌었다.

아침저녁 보살피며 〈칠발〉을 읊었나니	晨昏賦七發
그대와 같은 효자도 아마 없을 듯[268]	爲孝似君無
빈궁한 날에도 능히 즐거운 기색이더니[269]	貧日能愉色
흉년 들자 원님이 되어 봉양을 하는구나	荒年且縣廚
임금과 부모 은혜 어찌 차이가 있으리오	君親恩豈間
어느 곳에 있든 그 도는 다르지 않은 법[270]	塵刹道非殊
유월에 원님 수레 따라 비가 내리니	六月隨車雨
찬송하는 노래가 벌써 길에 가득하네[271]	謳歌已滿途

268 아침저녁……듯 : 이정서(李廷書)가 혼정신성하며 어버이의 병을 낫게 하기 위해 이 세상의 어떤 효자도 생각할 수 없는 온갖 치료법을 구상하여 병구완을 하면서 바른길로 어버이를 인도하였다는 말이다. 〈칠발(七發)〉은 한(漢)나라 매승(枚乘)이 지은 사부(辭賦)인데, 초(楚)나라 태자가 병이 들자 그 병의 원인을 분석한 다음에 음악, 음식, 생활 환경, 준마, 사냥, 파도 구경, 성현의 말씀 등 일곱 가지 치료 방법을 제시하여 병을 낫게 했다는 내용으로 되어 있다. 《文選 卷34》

269 빈궁한……기색이더니 : 어버이에 대한 효자의 깊은 사랑을 표현한 말이다. 《예기》〈제의(祭義)〉에 "효자가 어버이를 깊이 사랑하게 되면 자연히 화기를 띠게 마련인데, 그런 사람에게는 또 자연히 즐거운 기색이 있게 마련이고, 그런 사람은 또 자연히 유순한 태도를 보이게 마련이다."라는 말이 나온다.

270 임금과……법 : 포의로 어버이에게 효성을 바치는 것이나 관원이 되어 목민(牧民)을 하는 것이나 그 도는 똑같다는 말이다.

회룡동 우거의 벽에 제하다

題回龍洞寓壁

동쪽 양주 남쪽 죽주 마냥 세월 보내면서	東揚南竹歲年徂
부들방석 홀로 지키며 바보처럼 앉았나니	獨守蒲團坐若愚
산새는 혼자 왔다가 혼자 떠나가고	山鳥自來還自去
주인은 물도 잊고 오도 잊었다네[272]	主人忘物又忘吾
중림의 기세는 장하게 달리는 냇물 속에	中林氣勢奔川壯
서악의 정신은 외로이 서 있는 빗돌 속에	西嶽精神立石孤
때때로 지팡이 짚고 노승 찾아가나니	時把一筇尋惠遠
흰 구름이 끝도 없는 노송의 모퉁이로	白雲無盡老松隅

271 유월에……가득하네 : 선정(善政)을 베푸는 지방 관원을 찬미할 때 쓰는 비유이다. 후한(後漢)의 정홍(鄭弘)이 회음 태수(淮陰太守)로 민생을 안정시켰는데, 가뭄이 혹독할 때에 그가 순행(巡行)을 하자 수레가 이르는 곳마다 단비가 내렸다는 수거치우(隨車致雨)의 고사에서 유래하였다. 《後漢書 鄭弘列傳》

272 주인은……잊었다네 : 객관 대상인 외물과 인식 주체인 자아를 모두 잊었다는 뜻으로, 주객합일(主客合一)의 경지를 말한다. 엄밀하게 철학 용어로 따지면 오(吾)가 아니라 아(我)가 적합한데, 번암이 압운(押韻) 관계상 불가불 이 글자를 사용한 듯하다. 《장자(莊子)》 〈제물론(齊物論)〉에 "내가 나를 잊었다.〔吾喪我〕"라는 명제가 나오는데, 여기서 아(我)는 보이는 대상으로서의 나를 가리키고 오(吾)는 보는 주체로서의 나를 가리킨다.

회룡동에서 병든 몸을 부축받고 명덕산으로 돌아왔는데, 상사 우사앙이 찾아왔기에 기뻐서 짓다

自回龍扶病還明德山喜禹上舍士仰至

풍진 속에 적식[273]은 흩어져 어디로 가고	風塵籍湜散何之
썰렁해진 맹단에 옛날 친구도 드문데	牢落盟壇少舊知
내가 또 가을 내내 병들어 누운 탓에	緣我一秋常臥病
그대 보내고 석 달을 시 없이 보냈다오	送君三月更無詩
성남의 꿈 깨고 나니 국화의 시절도 다하고	城南夢罷寒花盡
번계의 등불 깊어지며 밤중에 눈이 쌓이는 때	樊上燈深夜雪滋
얼마나 기쁜지 소매 속에 신이한 기운이 많아	頗喜袖中多異氣
하늘에서 붉은 먹 붓으로 흥건하게 적셔 주니[274]	自天朱墨濕離離

273 적식(籍湜) : 한유(韓愈)의 문인인 장적(張籍)과 황보식(皇甫湜)의 병칭인데, 여기서는 번암이 평소에 아끼던 학생들을 가리킨다.

274 얼마나……주니 : 사앙 우경모(禹景謨)가 그동안 지은 시들을 소매 속에서 꺼내어 보여 주었는데, 모두 비범한 작품이라서 천상(天上)의 시관(試官)들도 글이 잘되었다며 주묵(朱墨)으로 동그라미를 치느라 정신이 없을 것이라는 뜻의 해학적인 표현이다.

사앙에게 주다
贈士仰

방석 위에 병든 몸 일으켜 맞는 새 아침	蒲團强疾坐侵晨
가랑눈과 찬 구름이 시월의 시작을 알려 주네	微雪寒雲入小春
벼슬 떨어져 외람되게 미곡을 하사받고	官罷濫蒙宣米使
잠긴 문엔 어쩌다 명문(銘文)을 청하는 사람뿐	門深時有乞銘人
가슴이 널찍하니 폭삭 늙어도 무슨 걱정이며	坦懷未必愁全老
곧은 도를 행하다가 망신당한들 무슨 상관이랴	直道何妨誤此身
그대여 낙양에 가서 내 안부 묻는 이 있거든	君到洛陽如問我
광릉의 외로운 돛이 송진에 기댔다 전해 주오	廣陵孤棹倚松津

이때 또 이사하여 송파나루에 머물 예정이었기 때문에 시에서 언급하였다.

삼가 한음 이 선생의 시에 차운하여 하목당에 제하도록 부치다

敬次漢陰李先生韻寄題霞鶩堂

하목당은 대구(大丘)에 있다.

두 못이 빙 두르고 한 강물 가로걸린 곳	雙湖宛轉一江橫
조물이라도 어떻게 손쉽게 조성했으리오	化力何曾造次成
어조와 연하도 외물이 아니거니와[275]	魚鳥煙霞非外物
누대와 종고 또한 태평 시대를 알려 주네	樓臺鍾鼓屬時平
대발을 걷으면 덤불숲 빛이 석양에 저 멀리까지	開簾楚色斜陽遠
난간을 굽어보면 하늘빛이 긴 밤 내내 선명하게	俯檻天光永夜明
풍진 속에서 이름만 듣다가 희어진 머리칼	塵裏聞名空白首
백 년 매달린 뒤웅박 우스워라 내 인생이여[276]	百年匏繫笑吾生

275 어조(魚鳥)와……아니거니와 : 물고기와 새, 연무와 노을 같은 외부의 경물들도 잠깐 묵었다가 떠나가는 여인숙의 객(客)과 같은 존재가 아니라 여관의 주인처럼 항상 마음속의 풍경으로 자리 잡고 있다는 말이다.

276 백……인생이여 : 번암 자신의 인생을 뒤돌아보면 가슴에 품은 포부와 경륜을 시험해 보지도 못한 채 무용지물로 허비한 느낌이 든다는 뜻의 자조적인 표현이다. 매달린 뒤웅박은 무용지물을 비유하는 말로, 《논어》 〈양화(陽貨)〉의 "내가 어찌 뒤웅박처럼 한곳에 매달린 채 먹지 못하는 그런 사람이 되어야 하겠는가."라는 공자의 말에서 유래하였다.

삼가 어제시에 차운하여 지추 강공 항 의 성대한 회방[277]의 의식을 받들어 축하하다

敬次御製詩韻奉賀知樞姜公 杭 回榜盛儀

깊은 숲 한가히 누우면 바로 이희인데	深林閑臥便夷希
황갑의 시절 애틋하게 구갑이 돌아왔다네[278]	黃甲依依舊甲歸
우로처럼 기로사에 내린 임금님의 시편	雨露耆司雲漢什
백년에 드문 특은이라고 사람들 말한다오	異恩人道百年稀

277 회방(回榜) : 과거 급제한 때로부터 60년 되는 해가 돌아온 것을 말한다. 강항(姜杭)은 1726년(영조2) 병오년에 식년시 을과 6위로 급제하였는데, 1786년(정조10) 병오년 3월 16일 정조가 선왕이 처음으로 실시한 식년시였던 점을 떠올리고 감회에 젖어 그를 불러 위로하고 시를 지어 축하하였다. 정조의 시는 《홍재전서(弘齋全書)》 권6에 수록되어 있다.

278 깊은……돌아왔다네 : 정작 강항 자신은 지금 도사(道士)와 같은 생활을 하면서 회방이니 뭐니 하는 것에는 관심도 두지 않을 터인데, 어느 사이에 구갑(舊甲) 즉 60년의 세월이 흘러 다시 조정에 나와서 축하를 받게 되었다는 말이다. 이희(夷希)는 《도덕경(道德經)》 제14장의 "보려 해도 보이지 않음을 이라 이름하고, 들으려 해도 들리지 않음을 희라 이름한다.〔視之不見名曰夷, 聽之不聞名曰希.〕"라는 말에서 나온 것으로, 원래는 허적(虛寂)하고 현묘(玄妙)한 도(道)의 본체(本體)를 말하는 것이지만, 도사와 같이 그러한 경지를 지닌 사람을 뜻하는 말로도 쓰이게 되었다. 황갑(黃甲)은 문과에 급제한 것을 말하는데, 옛날 과거 시험에서 갑과(甲科) 급제자의 명단을 황지(黃紙)에 썼던 데에서 유래하였다. 《山堂肆考 科第 登第》

9월 6일에 어가를 모시고 모화관에 가서 오영의 무재를 시험하다 무신년(1788, 정조12)

九月六日陪駕詣慕華館試五營武才 戊申

장전[279]의 심엄한 곳에 오색 놀이 열리고	帳殿深嚴闢彩霞
동정의 선악[280]이 일천 가호에 울리는 때	洞庭仙樂殷千家
솔은 가을 더위를 알아 다투어 그늘 드리우고	松知秋熱爭垂蔭
국화는 어가 행차에 맞춰 미리 꽃을 피웠도다	菊爲天臨預作花
깃발이 움직이니 뭇 용들이 햇빛을 에워싸고	旗動群龍籠日色
창끝이 뾰족하니 나는 새가 서리꽃 피하누나	槍尖高鳥避霜華
우리 왕이 태평 시대 이루려 애쓰고 계시니	吾王自致昇平業
너희들 몸이 강해도 우선은 자랑하지 말라	汝等身强且莫誇

279 장전(帳殿) : 제왕이 출행(出行)하여 휴식할 때에 장막(帳幕)을 쳐서 행궁(行宮)으로 삼는 것을 말한다.

280 동정(洞庭)의 선악(仙樂) : 임금을 위한 궁중 음악을 말한다. 《장자(莊子)》〈천운(天運)〉의 "황제(黃帝)가 함지(咸池)의 음악을 동정의 들판에서 연주하였다."라는 말에서 유래하였다.

상이 호조에 명하여 이 제독 여송 의 사당을 세우고, 그 후손인 이원(李源)으로 하여금 신주를 세워 제사 지내게 하였으니, 이는 대개 의기[281]한 것이다. 무신년(1788, 정조 12) 12월 모갑에 각신을 보내 치제하게 하는 한편 친히 지은 사당의 기문(記文)을 높이 걸게 하였는데, 이때 이공 성원 이 좌상으로, 내가 우상으로 함께 나아가 성대한 의식을 볼 수 있었으므로, 시를 지어 그 일을 기록하다

上命度支立李提督 如松 祠使其孫源立主以祀之蓋義起也用戊申十二月某甲遣閣臣致祭仍揭御製祠堂記李公 性源 以左相臣以右相偕進獲覩盛儀詩以記之

바람이 거세게 불고 눈발이 분분히 날리는데	天風肅肅雪紛紛
신마는 소리가 없지만 뭔가 들림이 있는 듯도	神馬無聲若有聞
아직도 기억나네 예전에 영원위 지나갈 때	尙憶曾經寧遠衛
애틋하게 이 장군 상에 공경히 읍했던 일이	依然高揖李將軍
산과 강물 삼한의 형세가 바뀌지 않았으니	山河不改三韓勢
초목도 다시 살려 준 공훈을 알고 있을 듯	草木如知再造勳
제왕의 필묵이 비치는 속에 사당이 세워졌으니	雲漢影中祠屋立
영령은 무엇으로 우리 임금에게 보답할지	英魂何以答吾君

281 의기(義起) : 예문(禮文)에는 없지만 의리에 입각해서 행하는 예법을 말한다. 《예기》 〈예운(禮運)〉의 "선왕의 예법에는 그러한 예가 없을지라도, 의리에 입각해서 적절하면 새로 일으킬 수도 있는 것이다.〔禮雖先王未之有, 可以義起也.〕"라는 말에서 유래하였다.

번암집

제 17 권

詩시

기유년(1789, 정조13) 3월에 원릉의 헌관으로 차출되었으니, 이는 대개 연석에서 진달하여 차출되기를 희망했기 때문이다. 4일에 향을 받들고 능소에 가서 새벽에 기신제를 행하고는 눈물을 흘리며 적다
己酉三月差元陵獻官蓋筵達求差也初四日奉香詣陵所曉行忌辰祭涕泣以書

십 년 풍파에 귀밑머리 하얗게 세었나니	十載風波兩鬢絲
능소 참배할 줄은 꿈에도 생각지 못했어라	拜陵非是夢中期
부모님 같은 이 은혜를 장차 어떻게 보답할까	恩同顧復將何報
죽어서도 모실 수 있다면 길이 슬프지 않으리라	死若趨陪不永悲
축문을 지으려니 편찬하던 그날로 돌아간 듯	祝冊還疑編製日
술잔을 올리려니 탕약 올리던 그때가 떠오르네	山罍空憶奉湯時
외로운 신하 이날 밤의 무궁한 눈물이여	孤臣是夜無窮淚
송백을 보니 빗방울이 눈물처럼 떨어지네	看取杉松雨點垂

이날 새벽에 비가 왔다.

꿈에서 깨어 감회를 적다

夢起識感

꿈에서 본 것이 흡사 어제 일인 듯	夢見還如昔
슬픈 감회가 아직까지 가시지 않네	悲懷遂至今
삼 년이 지난 지금에 와서 생각하니	始來三載後
구원이 깊은 것을 참으로 깨닫겠네	眞覺九原深
창졸간에 모습이 쇠한 것을 논하다니	倉卒論衰貌
대략이나마 마음고생한 것이 보이네	依俙見苦心
묘소 앞의 사언의 비명(碑銘)이여	墳前四言什
차마 다시 길게 읊조리지 못하겠네	不忍更長吟

사도 장헌세자의 개장에 즈음한 만사

思悼莊獻世子改葬輓

을묘년(1735, 영조11) 정월의 일을 공경히 생각건대 恭惟乙卯月之正
이극문이 열리며 백일잔치가 열렸었네[1] 貳極門開百祿呈
밤을 이어 빛나는 서성(瑞星)을 모두 우러러보고 連夜有星皆仰視
팔방에 환호하는 소리 없는 날이 없었지요 八方無日不歡聲
하늘이 친히 보듬어서 이 땅에 보내셨으리니 維皇親抱應相送
젖을 겨우 떼자마자 어른처럼 의젓했다오 阿保纔離儼若成
다투어 말하길 계가 훌륭해 우를 계승해서 爭道啓賢能繼禹
만년토록 온 누리에 태평 시대 오리라 했네[2] 萬年寰海占昇平

1 을묘년……열렸었네 : 영조의 아들인 사도세자 이선(李愃)이 을묘년 1월 21일 후궁인 영빈(暎嬪) 이씨(李氏)의 몸에서 태어나 백일이 되는 날에 영조의 정비(正妃)인 정성왕후(貞聖王后) 서씨(徐氏)의 양자(養子)로 입적되며 원자(元子)로 정해진 것을 말한다. 이극문(貳極門)은 동궁(東宮)의 정문이다. 동궁의 서연(書筵)인 중희당(重熙堂)의 남문을 중화문(重華門)이라 하였는데, 그 문의 남쪽에 이극문이 있었다. 이극은 임금 다음으로 높다는 뜻으로, 세자를 가리킨다.

2 다투어……했네 : 사도세자가 영조의 뒤를 이어 성군이 되리라고 모두 기대했다는 말이다. 하우(夏禹) 이전에는 왕위를 현신(賢臣)에게 선양(禪讓)하는 전통이 있었으나, 우왕(禹王)이 죽은 뒤에는 왕이 생전에 후계자로 내정했던 익(益) 대신 왕의 아들인 계(啓)가 훌륭하다고 백성들이 그에게 귀의하여 "우리 임금의 아드님이다.〔吾君之子〕"라고 찬미하면서 그를 왕으로 옹립했는데, 이로부터 왕위 세습 제도가 시작되었다는 이야기가 《맹자》〈만장 상(萬章上)〉에 보인다.

두 번째 其二

원단에 대리하기 위해 동위[3]를 열었나니	元春代理敞銅闈
서기 어린 고릉[4] 위에 아침 햇빛 찬란해라	瑞氣觚稜上早暉
심결을 조석으로 응당 주고받는 관계이니	心訣晨昏應授受
종묘는 반석 위에 갈수록 더욱 빛나리라	宗祧磐石轉光輝
천안[5]이 옆에서 보며 끝없이 기뻐하고	天顔傍視歡無極
일표[6]가 새로 임하매 위엄 있고 의젓해라	日表新臨儼有威
한곳에서 빈대하며 이성을 자주 뵙는 일은	賓對一堂頻二聖
예로부터 역사적으로 대단히 희귀하였다오	古來靑史事全稀

세자가 대리(代理)하는 일로 하례를 받던 날 대조(大朝)가 협실(夾室)에 거둥하여 그 광경을 굽어보았다.

세 번째 其三

눈물지으며 생각건대 당년의 성유가 길었는데	泣憶當年聖諭長

3 동위(銅闈) : 구리 문이라는 뜻으로, 동궁(東宮)의 문을 가리킨다. 한(漢)나라 때 태자궁의 문 이름을 동룡문(銅龍門)이라고 하였는데, 이는 문루(門樓)에 구리로 장식한 용〔銅龍〕이 새겨져 있는 데에서 유래하였다.

4 고릉(觚稜) : 궁궐 지붕 모서리의 기와등〔瓦脊〕이 사각형으로 뾰족하게 튀어나온 모양을 말하는데, 보통 높은 궁궐 지붕 혹은 서울을 비유하는 말로 쓰인다.

5 천안(天顔) : 영조를 가리킨다.

6 일표(日表) : 태양의 의표(儀表)라는 뜻으로, 제왕의 모습과 거동을 비유하는 말인데, 여기서는 새로 대리청정하게 된 세자를 가리키는 말로 쓰였다.

소신이 명을 받들고서 세자궁에 달려갔었지[7] 小臣承命詣春坊
뜰 한복판에서 도승지를 인접[8]하고 나서 庭心引接知申事
석양 무렵 바위 위에 처량하게 앉아 계셨지 石上蒼涼坐夕陽
공경히 휘언을 받들건대 모두 손억하는 말씀 恭奉徽言皆遜抑
상세히 명의에 입각하여 함께 상의했더랬지 細將明義與商量
전일에 종용히 모신 적이 없지 않았지만 非無前日從容侍
이때에 한 분 원량(元良)[9]임을 참으로 알았다오 到此眞知一有良

네 번째 其四

덕합(德閤)[10]에서 동틀 녘에 강연을 마치자 德閤凌晨已講筵

7 눈물지으며……달려갔었지 : 당년의 성유(聖諭)는 1749년(영조25) 왕세자의 대리청정을 태묘(太廟)에 고하고 팔도에 전교를 반포한 것을 말한다. 이해 1월 22일 영조가 선위(禪位)의 봉서(封書)를 승정원에 내리자 사도세자가 황급히 측근을 불러 상의한 내용과 27일 영조가 정식으로 교서를 전국에 반포한 내용이 《영조실록》 25년 1월 기사에 상세히 나온다.

8 인접(引接) : 세자가 신하를 접견하는 것을 말한다. 왕이 신하를 접견하는 것은 인견(引見)이라고 한다. 세자가 대리청정할 때 입시(入侍)는 입대(入對)로, 전지(傳旨)는 휘지(徽旨)로, 계의윤(啓依允)은 달의준(達依準)으로, 계사(啓辭)는 달사(達辭)로, 계본(啓本)은 신본(申本)으로, 계목(啓目)은 신목(申目)으로, 상소(上疏)는 상서(上書)로, 백배(百拜)는 재배(再拜)로, 상전(上前)은 세자궁(世子宮)으로 칭한다. 《增補文獻備考 卷85 禮考 敎命》《景慕宮儀軌 卷3 己巳代理儀》

9 원량(元良) : 지극히 선량하다는 뜻으로, 세자를 가리킨다. 《예기(禮記)》 〈문왕세자(文王世子)〉에 "한 사람의 원량이 있으면 만국이 바르게 된다고 했는데, 이는 세자를 이른 것이다.〔一有元良, 萬國以貞, 世子之謂也.〕"라고 하였다.

10 덕합(德閤) : 사도세자가 대신과 비국 당상을 인접하며 정무를 처리하던 덕성합(德成閤)의 준말로, 왕의 정전(正殿)과 같은 의미를 지닌 곳이다.

대조가 칭찬하시고 진신 사이에도 전해졌지　大朝稱譽搢紳傳
인자한 명성이 탕천의 길에 끊이지 않았고[11]　仁聲不盡湯泉路
성상의 훈계도 《자성편》[12]으로 항상 온화하였다오　至教常溫自省編
간흉이 남몰래 모함을 했으니 이 일을 어찌하랴　奈有奸凶謀暗地
성주가 자비롭게 처분할 여지도 없지 않았건마는　非無聖主作慈天
최마를 입고 날마다 궁문 밖에 엎드려 계실 때[13]　縗麻日伏宮門外
미신의 피눈물 흘리는 그 심정을 누가 알았으랴　誰識微臣涕血漣

다섯 번째 其五

죽포의 슬픈 울음소리 구의에 감돌고　竹浦哀鳴繞九嶷
육룡이 오신 곳에 저녁 구름 드리웠네[14]　六龍來處暮雲垂

11 인자한……않았고 : 사도세자가 환곡(還穀)을 조정하고 형편에 따라 세금을 줄여 주며, 대전(代錢)과 방납(防納)을 금지하는 등 민생 경제 위주의 선정을 펴자, 백성들이 몹시 기뻐하여 사도세자의 온천 행차 때에 환호했던 것을 말한다. 사도세자는 1760년 7월 18일 다리 종기가 곪아 터진 습창(濕瘡)을 치료하기 위해 온궁(溫宮) 즉 온양(溫陽) 행궁(行宮)에 도착하여 16일간 요양한 뒤 8월 4일에 귀경하였다. 《溫宮事實》《溫泉日記》

12 자성편 : 《어제자성편(御製自省篇)》이다. 영조가 사도세자를 가르치기 위해 경사(經史)의 내용 및 자기의 일상적인 생활과 개인적 느낌 등 수기치인(修己治人)에 관련된 요목을 간추려 만든 제왕학(帝王學)의 교재로, 1746년 본편이, 그리고 1759년 속편이 만들어졌다. 사도세자가 대리청정을 시작하자 영조가 그를 경연으로 불러 경연관에게 《자성편》의 장구를 읽게 하고 직접 훈계하기도 하였다.

13 최마를……때 : 사도세자가 1762년 5월 24일부터 윤5월 13일까지 시민당(時敏堂) 뒤뜰 월대(月臺)에서 석고대죄한 것을 가리킨다.

14 죽포(竹浦)의……드리웠네 : 사도세자를 양주(楊州) 중량포(中梁浦) 옆 배봉산

송백은 종천의 눈물[15]을 빠짐없이 흩뿌리고　　杉松遍灑終天淚
창해도 땅에 사무친 비애를 씻기 어려워라　　滄海難澆徹地悲
효친의 그 생각이 실로 국민을 감동시켰나니　　孝思實爲黎庶感
애수에 젖은 그 모습을 어찌 시신만 알았으랴　　慽容奚但侍臣知
노심초사하며 보낸 이십팔 년의 세월이여　　憧憧廿八年光內
자나 깨나 임금님은 다짐함이 있었느니라[16]　　寤寐宸誠有所期

여섯 번째 其六

수원의 길상한 기운이 날로 피어올랐나니　　隋城佳氣日英英
명당으로는 삼한에서 겨룰 곳이 없었어라　　吉地三韓莫與京
연이 맑은 하늘에 꽂혀 꽃잎을 활짝 벌리고　　蓮揷晴空開朶迥

(拜峯山)의 수은묘(垂恩墓)에 장례 지낼 때에 영조가 친림한 가운데 정조의 비통해하는 심정을 묘사한 것이다. 수은묘는 정조 즉위 직후에 영우원(永祐園), 그리고 이장할 때에 다시 현륭원(顯隆園)으로 격상되었다. 죽포는 영우원 부근의 마을 이름으로, 울음소리는 정조의 비애를 가리킨다. 정조가 나중에 그 원릉(園陵)을 참배할 때에, 전농리(典農里), 답심리(踏尋里), 청량리(淸涼里), 죽포리(竹浦里) 등의 마을에서 부역(賦役)에 응한 백성들에게 미두(米斗)를 지급하게 한 기록이 보인다.《日省錄 正祖 10年 3月 29日》 구의(九嶷)는 순 임금의 묘역인데, 여기서는 영우원을 가리킨다. 구의(九疑)라고도 한다. 육룡(六龍)은 어가(御駕)로, 영조의 행차를 말한다. 옛날에 천자의 수레는 여섯 마리의 말이 끌었는데, 8자(尺)의 말을 용이라고 불렀던 데에서 유래하였다.

15 종천(終天)의 눈물 : 몸을 마칠 때까지 이어지는 슬픈 눈물이라는 뜻으로, 죽을 때까지 비통함이 계속되는 부모상에 대해 쓰는 표현이다.

16 노심초사하며……있었느니라 : 1762년 사도세자를 영우원에 안장하고 1789년(정조 13) 7월 수원 화산(花山)의 현륭원으로 이장(移葬)할 때까지 28년 동안 정조의 불안했던 심정과 마음속의 결의를 표현한 것이다.

용이 큰 들판에 서려 구슬을 밝게 품었도다　龍盤大野抱珠明
인정이 비처럼 운다 한들 장차 어떻게 미치리오　人情雨泣將何及
성의를 하늘이 알아주어 일이 마침내 이루어졌네　誠意天知事竟成
복을 구함이 정직해서 복을 받을 수 있으리니　求福不回能受福
봄날이 오면 과질이 언덕에 가득 돋아나리라[17]　春來瓜瓞滿原生

일곱 번째 其七

동궁의 온궁 행차 그때의 일이 아련하나니　春宮溫幸事依依
나룻배 석양에 도착한 것이 아직도 기억나네　尙憶津帆到晚暉
눈에 가득한 강물은 예전 그대로 흐르는데　滿眼江流猶自在
재실이 또 남으로 돌아가니 마음 아파라　傷心梓室又南歸
하늘 나직한 도성의 아침 경치 희미하더니　天低京闕迷晨望
길 익숙한 산성에선 저녁 안개가 걷혔도다　路熟山城斂夕霏
뇌사[18]의 옛 신하가 지금도 죽지 않아서　雷肆舊臣今不死
명정 한 글자마다 눈물 줄줄 흘립니다　銘旌一字淚千揮

천신(賤臣)에게 광중(壙中)의 명정(銘旌)을 쓰라고 명하셨기에 이렇게 말하였다.

17 과질(瓜瓞)이……돋아나리라 : 왕족들이 끝없이 벋어 나가 번성하는 것을 비유한 말이다. 과질은 큰 오이와 작은 오이 덩굴을 뜻한다. 《시경》 〈대아(大雅) 면(綿)〉에서 주(周)나라 족속이 번성하는 것을 비유하여 "끝없이 벋어 나가는 큰 오이 작은 오이 덩굴이여.〔綿綿瓜瓞〕"라고 노래한 데에서 유래하였다.

18 뇌사(雷肆) : 서연(書筵)과 같은 말로, 세자시강원(世子侍講院)의 별칭인데, 여기서는 당시 왕세자였던 사도세자를 지칭하는 말로 쓰였다.

술회

述懷

산림과 종정을 인연 따라 맡겨 두다가	山林鍾鼎任隨緣
화전[19]을 다시 밟으니 이미 해 질 녘 나이	重步花甎已暮年
상신의 직책 맡아 임금님 보좌한 것이 뭐가 있으랴	相業有何千乘補
성훈(聖訓)은 하나의 경도 제대로 익히지 못하였네	聖謨猶未一經專
삼엄한 도성의 서설은 내년의 풍년을 알려 주고	嚴城瑞雪徵來歲
대궐에 걸린 무지개는 밤하늘 위에서 예배하누나	雙闕祥虹拜夜天
나야 늙었으니 지금 바라는 것이 없고	吾老如今無所願
소원은 단지 과질이 날로 벋어 나기만을	願言瓜瓞日綿綿

이날 밤 4경(更)에 겸인(傔人)이 뜰아래로 내려와서 다급한 목소리로 대내(大內)에 불이 났다고 고하기에, 내가 잠에서 깨어 깜짝 놀라서 급히 옷을 꿰어 입고 창문을 열고 바라다보니, 불 같은 붉은 기운이 겹겹으로 대궐을 에워쌌는데, 그중에 쌍무지개가 백악(白岳)에서부터 광채를 뻗치며 도성을 호위하는 것 같았으므로, 내가 마음속으로 기이하게 여기며 절을 하고 물러났다. 그런데 그 이듬해에 원자(元子)가 탄생하였으니, 하늘이 상서(祥瑞)를 내린 것이 어찌 우연이라고 하겠는가.

19 화전(花甎) : 꽃무늬 벽돌이라는 뜻으로, 대궐 안의 길을 말한다. 당나라 때 내각(內閣)의 북청(北廳) 앞 섬돌에 꽃무늬를 새긴 벽돌이 깔린 길이 있었는데, 겨울철에는 해 그림자가 다섯 번째 화전〔五甎〕에 이르면 학사(學士)들이 입직(入直)했던 고사가 전한다. 화전(花磚) 혹은 화전(花塼)이라고도 한다.

밤에 읊다

夜吟

고요한 밤일수록 되레 생각이 많아져서	靜夜還多念
깊어지는 등불 속에 곧잘 잠을 놓치노라	深燈易失眠
마음에 걸리는 것은 대루의 기문이요	關心待漏記
의미가 있는 것은 서주의 편이로다[20]	有味敍疇編
칼날과 활촉이 뜬금없이 날아온다마는	鋒鏑生虛地
병풍처럼 막아 주는 상천이 계시도다	屛幪有上天
수의를 만약 찬조할 수만 있다면야	垂衣如可贊
운수가 어찌 감히 전답을 구하리오[21]	雲水敢求田

20 마음에……편이로다 : 상신의 직책을 수행하는 것이 어려워서 부담스럽기도 하지만, 또 한편으로는 거기에 대단한 가치를 부여하는 번암의 심정을 토로한 것이다. 대루(待漏)의 기문(記文)은 송나라 왕우칭(王禹偁)이 지은 〈대루원기(待漏院記)〉를 말한다. 대루원은 재상이 아침에 일찍 출근하여 조회 시간을 기다리던 장소이다. 서주(敍疇)의 편(編)은 구주(九疇)를 서술해서 편집한 글이라는 뜻으로, 《서경》 〈홍범(洪範)〉을 말한다.

21 수의(垂衣)를……구하리오 : 왕도 정치를 제대로 보좌할 수 있는 여건만 조성된다면, 구름과 물처럼 정처 없이 떠돌아다닐 뿐 갈 곳도 딱히 없는 처지인 번암 자신이 그냥 조정에 남아서 상신의 직책을 수행할 것이니, 뭣 때문에 밖에 나가서 자기 살길을 찾으려 하겠느냐는 뜻의 해학과 자조가 뒤섞인 표현이다. 수의는 수의상(垂衣裳)의 준말로, 성군의 무위지치(無爲之治)를 뜻한다. 《주역》 〈계사전 하(繫辭傳下)〉에 "순임금이 의상을 드리워 귀천을 변별하였으니, 이는 대개 건은 높고 곤은 낮은 뜻을 취한 것이었다.〔舜垂衣裳而天下治, 蓋取諸乾坤.〕"라는 말이 나온다.

상신의 인끈을 풀어 버리고

解相

병들어 반열 선두에 서려니 머리칼이 쭈뼛	扶病班頭鬢髮森
흰 구름 좇아 은거할 생각이 산림에 가득	白雲歸思滿山林
군민에 대한 아형의 뜻을 함부로 본받았다마는	君民妄學阿衡志
희온이 어떤지 영윤의 마음을 누가 엿보았으랴[22]	喜慍誰窺令尹心
꿈에서 깨어나니 누종의 소리 아직도 역력하고	夢罷漏鍾猶歷歷
몸이 한가하니 창문 휘장이 전처럼 깊고 깊어라	身閑簾幕故深深
아침이 오면 문전의 손님 보고하지 말라	朝來莫報門前客
새로운 시 지어 보려고 정히 고심 중이니까	欲就新詩正苦吟

22 군민(君民)에……엿보았으랴 : 당초에 번암이 나름대로 이윤(伊尹)과 같은 사명감을 갖고서 상신의 직책을 수락하였을 뿐, 자신의 거취에 대해서는 영윤(令尹)인 자문(子文)처럼 일절 상관하지 않는다는 것을 일반 사람들은 알지 못할 것이라는 말이다. 아형(阿衡)은 상나라 재상인 이윤의 관직 이름이다. 이윤이 탕왕(湯王)의 부름을 받고 나아갈 적에 자신의 포부를 토로하면서 "나는 하늘이 낸 사람들 가운데 먼저 깨달은 사람이다. 따라서 내가 이 도를 가지고 이 사람들을 깨우쳐야 할 것이니, 내가 깨우치지 않는다면 그 누가 하겠는가.〔予天民之先覺者也, 予將以斯道覺斯民也, 非予覺之而誰也.〕"라고 말한 내용이 《맹자》 〈만장 상(萬章上)〉에 나온다. 영윤은 초(楚)나라 집정관(執政官)의 직명이다. 《논어》 〈공야장(公冶長)〉에 "초나라의 영윤인 자문은 세 차례나 출사(出仕)하여 영윤이 되었지만 기뻐하는 빛이 없었고, 세 차례나 그만두었어도 노여워하는 빛이 없었다.〔令尹子文三仕爲令尹, 無喜色, 三已之, 無慍色.〕"라는 말이 나온다.

경술년(1790, 정조14) 3월 내가 좌의정으로서 원릉 기신의 헌관을 자청하여 차출되었으므로 감회에 젖어 시를 읊다

庚戌三月余以左相求差元陵忌辰獻官感懷賦詩

외로운 신하는 점점 더 늙어 가고　冉冉孤臣老
해마다 이날은 어김없이 돌아오고　年年此日回
의상을 어디서도 볼 수가 없어　衣裳無處見
눈물 흘리면서 향 받들고 왔소[23]　涕淚奉香來
어촉의 불빛이 점점 희미해지니　御燭依俙近
닭들도 어쩌면 쫓겨서 미리 우는 듯　仙鷄彷彿催
어찌하여 공을 세우는 일은 그만두고　如何建功廢
단지 술잔만 올리도록 허락하셨는지　只許進山罍

두 번째 其二

아침 일찍 망우의 재를 넘노라니　早度忘憂嶺
마치 집경당에 입시하러 나가는 듯　如趨集慶堂
봄날이 응당 만물에 생기를 불어넣으리니　春應生萬物
하늘이 혹시라도 선왕을 일으켜 주시려나　天或起先王

23 의상(衣裳)을……왔소 : 의상은 수의상(垂衣裳)의 준말로 무위지치(無爲之治)를 뜻한다. 무위지치의 왕도 정치가 실현되지 못하는 현실에서, 제왕을 제대로 보필하지 못한 상신으로서의 책임감을 절감하며 영조의 능침을 찾아왔다는 말이다.

솔바람 소리는 선악의 가락을 휘감아 돌고	風檜縈仙樂
안개 속 꽃들은 어향의 연기 속에 한들한들	煙花裊御香
당시에 내리신 선왕의 필묵이여	當時雲漢影
신의 소매에 아직도 환하게 빛납니다	臣袖尙輝光

5월에 대간에게 탄핵을 당하여 용호의 시안정으로 피해 나가다

五月有臺參迸出龍湖之是岸亭

하늘과 땅은 광활하기가 이와 같고	天地闊如許
긴 강물은 지체하지 않고 흘러가네	長江去不遲
그동안 참으로 내가 잘못하였나니	向來眞自誤
세도를 어떻게 해 보려 하다니 원	世道欲何爲
다락이 멀어서 쉬파리[24] 떼가 물러가고	樓迥青蠅屛
뜰이 한가하여 백로와 알고 지내는 곳	庭閑白鷺知
몸을 쉬는 일과 나라에 보답하는 일	休身與報國
어떡하면 이 두 가지 겸할 수 있을는지	那得兩兼之

24 쉬파리 : 아첨하며 참소하는 소인배를 가리킨다. 《시경》〈소아(小雅) 청승(青蠅)〉에 "쉬파리 윙윙대며 울타리에 앉았나니, 점잖으신 군자여 참언 믿지 말지어다.〔營營青蠅, 止于樊. 豈弟君子, 無信讒言.〕"라고 하였다.

정자 위에서 달을 마주하고

亭上對月

푸른 하늘은 본래 티 없이 맑은 법 青天本無滓
오늘 밤이 바로 본래의 그 색이로세 正色卽今宵
밝은 달이 하늘 한복판에 걸렸나니 明月當中道
차고 넘치는 빛이 공중에 가득해라 餘光滿九霄
표연히 깃 매달고 훨훨 날아가고파 飄然羽化意
하늘 궁전에 조회하러 가고도 싶네 如欲玉宸朝
바라건대 비렴[25]이 달아나게 해 줬으면 願使飛廉遁
서강의 물결이 길이 요동치지 못하도록 西江永不搖

25 비렴(飛廉) : 은(殷)나라 주왕(紂王)의 간신으로 달리기를 잘했다고 하는데, 주공(周公)이 무왕(武王)을 도와 주를 주벌(誅罰)한 뒤에 바닷가로 내쫓아 죽였다는 기록이 《맹자》 〈등문공 하(滕文公下)〉에 나온다. 한편 전설 속의 바람 귀신〔風伯〕 이름이기도 하므로 번암이 이렇게 조어(造語)한 것이다.

이튿날 밤에 또 정자 위에서 달을 마주하고
翌夜又對月亭上

난간머리 하늘 가운데에 앉으니	欄干坐天上
둥근 달님과 가까워질 수 있을 듯	如可月輪親
막막하도다 어느 뱃전의 등불인고	漠漠何船火
애틋하도다 멀리 건너는 사람이여	依依遠渡人
신선이 되기에는 늦었다고 하더라도	神仙雖已晚
어조와는 그래도 이웃할 수가 있다오	魚鳥亦堪隣
왕도의 정치학 생각하면 마음이 아프나니	惆悵箕疇學
뜻을 펴지 못한 채 고개 숙이고 서성이네	低廻意莫伸

도승지가 별유를 받들고 심야에 급히 달려오다

都承旨奉別諭深夜馳到

말방울 소리가 닭 울음과 뒤섞인 가운데	鳴騶雜鷄唱
물렀거라 횃불 속에 골목길이 열렸네	嗔炬巷門開
부끄러워라 도승지가 황공하게도	慚愧知申事
말 치달려 심야에 찾아오게 하다니	驅馳冒夜來
구중궁궐 내려온 임금님의 말씀이여	鳳綸通九闕
정승과 허물없이 지낸 어부의 집이여	漁戶褻三台
방울방울 교인의 눈물이 맺혔나니	點點鮫人淚
외로운 등불이 두 빰을 비춰 주네[26]	孤燈照兩腮

26 방울방울……주네 : 그동안 정들었던 곳을 떠나는 번암의 슬픈 감정을 표현한 말이다. 바닷속에 사는 교인(鮫人)이 물가의 인가(人家)에 머물다가 헤어질 때 눈물을 흘려 진주 구슬로 변하게 한 뒤, 소반에 가득 담아서 주인에게 이별 선물로 주었다는 전설을 인용한 것이다. 《博物志 卷9》

밤에 정자 위에 앉아

亭上夜坐

일천 촌락 점점 더 어두워지며	稍稍千村暝
공명한 하늘이 물속에 잠겼어라	空明在水中
멀리 등불이 이따금 깜박깜박	遙燈時點綴
남은 빗발이 간간이 부슬부슬	餘雨間冥濛
정승을 그만둠이 왜 이리 늦었는지	鼎鼐辭何晚
강호에서 노니는 풍류 무궁한 것을	江湖道不窮
임금님 생각나는 오늘 밤 꿈속에는	思君今夜夢
응당 미앙궁 들어가서 알현하리라	應入未央宮

정세상 인혐(引嫌)하고 들어왔는데, 이태 공회[27]가 승지로서 함께 데리고 오라는 왕명을 받들고 찾아왔기에, 밤에 앉아서 시를 읊어 보여 주다

情勢引入李台公會以承旨奉偕來命以至夜坐吟示

승지가 왕명 받들고 정승의 집 찾아왔나니	銀臺銜命降台司
관복 입고 서로 맞는 이 일 역시 기이하이[28]	冠服相迎事亦奇
훔쳐보는 가인들 다투어 웃음꽃 피우고	竊視家人爭好笑
명승[29]하는 우리는 밝은 시대를 만났어라	冥升吾輩際明時
번계의 멋진 모임은 아련한 꿈 속으로	樊溪勝集依依夢
시사는 옛날처럼 언제나 또 노닐는지	詩社前遊黯黯疑
촛불 자꾸 바꿔 가며 얘기 갈수록 세밀해져	燭跋屢更談轉細
오늘 밤은 물시계 소리 늦는 것도 모르겠네[30]	不知今夜漏聲遲

27 이태 공회(李台公會) : 이정운(李鼎運)으로, 자는 공회이다. 번암의 문하생이고 시사(詩社)의 동인(同人)이다. 시호는 정민(貞敏)이다.

28 승지가……기이하이 : 이정운은 번암과 평소 허물없이 지내는 사이인데, 왕명을 주고받기 위해 지금 이처럼 서로 관복을 차려 입고 정식으로 대면하게 되니 매우 기이하면서도 어색하게 느껴진다는 말이다.

29 명승(冥升) : 승진에 눈이 멀었다는 뜻으로, 과분하게 자격도 없이 고위직에 오르는 것이 겸연쩍어 겸사(謙辭)로 쓴 말이다. 《주역》 〈승괘(升卦) 상육(上六)〉에 "위로 오르는 데에 눈이 어두운 것이니, 쉬지 않고 바르게 가는 데에는 이롭다.〔冥升, 利于不息之貞.〕"라고 하였다.

30 촛불……모르겠네 : 평소에는 새벽에 대루원(待漏院)에서 기다리며 얼른 출근 시간이 되기를 고대하곤 하였는데, 지금은 이야기가 점점 더 흥미진진해져서 지루한 줄을 전혀 모르겠다는 말이다.

이 판윤 헌경 에 대한 만사 신해년(1791, 정조15)

李判尹 獻慶 輓 辛亥

규성이 달처럼 사당 위로 떨어지자	奎星如月落祠堂
온 집안이 놀라서 밤중에 부산했다지[31]	驚怪全家夜裏忙
오고 감이 천지의 운행과 관련되었나니	來去實關天地運
동국에 문장이 있음을 비로소 알았다오	始知東國有文章

두 번째 其二

방년에 쌍보가 계향을 나란히 할 적에	芳年雙步桂香聯
그대는 홍안이요 나도 흑발이었는데	君面方韶我髮玄
조정의 정책 논하는 삼주의 좌석에	廊廟訏籌三晝席
줄곧 강비가 앞에 앉아 부끄러웠소[32]	向來糠粃愧居先

31 규성(奎星)이……부산했다지 : 이헌경이 죽기 전날 밤에 큰 별이 사당 동쪽 뜰에 떨어져 그 빛이 땅을 비추는 가운데 한 가닥 맑은 빛이 하늘 위로 곧장 올라가자 모두 놀라며 걱정했다는 이야기가 그의 손자 이승진(李升鎭)이 쓴 〈가정문견록(家庭聞見錄)〉에 보인다. 《艮翁集 卷24 附錄》

32 방년(芳年)에……부끄러웠소 : 이헌경은 번암과 같은 해 과거에 급제한 동기생인데, 고위 관직을 차지하는 것은 언제나 번암이 앞서는 추세라서 미안하다는 말이다. 쌍보(雙步)는 두 사람의 행보라는 뜻이다. 계향(桂香)은 계수나무 향기라는 뜻으로, 과거 급제를 비유하는 말이다. 두 사람 모두 1743년(영조19) 정시 문과(庭試文科)에 병과(丙科)로 급제하였다. 나이는 이헌경이 한 살 위이다. 삼주(三晝)는 왕이 하루에 세 번 접견한다는 뜻으로, 보통 군신(君臣)이 토론하는 자리인 조강(朝講), 주강(晝

세 번째 其三

삼관 대제학으로 드높이 규장각을 관장함은	三館岧嶢掌石渠
그대 아니면 적임자 없음을 분명히 알았건만	定知非子莫宜居
간당(奸黨)은 짐짓 귀 막고 아예 못 들은 척	朋私故故如充耳
명단을 올려도 헛수고라 성주가 탄식했다오	送上徒勞聖主噓

네 번째 其四

대궐 뜰에 문후하러 백관이 모였을 때	彤庭問候集簪紳
경월[33]의 반열 중에 안 보이는 한 사람	卿月班中少一人
황각의 노부[34]는 마치 손을 하나 잃은 듯	黃閣老夫如失手

講), 석강(夕講) 세 차례 경연(經筵)을 의미하지만, 여기서는 임금의 총애를 받는 고위 관원을 뜻하는 말로 쓰였다. 《주역》〈진괘(晉卦)〉 괘사(卦辭)에 "진괘는 강후에게 말을 많이 하사하고 낮에 세 번씩 접견하는 상이다.〔晉, 康侯用錫馬蕃庶, 晝日三接.〕"라는 말이 있다. 강비(糠粃)는 겨와 쭉정이라는 뜻으로, 자신의 역량이 상대방보다 못하다면서 겸사(謙辭)로 쓴 말이다. 진(晉)나라 왕탄지(王坦之)와 범계(范啓)가 서로 앞을 양보하면서 걸어가다가 뒤에 처지게 된 왕탄지가 "곡식을 까불어 바람에 날리면 겨와 쭉정이가 앞에 있게 마련이다.〔簸之揚之, 糠秕在前.〕"라고 한마디 하자, 범계가 "조리질을 하며 물에 흔들면 모래와 자갈이 뒤에 있게 마련이다.〔洮之汰之, 沙礫在後.〕"라고 응수한 고사가 전한다. 《世說新語 排調》

33 경월(卿月) : 경사(卿士) 즉 조정의 고급 관원을 가리킨다. 《서경》〈홍범(洪範)〉의 "왕이 살필 것은 해의 일이고 경사가 살필 것은 달의 일이고 사윤이 살필 것은 날의 일이다.〔王省惟歲, 卿士惟月, 師尹惟日.〕"라는 말에서 유래하였다.

34 황각(黃閣)의 노부 : 번암 자신을 가리킨다. 황각은 한(漢)나라 승상부(丞相府)의 문을 황색으로 칠했던 데에서 유래하여, 정승을 뜻하는 말이 되었다.

큰 강 건너매 아득히 나루가 안 보이네	大川將涉杳無津

다섯 번째 其五

옛집은 모수의 물가[35]에 그대로 있고	故宅依然某水濱
석성의 잔월은 또 정월에 떠오르는데	石城殘月又新春
상여를 여기에서 어찌 차마 보내리오	忍敎旌翣此中去
지금 세상엔 더 이상 나의 고인이 없도다	今世更無吾故人

35 모수(某水)의 물가 : 어릴 때부터 놀았던 고향의 물가라는 말이다.

임자년(1792, 정조16) 9월 10일 상이 광릉을 전알할 적에, 천신이 늙고 병든 것을 걱정하여 하루 전에 먼저 가도록 명하셨는데, 길 가는 도중에 옛날 우거했던 장수원을 바라보고는 눈물을 훔치며 시를 지어 읊다

壬子九月十日上展謁光陵爲慮賤臣老病命前一日先詣路中望章壽院居停舊所抆涕以吟

지석이 반공중에 오뚝이 서서	支石半空立
예전처럼 반갑게 맞아 주는데	依然開好顔
마음 아파라 노부의 사정이여	傷心老夫事
십 년 동안의 일이 떠오르네	回首十年間
날아간 새를 어떻게 붙잡으리오	逝鳥誰能挽
흘러간 물은 돌아오지 않는 것을	流川更不還
우리 아이 옛날에 타고 놀던 죽마가	吾兒舊竹馬
어쩌면 앞산에 혹시 버려져 있을지도	倘或棄前山

예전에 홍근(弘謹)과 홍신(弘愼)을 데리고 반년 동안 지석(支石) 아래에서 우거했는데, 10년도 안 되어 인사(人事)의 변고가 차마 말할 수 없이 벌어졌으므로 그 사실을 이 시에서 언급하였다.

광릉의 절에서 묵으며

宿光陵寺

법신은 시작도 없고 끝도 없이	法身無始又無終
오직 뱃속 가득 자비의 마음만	只有慈悲滿腹中
우스워라 검은 머리 예전의 관찰사가	應笑黑頭前按使
한 걸음 옮기는 사이에 폭삭 늙었으니	須人移步已成癃

내가 일찍이 도백(道伯)으로서 능침(陵寢)을 봉심(奉審)하며 이 절에서 유숙(留宿)했는데, 어느새 32년이 흘렀으므로 시에서 이렇게 말하였다.

영종대왕이 일찍이 을해년(1755, 영조31)에 광릉을 전알할 적에 내가 유신으로 배종했는데, 지금 또 당저 전하가 배릉하는 행차에 배종하면서 외람되게 수반의 자리를 차지하였다. 예전의 일을 돌이켜 생각해 보면 의연히 어제 일 같은데, 어느덧 38년이나 흘렀으므로 감회에 젖어서 시를 지어 눈물과 뒤섞어 함께 쓰다

英宗大王曾在乙亥展謁光陵余以儒臣從今又陪當宁殿下拜陵之行忝居班首撫念前事依然如昨日而流光爲三十八籌感懷成詩和淚以書

용이 치솟고 범이 뛰노는 웅장한 형세여	龍拏虎躍勢雄奇
운악산 상서로운 빛 그 당시와 똑같아라	雲嶽祥光似昔時
선왕을 배종하고 다시 금상을 배종하니	前聖已陪陪後聖
이번 행차 기쁘면서도 또 한편 슬퍼지네	此行堪賀又堪悲

두 번째 其二

바람 깃발 새벽 떨치고 공중 가득 펄럭펄럭	風旂拂曙滿空翻
선왕이 침원 참배할 때 모셨던 일 생각나네	憶侍先王拜寢園
만사 겪고 살아남은 동성의 한 늙은이가	萬事東城餘一老
흰머리로 눈물 흘리며 개원[36]을 이야기하네	白頭垂淚說開元

36 개원(開元) : 개원지치(開元之治)의 준말로, 당나라의 대표적인 성세(盛世)로 일컬어진다.

임단록 臨湍錄

내가 좌상(左相)으로서 연석(筵席)에 나아가 아뢸 적에 시의(時議)를 크게 어겼으므로 탄핵하는 주문(奏文)이 준엄하게 발동하여 그 형세를 막을 수가 없었다.[37] 이에 상이 나를 황해도 풍천부(豐川府)에 찬배(竄配)하도록 명하였으므로, 내가 도성을 피해 홍제원(弘濟院)의 촌사(村舍)로 나가 며칠 동안 명을 기다렸는데, 전지(傳旨)가 비로소 내려왔기에 10월 12일 그곳을 떠나 파주(坡州)에 가서 묵었다. 이튿날 정오에 장단부(長湍府)에 도착하여 점심을 먹으며 대기하다가 앞으로 나아가려 할 즈음에, 압송하는 금오랑(金吾郎)이 "조정을 떠나올 때 몰래 상의 교시를 받았는바 '늙고 병든 대신이 내 마음에 걸려 잊히지 않는다. 어찌 꼭 먼 지방으로 가야만 귀양 보낸다고 할 수 있겠느냐. 너는 장단에 도착하거든 본부(本府)에 부처(付處)하고 곧바로 복명(復命)하라.' 라고 하셨습니다."라고 말하였으므로, 생각지도 못한 상의 은혜가 너

37 내가……없었다 : 윤영희(尹永僖)가 역적 신기현(申驥顯)과 한패거리인데도, 번암이 자신의 오촌 조카인 윤영희를 두둔한다는 판중추부사 박종악(朴宗岳) 등의 주장에 대해, 번암이, 신기현을 토죄(討罪)하다가 윤영희가 파직당하기까지 했다고 반박하였는데, 이에 서유린(徐有隣), 서영보(徐榮輔), 김문순(金文淳), 이병모(李秉模) 등이 일제히 번암을 공격하였으며, 그 뒤를 이어 대간의 탄핵이 발동하자 정조가 번암을 풍천으로 유배 보내도록 명한 것을 말한다.《正祖實錄 16年 9月 25日, 10月 4日・10月 10日・10月 15日》

무도 감격스러워 피눈물을 흘렸다. 이에 한 곳의 촌사를 골라서 거처를 정하였는데, 여기는 기전(畿甸)과 가까운 곳이었으니 이름은 비록 찬배라고 할지라도 전리(田里)에서 한가히 노니는 것과 무에 다르겠는가. 그리고 11월 8일 동지(冬至) 명절에 맞춰서 상이 전교(傳教)를 내려 특명으로 방환(放還)하였으니, 배소(配所)에 도착한 날로부터 이날까지 고작 26일에 불과하였다. 바야흐로 유배 생활을 할 적에 시골집이 매우 비좁았으나 잠자고 일어나는 데에는 아무 문제가 없었으며, 게다가 밤 시간이 한 해처럼 길어서 독서하기에 아주 적당하였는데, 다만 두 눈이 등불을 대하면 어지럽고 소리를 내어 읽으면 기운이 딸려 숨이 가빠져서 책장을 덮고 탄식할 따름이었다. 그래서 부득불 오언(五言)·칠언(七言)과 각 시체(詩體)의 형식을 빌려 생각이 나면 적어 두어, 한편으로는 임금을 그리는 마음을 부치고 한편으로는 소일거리로 삼았는데, 모두 약간의 시편(詩篇)이 모아졌기에 그 이름을 '임단록(臨湍錄)'이라고 하였다. 번암 노인은 73세에 창릉(昌陵)의 여사(旅舍)에서 쓰다.

홍제원의 새벽녘 베갯머리에서 나무꾼의 노래를 듣고 느낀 바 있어 읊다
弘濟院曉枕聞樵歌感吟

동무 부르는 시골 아이 아침 일찍 문 나서며	喚侶村童早出扉
초가로 서로 화답하니 절로 하늘의 기틀이라	樵歌相和自天機
한평생 살아갈 밑천 이만하면 충분하나니	生來技業如斯足
부럽도다 너희들 신변에 시비가 없는 것이	羨爾身邊無是非

풍천으로 귀양 갈 적에 홍제원에 말을 세우고 작별하러 온 여러 군자에게 사례하다

赴謫豐川立馬弘濟院謝來別諸君子

시월에 동운이 바닷가에 접했나니 十月同雲接海濱
옥란이 다시 영균을 끌어 줄 수 있으랴[38] 玉鑾能復導靈均
죽으면 길이 기억하고 살면 돌아오리니 死當長憶生當返
고맙소 작별하러 오신 많은 고인들이여 感謝臨岐多故人

두 번째 其二

도성 남쪽 추창하게 나의 허언 그대로 믿고는 城南惆悵奉虛言
군자들 아무 말이 없이 해는 어느새 황혼으로 履舃無聲日易昏
우리 임이 어찌 참으로 내 행적 잊겠는가마는 余美豈眞忘我果
나의 잘못을 세려다 보니 눈물이 앞을 가리네 愆殃欲數淚先捫

38 시월에……있으랴 : 조정의 상황이 걷잡을 수 없이 악화되었으므로 그동안 번암을 보호해 준 정조로서도 지금은 어떻게 손쓸 수 없이 풍천(豐川)의 해변으로 유배 보낼 수밖에 없는 상황이 된 것을 암시하고 있다. 동운(同雲)은 한 가지 색깔의 먹구름이라는 뜻으로, 눈이 내리기 직전에 하늘에 구름이 가득 낀 것을 말한다. 《시경》 〈소아(小雅) 신남산(信南山)〉에 "하늘에 온통 먹구름이 끼더니, 함박눈이 펄펄 내리네.〔上天同雲, 雨雪雰雰.〕"라는 말이 보인다. 옥란(玉鑾)은 제왕의 수레를 말하고, 영균(靈均)은 전국 시대 초나라 조정에서 쫓겨난 충신 굴원(屈原)의 자이다.

교리 권동야 평 가 파주의 점막까지 뒤따라왔기에 밤에 앉아서 이야기하며 작별하다

權校理東野 坪 追到坡州店幕夜坐話別

황혼을 무릅쓰고 필마로 따라와 주다니	相隨匹馬犯黃曛
금세에 정 깊은 이는 오직 그대뿐이로세	今世情深獨有君
먼 작별에 두런두런 말이 많게 마련이라	遠別自然多細話
울타리 너머 닭 소리 차마 듣지 못하겠네	隔籬鷄唱不堪聞

장단(長湍)에 임하여 회포를 서술하다

臨湍述懷

사람이 천지 사이에서 살아감에	人生天地間
부자와 군신이 가장 중요하나니	惟父子君臣
어버이 아니면 어떻게 태어나며	非父曷以生
임금님 아니면 어떻게 사람 되랴	非君曷以人
이것이 바로 충과 효의 성품을	所以忠孝性
하늘이 똑같이 부여한 소이로다	皇天賦與均
우리 부친은 옛날 빛 감춘 은자로서	吾父昔潛光
덕행이 세상에 짝할 이가 없었던 분	德行世莫倫
내가 슬하를 떠나지 못하게 하고	令我不離膝
먼동이 틀 때까지 가르쳐 주셨나니	教迪通昕晨
성현이 남기신 훈계의 말씀들을	聖賢有訓辭
글자마다 거듭거듭 깨우쳐 주시며	逐字曉申申
한마디 말이나 하나의 행동도	一言與一行
언제나 법도를 따르게 하셨는데	動使矩矱遵
내가 노둔하여 체득하지 못한 채	吾駑莫能體
일찍 급제하여 몸을 그르쳤다오	科名早誤身
임금님의 특별한 은총 홀연히 받았나니	遭逢忽特達
거룩하고 인자하신 우리 영종대왕께서	英考聖且仁
병조 그리고 호조를 맡기시는 등	中權與度支
돌봐 주심이 백관 중에 으뜸이었는데	恩顧冠簪紳

통곡 속에 창오의 들판[39] 바라다보며　慟哭見蒼梧
피눈물만 하염없이 쏟아 냈어라　血淚空紛繽
거센 바람이 연약한 식물을 기롱하며　衝飆欺弱植
기패[40]가 날로 서로 잇따르는 가운데　箕貝日相因
함정의 교묘함을 헤아리기 어려웠나니　機穽密難測
귀신과 이웃한 것이 무려 칠 년 세월　七載鬼與隣
오직 성명하신 우리 전하께서　惟明我殿下
가을 하늘의 해와 달과 같으시어　日月懸秋旻
승상부를 열도록 나를 영입하시며　迎我相府開
하늘 음악을 대궐에서 내려 주심으로부터　天樂降紫宸
구렁에서 뒹굴다 폭신한 이부자리로　溝壑遂袵席
용과 자벌레의 굽히고 폄이 뒤바뀌자[41]　龍蠖變屈伸

39 창오(蒼梧)의 들판 : 영조가 죽어서 묻힌 원릉(元陵)을 말한다. 창오는 제순(帝舜)이 죽은 곳이다. 《사기(史記)》 〈오제본기(五帝本紀)〉에 "제순이 제위에 오른 지 39년 되던 해에 남방을 순수하다가 창오의 들판에서 붕어하였으므로, 강남의 구의산(九疑山)에 장례 지냈다.〔踐帝位三十九年, 南巡狩, 崩於蒼梧之野, 葬於江南九疑.〕"라고 하였다.

40 기패(箕貝) : 남기(南箕)와 패금(貝錦)의 준말로, 근거 없이 참소하고 모함하는 것을 말한다. 《시경》 〈소아(小雅) 항백(巷伯)〉의 "얼룩덜룩 조개 무늬 비단을 짜듯, 남을 참소하는 저 사람이여 또한 너무 심하지 않나. 혓바닥 크게 벌린 남기성(南箕星)처럼, 참소하는 사람이여 누구와 주로 모의하나.〔萋兮斐兮, 成是貝錦. 彼譖人者, 亦已大甚. 哆兮侈兮, 成是南箕. 彼譖人者, 誰適與謀.〕"라는 말에서 유래하였다.

41 용과……뒤바뀌자 : 진퇴, 출처와 길흉, 흥망이 뒤바뀐 것을 말한다. 《주역》 〈계사전 하(繫辭傳下)〉의 "자벌레가 몸을 굽혀 움츠리는 것은 장차 몸을 펴기 위함이요, 용과 뱀이 숨는 것은 자신의 몸을 보전하기 위함이다.〔尺蠖之屈, 以求信也, 龍蛇之蟄, 以存身也.〕"라는 말에서 유래하였다.

구경이 날마다 의논하러 나아오고 九卿日就議
문간에 고관의 수레가 밀려들었다오 門巷盈朱輪
특별히 돌보심이 추식[42]을 뛰어넘고 殊眷邁推食
대궐에서 진미가 끊이지 않는 가운데 絡繹御廚珍
임금의 팔과 다리 심장과 등뼈로서 股肱與心膂
삼공을 떠맡아 다섯 번 봄을 맞았는데 三槐五見春
창졸간에 재앙이 나로부터 생겨나서 倉卒孼由己
천지 도균의 책임을 저버리고 말았도다[43] 天地負陶匀
막다른 길을 상이 홀로 가련히 여겨 窮塗上獨憐
차마 바닷가에 귀양 보내지 못하시고 不忍投海濱
유배지를 바꿔서 백 리의 임진관으로 百里臨津關
강물이 청량하고 신선한 데다 江水淸且新
장단은 실로 경기와 가까워서 長湍實近甸

42 추식(推食) : 먹을 것을 덜어 준다는 뜻으로, 임금의 특별한 은혜를 비유하는 말이다. 한신(韓信)이 한 고조(漢高祖) 유방(劉邦)과의 인연을 추억하면서 "한왕(漢王)은 나에게 상장군의 인(印)을 수여했고, 수만의 군대를 주었으며, 옷을 벗어서 입혀 주고, 먹을 것을 덜어서 먹여 주었으며, 말을 하면 들어주고, 계획을 세우면 써 주었다. 그래서 내가 여기에까지 이를 수 있었다.〔漢王授我上將軍印, 予我數萬衆, 解衣衣我, 推食食我, 言聽計用, 故吾得以至於此.〕"라고 말한 고사에서 유래하였다. 《史記 淮陰侯列傳》

43 창졸간에……말았도다 : 자기의 허물로 인하여 피할 수 없는 재앙을 맞게 됨으로써 정국을 통제하며 백성을 교화해야 할 정승의 책무를 저버리게 되었다는 말이다. 《서경》 〈태갑 중(太甲中)〉에 "하늘이 만든 재앙은 피할 수 있지만, 스스로 만든 재앙은 피할 수 없다.〔天作孼, 猶可違, 自作孼, 不可逭.〕"라는 말이 나온다. 도균(陶匀)은 도자기를 만들 때에 그 그릇의 용도에 따라 속도를 조절하여 적절히 굴리는 선반(旋盤)을 말하는데, 정승이 국정을 주도하는 것을 비유하는 말로 쓰인다.

여행길 전혀 고생스럽지 않았나니 行邁非苦辛
한밤중에 북두성을 바라다보면 中夜望北斗
정광을 가까이 접할 수 있을 듯도 精光如可親
어진 어버이와 거룩한 임금님께 賢父與聖君
자나 깨나 조금이라도 보답하고자 寤寐酬刹塵
이 마음 길이 간직하고 있나니 永言持此心
신명에게 물어보아도 좋으리라 維以質明神

만병가
蔓餠歌

만 어미 떡이 맛 좋기로 서울에서 유명했는데　蔓母餠有名長安裏
만의 어미가 죽으면서 그 비법이 끊겼다고　蔓母死餠詮自此絶
일 좋아하는 시인들이 시로 기록하였어라　好事詩人詩以記
금년에 내가 임단부로 귀양 와 있는 때에　今年我謫臨湍府
만이 어디 있다가 불쑥 나를 찾아왔는데　蔓也何從訪我至
나를 보더니 안색이 처연해지려 하고　蔓見我色欲悽
나도 그를 보고는 한번 탄식하였어라　我亦見蔓一噓噫
만은 원래 약산의 집[44]에 있던 사람이라　蔓是藥山宅裏人
떡에 끌려서라기보다 약산을 생각다가　非蔓之憐藥山思
옛날 그때의 만 어미 떡에 말이 미쳤나니　語到前時蔓母餠
사십 년여의 일을 그 누가 알기나 할까　四十年餘有誰知
만이 어제 갔다가 오늘 또 찾아왔나니　蔓也昨去今又至
처에게 떡 상자 들리고는 피곤한 줄도 몰라　遣婦提棬不辭疲
상자 속엔 불룩하게 시루에 찐 떡들　棬中凸以甑裏餠
훈김이 겨울을 밀치고 물씬 배어 나와　熌氣排冬太淋漓

44 약산(藥山)의 집 : 약산은 오광운(吳光運)의 호로, 번암의 첫 부인 동복 오씨(同福吳氏)의 백부인데, 번암이 그를 사사(師事)하였다. 오광운의 집이 약봉(藥峯) 즉 약현(藥峴)에 있었는데, 남대문이 바라다보이는 지금의 중림동 언덕이다. 200년 전 성현(成俔)의 집이었는데 오광운이 인수했고, 오광운이 죽은 뒤 번암이 이 집에서 살다가 1770년(영조46) 남대문 안으로 이사하였다.

노부가 이를 보곤 식지가 벌써 꼼지락[45]	老夫於此食指動
한 조각 두 조각 구미에 그대로 맞았는데	一片二片饞口宜
기이해라 향곡에서 이렇게 만들 줄 알다니	異哉鄕曲能有此
그대가 궁기의 비법을 전해 받은 건 아닐는지[46]	爾法無乃傳弓箕
임시 거처라 사례할 만한 물건이 없어서	旅泊無物表謝臆
채워 왔다가 빈 몸으로 가니 부끄럽기만[47]	實來虛往吾所忸
어디를 가나 옥우경루[48]가 그리워지는데	隨處玉宇瓊樓戀
들사람이 미나리를 바칠 수도 없구나	野人芹美獻不得

45 식지가 벌써 꼼지락 : 맛있는 떡을 앞에 두고는 군침이 돌면서 얼른 먹고 싶은 생각이 들었다는 말이다. 춘추 시대 송나라 자공(子公)이, '식지가 움직이면〔食指動〕' 으레 맛있는 음식을 먹게 된다고 한 고사에서 나왔다. 《春秋左氏傳 宣公4年》

46 그대가……아닐는지 : 어머니의 떡 빚는 비결을 옆에서 보고 배우지 않았겠느냐는 말이다. 궁기(弓箕)는 활과 키라는 뜻으로, 부모와 자식 간에 가업을 수수(授受)하는 것을 비유할 때 쓰는 말이다. 《예기》〈학기(學記)〉의 "훌륭한 대장장이의 아들은 아버지의 일을 본받아 응용해서 가죽옷 만드는 것을 익히게 마련이고, 활을 잘 만드는 궁장(弓匠)의 아들은 아버지의 일을 본받아 응용해서 키 만드는 것을 익히게 마련이다.〔良冶之子必學爲裘, 良弓之子必學爲箕.〕"라는 말에서 나왔다. 궁구(弓裘), 궁야(弓冶)라고도 한다.

47 채워……부끄럽기만 : 상대방의 성의에 제대로 보답하여 돌려보내지 못해서 미안하다는 말이다. 장자(莊子)가 외다리 왕태(王駘)의 뛰어난 덕을 찬미하면서 "그는 서서 가르치지도 않고 앉아서 의논하지도 않는데, 사람들이 그에게 빈 몸으로 갔다가 가득 채워서 돌아왔다.〔立不敎, 坐不議, 虛而往, 實而歸.〕"라고 말한 대목이 나온다. 《莊子 德充符》

48 옥우경루(玉宇瓊樓) : 신화에 나오는 선인(仙人)의 궁전인데, 여기서는 임금이 있는 대궐을 가리킨다.

치시가

峙柴歌

주인이 쟁여 놓은 장작이 초가 옆에 수북	主人峙柴傍茅屋
장작더미 높다랗게 치솟아 지붕 위에까지	柴出屋頭其勢矗
위는 솔가지 덮었는데 비 오면 혹 무너질라	上覆松枝念雨壞
중간은 새들이 뚫지 못하게 활을 받쳐 놓았네	中撑木箭防鳥鑿
살펴보니 하나하나 장안의 계수나무[49]	看來一一長安桂
그대 서민의 신분으로 어떻게 구했는고	爾是編戶何從得
혹한기에 비싸게 흥정하려는 심산이리니	擬待折綿方折價
이익만 좇는 소민으로선 이상할 것도 없지	小民無怪惟利射
장작이여	柴乎
필경엔 사람들에게 협광의 은혜를 안겨 주리니	畢竟使人恩挾纊
예부터 쌓임이 후하면 쓰임이 반드시 넓었단다[50]	古來積厚用必博

49 장안(長安)의 계수나무 : 장작이 모두 품질이 좋아서 서울에 내다 팔면 고가(高價)를 받을 수 있을 것이라는 말이다. 전국 시대 소진(蘇秦)이 초(楚)나라를 떠나려 하면서 "식량은 옥보다 비싸서 구하기 어렵고, 땔감은 계수나무보다 비싸서 구하기 어렵다.〔食貴于玉, 薪貴于桂.〕"라고 불만을 토로한 고사에서 나왔다. 《戰國策 楚策3》

50 장작이여……넓었단다 : 추운 겨울 내내 주인이 장작을 아끼지 않고 번암 자신을 따뜻하게 지내게 해 주면 어느 땐가는 반드시 그 은공에 대한 보답을 크게 받을 날이 올 것이라는 뜻의 해학적인 표현이다. 협광(挾纊)은 솜옷을 껴입는다는 뜻으로, 추위에 떠는 사람을 훈훈하게 해 주는 것을 말한다. 《史記 范雎列傳》

10월 23일 새벽에 우레가 치다
十月二十三曉雷

얼떨결에 유배객 신세가 되었다마는　　蒼黃爲謫客
나의 속마음은 우리 임금님 생각뿐　　衷赤念吾君
민생이 힘들면 민심이 응당 흩어지고　　艱食民應散
그 기회 편승해서 당이 또 나뉘겠지　　乘機黨又分
때도 아닌데 우레에 비까지 오다니　　非時雷挾雨
밤중에 구름 없던 것이 믿기지 않아　　難信夜無雲
놀라 일어나서 아이 불러 물어보니　　驚起呼童問
마을의 새벽닭이 이제 막 울었다네　　村鷄始唱云

견회[51]

遣懷

임금님이 교관[52]에 머물게 허락하셨나니	君恩許我住郊關
홍살문의 남쪽이요 물굽이의 옆이라오	紅箭門南傍曲灣
겨울 날씨 다습기가 흡사 삼월 하순 같고	冬候煖如三月下
산의 얼굴 해맑게 양경[53] 사이를 비춰 주네	山容淸照兩京間
성읍이 가까워 징과 호가 소리 꿈을 교란하고	鐃笳攪夢州城近
벼농사 추수를 끝내니 논밭과 들판이 한가해라	禾稼收功田野閑
가장 기쁜 것은 대궐이 평안하다는 길한 소식을	最喜玉樓平吉報
다리 근처 나는 파발이 날마다 돌아와 전하는 것	橋頭飛撥日成還

두 번째 其二

넓디넓은 우리 국토 마치 비단에 수놓은 듯	王土芒芒繡錯如

51 견회(遣懷) : 가슴속의 회포를 털어 버린다는 뜻으로, 울적한 심정을 자위(自慰)하는 것을 말한다. 견흥(遣興)이라고도 한다. 두보(杜甫)의 시에 "마음을 달래려면 응당 술이요, 흥을 내어 풀려면 시가 최고라. 이런 뜻을 도잠이 잘 이해했는데, 내 늦게 태어나 못 만난 것이 유감일세.〔寬心應是酒, 遣興莫過詩. 此意陶潛解, 吾生後汝期.〕"라는 구절이 있다. 《杜少陵詩集 卷10 可惜》

52 교관(郊關) : 도성 교외의 관문이라는 뜻으로, 서울 밖 100리 안팎의 지역을 의미하는데, 여기서는 번암이 유배된 장단(長湍)을 가리킨다.

53 양경(兩京) : 고려의 서울인 개경과 조선의 서울인 한양을 말한다.

동쪽 서쪽 어디든지 거하지 못할 곳이 없네　　東西無處不宜居
사람의 말이라고 모두 사람답진 않은 법　　人言未必皆人理
내가 거하면 내 집으로 알고서 살아왔지　　我住元知卽我廬
절주하고 나니 시장 볼 일도 드물어지고　　場市安閑禁酒後
우레가 친 뒤로는 천지도 온화해졌네　　地天暄煖動雷餘
깃발을 휘날리며 개경 유수 왕림해서는　　旌麾枉沐松京伯
광휘가 마을 위에 뻗쳤다고 농을 하네　　笑說光輝聳里閭

세 번째 其三

마을의 인가 얼마 안 돼 장터도 볼품없어　　村籬三五不成闤
묵은 책 하나 골라내면 그나마 얼굴 펴네　　拈得陳編强破顔
고려의 탱화는 다행히도 옛 사찰에 여전한데　　麗幀可憐依古寺
채씨의 선영은 텅 빈 산에서 어떻게 찾을거나　　蔡陵何以覓空山
별빛 성긴 새벽에는 깊은 뜨락을 걸어도 보고　　庭深試步疎星後
석양 비치는 사이에는 먼 집에 정이 엉긴다오　　家遠凝情落照間
죽는다 해도 한 생각은 여전히 백성 걱정이라　　雖死憂民猶一念
뭐가 살기에 어려운지 민간에 자주 물어보네　　生涯頻問里閭艱

고려 시대의 선영(先塋)이 후세에 전해지지 않는 것이 못내 비통해서 이렇게 지었다.

네 번째 其四

임진강 물 위에는 비가 남긴 흔적들　　臨津江水雨留痕

잔디에 앉아 하염없이 여망[54]하노라	旅望迢迢倚白蘋
허물과 잘못이 모두 나로부터 나온 것을 알거니	已識愆尤皆自己
영예와 치욕이 본래 문이 없다고 감히 말하리오	敢言榮辱本無門
추운 하늘의 구름은 고려의 절간에 접해 있고	寒天雲接高麗寺
높은 나무의 연기는 상국의 촌락에 희미해라	喬木煙微相國村
서호에선 시 짓지 말라고 말하지 마오	莫道西湖詩有戒
시 아니면 누구와 이 마음을 논하리오[55]	非詩誰與此心論

54 여망(旅望) : 잠깐 머무는 객의 처지에서 높은 곳에 올라 멀리 바라보는 것을 말한다.

55 서호(西湖)에선……논하리오 : 시를 지어 세태를 풍자하다가 괜히 곤욕을 치르는 일은 없게 하라는 충고가 고맙기는 하지만, 번암으로서는 이렇게 시라도 지어야 답답한 심정을 풀 수 있으니 그렇게는 할 수 없다는 말이다. 소식(蘇軾)이 평소에 시사(時事)를 비판하며 풍자시 짓기를 좋아하자, 친구인 문동(文同)이 혹시 시안(詩案)에 걸려들까 걱정하여 충고해 주었는데도 아랑곳하지 않았다. 그러다가 소식이 항주 통판(杭州通判)으로 나갈 적에 문동이 또 송행시(送行詩)를 지어 주며 "북쪽에서 객이 오거든 시사를 묻지 말고, 서호가 좋더라도 시를 읊지 말라.〔北客若來休問事, 西湖雖好莫吟詩.〕"라고 다시 경계하였는데, 뒤에 소식이 황주(黃州)로 쫓겨 가게 된 것 역시 항주의 시어(詩語)가 빌미가 되었으므로, 사람들이 문동의 말을 지언(知言)이라고 평했다. 《石林詩話》

좁은 방 안에 가만히 앉아서 종일토록 거동하지 않다 보니 체증(滯症)에 걸려 견딜 수가 없기에 밤이 껌껌해지기를 기다려 아이들을 따라서 문밖의 오솔길을 걸어 보다

靜坐窄室終日無起動病滯不可堪待夜黑從兒輩步門外小徑

기가 응체한 것을 어떻게 풀어 볼까	氣滯何從療
밤 시간 깊어지면 한번 걸어 보기로	更深步試爲
길목이 조용한지 나직나직 물어보고	低聲問巷靜
이웃이 엿볼까 봐 가만가만 발을 떼네	潛屧畏隣窺
진창길도 어림해서 피해 나가고	淖濕依俙避
가로놓인 다리도 방불하게 알아보겠네	橋横彷彿知
나의 가슴속엔 평탄한 길이 있나니	胸中有坦道
바깥사람 흉보는 것은 개의치 않아	不屑外人欺

채윤전 문약이 찾아온 것을 기뻐하며
喜蔡潤銓文若至

나의 아내 정경부인을　　貞敬吾夫人
육 년 만에야 이장하면서　　六載窆乃徙
풍수지리는 실로 깜깜한지라　　堪輿實所昧
오직 문약을 의지하였어라　　惟文若是倚
그때 나는 세상의 그물망에 걸려　　維時絓世網
직접 가서 살펴보지도 못한 채　　不得躬往視
혼자 처박혀서 눈물을 훔쳤나니　　抆淚廓獨處
그 한이 생과 사에 맺힐 수밖에　　恨結生與死
시월의 북풍이 심해지는 때에　　十月北風積
서쪽으로 임진의 물을 건너서　　西涉臨津水
내 말을 장단에다 매어 두고는　　我馬繫湍上
시골집에서 병으로 신음하는데　　吟病村屋裏
적막한 흰 널빤지 문을 밀치고　　蕭條白板扉
문약이 홀연히 이 몸을 찾아왔네　　文若忽來止
나를 보고는 다른 군소리 없이　　相看無雜言
율현의 장점을 극구 말하기를　　盛說栗峴美
"관해가 조산(祖山)의 역할을 하며　　觀海是祖峯
반공중에 그 형세 우뚝 치솟아　　天半勢特起
곧장 치달리다가 다시 방향을 꺾어　　馳騁更屈折
홀연히 기립함이 모자와 같다 할까　　忽立如帽子

연화봉이 해 뜨는 곳을 향하고	蓮花向扶桑
대덕봉이 마주하여 서 있으며	大德相對峙
천주와 관성[56]도 모두	天柱與官星
면면이 제자리를 얻은 가운데	面面皆得位
물은 가는 곳을 알지 못한 채	水去莫知處
바싹 포옹한 그 형세가 끝이 없다오	緊抱勢不已
웅대함과 우아함의 풍수의 미덕이	雄大與娟妙
하나하나 여기에 다 모여 있어서	一一萃於是
초보자도 모두 알아볼 만큼	智愚皆可識
참모습이 정녕 분명히 드러났는데	眞形政宛爾
조화옹의 붓이 있다고 하더라도	雖有化翁筆
망연하여 그려 내기 난처하리라	茫然難畫此
그 효력이 얼마나 될지 논해 본다면	如論力量幾
백 리를 포괄하고도 남을 것이니	包括餘百里
특별히 알려진 명산이 많긴 하지만	名山多特聞
수준이 낮으니 여기에 감히 비하리오	風下疇敢比
하늘이 수천 년 전에 설치해 놓고	天設幾千載
상공을 기다린 지 이미 오래이니	望子已久矣
큰 복택이 유장하게 이어질 것은	悠哉大福澤
보증수표처럼 믿을 수 있으리다"	可以執契俟

56 천주(天柱)와 관성(官星) : 관운(官運)을 상징하는 별자리를 말한다. 천주는 동방 칠수(七宿) 중의 각수(角宿)에 속하는 별 이름으로 삼공(三公)의 지위를 상징하고, 관성은 일반적으로 고위 관직이 위로 하늘에 응한다는 별을 가리킨다.

내가 듣고 처음엔 입을 벌리지 못하다가　我聞始默然
한참 지나고서야 입을 벌리고 웃었나니　良久乃啓齒
풍수가 실제로 속이지도 않겠지만　風水果不誣
그대의 말이 또 이러니 기쁠 수밖에　君言亦可喜
신사가 대략 지시해 주었다 하더라도　神師略指南
문약이 그 심오한 도리를 밝혀 주었도다　文若闡奧理
더구나 부모님의 산소를 여기에 모셔서　況復考妣葬
십 리 거리에 솔과 가래나무 아련히 보여　十里曖松梓
조석으로 문안을 올릴 수도 있을 듯하니　晨昏如可得
백년 천년 그 마음이 얼마나 즐겁겠는가　樂哉千百禩
부인은 어진 덕이 성대한 분이시니　夫人盛賢德
만년토록 여기에 안식함이 당연하지만　宜爾萬年址
스스로 돌아보면 감히 당하지 못할 곳　自顧不敢當
나 같은 사람은 실로 형편이 없다 하리　如我實無似
사람이 만약 자기 몸을 닦지 않는다면　人如不修身
명당자리라고 어찌 그것만 믿으리오　山理豈徒恃
나의 자손들은 노력하라는 뜻으로　勉我子若孫
병을 무릅쓰고 써서 기록해 두노라　强疾書庸記

밤에 앉아서 시골 사람들이 호랑이를 경계하는 소리를 듣다
夜坐聞村人警虎

호랑이는 본래 산림 속의 동물이니	虎本山林物
잠복해 있어야 마땅하다 하겠거늘	深伏乃其宜
어찌하여 거꾸로 상도를 잃어버려	如何反失常
민간에 내려와서 소란을 피우는가	驚動里閭爲
초경에 북쪽 마을이 떠들썩해지면서	初夜北里譁
횃불 들고 여기저기 비추며 말하기를	束火火成枝
도적이 우리 동네에 쳐들어와서	云有盜賊來
삽시간에 솔 울타리를 뚫어 놨다나	颯颯穿松籬
나도 이 말 듣고 경계해야 하겠기에	我亦爲之警
하인 불러 집 주변을 둘러보게 하였는데	喚僕巡庭廚
동네 사람이 다시금 고함치기를	里人更胡叫
도적이 아니라 바로 호랑이란 놈이	非盜伊於菟
동쪽 이웃 우리 안에 키우는 돼지를	東隣圈畜豕
마른 가지 꺾듯 잡아 먹었다네	虎噬如摧枯
내가 이 말 듣고 비창한 생각이 들었나니	我聞一愀然
호랑이가 배고픈 걸 탓할 수야 없겠지만	虎飢無足責
한 마리 돼지로도 본시 배부를 수 없는	一豕本不飽
너의 고약한 속성을 이참에 족히 보았도다	適足見爾惡
연약한 생명도 모두 자연의 산물이니	强弱皆天物
죽이고 해친 죄는 용서받기 어려운 일	賊害罪難貰

여래를 찾아가 송사하고 싶어도 欲向如來訟

서방은 까마득히 멀리 있으니 원[57] 西方杳迢遞

57 여래(如來)를……원 : 서방정토(西方淨土)의 아미타불(阿彌陀佛)에게 범과 돼지 등 축생(畜生)들의 잔혹한 세계에 대해서 따져 묻고 싶어도 거리가 너무 멀어서 그렇게 할 수 없다는 뜻의 해학적인 표현이다. 아미타불은 전생에 법장비구(法藏比丘)로 있을 때, 48조목의 큰 서원(誓願)을 세우고 오랫동안 수행을 한 결과 그 서원을 성취하여 서방에 극락세계(極樂世界)를 건설했다고 하는데, 그 서원의 첫째 조목에 "앞으로 지옥(地獄), 아귀(餓鬼), 축생(畜生) 같은 삼악도(三惡道)의 불행이 없어지기를 원한다.〔無三惡趣願〕"라는 내용이 들어 있다.

장야행

長夜行

여행 중 온갖 고통 감수하려 해도	旅中百酸皆欲甘
밤이 긴 것만은 견딜 수가 없는데	惟有夜長不可堪
궁벽한 촌이라 시계 소리 들을 수 없으니	窮鄕本無更漏籌
밤이 얼마나 지났는지 내가 어떻게 알랴	夜有深淺吾何諳
노부는 기가 쇠해서 잠을 잘 이루지 못해	老夫氣衰寢不善
한밤에 자다 깨다 두세 번 정도가 아닌데	一夜睡覺非再三
나무 끝에서 이따금 바람 혼자 소리를 낼 뿐	木末有時風自聲
침상에서 귀 기울여도 닭은 왜 그리 잠잠한지	枕上側聽鷄何喑
소싯적에는 밤중에도 글 안 보는 때 없었는데	少也無時不夜字
눈이 침침하면 책장 덮고 부끄러운 줄 모른 채	眼暗廢書還忘慙
두 눈을 일부러 뜨지 않고 꼭 감고 있다 보면	兩眸故故闔不開
마음이 고요해지며 홀연히 참선하는 느낌이랄까	心冥忽然如禪參
한참 있다 이불 들추고 창가의 흔적을 살펴보면	良久開衾覓牕痕
가까운 곳도 어둠침침해 방향을 분간 못했다오	咫尺黯黯迷西南
굶주린 말이 구유 씹듯 보챔은 어찌된 성격인지	飢馬嚼槽是何性
괭이가 입맛 다시며 노려보듯 시간만 재다니 원	黠猫餂饌如相探
급히 등불을 켜려 해도 켜는 것도 쉽지 않아	急欲燃燈燃未易
그저 혼자서 뒤척이며 근심이 불타는 듯하니	只自轉輾憂心惔
야기를 잘 기르라는 추성의 교훈[58]도 저버리고	夜氣善養負鄒聖
빈 방에 광채가 나온다는 노담에게도 부끄러워[59]	虛室生白愧老聃

소년이야 이런 고통을 어찌 알 수 있으랴만 少年安能知此苦
옆방의 코골이 소리가 마치 양탐 같기만[60] 隣房鼾息如羊貪
믿는 것은 하늘에 태양이 때맞춰 도래해서 所恃天有大明如期至
만국을 비추며 순식간에 햇살이 뻗치는 것 光輝萬國斯須覃

58 야기(夜氣)를……교훈 : 야간(夜間)에 돋아 나오는 바르고 올곧은 기운을 주간(晝間)에 잃어버리지 말고 잘 보존해야 한다는 맹자의 설명이 《맹자》 〈고자 상(告子上)〉 우산지목장(牛山之木章)에 보인다. 〈공손추 상(公孫丑上)〉 호연지기장(浩然之氣章)에도 "나는 나의 바르고 올곧은 기운을 잘 기른다.〔我善養吾浩然之氣〕"라고 맹자가 자부하는 말이 나온다. 추성(鄒聖)은 맹자의 별칭이다. 그의 고향이 추(鄒)이고 또 아성(亞聖)으로 칭해진 데에서 유래하였다.

59 빈……부끄러워 : 빈 방에 광채가 나온다는 것은 방의 빈틈으로 광선이 들어와서 환히 비춰 주듯, 마음이 청허(淸虛)하고 무욕(無欲)의 경지에 들면 도심(道心)이 자연히 우러나온다는 뜻이다. 《莊子 人間世 心齋章》 노담(老聃)이라고 한 것은 번암의 착오이다. 장자가 공자(孔子)의 입을 빌려서 안회(顏回)에게 설명하는 형식으로 되어 있다.

60 옆방의……같기만 : 옆방에서 무지막지하게 코 고는 소리가 극단적으로 말하면 살의(殺意)를 느낄 정도로 귀에 무척 거슬린다는 말이다. 양탐은 양흔낭탐(羊很狼貪)의 준말로, 흉한(凶狠)하고 탐람(貪婪)한 것을 비유하는 말인데 경자관군(卿子冠軍) 송의(宋義)가 "호랑이처럼 사납고, 양처럼 말을 안 듣고, 이리처럼 욕심 부리고, 고집이 세서 부릴 수 없는 자는 모두 참수할 것이다.〔猛如虎, 很如羊, 貪如狼, 彊不可使者, 皆斬之.〕"라고 한 데서 나왔다. 《史記 項羽本紀》

서울에 가는 홍원을 떠나보내며

送弘遠入京

한번 세간의 신발을 벗어 버리니	一脫世間屣
백 가지 생각이 식은 재와 같은데	百慮如死灰
오직 사당의 일을 생각하노라면	惟是念祠屋
주르륵 눈물이 나의 뺨을 적시네	泫然霑我腮
별자리가 어느새 돌고 또 돌아	星躔遽回斡
지금은 땅속에서 우레가 치는 시절	時値地復雷
두 달을 제사 지내지 않은 것과 같았는데[61]	兩月如不祭
더군다나 동지 명절이 다시 돌아왔음에랴	況復令節回
아이에게 행장 꾸려 떠나게 하니	教兒起束裝
샛별이 벌써 잘도 길을 재촉하네	明星已能催
향기로운 제물을 네가 올릴지니	芳馨爾須薦
내가 직접 간 것과 뭐가 다르랴	何異我往哉
하늘에서 밤중에 눈이 쏟아져서	天宇夜有雪
물이고 산이고 하얀빛 일색인데	流峙一色皚
모르겠네 임진강 나루에서	不知臨津渡
배들이 제대로 왕래할는지	舟楫能往來
백 리 길이 어찌 멀다고 하랴마는	百里豈云遠

61 두……같았는데 : 번암이 사정이 있어서 두 달 동안 제사를 직접 주관하지 못하고 다른 사람을 시켜서 대신 제사를 올리게 했다는 말이다.

너의 말이 비루먹어 걱정되는데 爾馬念虺隤
집에 도착하면 객이 오는 걸 조심하여 到家畏客來
문을 겹으로 닫고 부디 열지 말지어다 重門愼勿開
그리고 고비에게 내 대신 이렇게 아뢰어라 替我告考妣
지위가 높아진 탓으로 재앙을 초래하였으나 高位果速災
우리 왕이 자식처럼 사랑해 주어 吾王愛如子
가벼운 견책으로 뭇 시샘을 물리쳐서 薄譴排群猜
아직도 육신이 병들지 않을 수 있고 尙能身不病
아직도 머리 숙이지 않을 수 있으니[62] 尙能眉不摧
구구한 세상길의 걱정거리를 가지고 區區世路憂
정녕코 지하에 누를 끼치지 않으리다 定不貽泉臺

62 아직도 머리……있으니 : 번암이 자신의 소신을 고수하며 권신(權臣)에게 아부하지 않을 자신이 있다는 말이다. 이백(李白)의 시에 "머리를 숙이고 허리를 꺾어 권귀를 섬김으로써, 나의 심안을 펼 수 없게 하는 일을 어떻게 할 수 있겠는가.〔安能摧眉折腰事權貴, 使我不得開心顔.〕"라는 표현이 보인다. 《李太白集 卷14 夢遊天姥吟留別》

시골집에서 닭을 기르지 않아 새벽녘 베갯머리에서 잠을 이루지 못한 채 답답하여 병이 날 정도였는데, 주인이 나의 심정을 이해하고는 잘 우는 닭을 사 가지고 와서 시간을 알 수 있게 하였으므로 매우 기뻐서 이렇게 짓다

村舍不養鷄曉枕無寐鬱欲成病主人知其意市善鳴者俾得時夜喜甚書此

창문이 깜깜하니 밤 지난 시간을 알 수 있나 　　牕黑難分夜幾何
흰 머리털이 이런 때에는 온통 더 늘어날 듯 　　霜毛渾欲此時加
웬일인가 귀신이 돕듯 소리치는 닭 소리여 　　鷄聲忽爾如神助
한번 들으니 온갖 병이 삽시간에 사라지네 　　一聽翻教祛百痾

밤에 걷다

夜步

밤이 깊어지며 중천에 뜬 달님이여	夜久中天月
밝디밝은 것이 내 마음 같다 할까	明明如此心
이 마음만을 가지고서 자신을 하였으니	以玆徒自信
지금의 상황을 어떻게 면할 수 있으랴	那得免於今
구름은 창룡의 대궐을 가로막고	雲隔蒼龍闕
별빛은 백학의 산속에 잠겼어라	星含白鶴岑
쓸쓸히 지팡이에 기대어 서 있노라니	蕭然倚杖立
백 가지 근심이 작은 뜰에 깊어지네	百慮小庭深

제릉의 낭관인 이주명이 잠깐 왔다가 곧바로 돌아갔기에 창연한 심정으로 이렇게 시를 짓다

齊陵郎李柱溟暫來旋歸悵然書此

그대 못 가게 왜 붙잡지 못했을까　悔不留君住
추운 날 저녁에 눈까지 내리는데　天寒暮雪加
임진강이 반절은 꽁꽁 얼었을 터　臨津應半沍
중도에 누구 집 찾아서 머물려나　中路欲誰家
떠나가는 말은 부슬부슬 눈 속으로　征馬濛濛失
돌아오는 새는 선명하게 비탈길로　歸禽的的斜
가슴 가득 질펀한 나그네 시름 속에　羈愁浩盈臆
쇠한 백발 지난 세월 어루만져 보네　衰白撫年華

평온하고 한적해서

穩適

장단 고을도 좋다고 말하리니	湍州亦云好
완적의 도궁[63]과는 다르다 하리	非是阮途窮
장작이 부엌 아래 수북이 쌓여 있고	榾柮盈廚下
생선이 날마다 푸짐하게 모이는 걸	魚鰕集日中
객이 오면 먼저 스스로 자리 피하고	客來先自避
시를 지어도 굳이 잘 지으려 않는다오	詩就不求工
온적함이 도리어 이와 같으니	穩適還如此
임금님 은혜 시종 우러를 따름	天恩仰始終

63 완적(阮籍)의 도궁(途窮) : 완적의 막다른 길이라는 뜻으로, 곤경에 처한 사람의 서글픈 말로(末路)를 비유하는 말이다. 죽림칠현(竹林七賢)의 하나인 완적이 혼자 수레를 몰고 가다가 길이 막히면 통곡하고 돌아왔다는 고사에서 유래하였다. 《晉書 阮籍列傳》

개성 유수 이정조[64]가 동짓날 문후하는 반열에 참석하러 상경하는 길에 적소를 방문했기에 시를 지어 주다

開城伯李廷藻趁冬至候班上京來訪纍舍詩以贈之

이상의 음덕이 멀리 후세에까지 미쳐	貳相流光遠
현손이 성대하게 명성을 떨치는도다	賢孫鬱有聲
예악 문물을 규장각에서 행하고 나서	文章行秘府
개성의 어른으로 발탁되어 옮겼도다	遷擢尹開城
대궐을 왕래하는 기회를 틈타서	禁闥乘來往
유배지의 생사를 물어 주는구나	江潭問死生
시기야 굳이 따질 것이 있으리오	時機不須問
서로 보고 깊은 정을 머금을 따름	相見但含情

64 이정조(李廷藻) : 이가환(李家煥, 1742~1801)으로, 본관은 여주(驪州), 자는 정조, 호는 정헌(貞軒)·금옹(錦翁)·금대(錦帶)·소릉(少陵)이다. 성호(星湖) 이익(李瀷)의 종손(從孫)이며, 조선 최초의 천주교 영세 교인인 이승훈(李承薰)의 외숙이다.

삼가 듣건대 상이 경모궁에서 중삭제를 행한다고 하였는데, 이날이 마침 동지 명절이기에 북쪽으로 대궐을 바라보며 한밤중에 회포를 서술하다
伏聞上行仲朔祭於景慕宮是日適冬至節北望宸極中夜述懷

성대한 희생과 폐백 속의 애틋한 임금님 정성이여	煌煌牲幣藹宸誠
경모궁 안의 모습이 언제나 국그릇 속에 비쳤으리[65]	景慕宮中每見羹
아직도 기억나네 거년에 아헌관으로	尙憶去年官亞獻
친행하시는 중삭제에 삼가 배종했던 일이	恭陪仲朔祭親行
명절 맞아 일월이 새로운 감회 일으키는데	依辰日月生新感
길고 긴 밤에 신명이 나의 심정 알아주리	永夜神明照此情
찬합과 삼탕의 소식은 벌써 먼 추억의 일	玉饌珍湯消息遠
서쪽 횡단하려는 은하를 앉아서 바라보네	坐看河漢欲西横

전에 아헌관(亞獻官)으로서 배제(陪祭)하던 날 밤에, 천신(賤臣)이 늙고 병든 것을 상이 염려한 나머지 친히 약(藥)을 짓도록 명하고 내의(內醫)로 하여금 달여 보내게 하여 천신이 마시도록 권하였으니 바로 삼탕(蔘湯)이었다. 그러고는 또 근시(近侍)로 하여금 어찬(御饌) 1합(盒)을 보내게 하였는데, 여사(旅舍)에 누워서 가만히 그 일을 생각하노라니, 감회가 북받쳐 눈물을 가누지 못하겠기에 낙구(落句)에서 이를 언급하였다.

65 경모궁(景慕宮)……비쳤으리 : 정조가 친부(親父)인 장헌세자를 지극히 사모하며 그리워하는 심정을 묘사한 말이다. 요(堯) 임금이 세상을 떠난 뒤에 순(舜) 임금이 앙모(仰慕)한 나머지, 밥을 먹을 때에는 요 임금의 환영(幻影)이 국그릇 속에 비치고〔見羹〕, 앉아 있을 때에는 담장에 나타났다는〔見墻〕 고사에서 유래하였다. 《後漢書 李固列傳》

동지에 대궐을 연모하며

冬至戀闕

동지로 말하자면 한 해가 시작되는 때	冬至曰爲歲
새벽에 달려가서 일제히 문안드렸는데	晨趨齊問安
반열 선두에 수상이 무릎을 꿇고 있으면	班頭跪上相
합문 밖에 중관이 와서 분부를 전했었지	閤外降中官
상서로운 눈에 조복이 환히 비치고	瑞雪朝衣晃
새벽 알리는 대궐 닭 소리 청랭할 텐데	仙鷄曉唱寒
매년 성대한 의식에 참석했던 몸이	每年叨盛禮
무슨 일로 장단 땅에 누워 있는지	何事臥長湍

동지 밤에

至夜

향 피우며 말없이 앉아 천시를 증험하노니	燒香默坐驗天時
천도의 순환 왕복이 역시 지체되지 않누나	回復貞元也不遲
일양이 미세하고 연약하다 말하지 말라	莫道一陽微且弱
울긋불긋 온갖 꽃들이 여기에서 싹트나니	千紅萬紫兆於斯

동지에 또 쓰다

至日又書

하늘이 우레 소리 다시 울리게 하였으니	天遣雷聲復
겨울 귀신이 어떻게 감히 소란을 피우리오	玄冥那敢譁
동헌의 매화가 일양의 기운을 먼저 얻고	閤梅先得氣
창문의 햇살이 광채를 더하려 하는도다	牕旭欲增華
분수 안에서 기거하는 한적한 생활이여	分內興居適
인간 세상의 일 그동안 많이도 겪었어라	人間閱歷多
대궐 뜰을 밤마다 꿈속에 찾아가나니	彤墀夜夜夢
미인이 멀리 계신 것이 믿기지 않노라	不信美人遐

흐렸다 갰다

陰晴

밤새 구름과 달이 교대로 흐렸다 갰다 하기에	連宵雲月遞陰晴
하늘이 어떤지 쳐다보니 텅 비고 또 청량하기만	仰視天容空復淸
민가의 독서 등 불빛은 늙은 상국으로부터	白屋書燈老相國
황혼의 뿔피리 소리는 오래된 방영으로부터	黃昏畫角舊防營
양수(瀼水) 서쪽 나무꾼은 나루가 얼어서 되돌아오고	瀼西樵返氷生渡
숭산(崧山) 아래 사람은 눈 가득한 성에서 귀환하네	崧下人歸雪滿城
기특해라 하인이 그나마 나의 사정을 알고서	堪笑奴星强解事
콩죽을 남겨 뒀다가 밤중에 나에게 가져다주네	猶殘豆粥夜來呈

배소(配所)의 주인에게 작별 선물로 남겨 주다
留贈纍舍主人

그대의 방은 말과 같이 협소하고	爾室狹如斗
그대의 뜰은 배보다도 협착하지만	爾庭窄於舟
나의 마음은 본래 명랑하고 활달한지라	我心本昭曠
이런 것을 걱정거리로 삼지는 않았노라	不以是爲憂
이부자리는 게을러서 아예 개지 않았고	衾褥懶不卷
두 다리를 쭉 뻗으면 또한 넉넉하였으며	舒膝亦優優
쇠죽솥의 열기는 촉룡[66]도 도망갈 만큼	燭龍避牛釜
훈훈한 기운이 언제나 자욱했더랬지	暵氣常浮浮
《주역》을 읽고 시가를 읊조리며	讀易與吟詩
불편함이 없이 즐겁게 지내면서	樂哉無不宜
객이 있으면 사절하고 보냈나니	有客輒謝遣
객이 없어야만 마음이 편했다오	無客始悅怡
밤마다 대문 앞을 산보하노라면	每夜步門前
북두칠성이 사람을 향해 소곳소곳	北斗向人垂

66 촉룡(燭龍) : 입에 촛불을 물고 있는 용이라는 뜻인데, 태양을 가리키는 시어(詩語)로 번암이 사용하였다. 굴원(屈原)의 〈천문(天問)〉에 "태양이 어찌해 여기에는 이르지 않아서, 용이 어떡하다 촛불을 물고 비춰 주는가.〔日安不到, 燭龍何照.〕"라고 하였는데, 후한(後漢) 왕일(王逸)의 해설에 "하늘의 서북쪽에 해가 없는 암흑의 나라가 있는데, 그곳은 용이 촛불을 입에 물고서 비춰 준다.〔天之西北有幽冥無日之國, 有龍銜燭而照之也.〕"라고 하였다. 《楚辭集注 卷3》

시골 사람에겐 순후한 풍속이 남아 있어	樵氓有淳風
시루떡 먹어 보라 나눠 주기도 하였다네	甑餠時或貽
주인도 나를 싫어하지 않아서	主人無我斁
한 해는 마치리라 기대하였는데	卒歲以爲期
사면하는 교서가 하늘에서 내려와	赦書從天來
나의 말이 치달릴 채비를 끝냈나니	我馬方載馳
그동안 묵은 상하(桑下)[67]의 애틋한 미련이여	依依舊宿桑
나뭇가지 끝에서 바람이 쏴아 일어나네	淅瀝風在枝
그대 집 알기 쉽고 잊기 어렵지만	易知復難忘
다섯 걸음마다 세 번 돌아보나니	五步三顧之
전일 묵었던 곳을 이렇게 말해 두는 것은	有道昨宿處
후세의 사람들이 알 수 있게 해 주려고	能使後人知

67 상하(桑下) : 뽕나무 아래라는 뜻으로, 나그네가 임시로 잠깐 머물러 쉬는 곳을 말한다. 《후한서(後漢書)》〈양해열전(襄楷列傳)〉에 “불법(佛法)을 닦는 승려가 뽕나무 아래에서 사흘 밤을 계속 묵지 않는 것은, 시간이 흐름에 따라 세속에 대한 애착이 생길까 두려워하기 때문이니, 이는 그야말로 정진(精進)의 극치라고 할 것이다.〔浮屠不三宿桑下, 不欲久生恩愛, 精之至也.〕”라는 말이 나온다.

서울로 돌아오다가 창릉의 객점에 이르러서 스스로 생각해 보건대, 나의 지금 신변이 불안정한 만큼 감히 서울로 느닷없이 들어가지 못하겠기에, 여기에 집을 빌려서 잠시 머물기로 하다

行到昌陵店自念蹤跡臲卼不敢遽入京師借屋居停

쓸쓸하도다 창릉의 객점이여	蕭瑟昌陵店
안절부절못하는 내 신세 우스워라	棲遑笑此身
서울을 원치 않는 것은 아니지만	帝鄉非不願
세도인심 맞추기가 너무도 어려워	世道苦難均
산의 기색은 구름 끼어 저녁처럼 어둑어둑	峯氣雲如暮
창문의 휘광은 달이 새벽을 건너 희끄무레	牕輝月度晨
이런저런 나라 걱정에 시름이 끊이지 않으니	時憂耿未已
임금은 성군인데 신하가 없는 게 한스러워	主聖恨無臣

달빛을 타고 뜰을 거닐다. 이날 밤에 심규가 와서 묵다
乘月步庭是夜沈逵來宿

솜옷을 등에 걸치고 지팡이로 몸 버틴 채　綿裘掩背杖扶身
일어나 뜰에 나가 억지로 힘내어 한 바퀴　起向庭除强一巡
눈발이 개니 산이 더욱 우뚝해진 듯하고　雪霽峯如增突兀
날씨가 차니 별이 정채를 배가하려 하네　夜寒星欲倍精神
풍속이 순후해서 다행히 새집을 아끼지 않고　淳風幸不慳新屋
뜻이 두터워 이따금 고인이 올 수도 있다네　厚意時能來故人
말 듣자니 장안에는 장작값이 뛰었다는데　聞說長安薪價貴
토방은 다습고 훈훈해서 유독 봄날이로세　土房暄暖獨爲春

봉여(峯如)가 다른 본에는 봉만(峯巒)으로 되어 있고, 성욕(星欲) 역시 다른 본에는 성두(星斗)로 되어 있다.○계축년(1793, 정조17)에 상이 이 두 구절을 나누어 2회에 걸쳐 시제(試題)로 명하고는 화성(華城)에서 유생을 시험하게 하였다.

새벽에 누워 잠이 오지 않기에 그냥 나오는 대로 읊어서 짓다

曉枕無寐率爾吟成

창 사이에는 새벽달이 보내는 희미한 빛	牕間曉月送微明
나라 걱정에 시름겨워 잠이 도시 오지 않네	家國憂端睡不成
가소롭다 어량에서 통발을 꺼내려 꾀하다니	堪笑魚梁謀發笱
쉬파리가 연성을 아직은 더럽히지 못하렷다[68]	未應蠅點汚連城
선택한 처소는 아니지만 몸은 그래도 평온하고	居非擇地身猶穩
밤에는 간혹 하늘을 보고 꿈을 꿔도 영화로워	夜或瞻天夢亦榮
이불 속에서 정신이 마치 돈오한 듯하니	衾裏精神如頓悟
멀리서 우는 닭 소리 천금의 가치가 있도다	千金可直遠鷄聲

68 가소롭다……못하렷다 : 반대편인 노론 쪽에서 번암을 정승에서 축출하려고 무함하는 등 무진 애를 쓰고 있지만, 현재 번암에 대한 임금의 신임이 절대적인 만큼 그들의 모략이 먹혀들 여지는 전혀 없다는 뜻의 냉소적인 표현이다. 《시경》 〈소아(小雅) 청승(青蠅)〉은 남편에게 버림받은 부인의 애달픈 심정을 표현한 시인데, 그중에 "새 각시여 내 어량에 가지 말고, 내 통발을 꺼내지 말라.〔毋逝我梁, 毋發我笱.〕"라고 옛 부인이 경고하는 내용이 나온다. 청승 즉 쉬파리는 결백한 군자를 헐뜯는 간악한 소인의 별칭으로 흔히 쓰인다. 쉬파리〔蠅點〕는 청승점소(青蠅點素)의 준말이다. 후한(後漢)의 태위(太尉) 양진(楊震)이 안제(安帝) 때에 소인의 참소를 받고 면직되자 분개하여 음독자살하였는데, 그 뒤에 순제(順帝)가 즉위하여 환관 번풍(樊豐)과 주광(周廣) 등을 복주(伏誅)하고 양진을 후하게 예장(禮葬)하는 한편 재이(災異)를 걱정하는 조서를 내리면서 "쉬파리가 흰 비단에 내려앉아 오점을 남겼다.〔青蠅點素〕"라고 양진의 억울함을 대변해 준 고사가 전한다. 《後漢書 楊震列傳》 연성(連城)은 연성벽(連城璧) 즉 진귀한 보옥인 화씨벽(和氏璧)을 말한다.

눈 내린 밤에 문밖을 거닐다

雪夜步門外

하늘의 별빛이 대지의 눈에 의지하여	天星挾地雪
환히 비춰 밤에도 산보할 수 있다네요	光耀夜能開
외나무다리는 건너는 사람이 없고	小彴無人過
지팡이 하나가 이 몸을 따라올 따름	枯笻伴我來
문서를 간직하고 변방 기마는 질주하고	抱書邊騎疾
밀주를 감추고서 마을 등불이 돌아오네	藏酒里燈迴
어둠 속에 그래도 우러러 의지하는 것은	暝裏猶瞻倚
만고에 우뚝이 솟은 저기 저 삼각산	三山萬古嵬

이날 발기(撥騎)가 재자관(齎咨官)의 문서를 갖고 치달려 갔고, 객점의 사람이 금령(禁令) 때문에 몰래 빚은 술을 도매(盜賣)하였다. 그래서 5구와 6구에서 이렇게 언급하였다.

창릉 객점

昌店

표연히 한 마리 말로 장단 고을 빠져나와	飄然一馬蛻湍州
창릉 객점에 오니 전면에 금방이라도 눈이 올 듯	昌店前頭雪意浮
서오릉과 가까워서 장소도 외지지 않고	地近五陵非僻陋
명군 생각에 병도 생겨 잠시 여기 머물기로	病緣明主此淹留
안위가 어찌 내 몸에 매어 있기야 하리오	安危豈合臣身佩
자나 깨나 세도를 공연히 걱정할 따름이지	寤寐空爲世道憂
대궐은 멀기만 하고 여기에 또 한 해의 끝	宸極迢迢仍歲暮
가슴 가득한 일편단심 털어놓을 길이 없네	滿腔忠赤訴無由

전교(傳敎)에서 천신(賤臣)에 대해 "한 몸에 국가의 안위가 매어 있는 대신(大臣)이다."라고 평했으므로 이렇게 시에서 언급하였다.

납세 독촉을 탄식하다

催科歎

경기 지방 겨울철 마지막 십이월 달　畿甸玄冬十二月
흉년의 납세 독촉에 백성들 힘이 다하였네　荒歲催科民力竭
받을 땐 다행이라도 갚을 때는 고달픈데　食時雖幸納時艱
북한산성의 미곡이 그중에 가장 고질일세　北漢城餉最苦疾
금년에 쌀이 귀하니 돈으로 내도 괜찮다는　今年米貴許以錢
군왕의 은혜가 궁민의 뼛속에 젖어 들었는데　君王恩浹窮民骨
북한산성 관성장은 기일을 미리 정해 놓고는　管城之將立期日
기일을 못 지키면 곤장 치고 차꼬를 채우네　所不如期棍且桎
이졸들이 민간 마을 각기 나뉘어 흩어져서　吏卒散布閭里間
동쪽 서쪽 수색하며 제멋대로 들이쑤시매　搜索東西恣隳突
시골 백성 소문 듣고는 줄행랑이 상책이라　村氓聞聲走爲策
석 자 눈 쌓인 앞산으로 도망쳐 숨는다네　竄伏前山三尺雪
이졸들 공갈은 더 심해지고 수색도 더 급해져서　吏喝愈橫搜愈急
닭과 개 같은 쇄소한 것이야 더 말할 것이 없고　鷄犬瑣小焉足說
마을에 소와 말 등 끌고 갈 가축을 만나면　村中牛馬逢着牽
누구 집의 소유인지 묻지도 않고 몰고 가며　牽之不問誰家物
앞서거니 뒤서거니 마구 채찍질해 대면서　鞭策在前或在後
호기롭게 콧노래 부르며 과거의 수법을 답습하네　豪氣長歌踏迴術
노부가 밥을 먹고 이문 앞을 거닌 것이　老夫行飯里門前
마침 초승달이 산성에서 나올 때였는데　是時微月山城出

아이들에게 웬 소란인지 물어보라고 하니　試敎兒輩暫問之
대답하기를 백성들이 도망쳐 집을 뒤진다네그려　答云民走探其室
두릉의 노인은 일개 포의의 신분인데도　杜陵之老一布衣
실업자들을 묵념하며 측은히 여겼는데[69]　默念失業猶惻怛
더구나 조정에서 정승을 지낸 나의 처지에서　況我廊廟舊相君
이를 보고 자연히 속에서 열불이 나지 않겠는가　見此自然腸內熱
어떡하면 풍우가 때에 맞아 계속 풍년 들게 할까　何由風雨以時屢豐年
좌찬우죽을 하며 민생이 안정만 된다면야　左餐右粥民以謐
우리 집 홀로 담석이 없어도 근심할 바 아니로다[70]　吾家獨無甔石非所恤

69 두릉(杜陵)의……여겼는데 : 두보(杜甫)가 장안(長安)에서 처자(妻子)가 있는 봉선현(奉先縣)으로 갈 때의 감회를 읊으면서, 맨 첫머리를 "두릉에 한 사람 포의가 있으니, 나이 들수록 뜻이 더욱 졸렬해지는데, 자기를 허여하는 것은 어찌 그리도 어리석은지, 내심으로는 순 임금 때의 직과 설에 견준다나요.〔杜陵有布衣, 老大意轉拙, 許身一何愚, 竊比稷與契.〕"로 시작하고, 맨 마지막을 "생업 잃은 무리를 말없이 염려하고, 멀리 수자리 사는 군졸을 아울러 생각하매, 걱정되는 실마리가 종남산과 가지런해서, 계속 밀려드는 시름을 손으로 거둘 수가 없네.〔默思失業徒, 因念遠戍卒, 憂端齊終南, 澒洞不可掇.〕"로 끝맺은 장편의 오언 고시가 전한다.《杜少陵詩集 卷4 自京赴奉先縣詠懷五百字》

70 좌찬우죽(左餐右粥)을……아니로다 : 백성들이 농사를 잘 지어 편히 살면서 태평 시대를 만끽하게 할 수만 있다면, 번암 개인의 집안 형편이야 비록 매우 쪼들린다 할지라도 아무 상관이 없다는 말이다. 좌찬우죽은 왼쪽에서 밥을 먹고 오른쪽에서 죽을 먹는다는 뜻으로, 태평 시대의 풍경을 묘사한 것인데, 한유(韓愈)의 〈평회서비(平淮西碑)〉에 "처음에는 채주(蔡州) 사람들이 전쟁터에 싸우러 나갔다가 죽어서 돌아왔는데, 이제는 집에서 느지막이 일어나 왼쪽에서 밥을 먹고 오른쪽에서 죽을 먹는 태평 시대를 누리게 되었다.〔始時蔡人, 進戰退戮, 今旰而起, 左餐右粥.〕"라는 말이 나온다. 담석(甔石)은 한 섬쯤 들어가는 항아리라는 뜻으로, 소량의 양식(糧食)을 가리킨다.

새벽에 읊다

曉吟

외로운 촛불 희미해지고 북두성도 기우뚱 孤燭微微北斗橫
빈집에 앉아 한시 두시 밤 시간 헤아리네 虛堂坐數淺深更
창문 바람에 문풍지 부르르 마치 사람 소리인 듯 牕飆撼紙如人語
처마의 눈 녹으며 주르륵 빗소리를 배웠나 봐 簷雪淋茅學雨聲
세상일 자세히 헤아려도 손대기 어려우니 世事細量難着手
성현의 교훈 늙었다 해서 어찌 잊을 리야 聖經雖老詎忘情
궁비[71] 가득 실려 있는 선왕의 사적이여 穹碑滿載先王蹟
내 가까이 있어서 그래도 마음이 위로되네 隣近猶堪慰寸誠

71 궁비(穹碑) : 비석의 머리를 둥글게 만든 큰 빗돌이라는 뜻으로, 서울 은평구 진관동 소재의 검암기적비(黔巖紀蹟碑)를 말한다. 영조가 잠저(潛邸)에 있을 때인 1721년(경종1) 8월 15일 숙종의 탄신일에 명릉(明陵)을 참배하고 돌아오다가 검암의 발참(撥站)에서 참장(站將) 이성신(李聖臣)으로 하여금 소를 도둑질한 범인을 관대하게 처결하도록 조처한 일이 있었는데, 정조가 1781년(정조5) 백성을 사랑한 영조의 이 사적(事蹟)을 어필(御筆)로 기록하여 검암에 비각(碑閣)을 세우고 이 비문을 새겨 넣게 하였다.《正祖實錄 5年 8月 15日》《弘齋全書 卷15 黔巖紀蹟碑銘》

느낀 점이 있어서 읊다

感吟

일천 봉우리엔 눈구름이 한낮에 휘감기고　千峯雲雪晝縈紆
여관 밥 겨울 석 달에 병이 아직 낫지 않았네　旅食三冬病未蘇
세상만사 교인의 뺨에 두 줄기 눈물[72]이요　萬事鮫腮雙淚集
백 년 인생 달팽이 뿔[73]에 늙은 신하 외로워라　百年蝸角老臣孤
멋진 인연으로 다시 만난 연진의 보검[74]이요　佳緣再會延津劍
높은 직질로 거듭 이룬 합포의 구슬[75]이로다　崇秩重成合浦珠

72 교인(鮫人)의……눈물 : 정든 사람과의 아쉬운 이별을 비유하는 말이다. 531쪽 주26 참조.

73 달팽이 뿔 : 와각지쟁(蝸角之爭)의 고사를 인용한 것이다.

74 연진(延津)의 보검 : 헤어졌다가 다시 만나는 기연(奇緣)을 비유하는 말이다. 진(晉)나라 뇌환(雷煥)이 용천(龍泉)과 태아(太阿)라는 명검 두 자루를 얻자, 하나는 자기가 차고 하나는 장화(張華)에게 주었는데, 장화의 칼은 그가 복주(伏誅)되면서 소재를 알 수 없게 되었다. 그런데 뇌환의 사후(死後)에 그의 아들이 칼을 차고서 연평진(延平津)에 이르렀을 때 칼이 갑자기 물속으로 뛰어들더니, 그동안 볼 수 없었던 장화의 칼과 나란히 두 마리의 용으로 변한 뒤에 파도 속으로 영원히 사라졌다는 고사가 전한다. 《晉書 張華列傳》

75 합포(合浦)의 구슬 : 사람이 떠났다가 복귀하거나 옛 물건이 주인에게 다시 돌아오는 것을 비유하는 말이다. 옛날에 합포의 바닷속에서 진주가 많이 나오더니, 어느 태수(太守)가 탐욕을 부리자 진주가 점차 교지군(交趾郡)으로 옮겨 갔는데, 후한(後漢)의 맹상(孟嘗)이 합포에 부임하여 폐단을 개혁하고 청렴한 정사를 펼치자, 그동안 생산되지 않던 진주가 예전처럼 많이 나오기 시작했다는 고사에서 유래하였다. 《後漢書 循吏列傳 孟嘗》

비록 검암이 녹야[76]와는 다르다고 할지라도　　縱道黔巖殊綠野
첩경으로 신도에 접하게 함은 쑥스럽기만[77]　　羞令捷逕接神都

76 녹야(綠野) : 당나라 재상 배도(裵度)의 별장 녹야당(綠野堂)을 말하는데, 여기서는 재상인 번암의 명덕산(明德山) 별장을 비유하는 말로 쓰였다.

77 세상만사……쑥스럽기만 : 옛날 명군(明君)과 양신(良臣)의 고사처럼 서로 의기투합한 정조와 번암 자신의 흔치 않은 가연(佳緣)이, 당쟁으로 옥신각신하는 세상의 풍파 속에서 어쩔 수 없이 잠시나마 헤어져야 하는 슬픈 운명을 맞았다가, 마치 연평진에서 다시 결합한 보검이나 합포로 되돌아온 진주처럼, 번암이 다시 대신(大臣)의 높은 직첩을 환급받고서 기쁘게 만나게 되었는데, 다만 동대문 밖 명덕산 번계(樊溪)에 있는 자신의 별장에 돌아온 것은 아니라고 할지라도, 비정상적인 방법으로 손쉽게 장단(長湍)의 배소(配所)에서 서울과 가까운 검암(黔巖) 지역까지 옮겨진 것은 조금 송구스러운 느낌이 들기도 한다는 말이다.

문약도 앉아서 졸고 나도 앉아서 졸았다. 그래서 우스개로 좌수가를 짓다

文若坐睡吾亦坐睡戲爲坐睡歌

군도 앉아서 졸고 나도 앉아서 졸았나니	君坐睡我坐睡
이 안이 적적해서 하나의 일도 없으니까	此中寂寂無一事
나도 자기를 잊고 군도 자기를 잊었나니	我忘吾君忘爾
이 마음이 무심해서 기댈 곳이 없으니까	此心冥冥無所倚
비로소 알았도다 태곳적의 이상 세계는	始知太古好世界
앉아서 졸며 혼몽한 때에만 가능하다는 것을	只在坐睡昏濛際
다만 유감은 꿈에 주공을 뵙는 것을 나는 못 하고	但恨夢拜周公吾不能
군은 도선과 무학 두 분의 신승을 볼 수 있었던 것[78]	君能見道詵無學兩神僧

78 도선(道詵)과……것 : 도선과 무학(無學)을 언급한 것은 문약 채윤전(蔡潤銓)이 풍수지리에 밝았기 때문이다.

모화현에 올라

登慕華峴

모화현을 오르고 오르노라니	登登慕華嶺
길이 온통 얼음과 눈으로 뒤덮였네	嶺路被氷雪
그 위에 잠깐 서서 목을 빼고 바라보니	其上乍延佇
시야 가득 한눈에 들어오는 도성의 모습	滿目來城闕
일만 채의 기와지붕 아침 햇빛에 반사되어	初陽照萬瓦
물고기 비늘처럼 서로 뒤엉겨 꿈틀꿈틀	鱗鱗氣轇轕
아, 여기가 바로 부모님의 나라이거니	宛是父母國
어찌 마음속으로 희열하지 않으리오	那不心內悅
한스러운 것은 넓고 넓은 도로 위에	所恨九軌道
함정과 덫이 여기저기 설치됐다는 것	機穽相交錯
소나무 숲에 새들이 둥지를 틀었다가	松林有棲禽
화살에 맞아 떨어지니 정말 측은해라	墜弦良可惻
저 하늘 끝을 고개 들어 쳐다보니	仰視天宇際
기러기와 고니가 쉬지 않고 날아가네	鴻鵠去不息

언덕을 넘어 남의 어린 나귀를 빌려 타고 남문 밖 여관에 도착하다

踰嶺借騎人小驢抵南門外旅舍

나귀 등에 올라탄 쓸쓸한 늙은 상군을	驢背蕭然老相君
옛 겸종들 환영하며 구름처럼 모여들어	舊傔迎拜集如雲
모두 말하기를 일월이 얼마 안 지났는데도	皆言日月曾無幾
완전히 백발로 바뀐 것이 괴이한 일이라고	怪事霜毛幻十分

집에 돌아와서 어린 손녀가 심야에 재롱부리는 것을 보았는데, 이때 빗소리가 뜰에 가득하였다

還家見小女孫深夜嬉戲時雨聲滿庭

흥겹게 웃고 즐기는데 밤비가 우리 앞에	歡笑熙熙夜雨前
어린 손녀가 온 집안 사랑을 독차지하네	小孫偏得擧家憐
주룩주룩 빗소리를 장단에서 들었더라면	淋浪若在長湍聽
시름에 잠긴 이 침상의 잠을 방해했으리	應失愁人枕上眠

선달그믐 밤에 꿈을 꾸니 홍근이 평일처럼 옆에서 모시고 있었다. 그래서 꿈을 깨고 나서 눈물을 흘리며 기록하다

除夕夢弘謹傍侍如平日覺以泣書

서가는 스산하고 책상은 엎어졌나니	書架荒荒筆几顚
인간 세상 부자 사이의 짧은 인연이여	人間父子短因緣
이생에서 며칠이나 서로 만나 보았더냐	此生相見知何日
네가 죽은 지도 지금 이 년이 되는구나	汝死今將爲二年
지하에서도 세시를 기억할 수 있는지	地下歲時能有記
꿈속에 담소하는 모습 너무도 가련해라	夢中言笑絶堪憐
기가 쇠해 네 묘소에 곡하지도 못하는 몸	氣衰未哭青山土
나의 한을 너의 외숙이 응당 전해 주리라	吾恨應須爾舅傳

홍근의 외삼촌을 보내 죽주(竹州)의 묘소 앞에 술 한잔을 올리게 하였으므로 시어(詩語)가 이렇게 되었다.

계축년(1793, 정조17) 1월 상이 현륭원에 가서 화성부를 유후영으로 승격하고는, 재상을 유수(留守)로 삼는 당송의 옛 제도에 따라 천신을 화성 유수에 특별히 제수하였다. 그리고 5월에 이르러 영의정에 임명하였으므로 사직 상소를 올리고는 화성부를 떠나 서울로 돌아오다가 동작진(銅雀津)에 이르러 용호에서 배를 내렸으니, 이는 대개 시안정에서 머물며 휴식하려는 계획에서였다. 그런데 배 안에서 멀리 바라보건대, 이 정자가 깎아지른 절벽의 구름을 뚫고 치솟은 나무들 사이에 처하여 문득 한 폭의 그림 병풍을 연상케 하였으므로 흔연히 이렇게 시를 짓다

癸丑正月上詣顯隆園以華城府陞爲留後營用唐宋古制以賤臣特除華城留守至五月拜上相陳辭疏離府還京到銅津舟下龍湖蓋以是岸亭爲歸也舟中望見亭在絶岸雲木間便一畫圖障子欣然書此

멀리 마주한 나의 정자 우뚝	遙指吾亭立
고운 용산 강물이 십 리에 질펀	姸江十里平
거울 호수 안엔 파문 한 점 일지 않고	鏡中無點皺
하늘 위엔 화려한 용마루가 얹혔어라	天上有華甍
물새들은 예전처럼 길을 안내해 주고	鷗鷺如前導
나무들은 예전보다 훨씬 의젓해졌네	枌楡轉老成
인간 세상에도 극락세계가 존재하나니	人間極樂界
아름다운 그 이름 여기에서 비롯되리라	於此肇嘉名

내 나이가 지금 일흔넷인데, 상신의 직책을 그만두자마자 동지 정사의 명이 홀연히 이 몸에 미쳤으므로 뜻 가는 대로 율시 한 수를 읊어서 옥호의 노래[79]를 대신하다

賤齒今七十有四纔解相府冬至正使之命忽及於身漫吟一律以代玉壺之歌

이끼가 사신 수레 뒤덮은 것이 몇 치의 깊이　　苔染星軺幾寸深
옛 은총도 황공한데 하물며 지금의 경우이랴　　舊恩猶誤況如今
먼 하늘 날아갈 기러기 깃털 아직 솔질하기 전에　　遙空未刷冥鴻翼
대륙을 먼저 치달리는 늙은 준마의 심정이로다　　大陸先馳老驥心
오촉의 뛰어난 시문 가슴속에 잊히지 않고　　吳蜀文章懷耿耿
계요의 안개 낀 나무숲 꿈속에도 삼삼해라　　薊遼煙樹夢森森
시가엔 또한 비가의 풍조가 남아 있는데　　詩家亦有悲歌習
유차 고을에서도 다시 찾을 수 있을는지[80]　　楡次村墟倘復尋

내가 16년 전에 왕명을 받들고 연경(燕京)에 가서 오(吳)나라 사람 반정균(潘廷筠) 및 촉(蜀)나라 사람 이정원(李鼎元)[81]과 함께 문장을 논하고 시

79 옥호(玉壺)의 노래 : 타호(唾壺)를 두드려 박자를 맞추며 소리 높이 부르는 노래라는 뜻으로, 비장한 감회에 젖어서 격앙하고 강개하며 백절불굴(百折不屈)의 뜻을 보여 주는 춘추전국 시대 연(燕)나라, 조(趙)나라 기풍의 성조(聲調)를 띤 노래를 말한다.
80 시가(詩家)엔……있을는지 : 번암의 시에 보이는 비분강개조의 노래가 지금도 연조(燕趙)의 지역에 남아서 전해지고 있을지 궁금하다는 말이다. 유차(楡次)는, 역수한풍(易水寒風)의 비가(悲歌)를 부르고 나서 진 시황(秦始皇)을 죽이기 위해 떠났던 자객 형가(荊軻)가, 일찍이 유랑할 적에 합섭(蓋聶)이라는 사람과 검술을 논하다가 '그가 눈을 부릅뜨고 노려보자 형가가 더 이상 논하지 않고 그 자리를 떠났던〔蓋聶怒而目之, 荊軻出〕' 고을 이름이다.《史記 刺客列傳 荊軻》

를 증정하면서 국가를 초월한 교우 관계를 맺었다.[82] 그런데 그로부터 몇 년이 지나 그들이 우리나라 사신을 대하고는 나의 시를 두목(杜牧)의 시에 견주었다는 말을 들었다. 서로 허여(許與)한 것이 이와 같았으므로, 제5구에서 이 일을 언급하였다. 그리고 성상이 일찍이 운어(韻語)로 천신(賤臣)의 원고에 제(題)하기를 "비분강개할 때에는 연조의 성조가 많다.〔慷慨時多燕趙聲〕"[83]라고 하였으므로, 낙구(落句)의 어의(語意)가 이와 같이 되었다.

81 이정원(李鼎元) : 대본에는 '李廷元'으로 되어 있다.《번암집》 권13 〈함인록 상(含忍錄上)〉에 근거하여 '廷'을 '鼎'으로 바로잡아 번역하였다.

82 내가……맺었다 : 번암이 1778년(정조2) 사신으로 연경에 갔을 적에 법장사(法莊寺)라는 사찰에 가서 지은 〈법장사 탑에서 황성을 엿보는 노래〔法莊寺塔瞰皇城歌〕〉와 〈장가를 급히 지어 반정균과 이정원에게 주며 이별하다〔走草長歌贈潘庭筠李鼎元爲別〕〉라는 시가《번암집》 권13 〈함인록 상〉에 실려 있는데, 청나라 학사(學士)인 그들로부터 번암의 시가 대가(大家)의 솜씨라는 평을 얻었다는 자주(自註)가 함께 붙어 있다.

83 비분강개할……많다 : 1791년(정조15) 번암의 시문 원고에 제(題)한 칠언 율시의 어제시 중 제4구이다.《樊巖集 御製御筆書樊菴詩文稿》《弘齋全書 卷6 題左議政蔡濟恭樊巖詩文稿》

정해좌[84]의 〈서지상련〉 시에 차운하다
次丁海左西池賞蓮韻

너는 원래 일부러 장식한 것이 없나니 爾自無雕飾
참 향기는 화려한 꽃에 있지 않느니라 眞香不在姸
청랭하도다 바람은 난간에 머물고 淸冷風住檻
쇄락하도다 햇빛은 하늘 한복판에 灑落日中天
지역은 서호[85]의 밖에 떨어졌어도 壤別西湖外
이름은 태화의 앞에서 새로워라 名新太華前
굳이 촛불 들고 비춰 볼 것까지야 未須看秉燭
다하지 않고 내년에도 다시 필 테니 不盡有來年

이 못이 태화산(太華山) 여맥(餘脈)의 산기슭 아래에 있으므로 은근히 옥정(玉井)[86]에 견준다고 한다.

84 정해좌(丁海左) : 정범조(丁範祖, 1723~1801)이다. 본관은 나주(羅州), 자는 법정(法正)·법세(法世), 호는 해좌이다.

85 서호(西湖) : 중국 절강성(浙江省) 항주성(杭州城) 서쪽의 호수를 말한다. 서호의 십승(十勝)에 국원(麴院)에서 빚는 술 향기와 호수를 가득 채운 연꽃의 향기가 어우러져서 바람결에 실려 오는 풍치를 만끽하는 곡원풍하(曲院風荷)가 들어 있다.

86 옥정(玉井) : 중국 태화산 즉 화산(華山) 정상에 있다는 우물 이름인데, 이곳에 신선이 복용하는 연꽃이 특별히 핀다는 전설이 있다. 한유(韓愈)의 시에 "태화산 꼭대기 옥정의 연은, 꽃을 피우면 열 길이요 연뿌리는 배와 같은데, 차갑기는 눈과 서리요 감미롭기는 꿀과 같아서, 한 조각만 입에 넣어도 묵은 병이 낫는다네.〔太華峯頭玉井蓮, 開花十丈藕如船. 冷比雪霜甘比蜜, 一片入口沈痾痊.〕"라는 표현이 있다.《韓昌黎集 卷3 古意》

이공회[87]의 시에 차운하여, 달밤에 나를 찾아 준 것에 사례하였다. 이때는 공회가 남쪽 고을의 인끈을 풀고 막 돌아온 상태였다

次李公會韻謝乘月見訪時公會纔解南州紱

나는 화성 유수를 그만두었고	儂謝華城節
군도 벼슬 버리고 돌아왔으니	棄官君亦來
이는 하늘이 연사[88]에서 모이게 한 것	天敎蓮社會
시절 또한 국화의 술을 마실 때로세	時又菊花杯
궁벽한 골목길에 느릿한 지팡이 소리	巷僻筇音緩
성근 홰나무 사이로 굴러가는 달그림자	槐疎月影廻
상수[89]하는 이 속에 참 즐거움 있나니	相隨有眞樂
우리의 도 그지없이 유유하여라	吾道儘悠哉

87 이공회(李公會) : 이정운(李鼎運)이다. 533쪽 주27 참조.

88 연사(蓮社) : 진대(晉代) 여산(廬山) 동림사(東林寺)의 고승인 혜원(慧遠)이 승속(僧俗) 18현(賢)과 함께 조직한 염불결사(念佛結社)로, 사원의 연못에 백련(白蓮)이 있었으므로 백련결사 혹은 줄여서 연사라고 하였다. 여기서는 번암의 시사(詩社)를 가리키는 말로 쓰였다.

89 상수(相隨) : 동지들끼리 의지하며 서로 어울려 노니는 것을 말한다. 《도덕경(道德經)》 제2장에 "높고 낮음이 마주 서서 존재하고, 음과 성이 어울려 화합하고, 앞과 뒤가 서로 따른다.〔高下相傾, 音聲相和, 前後相隨.〕"라는 말이 나온다.

7월 15일 밤에 달이 완전히 먹혔으므로 시름 속에 앉아서 조금 졸다가 홀연히 깨어나 문을 밀치고 위를 쳐다보니 맑은 달빛이 하늘에 가득하여 다시 오염된 찌꺼기가 없었으므로 나도 모르게 소리 높이 괴성을 내지르다

七月十五夜月食旣愁坐少睡忽驚悟推戶仰視氷輪滿天更無滓穢不覺高聲叫奇

빈 창문을 밀치고는 경탄해 부르짖었나니	推却虛牕便叫奇
일륜이 하토에 임했음을 만방은 알지어다	一輪臨下萬方知
곤경을 겪고 나서 어느새 증익을 하였는지	纔經厄境如增益
광휘가 전보다 더한 것을 대번에 느끼겠네[90]	頓覺光輝勝昔時

90 곤경을……느끼겠네 : 7월 15일의 보름달이 월식을 겪고 나서 한결 더 밝아진 느낌을 주는 것처럼, 그동안 집권 세력에 의해 견제를 받으며 숱하게 위기를 겪어 온 정조의 왕권(王權)이 이제는 공고하게 수립되고 있음을, 장단(長湍) 유배와 특사 등 최근의 몇 가지 일을 통해서 실감하고 있다는 뜻을 토로한 것으로 보인다. 증익(增益)은 증익기소불능(增益其所不能)의 준말로, 《맹자》 〈고자 하(告子下)〉의 "하늘이 어떤 사람에게 큰 사명을 내리려 할 때에는, 반드시 먼저 그의 마음과 뜻을 고통스럽게 하고, 그의 힘줄과 뼈를 수고롭게 하고, 그의 육체를 굶주리게 하고, 그의 몸을 궁핍하게 하여, 그가 행하는 일마다 어긋나서 이루지 못하게 하나니, 이는 그의 마음을 격동시키고 그의 성질을 굳게 참고 버티도록 하여, 그가 잘하지 못했던 일을 더욱 잘할 수 있게 해 주기 위함이다.〔天將降大任於是人也, 必先苦其心志, 勞其筋骨, 餓其體膚, 空乏其身, 行拂亂其所爲, 所以動心忍性, 增益其所不能.〕"라고 한 데서 나왔다.

9월 13일은 바로 영묘의 탄신일이다. 생각건대 옛날 영고가 이날 덕유당에 앉아서 연석에 나온 신하들에게 시를 지어 올리도록 명하였으므로, 군신이 한자리에 함께 모여서 10운의 배율을 지었는데, 아, 이 일도 벌써 천고의 일이 되고 말았다. 밤이 되자 달빛이 너무도 밝기에 멀리 원릉을 바라보고 배회하면서 잠을 이룰 수 없기에 눈물을 훔치고 이렇게 쓰다

九月十三日卽英廟誕辰念昔英考以是日坐德游堂命登筵諸臣製進君臣同會一堂中十韻排律嗚呼此事已千古矣夜來月色明甚瞻望元陵徘徊不能寐抆淚以書

적막하고 적막한 원릉 위에도	寂寂元陵上
여기 이 달빛이 제대로 흘러내리겠지	能流此月光
천시는 만추(晩秋)의 계절에 이르렀고	天時九秋及
추전[91]은 백 년의 세월이 바쁘도다	樞電百年忙
백발의 신하는 아직도 살아 있는데	白首臣猶在
노란 국화는 저 혼자서 향기롭구나	黃花他自芳
망망하여라 수간[92]의 그 일이여	茫茫授簡事

91 추전(樞電) : 추성(樞星) 즉 북두칠성의 첫째 별을 휘감은 번개라는 뜻으로, 임금의 생일을 비유할 때 쓰는 표현이다. 전요(電繞)라고도 한다. 《사기(史記)》〈오제본기(五帝本紀)〉의 주에, 황제(黃帝)의 모친인 부보(附寶)가 기(祁) 땅 들판에 있을 적에, 번개가 크게 치며 북두의 추성을 휘감는 것〔大電繞北斗樞星〕을 보고는, 감응하여 잉태한 뒤 24개월이 지나 황제를 낳았다는 전설이 실려 있다.

덕유당 먼지 속에 뒤덮여 있네 塵掩德游堂

92 수간(授簡) : 간찰을 수여한다는 뜻으로, 임금이 문신에게 시를 짓게 하는 것을 말한다. 서한(西漢)의 양 효왕(梁孝王) 유무(劉武)가 세모(歲暮)에 자신의 화려한 정원인 토원(兎園)에서 사마상여(司馬相如), 매승(枚乘), 추양(鄒陽) 등과 함께 주연(酒宴)을 베풀며 놀다가, 눈발이 휘날리자 홍에 겨워 먼저 노래를 부르고는 사마상여에게 간찰을 내려 주며 "그대의 신비로운 생각과 아름다운 문장 실력을 유감없이 발휘하여 이 경치에 걸맞게 과인을 위해 글을 지으라.〔抽子秘思, 騁子姸辭, 侔色揣稱, 爲寡人賦之.〕"라고 부탁하면서 시를 짓게 하였다.《文選 卷13 雪賦》

병조의 목유선[93]이 달밤에 오겠다고 약속했으나 공무 때문에 오지 못했으므로 그가 보내온 시에 차운하여 부치다

睦騎曹幼選以月夜爲期公故不果踐次見贈韻以寄

진탑을 내려[94] 먼지 날릴 게 마음에 걸려도	關情陳榻解生塵
공무에 쫓기다 보면 열흘도 어느새 훌쩍	公事相催動浹旬
하늘가에선 달빛을 한도 없이 보내오고	天際送來無限月
성 서쪽에는 완연히 있는 그리운 벗님[95]	城西宛在所懷人
밝은 시대 기상이 뛰어난 양웅의 시부요	明時氣逸揚雄賦
오늘 밤 들보에 전해진 태백의 신물이로세[96]	是夜樑傳太白神
솔 아래 군을 기다리며 대문을 닫지 않고	松下待君門不掩
동복 불러 묻는 나를 유난 떤다 혐의 마오	呼童問我莫嫌頻

93 목유선(睦幼選) : 목만중(睦萬中, 1727～1810)으로, 본관은 사천(泗川), 자는 유선, 호는 여와(餘窩)이다.

94 진탑(陳榻)을 내려 : 귀빈을 예우한다는 말이다. 진탑은 진번(陳蕃)의 걸상이라는 뜻이다. 후한(後漢)의 예장 태수(豫章太守) 진번이 다른 손님은 일절 맞지 않다가, 현인인 서치(徐穉)가 올 때면 특별히 걸상 하나를 내려놓고 환담을 하고는 그가 가고 나면 다시 올려놓았다는 현탑(懸榻)의 고사가 전한다. 《後漢書 徐穉列傳》

95 성……벗님 : 《시경》 〈진풍(秦風) 겸가(蒹葭)〉에, 함께 가까이 있을 수 없는 그리운 사람의 모습을 강물 한복판의 모래섬에 비유하여 "완연히 물속 모래섬에 있도다.〔宛在水中坻〕"라고 읊은 구절이 있다.

96 밝은……신물이로세 : 목만중이 정조에게 지어 올린 시부(詩賦)는 한나라의 대문장가인 양웅(揚雄)의 작품과 흡사하고, 번암의 집에 보내온 시편은 시선(詩仙) 이백(李白)의 신물(神物)이라고 칭할 만하다는 말이다. 태백(太白)은 이백의 자이다.

유선(幼選)이 병조에 입직(入直)할 적에 상이 시부(詩賦)를 지어 올리도록 명하였으므로 이 시에서 언급하였다.

베개를 높이 베고서

高枕

베개 높이 베고 쉬니 절로 즐거워	高枕自怡悅
단풍 국화 뜨락도 얼마나 청량한지	泠泠楓菊園
최고의 승상 자리 굳이 사양하고	堅辭大丞相
어린 손자 데리고 노는 이 낙이여	戲挈小兒孫
사람마다 취해 있는 붕당의 세계라면	黨界人人醉
일마다 은혜로운 기로(耆老)의 나이로세	耆年事事恩
시를 읊는 것도 일종의 고질병인지라	吟詩亦一癖
이미 말을 잊었다고 말하기 어려워라[97]	難道已忘言

97 시를……어려워라 : 말로 표현할 수 없는 잔잔한 생활의 즐거움을 불완전하나마 굳이 시의 형식으로 표현할 수밖에 없다는 뜻으로, 운명적이라 할 시인으로서의 번암의 면모를 스스로 토로한 대목이 아닌가 한다. 이미 말을 잊었다는 것은, 진(晉)나라의 대시인 도잠(陶潛)의 "동쪽 울타리 아래에서 국화를 따다가, 유연히 남쪽 산을 바라보노라. 날 저물자 산기운 더욱 좋아져, 날던 새도 서로들 더불어 돌아오네. 이 가운데 참된 뜻이 들어 있나니, 뭐라고 표현해 보려다가 이미 말을 잊었다네.〔採菊東籬下, 悠然見南山. 山氣日夕佳, 飛鳥相與還. 此中有眞意, 欲辨已忘言.〕"라는 절창에서 절취한 것이다.《陶淵明集 卷3 飮酒》

우연히 벽 위에 써 놓고서 살펴보는 자료로 삼다

偶題壁上庸備覽觀

아침에 일어나면 재깍 흰머리 빗을 것이요	晨興不廢白頭梳
어디서나 정신은 자유롭게 드날릴 것이라	隨處精神貴發舒
만사는 충효 이외엔 구하지 말 것이요	萬事莫求忠孝外
시편도 성정 아니면 유익할 것이 없다네	百篇無賴性情餘
소요하며 즐긴다면 누가 그대와 다투리오	盤旋娛樂誰爭子
태평 시대에 살며 늙는데 감히 날 업신여기리오	生老昇平敢侮予
곤고하면 형통하고 형통하면 곤고해지나니	困卽有亨亨卽困
오고 감이 아침저녁과 같음을 누가 알리오	去來誰識暮朝如

달밤에 이공회를 기다리며

月夜待李公會

둥근달 바퀴는 뜻한 대로 굴러가고	月輪如意轉
하늘 길은 아득히 먼지 한 점 없네	天路莽無埃
홀로 저녁 뜰 나아가 서 있노라니	獨向暮庭立
가을 기운 다가옴을 갑절이나 느끼겠네	倍知秋氣來
깃든 새는 모두들 스스로 평온한데	棲禽皆自穩
높은 하늘 기러기는 누가 재촉하는지	冥雁有誰催
이군이 온다고 약속을 하였으니	爲是李君約
솔 사립을 밤에도 열어 두어야지	松扉當夜開

아들 홍원을 보내 과천 막계에 있는 9대조 주부공의 묘소를 찾아가게 하였으니, 이는 대개 매년 10월 1일에 세일제를 지내기 때문이다

送兒子弘遠祇赴果川幕溪九代祖主簿公墓所蓋每年以十月初吉行歲一祭

계녀는 사람 없고 시내엔 다북쑥 뜯는 이도 적어	季女無人澗少蘩
과천 고을 선조의 묘가 외로운 마을에 기대었네[98]	果州先墓倚孤村
지난 세월 의리로 거행한 한 해 한 번의 제향이요	往年義起一年祭
오늘날 세상엔 내가 바로 그분의 구 대 후손이라	今世吾爲九世孫
교목에 이는 가을바람 소리 옛길에 이어지고	喬木秋聲連古道
청계산 저녁 빛이 거친 들에 지는 시절	稽山暮色落荒原
정성을 다해 향화 올릴 무궁한 계책을	虔誠香火無窮計
종친들과 다시금 상세히 상의해야겠네	須與同宗更細論

98 계녀(季女)는……기대었네 : 다북쑥처럼 변변치는 않지만 정성을 다해 물가에서 채취하여 사당에서 제사를 올릴 직계 자손의 종부(宗婦)나 마땅한 후손도 없이 9대조의 묘소가 올해도 멀리 떨어진 과천의 한 고을에서 외롭게 시향(時享)을 맞게 되었다는 말이다. 친진조(親盡祖)인 5대 이상의 조상에 대해서는 묘소를 찾아가서 1년에 한 번씩 10월에 시향을 올렸는데, 시향은 시제(時祭), 세일제(歲一祭), 세일사(歲一祀)라고도 하였다. 계녀는 젊은 대부의 아내를 가리킨다. 계녀가 제사를 주관하고 다북쑥을 뜯어서 제수(祭需)로 올리는 내용의 노래가 《시경》 〈소남(召南) 채빈(采蘋)〉과 〈소남 채번(采蘩)〉에 나온다.

새벽 베갯머리에서 잠들지 못하고 있는데, 잠겼던 궁궐의 대문 열리는 소리가 바람을 타고서 귀에 들려왔다. 돌이켜 생각건대 수십 년 동안 서리 낀 신발을 신고 입조(入朝)할 시간을 기다리던 일이 아득히 전생의 일처럼 느껴지기에 감회에 젖어서 읊어 보다

曉枕不寐禁門喚鑰聲便風入耳回思幾十年霜靴待漏之事茫然若前生感懷有吟

쩽그랑 쇠자물통 열리며 구중궁궐 대문이 활짝	摐摐金鑰九門通
원례가 전하는 고함 소리 바람결에 끊겼다 이어졌다	院隷傳呼陣陣風
통증이 나으면 옛날의 통증을 떠올릴 게 있으랴만[99]	痛定何須思舊痛
나의 얼굴이 이 소리 속에서 모조리 늙어 갔으니까	容顏老盡此聲中

99 통증이……있으랴만 : 한유(韓愈)의 글에 "지금 와서 생각해 보면 마치 통증이 진정된 사람이 통증이 발동했을 때를 떠올리는 것과 같으니, 그 당시에 어떻게 나 스스로 그 아픔을 견뎌 낼 수 있었는지 모르겠다.〔今而思之, 如痛定之人, 思當痛之時, 不知何能自處也.〕"라는 표현이 나온다.《昌黎文集 卷16 與李翶書》

지평 김덕승 복인 의 죽음을 애도하며

哀金持平德承 復仁

그대를 대하고는 기대어 볼까 하였는데	對君如有恃
그대가 죽었으니 누구를 의지해야 하나	君死欲誰憑
정직한 이에게 하늘은 왜 이리도 야박한지	正直天何薄
아첨하는 간신들 기세 더욱 등등해지겠네	奸諛氣益增
흰머리로 이 세상에선 곤경을 당했지만	白頭當世困
청사를 통해 후세에 환히 밝혀지리라	青史後來徵
허술하게 떠나가는 붉은 명정이여	草草丹旐去
찬 강물이 시월 달에 엉겨 붙누나	寒江十月凝

10월 12일에 침상에 적막하게 누워 있다가 홀연히 생각하니 지난해 오늘이 바로 엄한 견책을 받고 허둥지둥 당황하던 그날이었다. 참으로 나를 알아주는 성명이 아니었다면, 어떻게 오늘날 자기 분수대로 먹고 마시며 무회 갈천[100]의 백성으로 자처할 수 있겠는가. 감축하는 마음을 시편에 드러내지 않을 수 없기에 이렇게 지어 보다

十月十二日伏枕涔寂忽念去年是日卽嚴譴蒼黃之日也苟非知我者聖明顧何以得至今日隨分飮啄自處以無懷葛天之民乎感祝之誠不得不發於詩什云爾

지난해 오늘은 유배객으로 떠났는데	去年今日遷客行
오늘은 편히 누워 아침까지 푹 잤네	今日臥穩朝眠成
총애와 치욕은 어쩌면 허깨비 같은 한바탕 꿈속	寵辱何如一夢幻
여유롭고 한가로워야 비로소 이 몸이 영화로워	優閑方始此身榮
장단 고을 잠시 머물던 달팽이 집 애틋하고	湍州桑宿憐蝸屋
강변에 갈대 물고 나는 기러기[101] 소리 느꺼워라	水國蘆銜感雁聲
귀양 살면서 지은 시편들 시험 삼아 들춰 보니	試閱江潭舊篇什
죽으나 사나 변키 어려운 임금님 사랑 정성일세	死生難化愛君誠

100 무회 갈천(無懷葛天) : 전설상 상고 시대의 제왕인 갈천씨(葛天氏)와 무회씨(無懷氏)로, 그 시대에는 풍속이 순박하여 아무런 근심 걱정도 없었다고 하는데, 도잠(陶潛)의 〈오류선생전찬(五柳先生傳贊)〉에 이 내용이 처음 나온다.

101 갈대……기러기 : 기러기는 본능적으로 자기를 보호하기 위해 갈대를 입에 물고 날아간다고 한다. 《회남자(淮南子)》〈수무훈(脩務訓)〉에 이 내용이 나온다.

병상에서 죽령(竹嶺)을 넘어가는 이공회를 생각하다

病枕懷李公會踰嶺之行

매일 밤 어찌 그리 안개도 많은지	每夜何多霧
지금 시절이 어느새 초겨울이라네	今時已孟冬
병든 몸 별의별 걱정이 많은지라	病骸關慮甚
거하는 곳에 겹으로 문을 닫았다오	居處掩門重
읊조리는 곁에는 촛불이 밝았다 어두웠다	明晦吟邊燭
잠든 뒤엔 종소리가 희미하게 들릴락 말락	依俙睡後鍾
애틋하여라 죽령을 넘는 길손이여	悠哉竹嶺客
고운 모습 행여 상하지나 않을는지	能不損韶容

병상에서 달빛이 매우 밝다는 소리를 듣고서 흔연히 뛰쳐나와 매선당[102] 뜰 앞을 거닐었는데, 이때는 밤이 벌써 삼경(三更)을 넘긴 뒤였다

病枕聞月色明甚欣然躍出步于每善堂庭前時夜已三鼓餘矣

달 떴다는 사람들 말소리 들리기에	月上聞人說
이불 들추고 침실에서 뛰쳐나왔네	披衾出洞房
하늘은 맑아서 다림질한 비단 같고	天晴熨似錦
뜰은 툭 터져서 서리보다 하얗도다	庭闊白於霜
홀가분하게 관건도 벗어 던진 채	落落冠巾擲
득의양양 신발을 신기에도 바빠라	陽陽屣履忙
우리 아이도 한껏 신바람이 나서	阿兒亦高興
언덕에 올라와 목청을 길게 뽑누나	登岸咳聲長

102 매선당(每善堂) : 보은동(報恩洞)에 있던 번암의 거실 이름이다. 보은동은 서울 남대문 근처 광통방(廣通坊)에 속한 동네 이름으로, 보은단동(報恩緞洞)이라고도 하는데, 《번암집》 권34에 〈매선당기(每善堂記)〉가 실려 있다.

이제 막 수유(茱萸) 열매를 따서 등잔불 기름으로 써 보려 하는 차에, 순창 군수인 유백유[103]가 귤 꾸러미를 보내왔기에 이렇게 우연히 짓다

纔摘萸實擬資焚油此際淳昌宰柳伯兪見餉橘包偶書之

한가히 거하며 물화 중에서 읊고 노래하매	閑居吟哢物華中
어둠이 가고 밝음이 오며 생각이 끝없어라	暗去明來思不窮
누런 귤 유자 향기는 세밑임을 알려 주고	橘柚黃香知歲暮
산수유 빨간 열매는 농사일을 마친 듯도	茱萸紅實似農功
내 좋을 대로 살아간들 무슨 상관이랴	何妨出處從吾好
의관을 세속과 같이하고 미소 짓노라	微笑衣冠與世同

이때 흰옷을 청색으로 바꿔서 만들었으므로 이렇게 말하였다.

때로 사관을 보내 득실을 자문하시니	時遣史官詢得失
군왕은 노신을 쇠했다고 안 보시나 봐	君王不以老臣癃

103 유백유(柳伯兪) : 유하원(柳河源)으로, 본관은 진주(晉州), 자는 백유이다. 대본에는 '柳伯崙'으로 되어 있다. 《국조방목(國朝榜目)》에 근거하여 '崙'을 '兪'로 바로잡아 번역하였다.

여선걸은 영남 김산군의 백성인데, 금년에 나이가 만 백 세가 되어 도성에 들어왔다. 상이 듣고 소견하고는 크게 기이하게 여겨 중추부(中樞府)의 관직을 제수하고, 호조에 명하여 서대를 갖추어 내리게 하는 한편, 이원악을 내리고 시가행진을 하게 하였으니, 참으로 밝은 시대의 성대한 일이었다

余善傑嶺南金山郡民人今年年滿百入都下上聞而召見大奇之除樞府職命度支備給犀帶賜梨園樂遍遊街路眞昭代盛事也

고령에서 한 번 보고 이번에 그대가 두 번째　　一見高靈再見君
인생 백 년 채우기는 예부터 듣기 어려웠지　　人生滿百古稀聞
기이한 상서는 성상이 송백처럼 장수할 징조[104]　　奇祥聖壽徵如柏
못다 푼 한은 원릉에 미나리 바치지 못한 것[105]　　餘恨元陵未獻芹

선대왕(先大王)이 금년에 만 백 세가 되기 때문에 이렇게 말하였다.

통례원에 반고하여 궁중음악이 울려 퍼지게 하고　　頒誥鴻臚仙唱動
하사한 무소뿔 허리띠는 기이한 향내가 배었어라　　自天犀帶異香熏

104 기이한……징조 : 백 세 노인의 등장은 정조가 만수무강할 상서로운 징조라는 말이다. 《시경》〈소아(小雅) 천보(天保)〉에 "산과 같이, 언덕과 같이.〔如山如阜〕"라는 식으로 아홉 개의 여(如) 자를 사용하여 만수무강을 기원하는 내용이 나오는데, 그중에 "무성한 송백같이.〔如松柏之茂〕"라는 말도 들어 있다.

105 못다……것 : 영조가 살아 있으면 지금 나이가 백 세일 텐데, 신하로서 임금의 백 세 장수를 축하하지 못해 유감이라는 말이다. 미나리를 바친다는 것은 윗사람에 대한 아랫사람의 성의를 뜻하는 말이다.

노인 높이는 지극한 은택이 진한 술과 같으니　　尊年至澤醲如酒
돌아가 영남의 부로들과 얼근히 함께 취하리라　　歸與山南父老醺

이에 앞서 고령(高靈)의 신의청(申義淸)이 나이 백 세의 노인으로서 상의 은우(恩遇)를 매우 후하게 받았으므로 기구(起句)에서 이렇게 말하였다.

10월에 어린 자식의 죽음을 당하였으므로 이웃 골목의 성이 서씨인 사람의 집으로 피하여 우거하다

十月因夭慘避寓隣巷徐姓人家

아무 말 없이 아침에 돌아온 뒤로	默默朝還竟
혼몽하기가 낮에도 잠에 빠져든 듯	昏昏晝似眠
마음을 정말 너그럽게 가져 보려 해도	寬心誠所欲
억장 메우는 슬픔은 덜어 내기 어려워라	塡臆苦難蠲
모든 일이 나의 운명 탓이려니 하고	萬事緣吾命
아침 점심 저녁으로 저 하늘만 쳐다보네	三時仰彼天
텅 빈 마루엔 그림자만 따라올 뿐	空堂影爲伴
누가 또 눈물 쏟는 나를 위로하리오	誰復慰潸然

권동야와 최치회[106]가 밤에 찾아와서 돌아가지 않고 자리를 지켰으니, 이는 대개 나의 마음을 위로하여 풀어 주려는 뜻에서였다. 그래서 내가 시를 지어 사례하다

權東野崔稚晦夜來相守不歸蓋欲寬慰余也詩以謝之

피해 다니는 내 신세 마치 부평초	避地身如寄
차가운 날씨에 병이 또 더쳤다오	寒天病又仍
다정하신 두 분의 학사님들	多情二學士
오경의 등불을 서로 마주했네	相對五更燈
모두 노성한 군자들 애틋하기만	盡老憐君子
외로운 회포 붕우에게 기댈 수밖에	孤懷托友朋
겨울 귀신이 조금 마음에 드는 것은	玄冥差可意
좁은 집의 쉬파리를 쓸어버리는 것	湫屋掃青蠅

106 권동야(權東野)와 최치회(崔稚晦) : 권평(權坪, 1734~1799)과 최현중(崔顯重, 1745~?)으로, 동야는 권평의 자이고 치회는 최현중의 자이다. 1790년(정조14) 번암이 정언 조진정(趙鎭井)의 논핵을 받은 항목 중에, 번암과 가까운 권평과 최현중을 관각(館閣)의 관원으로 추천했다는 내용이 있다. 《承政院日記 正祖 14年 5月 12日》

혼자서 회포를 풀다

自遣

책장을 뒤적거리노라니 망건도 삐딱	書卷紛披冠幘斜
군왕이 나에게 담박한 생애를 내리셨네	君王錫我淡生涯
매화 소식 뒤에 밝은 달을 또 만난 이때	梅花信後兼逢月
향나무 서쪽 편에 우연히 집을 빌렸다오	香木西邊偶借家
진퇴를 걱정하기보단 내 몸 편한 것이 우선	進退憂深寧自逸
팽상도 이치상 동일하니 한탄할 게 있으리오	彭殤理一莫須嗟
떠도는 신세 외로이 자지 않아도 되나니	浮游不作孤眠恨
좋은 밤에 언제나 좋은 손님이 계시니까	良夜尋常有客嘉

우사

寓舍

시골 동네를 무슨 일로 상공이 찾아왔노	村閭異事相公來
흰 널판 사립 앞으로 좁은 골목 구불구불	白板扉前小巷廻
창졸간에 잠자리 옮겨 자못 허술하다마는	倉卒移衾殊草草
심상하게 무릎을 펴니 의외로 넓고 넓어라	尋常舒膝却恢恢
야경꾼 잠깐 지나가도 거위가 꽥꽥거리는데	干掫乍過鵝先警
동아리 벗들 자주 와도 개는 시기하지 않네	社友頻看犬不猜
다리 가 나의 집 가까이 머문 줄 알겠노니	橋畔吾廬知近住
사경에 음식 전하며 술잔에 온기가 감도니까	四更傳饌暖生杯

상이 영고의 백 세에 감모하는 마음이 깊어서, 육상궁에서 친히 중삭제를 거행하였다. 이에 내가 병들어 누워서 감읍하는 심정을 금하지 못하겠기에, 억지로 일어나서 이렇게 쓰다

上感慕英考百歲親行仲朔祭於毓祥宮病枕不勝感泣强起書此

서리와 이슬 밟는 구중궁궐의 밤	霜露重宸夜
선왕을 앞에서 뵙듯 처창하셨으리[107]	先王悅在前
지금 생각하면 백 년이 꽉 찼으니	時維百年滿
능침에 부치는 감회가 유다르시리	感寄北山偏
새벽 북소리에 곤룡포 엄숙히 정제하고	衮服嚴晨鼓
동트는 하늘에는 의장대 깃발 펄럭이리	霓旌動曙天
궁성의 구름도 마치 환희하는 빛을 띤 듯	宮雲如帶喜
풍월헌(風月軒) 옆에서 비상하며 춤을 추누나	飛舞月軒邊

107 서리와……처창하셨으리 : 정조가 선왕인 영조를 생각하며 슬픈 감회에 젖었으리라는 말이다. 서리와 이슬을 밟는다는 것은, 보통 돌아가신 부조(父祖)에 대한 애틋하면서도 비장한 느낌을 비유할 때 쓰는 말인데, 《예기(禮記)》〈제의(祭義)〉의 "서리와 이슬이 내린 뒤에 군자가 그것을 밟노라면 반드시 처창한 마음을 갖게 되나니, 이는 날이 추워져서 그런 것이 아니다. 또 봄에 비와 이슬이 땅을 적신 뒤에 군자가 그것을 밟노라면 반드시 깜짝 놀라는 마음이 생기면서 마치 돌아가신 분을 만날 것 같은 생각이 들게 된다.〔霜露既降, 君子履之, 必有悽愴之心, 非其寒之謂也. 春雨露既濡, 君子履之, 必有怵惕之心, 如將見之.〕"에서 나왔다.

두 번째 其二

영고의 마음을 알 수 있을 듯도	英考心如見
우리 왕의 효는 잘못됨이 없으니까	吾王孝不愆
완연히 저기 있는 육상궁을 향해	祥宮宛在彼
장엄하게 준선[108]하는 임금님 수레	鸞駕儼遵先
우물의 난간은 푸른 이끼를 걷어 내고	井幹開蒼蘚
뜰의 송백은 향 연기 속에 들었으리라	園松入瑞煙
그 누가 동정할까 늙은 신하 병들어서	誰憐老臣病
눈물 머금고 대궐 하늘 바라보는 것을	含淚望雲天

108 준선(遵先) : 옛 법을 따른다는 뜻으로, 영조가 생전에 행하던 예법을 지금 정조가 준행하고 있다는 말이다. 《맹자》 〈이루 상(離婁上)〉에 "선왕의 법을 따르고서 잘못되는 경우는 있지 않았다.〔遵先王之法而過者, 未之有也.〕"라는 말이 있다.

상사 우사앙 경모의 죽음을 애도하며
哀禹上舍士仰景謨

변함없이 단풍은 서 있건마는	不改壇楓立
누가 옥수를 넘어지게 하였는가[109]	誰教玉樹摧
당시에 제일가는 명품으로서	當時第一價
이 사람이 뭇 인재를 뛰어넘었지	之子出群才
천리마의 발굽이 홀연히 꺾이면서	驥步俄成蹶
용의 광채를 끝내 펼치지 못했구나	龍光遂未開
지금도 생각나네 응제 시험 답안지	尙思功令卷
임금님이 돌아보는 영광을 내렸느니	華袞儼昭回

109 변함없이……하였는가 : 번암의 문하생들을 중심으로 이루어진 시회(詩會)가 지금도 변함없이 유지되고 있는데, 뜻밖에도 출중한 실력의 소유자인 우경모(禹景謨)가 한창 활동할 나이에 세상을 떠나고 말았다는 말이다. 단풍(壇楓) 즉 단의 단풍나무는, 번암이 숭례문 밖 약봉(藥峯)의 단풍나무 언덕에 단을 쌓아 정비하고 조성한 시단(詩壇)인 풍단(楓壇)을 의미하는데, 《번암집》 권34 〈약봉풍단기(藥峯楓壇記)〉에 상세한 내용이 나온다. 사앙(士仰)은 우경모의 자이다. 1744년(영조20)생으로 몰년(沒年)이 미상이었는데, 이 시가 〈임단록(臨湍錄)〉에 들어 있고, 바로 앞에 영조 백 세의 시가 배치된 것으로 보아 1794년(정조18)에 죽은 것이 아닌가 생각된다. 그는 1777년(정조1) 사마시(司馬試)에 입격하였으며, 1790년 유생으로서 치른 응제(應製) 시험에서, 표(表)에서 차상(次上)을 맞아 지(紙) 1권(卷)을 하사받기도 하였다. 《日省錄 正祖 14年 9月 29日》 또 아우인 우석모(禹錫謨)와 함께 번암에게서 배웠는데, 약봉 아래에 살면서 자신의 거처를 '제비 정도나 살 조그마한 집'이라는 뜻의 용연사(容燕舍)라고 명명하자 번암이 써 준 기문이 《번암집》 권35에 전한다.

두 번째 其二

번계에는 볼만한 수석이 많은지라	樊溪多水石
군이 약속한 것처럼 찾아오곤 했지	君到每如期
정을 중히 여겨서 발에 못이 박였고	繭足情爲重
땀이 흠뻑 적셔도 마다하지 않았다오	霑肌汗不辭
자리에 앉아서는 서로 보고 웃으면서	坐來相視笑
얘기하다 보면 어느새 시가 지어졌지	語次已新詩
우뚝 드러난 임안의 의리 정신이여	卓絶任安義
장평만은 혼자서 알고 있었더라오[110]	長平獨自知

세 번째 其三

군의 시 작품을 고아가 수습해서	詩草孤兒拾
후배가 볼 수 있게 해 주었다네	能爲後輩看

110 우뚝……있었더라오 : 번암의 형세가 곤고해져서 다른 사람들이 등지고 떠났을 때에도 우경모는 지조를 변치 않고 번암에 대한 신의를 지켰다는 말이다. 장평(長平)은 장평후(長平侯) 위청(衛青)을 말한다. 한 무제(漢武帝)가 대사마(大司馬)의 직위를 신설하고는, 대장군(大將軍) 위청과 표기장군(驃騎將軍) 곽거병(霍去病)을 함께 대사마에 임명하여, 표기장군의 질록(秩祿)이 대장군과 동등하게 하였는데 "이 일이 있은 뒤로부터 대장군 위청의 세력이 날로 쇠해지고 표기장군 곽거병의 위세가 날로 더해지자, 대장군의 고인(故人)과 문하생 등 친분이 있던 사람들 거의 대부분이 그를 떠나 표기를 섬기며 번번이 관작을 얻곤 하였으나, 오직 임안만은 그렇게 하기를 원치 않았다.〔自是之後, 大將軍青日退, 而驃騎日益貴, 擧大將軍故人門下多去事驃騎, 輒得官爵, 唯任安不肯.〕"라는 말이 《사기》 〈위장군표기열전(衛將軍驃騎列傳)〉에 나온다.

바다에 떠서 멀리 가는 붉은 만장이요	丹旐浮海遠
성에 붙은 썰렁한 선비의 띳집이로다	白屋寄城寒
동학을 만나서 의기투합하였을 뿐	際會歸同學
고관에게 청탁하는 일은 없었다오	吹噓少達官
창연하여라 약봉의 저 달빛은	蒼然藥峯月
여전히 옛 시단을 비춰 주는데	猶照舊盟壇

학사 이유조 지영 와 학사 최치회가 달빛을 타고 나의 우거에 들러 준 것을 사례하여 짓다

謝李學士孺祚 祉永 崔學士稚晦乘月見訪寓舍

높은 하늘 오른 원홍이 셀 수 없이 많건마는	鵷鴻颯沓上雲天
그대들 유독 유능해서 누가 청릉을 보냈는지[111]	誰遣靑綾子獨賢
말은 교서관 길을 혼자 알아서 찾아가고	珂馬自知芸館路
학은 홍문관에서 항상 동반해 잠을 자네	胎禽常伴玉堂眠
깜짝 놀랐네 옷소매 연이어 찾아오다니	忽驚衣袂聯翩至
지금은 바로 밤 시간 차례로 전하는 때	正是更籌次第傳
무슨 일이 이 세상 최고의 즐거움이냐면	何事世間爲最樂
마음 맞는 사람이 달빛 앞세워 이르는 것	會心人到月光前

유조는 날마다 교서관에 출근해서 사서(四書) 간행의 일을 감독하고, 치회는 홍문관에 갇혀 숙직한 것이 벌써 몇 달이나 되었으므로, 3구와 4구에서 이렇게 말하였다.

111 높은……보냈는지 : 이지영(李祉永)과 최현중(崔顯重)이 조정의 많은 관원들 중에서 특별히 유능하다는 평판을 얻어서 요즈음 고생을 하고 있다는 뜻의 해학적인 표현이다. 원홍(鵷鴻)은 원추(鵷雛)와 홍안(鴻雁)의 병칭으로, 이 귀한 새들이 질서 있게 비행한다는 데에서 유래하여 조관(朝官)의 반열(班列)을 비유하는 말로 쓰이게 되었다. 청릉(靑綾)은 청릉피자(靑綾被子) 즉 꽃무늬를 아로새긴 푸른색 비단의 직조물(織造物)로, 한(漢)나라 때 상서랑(尙書郞)이 숙직 근무를 할 때 지급했다는 고급 이불이다. 《문헌통고(文獻通考)》 권52 〈직관고(職官考) 6 역대낭관(歷代郞官)〉에 "상서랑이 입직하면 관에서 푸른색 비단과 흰색 비단으로 만든 이불 등을 그들에게 지급했다.〔其入直, 官供靑縑白綾被.〕"라는 기록이 있다.

권동야가 철야하여 함께 묵으며 손자에게 과제를 내주고는 자정을 넘겨서 돌아갔는데, 우거에 혼자 누워서 그 심경을 시로 표현하다

權東野連夜同宿爲課孫侵曉還歸寓舍獨臥情見于詩

경계 삼엄한 도성엔 초승달이 지고	嚴城纖月落
그대가 가는 것은 삼경이 되려는 때	君去欲三更
하릴없이 등잔불 희미하게 할 뿐	坐使寒燈翳
홀로 지새는 밤 마음잡기 어려워라	難爲獨夜情
외로운 이불은 정녕 성글고 차갑다만	孤衾定疎冷
휘어진 골목은 그래도 길이 보이겠지	曲巷倘分明
돌아가며 손자에게 강독 숙제 내줬나니	歸課兒孫讀
지란[112]이 차례로 이루어지게 하려고	芝蘭次第成

112 지란(芝蘭) : 지란옥수(芝蘭玉樹)의 준말로, 타인의 우수한 자손을 비유하는 말이다. 진(晉)나라 사안(謝安)이 여러 자질(子姪)을 불러 놓고 "자제들이 또 인사와 무슨 관련이 있기에, 그들을 아름답게 만들려고 애쓰는가?〔子弟亦何豫人事, 而正欲使其佳?〕"라고 묻자, 조카 사현(謝玄)이 "비유하자면 지란과 옥수가 자기 집 뜰과 섬돌에 나게 하려는 것과 같습니다.〔譬如芝蘭玉樹, 欲使其生於庭階耳.〕"라고 대답한 고사에서 나왔다. 《晉書 謝安列傳 謝玄》

김 지평 복인 에 대한 만사
挽金持平 復仁

구양의 복궐이 늠연히 빛을 발했나니　歐陽伏闕凜生光
이부의 애사가 한 글자 한 글자 서글펐도다[113]　吏部哀辭字字傷
높은 의기가 고금에 어찌 차이가 있으랴만　高義何曾異今古
노부는 문장이 부족한 것이 오직 한스러워　老夫惟恨少文章
쓸쓸하도다 선영으로 돌아가는 객지의 영구여　蕭條旅櫬歸先壟
애석하도다 옥당의 인재 잃었다는 왕의 말씀이여　嗟惜王言失玉堂
부귀를 가벼이 알고 명절을 귀중히 여긴 분에게　富貴爲輕名節貴
정에 빠진 바보의 천 줄기 눈물 어디에 쓰리오　情癡安用淚千行

군이 일찍이 나를 위해 항소(抗疏)하면서, 시배(時輩)가 결탁하여 모해(謀

113 구양(歐陽)의……서글펐도다 : 구양은 구양첨(歐陽詹), 이부(吏部)는 이부 시랑(吏部侍郎)을 지낸 한유(韓愈)를 가리킨다. 복궐(伏闕)은 궐하(闕下)에 엎드려 임금에게 상소문을 올리는 것을 말한다. 구양첨과 한유는 당 덕종(唐德宗) 정원(貞元) 8년(792) 진사시(進士試)의 급제 동기생인데, 한유가 이른 나이에 죽은 구양생을 애도한 글에 "내가 서주 종사(徐州從事)로서 1월의 조회에 참석하러 서울에 왔을 때에, 구양첨이 국자감(國子監)의 사문 조교(四門助教)로 있다가, 무리를 이끌고 궐하에 엎드려 상소해서 나를 국자감의 박사(博士)로 천거하려 하였는데, 그때 마침 국자감에 옥사(獄事)가 일어나서 실제로 소장을 올리지는 못하였다. 그러나 그의 마음을 살펴보건대, 나에게 유익하다고 여겼으므로 그의 신분이 천해질 것도 잊어버린 채 행하려고 한 것이었다. 아, 그런데 그 구양첨이 지금 그만 죽고 말았다.〔余以徐州從事朝正于京師, 詹爲國子監四門助教, 將率其徒伏闕下, 擧余爲博士, 會監有獄, 不果上. 觀其心, 有益于余, 將忘其身之賤而爲之也. 嗚呼, 詹今其死矣.〕"라고 옛일을 추억하며 비감에 젖은 내용이 나온다. 《韓昌黎文集 卷22 歐陽生哀辭》

害)한 정상을 분명히 지적하여 진달하자, 상이 "가려운 곳을 긁어 주는 것 같다.〔如癢得搔〕"라고 비답을 내리기까지 하였다. 그래서 시의 내용이 이렇게 되었다. 그리고 군이 죽자 상이 탄식하면서 "만약 모(某)가 살아 있다면, 나중에 어찌 옥당(玉堂)을 맡기지 않았겠느냐. 애석한 일이다."라고 하였다. 그래서 제6구에서 이렇게 언급하였다.

권동야가 우거에 찾아와서 얘기하다가 새벽 무렵에 돌아가기에

權東野來話寓舍侵曉言歸

먼 산에 달이 지고 차디찬 구름이 뜨는 때	遙岑月墜凍雲升
집이 시내 남쪽이라 슬슬 걸어도 될 것이요	家在溪南步屧能
오경에 돌아갈 길 깜깜할 걱정도 없으리니	五夜不愁歸路黑
길거리에 술집 등불 연달아 비춰 줄 테니까	巷門聯照賣醪燈

동지에 문후하는 반열에 참석하다

冬至參候班

양이 생하는 하나의 도리로 정원을 징험하는 때[114]	陽生一理驗貞元
명절을 맞아 성상의 추모하는 효성이 돈독하도다	佳節羹墻聖孝敦
햇빛이 인정전을 물들이는 때에 맞추어서	日色纔含仁政殿
노창(臚唱) 소리가 멀리 만안문에서 나오네	臚聲迥出萬安門
올봄에 번성함이 우리 동방의 길사라면	吾東吉事來春盛
노사숙유를 존중함은 대내의 서광이로세	大內祥光老宿尊
우스워라 초목과 같은 미천한 이 몸이여	自笑微躬同草木
여린 싹으로 어떻게 천지 은혜에 보답할지	句萌何以答乾坤

114 양(陽)이……때 : 동지에 일양(一陽)이 시생(始生)하는 이치를 미루어서 오고 가며 끊임없이 순환 반복하는 천지 음양의 원리를 살펴볼 수 있다는 말이다. 정원(貞元)은 정(貞) 아래에서 다시 원(元)이 시작된다는 뜻의 정하 기원(貞下起元)의 준말로, 《주역》〈건괘(乾卦)〉의 이른바 원형이정(元亨利貞) 즉 춘하추동, 동남서북, 진원 이형 태리 감정(震元離亨兌利坎貞)의 현상이 일단 끝나면 다시 시작되어 어김없이 무궁하게 이어지는 것을 의미한다.

임시 거처에 오래도록 몸을 의탁할 수 없기에 12월 초에 중촌에 있는 강덕신의 집으로 우거를 옮기며 심야에 걸어갔는데, 이때 나를 따라온 것은 오직 이불 보따리와 금강산 그림 한 축뿐이었다

寓舍不可久托臘月初移寓中村康德新家深夜步往隨身者惟衾褓與金剛畫一軸而已

한밤중에 나그네 비로소 돌아가건마는	侵宵客子始言回
닭과 개도 무정해라 잠들어 깨지 않고	鷄犬無情睡不開
오직 금강산만이 인연이 다하지 않아	惟有金剛緣未了
일만 이천 봉우리가 사람을 따라오네	萬千奇狀逐人來

새로 옮긴 숙소에서

新寓

아름다운 골목에서 얼마 걷지 않아	美巷無多步
중촌에 걸린 첫 번째 다리 건너가네	中村第一橋
시절은 바야흐로 살을 에는 때	維時方栗烈
몇 달째 계속되는 부평초 생활	數月作蓬飄
잠이 얕아서 일경 이경 밤 시간 점검하고	睡淺知更漏
문이 깊어서 저잣거리 소음도 끊겼어라	門深絶市囂
천금의 값이 나가는 갑산의 서찰이여	千金甲山札
거미가 오늘 아침 희소식을 전해 주네	蟢子報今朝

이때 생질인 이유경(李儒慶)[115]이 갑산 부사(甲山府使)로 나가 있었다.

115 이유경(李儒慶) : 1748~1818. 본관은 함평(咸平), 자는 이선(而善), 호는 청심옹(淸心翁)이다. 1772년(영조48) 정시에 급제하였으며, 순천 군수(順天郡守), 교리, 도승지 등을 지냈다. 번암의 둘째 누이의 아들로, 누이가 요절하자 번암이 데려와 길렀다.

즉사
卽事

구석진 골목 구불구불 가까워도 먼 느낌	曲巷逶迤近似遙
주인집 외부인 출입 금해 맑고 적막할 뿐	主家淸寂斷招邀
지붕 위의 봉수대는 종남산을 드러내고	屋頭烽現終南岫
대문 밖의 개울은 소광교에서 합류하네	門外川交小廣橋
걸음 연습은 매양 달 밝은 밤에	習步每於明月夜
성은에 감격하여 간혹 대궐 조회에	感恩時或紫宸朝
떠도는 몸의 복장이 외람됨을 새삼 느끼나니	浮游更覺身章濫
내한[116]이 상의원의 초구(貂裘)를 받들어 전해 주네	內翰擎頒尙院貂

116 내한(內翰) : 한림원(翰林院)을 말한다.

문을 닫고
閉門

문 닫고 하는 일이 없는지라	閉門無所業
겨울철 낮 시간도 마냥 길기만	冬日亦云遲
명리를 좇던 예전 일이 부끄럽다마는	名利羞前事
문장은 그래도 상의 지우를 받았다오	文章荷上知
유독 촛불이 꺼려지는 늙은이의 눈동자라면	老眸偏忌燭
간혹 시사를 걱정하는 유아의 속마음이로다	癡性或憂時
처마 끝 향해 바라보길 좋아하나니	愛向簷端眺
종남산이 자태를 반쯤 보여 주니까	終南半露姿

상이 특별히 내한을 보내 친히 지은 시문을 보여 주며 하교하기를 "나는 경의 문장이 당세에 제일이라는 것을 알고 있다. 그래서 이것을 보여 주어 교정(校正)의 논설을 듣고자 한다."라고 하셨기에, 제4구에서 이렇게 말하였다.

객의 말에 의하면, 제주에 사는 사람이 공마를 배에 싣고 반쯤 바다를 건넜을 때에 말이 홀연히 바닷속으로 뛰어들더니 물에 떠가다가 대지로 나와서는 번개가 치듯 구름 속으로 들어가 어디로 갔는지 알 수 없었다고 하였다. 또 근일에 기린이 관동의 원주 지역에서 나왔는데, 사람들 모두 그 모양을 눈으로 보았다고 하였다. 이런 소문이 파다하게 전해지기에 우선 이렇게 기록해 두어 밝은 시대의 특이한 소문에 대한 자료로 제공하고자 한다

客有言耽羅人舟載貢馬半渡海馬忽躍入海浮出大地電邁雲逝不知所向近日有麟出關東之原州地人無不目見其狀傳說頗藉藉聊書之以備昭代異聞

궁궐 문에 구름 노을이 오색으로 유달라도	雙闕雲霞五色殊
태평 시대 상징으로 조야가 환호하곤 하니	太平朝野屬歡娛
남해에서 말이 하늘 속으로 아득히 사라지고	南溟馬逸天空闊
동군에서 예전에 없이 기린이 출현했음에랴	東郡麟生事有無
실덕은 정녕 주나라 옥신이 필수적이지만	實德政須周獄愼
기상이야 어찌 순 임금의 도유에 미치리오[117]	奇祥爭及舜都兪

117 실덕(實德)은……미치리오 : 정조가 실질적인 덕정을 펼칠 수 있었던 것은 주 문왕(周文王)처럼 자신이 혼자서 일을 도맡아 처리하지 않고 적재적소에 인재를 배치하여 옥송(獄訟)과 금계(禁戒) 등 신중히 행해야 할 일을 올바르게 시행하게 함으로써 비로소 가능했던 일인 만큼 백번 찬양을 받아도 마땅하다고 하겠지만, 말과 기린의 기이한 상서 같은 것은 순 임금이 신하들과 소통하고 공감하며 정책을 입안하고 시행했

살아오며 독실하게 믿은 건 오직 이 도리이니　　生來篤信惟斯理
우활한 자가 늙을수록 우활하다 말하지 마오　　休道迂夫老更迂

던 일에는 미치지 못하는 것인 만큼 그다지 내세울 일이 못 된다는 말이다. 옥신(獄愼)은 모든 옥사(獄事)와 금계 등 신중히 처리해야 할 일이라는 뜻의 서옥(庶獄)과 서신(庶愼)의 준말로, 《서경》 〈입정(立政)〉의 "문왕은 모든 호령과 옥송과 금계에 대하여 자신이 도맡아 처리하지 않았다.……모든 옥송과 금계는 유사에게 일임하고 문왕은 이에 대해 감히 알려고도 하지 않았다.〔文王, 罔攸兼于庶言庶獄庶愼……庶獄庶愼, 文王罔敢知于玆.〕"라는 구절에서 발췌한 것이다. 도유(都兪)는 도유우불(都兪吁咈)의 준말로, 임금과 신하가 정사를 허심탄회하게 의논하며 서로 화합하는 것을 비유하는 말인데, 상대방의 의견에 찬성할 때에는 도(都), 유(兪)라고 하고, 반대할 때에는 우(吁), 불(咈)이라고 감탄사를 발한 데에서 유래하였다. 《書經 堯典, 益稷》

고적의 일 때문에 아침에 북영에 나아갔는데, 내가 이때 훈련도감 도제조의 직함을 띠고 있었다

因考績朝赴北營余時帶訓鍊都監都提擧

고적은 순 임금 조정 때 성대하였는데[118]	考績虞朝盛
자리에 임해선 한상이 높다고 했다던가[119]	當筵漢相尊
겨울 하늘에 숙연한 군영의 위병소요	冬天肅軒闥
군례를 행함에 송연한 호위 장병이라	軍禮悚櫜鞬
화극은 선명하게 산에 어리비치고	畫戟明山照
홍정은 휘감겨 눈의 흔적이 보이네[120]	紅旌卷雪痕

118 고적(考績)은……성대하였는데 : 고적은 일정한 표준에 의거하여 관리의 성적을 평가하는 것을 말한다. 《서경》〈순전(舜典)〉에 "3년마다 성적을 평가하였다. 그리고 세 번 평가한 뒤에 무능한 자를 축출하고 유능한 자를 승진시키니, 모든 일이 제대로 이루어졌다.〔三載考績. 三考, 黜陟幽明, 庶績咸熙.〕"라는 말이 나온다.

119 자리에……했다던가 : 고적의 일과 관련해서는 도제조인 번암 자신이 주관해야 하지만, 신분이 또한 상신의 지위에 있는 만큼 그 자리에서는 서열상 가장 높은 자리에 임할 수밖에 없다는 뜻의 자못 으스대는 기분을 가미한 해학적인 표현이다. 한상(漢相)은 한나라 승상이라는 말인데, 여기서는 한 무제(漢武帝) 때 승상인 무안후(武安侯) 전분(田蚡)을 가리킨다. "그가 일찍이 객을 불러 술을 마셨는데, 그때 자기 형인 개후(蓋侯)를 아랫자리인 남향의 자리에 앉히고, 자기는 상좌인 동향의 자리에 앉았으니, 이는 그가 한나라의 승상은 지위가 높은 만큼 형이라고 해서 사적으로 서열을 어지럽힐 수는 없다고 생각했기 때문이다.〔嘗召客飮, 坐其兄蓋侯南鄕, 自坐東鄕, 以爲漢相尊, 不可以兄故私橈.〕"라는 기록이 《사기》〈위기무안후열전(魏其武安侯列傳)〉에 보인다.

120 화극(畫戟)은……보이네 : 화극이, 하얗게 눈 덮인 산을 배경으로 마치 거울 속에 비치듯 선명하게 보이고, 홍정(紅旌) 즉 붉은 깃발이 펴지지 않고 돌돌 말려 있는

돌이켜 생각건대 포의로 있던 날에	翻思布衣日
유람하다 문지기에게 저지당했었지	遊覽阻驕閽

채로 미처 털어 내지 못한 흰 눈의 흔적이 간간이 눈에 띈다는 뜻으로, 간밤에 눈이 많이 내린 것을 간접적으로 표현하고 있다. 화극은 화려하게 색칠한 목창(木槍)으로, 관부(官府)의 문을 지킬 때 군병이 쥐고 호위하였다.

지은이 **채제공(蔡濟恭)**

1720년(숙종46)~1799년(정조23). 조선 후기의 문신으로, 본관은 평강(平康), 자는 백규(伯規), 호는 번암(樊巖)·번옹(樊翁)이며, 시호는 문숙(文肅)이다. 1743년 정시 문과에 병과로 급제하여 승문원 권지부정자에 임명되면서 관직 생활을 시작하였다. 1748년 11월 영조의 특명으로 시행한 한림 소시(翰林召試)에서 수석을 차지하여 예문관 검열과 대교가 되었고, 이후 대사간, 한성부 판윤, 병조 판서, 예조 판서, 호조 판서 등을 역임하였다. 1780년 역적 홍국영과의 친분, 사도세자에 대한 신원 주장으로 공격을 받자 사직하고, 명덕산(明德山)과 노량(鷺梁) 등지에서 은거하였다. 1788년 우의정이 되었으며 2년 후 좌의정으로 승진하면서 3년간 혼자 정승을 맡아 국정을 운영하였다. 영조가 사도세자의 죽음을 후회하여 기록한 〈금등(金縢)〉을 정조와 함께 보관할 유일한 신하로 채택될 만큼 두 국왕의 깊은 신임을 받았으며, 정조의 탕평책을 추진한 핵심적인 인물이었다. 사후인 1801년 황사영 백서 사건(黃嗣永帛書事件)으로 관작이 추탈되었다가 1823년 영남만인소로 신원되었다. 문장은 소차(疏箚)에 능했고, 시풍은 위로는 이민구(李敏求)·허목(許穆), 아래로는 정약용(丁若鏞)으로 이어진다고 한다.

옮긴이

조순희(趙順姬)

국민대학교 대학원에서 조선시대사로 석사 학위를 받았다. 민족문화추진회 부설 국역연수원에서 한문을 수학하였고, 고전번역교육원 교수로 재직 중이다. 번역서로 《홍재전서》, 《기언》, 《명재유고》, 《허백당집》,(이상 공역) 《회재집》, 《송서, 길 떠나는 그대에게》 등이 있다.

이상현(李相鉉)

초명은 거출(巨出), 호는 무원(武源)이다. 종말론에 빠져들어 종교학과에 들어갔으며, 불교대학원에 들어가 한국 불교의 대중화를 꾀하며 삼계교를 연구 발표하였다. 기자 생활 중에 신흥 종교 현장을 취재 발굴하고, 역사 유적을 탐방하며 기행문을 연재하였다. 해직된 뒤에 한문 고전의 세계에 뛰어들어 강의와 번역에 종사하였다. 조선왕조실록 번역에 동참하였으며, 《가정집》, 《도은집》, 《고운집》, 《계원필경집》, 《녹문집》 등의 한국 문집과 《원감국사집》, 《대각국사집》, 《사명당대사집》 등의 불교서를 번역하였다.

번암집 5

채제공 지음 | 조순희 이상현 옮김

2021년 12월 31일 초판 1쇄 발행

발행인 신승운 | 발행처 한국고전번역원
등록 2008. 3. 12. 제25100-2018-000049호
주소 (03310) 서울시 은평구 진관1로 85
전화 02-350-4800 | 팩스 02-350-4994 | 홈페이지 www.itkc.or.kr

번역 조순희(제14권~제15권) 이상현(제16권~제17권)
연구총괄 양기정 | 연구기획 김지민 | 자문 정선용

책임편집 하현주 | 편집진행 김태훈 신진호 김지수
편집교정 박성희 박현진 유정님 | 조판 김지현 이순미 | 제작 김형석
디자인 씨디자인 | 인쇄 ㈜대유기획인쇄

ⓒ 한국고전번역원, 2021
Institute for the Translation of Korean Classics

값 20,000원
ISBN 978-89-284-0859-7 94810
978-89-284-0427-8 (세트)